일본은 어떻게
독도를 인식해 왔는가

일본은 어떻게 독도를 인식해 왔는가

정영미 지음

프롤로그

2015년 5월은 필자가 독도 관련 일을 한 지 꼭 10년째 되는 달이다. 10년 전 이날 '동북아의 평화를 위한 바른역사정립기획단'이라는 곳에 들어가면서부터 필자의 독도와의 인연이 시작되었다. 통칭 '바른역사기획단'으로 불리던 이곳은 2006년에 현재의 '동북아역사재단'이 되었다.

이후 필자는 독도 관련 한·일 역사자료, 논문, 문헌, 신문·잡지 기사 등을 조사·수집하여 자료집으로 발간하는 업무에 종사해 왔다. 특히 일본의 독도 관련 고문서를 한국어로 번역하여 발간하는 일에 힘써 왔다. 이러한 자료집에는 『독도자료집 Ⅱ-죽도고증』, 『죽도고 상·하』, 『독도관계 일본고문서 1』 등이 있다.

일본의 독도 관련 고문서란, 약 60여 년 전부터 일본이 독도 영유권을 주장하며 그 근거로 제시하고 있는 역사자료들을 말한다. 17세기에서 20세기 사이에 편찬되었으며 마쓰시마(松島)에 대한 내용이 있다. 마쓰시마는 '다케시마(竹島)'라는 명칭으로 편입하기 이전의 독도 명칭이다. 마쓰시마라는 명칭과 위치·거리 등을 기술한 불과 한두 문장 분량의 기록들이지만, 일본인의 역사적 독도 인식 및 실효지배의 족적으로 간주되어 온 것이다.

이에 대해, 그동안 많은 한국 측 연구자들이 검토를 거듭해 왔으나 설득력 있는 반론으로 이어지지는 않았다. 제시된 문장의 의미를 제시된 문장의 범주 안에서 재해석하는 정도의 검토만 이루어졌기 때문이다. 예를 들어, 17세기 중엽에 시마네 현에서 편찬된 지지(地誌)에 '이 주(此州)로써 일본의 서북 한계로 한다'는 문장이 있다. 일본은 여기에서 '이 주'가 울릉도를 가리키는 것으로 해석하여 그 동쪽에 있는 독도는 역사적으로 일본 땅이라고 주장하였다. 여기에 대해 한국 측은 '이 주'는 오키 섬을 가리킨다고 재해석하여 그 서쪽에 있는 독도는 역사적으로 조선 땅으로 간주되었다는 논리를 펼쳐왔다.

그런데 어느 한 문장의 의미는 이를 포함한 전 텍스트의 내적, 외적 맥락에 구속되는 법이다. 다시 말해, 전체 내용은 무엇이며 어떤 의미가 있는지에 따라 또는 누가 왜 쓴 것인지 혹은 어떤 시대적 배경에서 쓰인 것인지에 따라 문장의 의미가 달라질 수 있다. 그러므로 전체 문맥 안에서 제시된 문장을 다시 파악하는 문맥적 검토가 필요하다. 그러나 2005년 당시까지, 그런 문맥적 검토를 통한 반론은 이루어지지 않고 있었다.

그 배경에 있었던 것이 일본 고문서 독해의 어려움이었다. 일본 고문서는 현대 일본어와는 어순이 다른 소로분(候文)이라는 문체로 기록되어 있어 관련 전공자가 아니면 읽기 어려운 것이다. 한두 문장이라면 모를까 텍스트 전체의 독해는 일본사 전공자가 아닌 독도 연구자에게는 쉽지 않은 일이다. 또한 기술적으로 소로분을 읽는다고 해도 일본 전근대사에 대한 이해가 없으면 그 의미를 명확히 파악할 수 없다. 이런 이유로 제시된 문장을, 문장 범위에서 문맥적 범위로 확대시켜 검토하는 것이 어려웠다고 본다.

이에 독도 연구의 진전을 위해서는 일본 고문서의 전문 번역과 해

제를 독도 연구자에게 제공될 필요가 있었고 2005년 시점에서는 더욱더 그랬다. 2005년에 시마네 현이 '2월 22일을 다케시마의 날로 정하는 조례'를 발표하고 이어 '다케시마 문제 연구회'를 만들어 체계적인 연구에 착수하면서 본격적으로 한국 측의 연구 차원의 대응이 요구되었기 때문이다.

이후 정확히 10년이 지났다. 그동안 노력한 보람이 있어 1950~1960년대에 일본이 제시한 역사자료 다수를 완역하고 해제하여 자료집 형태로 독도 연구자에게 제공할 수 있었다. 그리고 제시된 단문 형태의 기록이 보여주는 단락적 의미의 '일본인의 역사적 독도 인식'을 당시의 시대적 상황, 기록 주체의 사상적 특징, 기록 자체의 특징 등의 전체적 문맥과 상호 연관적으로 파악함으로써 구조적으로 파악할 수 있었다.

결론적으로 일본인의 독도 인식이란, 17세기에서 18세기에는 울릉도 인식을 구성하는 하나의 요소였으며, 18세기 말에서 19세기 중엽에는 독도라는 명칭하에 표현된 울릉도 인식이었고, 1905년의 독도 편입 이후에는 역사적 울릉도 인식을 독도 인식의 역사로 재인식하고자 했던 인식의 총체라고 할 수 있겠다. 즉 역사적 울릉도 인식이 작위적·무작위적으로 독도라는 이름하에 재편되어 온 것이 일본의 독도 인식인 것이다.

이 책은 이렇게 재파악된 일본인의 독도 인식을, 일본의 독도 영유권 주장에서 말하는 '일본의 독도 인식'과 비교하면서 기술한 것이다. 소재는 일본에서의 울릉도와 독도 명칭으로, 명칭에서 보이는 인식의 생성과 변천 과정을 분석하였다. 인식의 존재와 형태를 가장 집약적으로 보여주는 것이 명칭이기 때문이다. 시기는 10세기부터 20세기까지를 다루었다. 일본에서의 울릉도·독도 명칭은 여말선초 왜구의 울릉도 침탈에 기원을 두고 있다. 이후 20세기까지 몇 차례의 울릉도 침탈이 있었고, 일본인의 독도 인식은 이와 같은 지속적인 울릉도 침탈의 다른 이름이다. 이 책을 통해 왜 일본은 독도를 고유영토라고 하는지, 그러나 사실은 왜 그렇지 않은 지에 대해 조금 더 구체적으로 알 수 있을 것이다.

　이 책은 앞서 서울시립대학교 박사학위 논문으로 제출한 「일본의 독도 인식에 관한 연구-'섬의 명칭 혼란(島名の混乱)'을 중심으로-」에, 이후 새로 완역한 고문헌에서 얻은 시사점을 더해 재편집한 것이다. 이 책이 나오기까지 배우고 또 배울 수 있는 기회를 허락해 준 선학 및 나와 함께 같은 일을 했고 하고 있는 모든 분들께 감사드린다. 관계 안에서 공급받은 지식과 독려 그리고 자극이 이 연구를 꾸준히 해 올 수 있었던 원동력이었기 때문이다.

　마지막으로 표기에 대해 말해둔다. 본 문헌의 전체를 통해 다케시마·마쓰시마라는 명칭이 계속 등장한다. 그런데 이 명칭들이 언제나 동일한 지리적 실체를 가리키는 것이 아니다. 그 변화의 본질을 분석한 것이 이 문헌이므로, 논지 외 인용 및 분석문에서는 한국어 번역 없이 표기하였다. 예를 들면 다케시마(울릉도), 마쓰시마(독도), 마쓰시마(울릉도), '다케시마(독도)'와 같은 것이다. 그리고 지금의 독도를 가리키는 다케시마라는 명칭은 역사적 다케시마(울릉도)와 구분하기 위해 '다케시마(독도)'로 표기하였다. 이 외 일본어 관련 표기는 국립 국어원의 외래어 표기법에 따랐다.

2015

저자 정영미

:: 목 차

:: 표 목차

:: 그림 목차

:: 부록 목차

제1장
일본에서의 울릉도 · 독도 명칭 생성과 배경

조선 동해안과 일본의 서북해안을 이으며 펼쳐져 있는 남북 길이 1,700km, 동서 최대 너비 1,110km, 면적 107만km²의 타원형[1]의 동해는 근대 이전에는 닫힌 바다였다. 공식적으로 조선과 일본 사이에 열려있던 바다는 한반도 동남쪽 연안 지역과 일본 열도 규슈(九州) 서북쪽 연안 지역 사이에 펼쳐진 대한해협뿐이었다.

대한해협 가운데에는 쓰시마(對馬) 섬과 이키(壹岐) 섬이 있다. 쓰시마 섬은 부산 쪽 가까이에, 이키 섬은 후쿠오카 현(福岡縣) 가까이에 있다. 두 섬은 대한해협 가운데에 나란히 놓여 있어 마치 징검다리처럼 보인다. 이 두 섬을 잇는 선이 대한해협을 가로지르는 주요 항로이다. 『삼국지(三國志)』「위서(魏書)」「오환선비동이전(烏丸鮮卑東夷傳)」에 의하면, 이 항로는 이미 2,000년 이전부터 사용된 것으로 확인된다.[2]

---

1) 한국해양수산개발원 편, 2011, 독도사전, 한국해양수산개발원, 127쪽
2) 『三國志』卷三十 魏書 三十 烏丸鮮卑東夷傳 第三十
   倭人在帶方東南大海之中… 從郡至倭 循海岸水行 歷韓國 乍南乍東 到其北岸狗邪韓國 七千餘里 始度一海 千餘里至對馬國… 又南渡一海千餘里 名曰瀚海 至一大國… 又渡一海 千餘里至末盧國… 東南陸行五百里 到伊都國°([晉] 陳壽 撰 [宋] 裴松之 注『三國志』

고려 시대에는 여몽 연합군이, 조선 시대에는 통신사가 이 항로를 거쳐 일본 열도 내부로 들어갔다. 한편 쓰시마 섬은 여말선초의 왜구 활동의 근거지였고, 이후에는 조·일 외교통상의 중개지였던 곳으로서 조선과 매우 깊은 관계가 있는 곳이다. 이 쓰시마 섬과 이키 섬을 징검다리로 하여 한반도와 일본 열도를 잇는 대한해협이야 말로 동시대 사람들이 왕래하던 그야말로 열린 바다였다.

동해가 일본과 대륙 제(諸) 국가와의 공식적 교류 활동에 이용되었던 시대도 있었으나 이 시기는 8세기에서 9세기까지에 한정된다. 727년에 발해가 고인의(高仁義) 등의 사절단을 일본에 파견하였고 그다음 해에 양국 간의 군사동맹이 형성되었다. 그리고 926년에 발해가 망할 때까지 약 200년간 두 나라 간의 교류가 지속되었다.

그간 발해는 42차에 걸쳐 일본에 사신단을 보냈다. 사신단은 현재의 러시아령 크라스키노(Kraskino)의 포시에트 항(Port of Posyet) 또는 함경남도 신창항(新昌港)에서 출선한 것으로 추정되고 있다. 이들은 주로 한반도 동해안을 따라 남하하다가 대한해협을 거쳐 일본으로 들어갔다. 그러나 동해를 종단(縱斷)하여 일본 서북해안의 각 목적지로 직접 들어가는 경우도 있었다.[3]

中華書國)

"왜인은 대방군 동남쪽의 대해 중에 살고 있는데… [대방]군에서 왜까지는, 해안을 따라 물길로 가서 한국을 거쳐 때로는 남쪽으로 때로는 동쪽으로 나아가면 그 북쪽 대안인 구야한국(김해 지역: 인용자 주)에 도착하는데, [거리가] 7천여 리이며, 처음으로 바다 하나를 건너는데, 1천여 리를 가면 대마국(對馬國)에 도착한다… 또 [대마국에서] 남쪽으로 바다 1천여 리를 건너는데, [이 바다의] 이름은 한해(瀚海: 대한해협, 인용자 주)라고 한다. [1천여 리를 건너면] 일대국(一大國 : 이키 섬, 인용자 주)에 이른다… 또 바다 하나를 건너서 1천여 리를 가면 말로국(末盧國: 지금의 후쿠오카 현, 인용자 주)에 이른다(동북아역사재단 편, 2009, 동북아역사 자료총서 24 譯註 中國 正史 外國傳 4 三國志·晉書 外國傳 譯註, 동북아역사재단, 77~81쪽)."

3) 上田雄, 2002, 渤海史の研究 ─日本海を渡った使節たちの軸跡─, 明石書店, 617~640쪽

발해의 사신선이 지금의 시마네·돗토리 현 지역에 도착한 기록도 남아 있다. 『일본삼대실록(日本三代実録)』 청화 천황 정관 3년(861) 정월 25일(清和天皇 貞観三年 正月 二五日)에 의하면, 발해국 사신 이 거정(李居正) 등이 오키노쿠니(隠岐國: 현재의 시마네 현 오키 섬의 옛 지명)를 거쳐 시마네에 도착했다고 한다.4) 『일본기략(日本紀略)』 에는, 894년(12.29)에 발해 사신 105명이 호키노쿠니(伯耆國: 현재의 돗토리 현 서부의 옛 지명)에 도착했다고 하며,5) 『부상략기(扶桑略紀)』 에는 908년에 호키노쿠니가 발해 사신의 입조(入朝)를 상주했다는 기 록6) 등이 남아 있다.

이 발해의 사신선 외 동해를 넘나든 것은 왜구이다. 『고려사(高麗 史)』나 『조선왕조실록(朝鮮王朝實錄)』에는 왜구의 울릉도 침탈과 관 련된 기록이 다수 수록되어 있다. 그리고 또한 조선의 표류민이 동해 를 가로질렀던 것을 임진왜란 이후 조선과 일본 사이의 교린(交隣) 관 계가 기록된 『변례집요(邊例集要)』권3 표민·순부·쇄환(卷三/漂民· 順付·刷還)을 통해 알 수 있다. 이 자료에는 1627년 2월부터 1806년 9월까지 179년간의 조선 동남해안 어민의 일본 표류 관련 기록이 약 247건 수록되어 있다.7) 한편 17세기 이후에, 일본 시마네 현과 돗토

이들이 착선한 지역은 현재의 아키타·야마가타 현(出羽), 니가타 현(佐渡) 이시카와 현(能登, 加賀) 후쿠이 현(越前, 若狭), 교토 부(丹後) 효고 현(但馬), 돗토리 현(伯耆), 시 마네 현(隠岐, 出雲), 야마구치 현(長門) 등이다.

4) 鳥取県編, 1972, 鳥取県史 第1巻 原始古代, 鳥取県, 305쪽
5) 위의 책, 부록 43쪽
6) 위의 책, 부록 43쪽
7) 참고를 위해 「표민·순부·쇄환」의 내용을 「기록명」, 「일시」, 「표류민 거주지」, 「표류 민 인적 정보」, 「출해(出海) 목적」, 「표류 이유」, 「표류민 인도 사항」으로 나누고, 이 중 「표류민 거주지」와 「표착지」를 중심으로 정리한 표 <동해를 표류한 사람들>을 <부록 3>으로 첨부하였다. 이것을 통해 조선 표류민의 표류 방향도 알 수 있다.

리 현 지역 주민들이 동해로 나가 울릉도에 도해하기 시작하였다. 이 도해는 요나고(지금의 돗토리 현 요나고 시) 주민 오야 진키치(大谷甚吉)라는 사람이 '표류' 중 우연히 울릉도를 '발견'한 것에서부터 시작되었다고 한다.

　적어도 고려 이후, 왜구의 활동과 표류민을 제외하고 동해를 활용한 한국과 일본과의 교류는 없었다. 그러나 일본 왜구와 이른바 '표류민'으로 인해 17세기 이후 울릉도에는 이소다케시마(磯竹島)와 다케시마(竹島), 독도에는 마쓰시마(松島)라는 일본식 명칭이 생겨난다.

제1절 왜구와 이소다케시마(磯竹島)

1. 일본 고대의 우르마 섬(于陵島)

　일본에서 울릉도에 대한 첫 기록은 『權記(권기)』제3 장보 6년 3월 7일(第三 長保六年 三月 七日)[8) 조에서 볼 수 있다. 여기에는 다음과 같이 기록되어 있다.

> 권기3 조호 6년(長保, 1004) 3월 7일 신묘(辛卯) 입궁 (중략) 이나바노쿠니(因幡國)[후지와라노코레노리(藤原惟憲)]에서 우릉도(于陵嶋)(우르마) 사람 11명 등에 대한 보고가 올라왔다. <부록 1-1>

　조호(長保 6년/또는 간코(寬弘) 1년)는 일본 고대[9) 말기의 헤이안

(국사편찬위원회>한국사데이터베이스>한국사료총서>변례집요 http://db.history.go.kr)
8) 続群書類従完成会編, 1996, 史料纂集 權記 第三, 会報 第106号(1996.5), 平文社, 9쪽

시대(平安時代)[10)의 이치조(一條) 천황[11) 시대에 해당한다. 이나바노 쿠니의 쿠니(國)란 고대 율령제[12)하에서의 지방행정단위를 말하는 것이며 율령제 이전에는 지방 호족이 지배했고, 이후에는 중앙에서 파견된 지방관이 지배했다. 이나바노쿠니(因幡國)는 지금의 돗토리 현 동부 지역의 지명이었으며 후지와라노코레노리는 당시 이나바노쿠니에 파견되었던 지방관이었다.

한편, '우르마(于陵島) 사람'이란 울릉도 사람이라는 의미로 보인다. 역사적으로 울릉도는 '鬱陵'[13) '于陵·羽陵'[14) '芋陵'[15) '蔚陵'[16) '武陵'[17) '茂陵'[18) '于山'[19) 등으로 표기되어 왔다.

---

9) 일본의 고대란 대체로 야요이(弥生) 시대(기원전후)에서 가마쿠라 막부(鎌倉幕府)·무로마치 막부(室町幕府) 등의 무인(武家)정권이 성립하기 이전인 헤이안 시대(12세기 말경)까지를 말한다. (日本史広辞典編集委員会編, 1997, 日本史広辞典, 山川出版社, 992쪽)

10) 헤이안쿄(平安京: 지금의 교토)가 실질적인 정치권력의 소재지가 되었던 시대를 뜻하며 약 8세기 말에서 12세기 말까지의 400년간을 가리킨다.

11) 재위기간: 980.6.1~1011.6.22

12) 618년 중국에서 율령제도에 의한 중앙집권체재를 갖춘 당(唐)이 성립함에 따라, 일본에서도 8세기 초 몬무(文武) 천황시대에 율령(大宝律令, 701~702)을 반포하고 율령 국가로서의 형태를 갖추었다.

13) 『三國史記』卷四 新羅本記 第四 智證麻立干 十三年 夏六月 <부록 1-2>
(국사편찬위원회 한국사 데이터 베이스 http://db.history.go.kr)

14) 『三國遺事』卷一 紀異 第一 智哲老王 <부록 1-3>
(국사편찬위원회 한국사 데이터 베이스 http://db.history.go.kr)

15) 『高麗史』卷一 世家一 太祖十三年(八月) 丙午 <부록 1-4>
(한국의 지식 콘텐츠 http://www.krpia.co.kr)

16) 『高麗史』卷十七 世家十七 仁宗十九年 秋七月 己亥條 <부록 1-5>
(한국의 지식 콘텐츠 http://www.krpia.co.kr)

17) 『高麗史』卷百三十四 列傳 四十七 辛禑五年(七月) <부록 1-6>
(한국의 지식 콘텐츠 http://www.krpia.co.kr)

18) 『太宗實錄』卷十三 太宗七年 三月 庚午 <부록 1-7>
(국사편찬위원회 한국사 데이터 베이스 http://db.history.go.kr)

19) 『太宗實錄』卷三十三 太宗十七年 二月 壬戌 <부록 1-8>
(국사편찬위원회 한국사 데이터 베이스 http://db.history.go.kr)

한편 울릉도에는 우산국(于山國)이 있었다. 이 우산국은 신라에 대항하는 소(小) 정치 집단이었던 것으로 보인다. 『삼국사기(三國史記)』에 의하면 "13년 여름 6월에 우산국(于山國)이 항복하여 해마다 토산물을 바쳤다. 우산국은 명주(溟州)의 정동 쪽 바다에 있는 섬으로 혹은 울릉도(鬱陵島)라고도 하였다"는 기록[20]이 있다.

이후 우산국은 신라나 고려에 토산물을 바치는 대신 관직과 보호를 받으며 집단 체재를 유지하는 형태로 존재하였던 것 같다. 『고려사(高麗史)』 태조 13년(930)에는 "병오일에 우릉도(芋陵島)에서 백길(白吉)과 토두(土豆)를 보내 토산물을 바쳤다. 백길에게 정위, 토두에게 정조 품계를 각각 주었다"[21]고 하고, 덕종 1년(1032)에는 "11월 병자일에 우릉성주(羽陵城主)가 자기의 아들 부어잉다랑(夫於仍多郞)을 파견하여 토산물을 바쳤다"[22]고 한다.

『고려사』나 『조선왕조실록』에는 간략하게나마 우산국의 산업 형태나 규모도 기록되어 있다. 이에 의하면 우산국은 농경사회였고,[23] 논은 없었으나 밭농사를 통해 상당한 수확을 보았으며, 대나무·해산물·과실 등의 특산물이 있었다고 한다.[24] 또한 『고려사』「지리지(地理誌)」[25]에 의하면 "마을이 있던 옛터가 7개소 있고 돌부처, 철로 만

---

20) 『三國史記』卷四 新羅本記 第四 智證麻立干 十三年 六月 <부록 1-2>
   (국사편찬위원회 한국사 데이터 베이스 http://db.history.go.kr)
21) 『高麗史』卷一 世家 第一 太祖十三年 八月 丙午 <부록 1-4>
   (한국의 지식 콘텐츠 http://www.krpia.co.kr)
22) 『高麗史』卷五 世家 第五 德宗一年 十一月 丙子 <부록 1-9>
   (한국의 지식 콘텐츠 http://www.krpia.co.kr)
23) 『高麗史』卷四 世家 第四 顯宗九年 十一月 未詳 <부록 1-10>
   (한국의 지식 콘텐츠 http://www.krpia.co.kr)
24) 『太宗實錄』卷二十三 太宗十二年 四月 己巳 <부록 1-11>
   (국사편찬위원회 한국사 데이터 베이스 http://db.history.go.kr)

든 종, 돌탑 등이 있었으며"라고 한다. 이 중 철로 만든 종이 있는 것으로 보아 주변 국가와의 교역도 이루어진 것 같다.[26] 대나무·해산물·과실 등의 특산물이 교역 물품이었을 것이라고 추정된다.

우산국은 10~11세기경 여진의 침략으로 와해된 것으로 보인다. 현종 9년(1018)에는 "우산국(于山國: 울릉도)이 동북 여진의 침략을 받아 농사를 짓지 못하였으므로 이원구(李元龜)를 그곳에 파견하여 농기구를 주었다"[27]고 하며, 역시 현종 10년(1019)에는 "기묘일에 우산국(于山國) 백성들로서 일찍이 여진의 침략을 받고 망명하여 왔던 자들을 모두 고향으로 돌아가게 하였다"[28]고 하였다. 현종 13년(1022)에는 도병마사가 "여진에게서 약탈을 당하고 도망하여 온 우산국 백성들을 예주(禮州: 경북 영해)에 배치하고 관가에서 그들에게 식량을 주어 영구히 그 지방 편호(編戶)로 할 것을 청"[29]하였다고 한다.

12세기 초 이후에는 울릉도에서 우산국이라는 명칭은 거의 사라지고 울릉도라는 지명으로만 등장한다. 고려 의종11년(1157) 왕이 우릉도(羽陵島: 현재 울릉도)는 지역이 넓고 땅이 비옥하며 옛날에는 주(州), 현(縣)을 두었던 적이 있어서 백성들이 살 만하다는 말을 듣고 명주도(溟州島) 감창(監倉) 전중 내급사(殿中內給事) 김유립(金柔立)을

---

25) 『高麗史』卷五十八 地理志 第十二, 地理/東界/蔚珍縣 <부록 1-12>
   (한국의 지식 콘텐츠 http://www.krpia.co.kr)
26) 울릉도 고고학 조사 발굴에 의하면 자체적으로 철을 생산하여 제련을 했다는 흔적이 없다.
27) 『高麗史』卷四 世家 第四 顯宗九年 十一月 未詳 <부록 1-10>
   (한국의 지식 콘텐츠 http://www.krpia.co.kr)
28) 『高麗史』卷四 世家 第四 顯宗十年 七月 己卯條 <부록 1-13>
   (한국의 지식 콘텐츠 http://www.krpia.co.kr)
29) 『高麗史』卷四 世家 第四 顯宗十三年 秋七月 丙子條 <부록 1-14>
   (한국의 지식 콘텐츠 http://www.krpia.co.kr)

보내 조사한 바, "그곳에는 암석들이 많아서 백성들이 살 수 없다"는 보고를 받는다.30) 인종 19년(1141)에는 명주도(溟州島) 감창사(監倉使) 이양실(李陽實)이 사람을 보내 울릉도 특산물을 채취해 왔고,31) 원종 1년(1219)에는 울진 현령 박순(樸淳)이 울릉도로 가려 하다가 구금되었으며,32) 원종 14년(1273)에는 울릉도 목재를 채취하기 위해 허공(許珙)을 작목사(斫木使)로 삼아 원나라에서 파견한 이추(李樞)와 함께 보냈다는 기록33) 등이 있다.

한편 그 이후에도 울릉도에 우산국 사람이 거주했음을 시사하는 기록이 있다. 충목왕 2년(1346) "무신일에 동계(東界)의 우릉도(芋陵島) 사람이 내조(來朝)하였다"는 기록34)이 있다. 또한『조선왕조실록』태종 12년(1412), "유산국도(流山國島) 사람 백가물(百加物) 등 12명이 고성(高城)의 어라진(於羅津)에 정박하기를 요구하며 말하길…"이라는 기록35)도 있다. 한편 유산국도(流山國島)라고 표현되기는 했으나 이미 우산국은 존재하지 않았음으로 울릉도 사람이라고도 해석할 수 있겠다.

위와 같은 경과에서 볼 때 일본의 이나바노쿠니로 간 우르마 사람

---

30) 『高麗史』卷十八 世家 第十八, 毅宗十一年 五月 丙子 <부록 1-15>
(한국의 지식 콘텐츠 http://www.krpia.co.kr)

31) 『高麗史』卷十七 世家 第十七, 仁宗十九 秋七月 己亥 <부록 1-5>
(한국의 지식 콘텐츠 http://www.krpia.co.kr)

32) 『高麗史』卷二十五 世家 第二十五, 元宗卽位年 七月 庚午 <부록 1-16>
(한국의 지식 콘텐츠 http://www.krpia.co.kr)

33) 『高麗史』卷二十七 世家 第二十七, 元宗十四年 二月 癸丑 <부록 1-17>
(한국의 지식 콘텐츠 http://www.krpia.co.kr)

34) 『高麗史』卷三十七 世家 第三十七 忠穆王二年 三月 戊申 <부록 1-18>
(한국의 지식 콘텐츠 http://www.krpia.co.kr)

35) 『太宗實錄』卷二十三 太宗十二年 四月 己巳 <부록 1-11>
(국사편찬위원회 한국사 데이터 베이스 http://db.history.go.kr)

들은 아직 우산국이 건재했을 때의 사람들로 추정된다. 그런데 왜 이들이 그곳에 갔는지에 대해서는 알 수 없다. 그래도 그들의 입국 사실이 중앙 정부 고위 실무관료의 업무 일기인『권기』에 실린 것으로 보아서는 단순히 사사로운 왕래는 아니었던 것 같다.

『권기』는 헤이안(平安) 중기 이치조(一條) 천황 시대의 구교(公卿: 3位 이상의 조정 관료)인 후지와라노유키나리(藤原行成: 972~1027)의 업무 일기이다. 유키나리는 986년에 종5위하(從五位下)의 관직에 취임한 것을 시작으로 여러 실무관료 코스를 거쳐 1001년에는 종3위, 1020년에는 정2위의 관직을 역임했다.『권기』는 그가 종4위하(從四位下) 관료였을 때부터 종3위 관료였을 때까지(20~40세) 쓴 업무 일기이다. 이것은 당시의 조의전례(朝儀典禮) 및 섭정·관백 정치의 실체를 규명하는 중요한 기록으로 평가되고 있다.[36]

우르마 사람이 입국한 1004년은 유키나리가 정3위 산기(參議)였을 때에 해당한다. 산기는 고대 율령제에서 최고 관료인 다조칸(太政官: 1위) 및 다이·추나곤(大·中納言: 정3위·종3위)과 함께 천황에 대한 자문, 국정사항을 심의하는 직책이다. 당나라의 재상(宰相)과 같은 직책[37] 이며 3위 이상 요직에 있던 총 8명으로 구성된다.

다음은 우르마 사람의 입국에 대해 기록된 1004년 3월 7일의 전 내용을 요약한 내용이다.

소충문(所充文)에 대해 말씀 올리다. 진정(陳定)을 행하고 제국(諸國: 당시의 지방행정 단위)에서 올라온 잡사(雜事)를 정하다. 아와

---

36) 続群書類従完成会編, 1978, 史料纂集 権記 第一, 会報 第57号(1978.12), 平文社, 1쪽
37) 日本史広辞典編集委員会編, 1997, 앞의 책, 940쪽

(安房: 지방행정 단위) 등 8개국 계어독경정제사별당(季御讀經定諸寺別當)을 보충하고 수령공과(受領功過)를 정하다. 경(卿)들이 유키나리의 의견에 동조하다.[38] <부록 1-19>

　이 내용에서 우르마 사람에 대한 것은 여러 지방에서 올라온 잡사(雜事)중 하나에 해당한다. 즉 이나바노쿠니의 지방관 후지와라노코레유키로부터 올라온 보고문서가 그 외 다른 지방에서 올라온 것과 함께 처리된 것이다. 이것으로 보아 우르마 사람 11명의 방문은, 당시 우산국 시절이던 것을 고려한다면, 일종의 정치성을 띤 것이었다고 사료된다.

　한편 이들과 일본과의 관계는 이들과 고려와의 관계, 즉 고려에 방물을 바치고 관직과 보호를 받은 것 같은 관계는 아니었던 것 같다. 『권기』의 내용을 편집·수록한 『대일본사(大日本史)』[39] 권234 열전5, 고려 「간코 원년 조(卷二三四, 列傳 五, 高麗「寬弘元年条」)에는 우르마 사람 11인에 대한 것이 '고려'의 항목에 삽입되어 있다. 이것을 볼 때 우산국 사람들이 일본과 맺은 관계는 고려와 맺은 관계와는 또 다른 것이었다고 본다.

　이 외 우산국에 대해서 구체적으로 알 수 있는 자료는 없다. 그러나 확실한 것은 우산국 즉 울릉도에 사는 사람들은 우산국 이후의 시대와는 달리 동해를 왕래했다는 점이다. 울릉도에서 이나바노쿠니,

---

38) 続群書類従完成会編, 1996, 史料纂集 権記 第三, 会報 第106号(1996.5), 平文社, 9쪽

39) 일본 미토(水戸: 지금의 이바라키 현 중부 지방) 번주 도쿠가와 미쓰쿠니(德川光圀) 및 미토 도쿠가와 가(家)가 편찬. 일본 전설상의 천황 진무[神武: 1382~1412 재위)에서 고코마쓰(後小松: 1537~1598, 일설에는 1536~1598년이라고도 한다] 천황에 이르는 정사(政事)를 기록한 역사서로서 1659년 편찬에 착수되어 1906년에 완성되었다. 『권기』제3과 같은 내용이 『大日本史』권234 列傳5, 高麗「寬弘元年条」(1004)에도 수록되어 있다.

즉 지금의 돗토리 지역으로 가려면 동해를 동남쪽으로 가로질러야 한다(그 항로는 독도 부근 해역을 지나는 항로이다). 이들의 활동을 통해 울릉도가 우루마(于陵島)라는 명칭으로 일본에 전해졌다. 또한 이들이 고려에 속하였기 때문에 『삼국사기』, 『고려사』, 『조선왕조실록』에 표기된 울릉도(鬱陵島/蔚陵島)·우릉도(羽陵島/芋陵島)·무릉도(武陵島/茂陵島) 등과 어원이 같은 우릉도(于陵島)라는 이름으로 전해졌다. 그러나 우산국이 와해되고 우산국 사람들의 대일본 교류 활동이 멈추자 일본 고문헌에서 우릉도라는 명칭은 사라진다. 울릉도에 대한 명칭이 다시 일본 고문헌에 나타나는 것은 이로부터 약 600년이 지난 후이다.

2. 도요토미 히데요시와 이소다케시마(磯竹島)

17세기에 들어서면 한국과 일본의 고문헌과 고지도에 울릉도가 이소다케시마라는 명칭으로 등장하는 것을 볼 수 있다.

1614년 이수광(李睟光)이 지은 『지봉유설(芝峯類說)』에 따르면, 당시 왜가 의죽(礒竹) 또는 기죽(磯竹)이라고도 하는 울릉도를 점거했다고 한다.

> 울릉도 무릉이라고도 우릉이라고도 한다. (중략)
> 최근 왜노(倭奴)가 의죽도(礒竹島)를 점거했다고 한다. 의죽도는 기죽(磯竹)이라고도 한다.[40] <부록 1-20>

일본어에서 '이소'는 바다나 호수가의 돌 또는 바위가 많은 곳을

---

40) 李睟光, 1614, 芝峯類說 卷二, 地理部, 島(한국고전종합 DB http://db.itkc.or.kr)

뜻하는 고유어이다. 표기할 때는 같은 뜻을 가지고 있는 한자가 사용된다. '의(礒)'나 '기(磯)' 모두 '이소'를 의미하므로 병행 표기된 것 같다. 일반적으로는 '이소(磯)'가 많이 쓰인다. '다케'는 대나무(竹)를 뜻하며, 시마는 섬(島)을 뜻한다. 즉 이소다케시마란 해변가에 대나무가 자라는 섬이라는 의미이며 울릉도의 형세를 정확히 표현한 것으로 보아 왜노가 울릉도를 점거했다는 말은 사실인 것 같다.

또한 이경직(李景稷)의 『부상록(扶桑錄)』 1617년 10월 5일 기록에 따르면 "히데요시 때41) 왜인 한 명이 의죽도(礒竹島)에 들어가서 재목과 갈대를 베어오기를 자원했다. 그가 베어온 것을 보니 참대(篁)처럼 큰 것이 있으므로 히데요시가 기뻐하여 그에게 '의죽미좌위문(蟻竹彌左衛門)'이라는 이름을 내려주고 그의 업으로 삼아 매년 벌채해 오도록 하였다. 그리고 얼마 되지 않아 히데요시가 죽고 미좌(彌左)도 죽었으므로 다시는 왕래하는 사람이 없었다"42)고 한다. 이 '의죽미좌위문(蟻竹彌左衛門)'의 '의죽(蟻竹)'은 '의죽(礒竹)', 즉 이소타케의 오기로 보인다. 이 이름의 일본어 발음은 이소타케 야자에몬이다.

울릉도에 이소다케시마라는 일본 명칭이 붙은 것은 14세기 말 이전이며 왜구의 활동과 밀접한 관련이 있다. 여말선초 왜구가 창궐하여 중국과 조선의 해안 지역 또는 내륙 깊숙이 침입하여 노략질을 했다는 것은 이미 잘 알려진 사실이다. 또한 왜구의 노략질은 조선 해안에서 멀리 떨어져 있는 울릉도까지 미쳤다. 『고려사』 열전 신우 5년(1379, 列傳 辛禑 五年)에는 '왜가 낙안군에 침입하여 노략질하였으며… 무릉도(武陵島)에 들어와 보름이나 머물다가 돌아갔다'43)는

---

41) 1537~1598년, 일설에는 1536~1598년이라고도 한다.
42) 李景稷, 扶桑錄 十月 初五日 丙寅(한국고전종합 DB http://db.itkc.or.kr/) <부록 1-21>

기록이 있다.

여말선초에 왜구가 실제 울릉도를 넘나들면서 얻은 경험적 지식으로 울릉도에는 이소다케시마라는 명칭이 붙게 되었다. 그리고 위에 인용한 기록에 의거하여 왜구가 처음 울릉도에 대해 안 것이 14세기 말(고려 우왕 5년, 1379)이라고 가정하고, 히데요시가 왜인에게 이소타케 야자에몬이라는 이름을 부여한 시기를, 그가 일본 전국(戰國)을 통일하고 관백(關白)에 취임했을 때인 1585년을 전후한 시기라고 가정한다면, 왜구가 울릉도를 넘나들며 울릉도에 대해 알게 된 기간은 약 200년이다.

이 사이에 쓰시마는 두 번에 걸쳐 쓰시마인의 울릉도 집단 이주를 계획한다. 그 처음은 태종 7년(1407)에 있었다. 『태종실록(太宗實錄)』에는 다음과 같은 기록이 있다.

> 대마도 수호(對馬島守護) 종정무(宗貞茂)가 평도전(平道全)을 보내와 토물(土物)을 바치고, 잡혀 갔던 사람들을 돌려보냈다. 정무(貞茂)가 무릉도(茂陵島)를 청(請)하여 여러 부락(部落)을 거느리고 가서 옮겨 살고자 하므로, 임금이 말하기를, "만일 이를 허락한다면, 일본 국왕(日本國王)이 나더러 반인(叛人)을 불러들였다 하여 틈이 생기지 않을까?" 하니, 남재(南在)가 대답하기를, "왜인의 풍속은 반(叛)하면 반드시 다른 사람을 따릅니다. 이것이 습관이 되어 상사(常事)로 여기므로 금(禁)할 수가 없습니다. 누가 감히 그런 계책을 내겠습니까?" 하였다. 임금이 말하였다. "그 경내(境內)에서는 상사(常事)로 여기지만, 만일 월경(越境)해 오게 되면 저쪽에서 반드시 말이 있을 것이다."[44] <부록 1-22>

---

43) 『高麗史』卷百三十四 列傳 第四十七, 辛禑五年 七月 <부록 1-6>
　　(한국의 지식 콘텐츠 http://www.krpia.co.kr)
44) 『太宗實錄』卷十三 太宗七年 三月 庚午 <부록 1-7>, <부록 1-22>
　　(국사편찬위원회 한국사 데이터 베이스 http://db.history.go.kr)

이 기록은 15세기에 쓰시마(對馬)의 슈고(守護) 소 사다시게(宗貞茂)가 쓰시마의 일본인들을 울릉도에 이주해서 살게 해달라고 청한 기록이다. 소 다사시게는 헤도젠(平道全)을 시켜 왜구가 잡아간 조선인을 되돌려 보내면서 쓰시마인의 울릉도 이주를 태종에게 청원하였다.

소 사다시게(?~1418)는 쓰시마의 슈고였던 소씨(宗氏)의 8대손이다. 슈고란 가마쿠라(鎌倉)·무로마치(室町)시대[45]의 직제로써 쿠니(國: 지방행정단위)에 파견되었던 군사·행정관이다. 무로마치 시대에 쓰시마노쿠니의 관료였던 고레무네(惟宗) 씨가 세력을 구축하여 쓰시마를 장악하고 13세기 후반 이후 소(宗)란 성을 사용하면서 비롯된다.[46] 소씨가 쓰시마노쿠니의 슈고 직(職)에 취임하는 것은 5대 소 스미시게(宗澄茂) 때인 1378년부터이다.

이 청원은 일본과의 갈등을 우려하여 거절되었다.[47] 덧붙여 사신으로 갔던 헤도젠은 따로 조선인으로 귀화하겠다는 청원을 하였다. 이 청원은 받아들여졌고 더 나아가 '원외사재소감(員外司宰少監)'이라는 관직까지 하사받았다. 이후 그는 조선의 관료로서 활약하다가 세종 1년에 모함을 받아 유배형에 처해졌다고 한다.[48]

이후에도 '왜가 우산무릉에서 도둑질 했다'는 태종 17년(1417)의 기록[49]을 시작으로 『조선왕조실록』에는 왜구의 울릉도 침입 또는 이에

---

45) 가마쿠라(鎌倉)시대란 가마쿠라에 막부가 있던 1185~1333년까지의 시대를 말한다. 뒤를 잇는 무로마치(室町)시대는 무로마치에 막부가 성립한 1392~1537년간을 말한다. 일반적으로 이 뒤에 진행되는 전국시대(戰國時代)를 묶어 일본의 중세로 간주한다. (日本史広辞典編集委員会編, 1997, 앞의 책, 486쪽, 2,086쪽, 1,141쪽)

46) 日本史広辞典編集委員会編, 1997, 앞의 책, 1249~1250쪽

47) 앞의 주 44 참조 <부록 1-22>

48) 村井章介, 2006, 日本史リブレット28 境界をまたぐ人びと, 山川出版社, 56~58쪽

49) 『太宗實錄』卷 三十四 太宗十七年 八月 己丑 <부록 1-23>

대한 우려와 대응에 관련한 기사가 다수 수록되어 있다. 이에 태종과 세종은 왜구의 침입을 방지하기 위해 울릉도에 사람을 살지 않게 하는 정책(공도정책, 또는 쇄환정책이라고 한다)을 펴기도 한다.

왜구의 울릉도 집단 이주 청원은 1614년(광해군 6년)에도 있었다. 그런데 이때 그들이 이주 요청을 한 섬의 이름은 이소다케시마였다. 이에 대해 조선은 동래부사 윤수겸으로 하여금 이소다케시마는 조선의 울릉도라고 답하게 한다. 이 사건은 조선과 일본의 여러 문헌에 기록되어 있다.

『숙종실록(肅宗實錄)』 숙종 20년(1694) 8월에는 다음과 같은 기록이 나온다.

> 동래부(東萊府)에 간직한 문서에는 "광해(光海) 갑인년에 왜(倭)가 사자를 보내 의죽도(礒竹島)를 탐시(探視)하겠다고 말했으나 조정에서 답하지 않고, 동래부로 하여금 준엄하게 배척하도록 했다"는 기록이 있으니 (후략)[50] <부록 1-24>

이 내용은 17세기 말에 벌어진 울릉도 쟁계에 대해 조정에서 논의할 때 영의정 남구만이 한 발언 중에 포함되어 있다. 이때의 윤수겸의 답변을 19세기 중엽 메이지 시대 외무성이 작성한 『죽도고증(竹島考證)』[51)]에서 보면 다음과 같다.

(국사편찬위원회 한국사 데이터 베이스 http://db.history.go.kr)

50) 『肅宗實錄』卷 二十七 肅宗二十年 八月 己酉 <부록 1-24>
(국사편찬위원회 한국사 데이터 베이스 http://db.history.go.kr)

51) 『죽도고증』은 일본 외무성 서기관 기타자와 마사나리(北澤正誠)가 1881년 8월에 상·중·하로 나누어 외무성에 보고한 다케시마(울릉도) 관련 보고서를 1冊으로 합본한 것이다. 이 자료에 대해서는 본문 제3장 제1절에서 상술한다. 번역문은 필자의 원문 대조 번역본에서 발췌·인용하였다. (정영미 역, 2006, 독도자료집 II 竹島考證, 동북아의 평화를 위한 바른역사기획단, 다다미디어)

(전략) 또 계쵸(慶長) 19년(1614)에 소(宋: 宗의 오기, 역자 주)씨가 다케시마(竹島)에 관해 요청할 일이 있어 사자를 보낸 적이 있다. 조선은 동래부사 윤수겸으로 하여금 우리가 말하는 다케시마가 조선의 울릉도라고 대답하게 하였다. 그때의 글이 『선린통서(善隣通書)』나 『조선통교대기(朝鮮通交大紀)』에 실려 있다. 대략 "글 속에 이소다케시마(磯竹島)를 자세히 조사하자는 말이 있으니 심히 놀랍고도 의아합니다. 이 계획이 과연 누구에게서 나온 것인지 알지 못하겠습니다. 사신이 와서 말하기를, 이 섬이 경상과 강원 두 도(道)의 바다 가운데 있다고 이르니 이는 곧 우리나라에서 말하는 울릉도라는 곳입니다"라는 말이 적혀 있다. 부사 박경업의 서신에서 보면 "귀도(貴島)가 이소다케시마에 대해 조사하고자 하는데 아직도 집착하고 있으니 심히 이상합니다. 이 섬이 우리나라에 속한다는 것을 족하(足下)가 알지 못하는 바도 아니고 귀도가 가로챌 수 없음을 알지 못하는 바도 아니면서 앞질러 엿보려 하니 이는 실로 무슨 마음에서입니까. 아마 좋게 끝날 일이 아닌 것 같습니다. 소위 이소다케시마라고 하는 것은 실로 우리나라의 울릉도입니다. 또 명나라의 한림시강(翰林侍講) 동월(董越)이 편찬한 『조선부(朝鮮賦)』의 앞 장에 조선팔도 총도가 그려져 있는데, 여기에서 보면 강원도 울진포의 동쪽 바다에 섬 하나가 그려져 있고 능산(陵山)이라 적혀 있으니 그것이 즉 울릉도입니다"라고 되어 있다.[52] <부록 1-25>

이 결과 이소다케시마가 조선의 울릉도로 판정 난 것은 쓰시마의 대조선 외교문서를 편찬한 『선린통서(善隣通書)』[53]나 『조선통교대기(朝鮮通交大紀)』[54]와 같은 일본 문헌에서도 볼 수 있다.

『조선통교대기』 「권5」에는 다음과 같이 기록되어 있다.

---

52) 北澤正誠, 1881, 竹島考證 上(정영미 역, 2006, 독도자료집 II 竹島考證, 동북아의 평화를 위한 바른역사기획단, 34~39쪽)

53) 1680년경 편찬되었으며 1635년 이전의 쓰시마의 외교문서가 수록되어 있다. 『対馬宗家文書』에 수록되어 있다. 전 41책.

54) 『조선통교대기』는 쓰시마의 유신 마쓰우라 마사타다(松浦允任)가 중세에서 근세 전기에 걸쳐 일본(특히 쓰시마)과 조선과의 관계를 양국 간 오고간 문서를 중심으로 통관(通觀)하고 해석한 책이다. 1725년(享保 10)에 완성되었다. 여기에서는 다나카 다테오 등의 교정본을 사용하였다(田中健夫·田代和夫校訂, 1978, 朝鮮通行大紀, 名著出版).

만력(萬曆42, 1614) (중략)
이때 이소다케시마가 일본의 경계가 된다고 하였다. 이해 7월 조선
동래부사 윤수겸이 쓰시마 태수 앞으로 서신을 보냈다. 그 소위 이
소다케시마란 우리나라의 울릉도라고 하였다. (후략)55) <부록 1-26>

『조선통교대기』에서는 게쵸 19년(慶長: 1614년), 즉 위의 1614년의
기록에 대한 것과 겐로쿠 12년(元祿: 1696), 즉 울릉도 쟁계에 대한 것
을 간단히 언급하고 있다. 이 결과 다케시마(1696년 당시에는 이소다
케시마가 아닌 다케시마라고 불렸다)가 조선 영토가 되었다는 기록을
볼 수 있다. 그런데 위 기록의 밑줄 친 내용을 보면 쓰시마인의 울릉
도 집단 이주 요청에는 이소다케시마가 일본영토라는 인식이 깔려있
었던 것처럼 보인다.

언제부터인지 확실치는 않으나 왜구가 울릉도를 넘나들며 노략질
하던 것을 계기로 울릉도에 일본식 명칭이 붙었으며 이에 따라 그 섬
이 일본영토라는 인식도 생겨난 것 같다. 그리고 이 인식이 생겨난
것은 1614년의 쓰시마인의 울릉도 집단 이주 청원 이전으로 보인다.

그리고 두 번이나 조선 조정에서 울릉도가 조선 영토이며 이소다
케시마는 조선의 울릉도라고 확인시켰음에도 불구하고 이소다케시
마라는 명칭이 일본의 고지도에 표기되게 된다.

도요토미 히데요시(豊臣秀吉)가 정권을 잡고 있던 16세기 후반 모
모야마(桃山) 시대의 고지도 「일본도 및 세계도 병풍(日本図及び世界
図屏風)」56)과 「일본도 및 세계도(日本図及び世界図)」57)에는 울릉도가

---

55) 田中健夫・田代和夫校訂, 1978, 위의 책, 197쪽

56) 후쿠이 시(福井市) 조도쿠 절(淨得寺) 소장본 및 와카사 고하마 시(若狭小浜市) 가와
무라 헤몬(川村平右衛門) 소장본; 秋岡武次郎, 1950, "日本海西南の松島と竹島", 社会
地理, 通号27(8月), 日本社会地理協会, 9쪽; 秋岡武次郎, 1971b, 日本古地図集成 併録

이소다케(磯竹)라는 명칭으로, 「일본도(日本圖)」[58]에는 이소다케시마(磯竹島)라고 표기되어 있다.

한편 쓰시마가 울릉도를 이소다케시마라고 부르며 집단 이주를 계획할 때와 비슷한 시기에 울릉도는 동해를 표류하던 요나고 지역 주민에게 '발견'되고 다케시마(竹島)라는 새로운 명칭이 알려지게 된다. 이때는 독도도 '발견'되며 마쓰시마(松島)라는 명칭이 붙는다. 다음 장에서는 울릉도와 독도에 다케시마(竹島)·마쓰시마(松島)라는 명칭이 붙게 된 과정을 보기로 하겠다.

제2절 오야 진키치와 다케시마(竹島)

1. 오야 진키치의 '표류'에 대한 고찰

조선 시대, 일본으로 표류한 표류민의 거주지를 보면 대략 북위 33° 부근에 위치하는 제주도에서부터 북위 38°까지의 한반도 남해안과 동해안 전 지역에 걸쳐 분포한다. 지역적으로는 남해안 지역, 특히 경상남도 지역에 밀집되어 있으며 동해안을 따라 북상하면서 수가 적어진다. 이들의 표착지는 대략 북위 26° 부근의 오키나와를 포함하여 북위 30~36°, 동경 129~134°에 분포하는 일본 열도 규슈(九州)[59], 산

日本地図作成史, 鹿島研究所出版会, 109쪽

57) 秋岡武次郎, 1950, 위의 논문, 9쪽; 秋岡武次郎, 1971b, 위의 책, 109쪽

58) 위의 주

59) 일본 열도 남단의 섬. 현재 7개의 현으로 나뉘어 있다. 후쿠오카(福岡)·사가(佐賀)·나가사키(長崎)·구마모토(熊本)·오이타(大分)·미야자키(宮崎)·가고시마(鹿児島)의 7현이다.

32   일본은 어떻게 독도를 인식해 왔는가

인(山陰)[60] 일부 지방이다. 가장 많은 예는 대한해협을 동남쪽 대각선으로 가로질러 규슈의 후쿠오카 현(福岡縣)이나 나가사키 현(長崎縣) 해안가에 닿는 경우이다. 조선 동해안에서 표류하면 일본 시마네(島根) 현이나 돗토리(鳥取) 현까지 흘러간다.[61]

조선의 많은 사람들이 일본으로 표류하는 것은 바다의 흐름과도 관계가 있을 것이다. 남쪽 바다에서 올라오는 쿠로시오 해류의 지류가 북상하여 만들어지는 쓰시마 난류는 다시 세 개의 지류로 나뉜다. 하나는 쓰시마와 일본 열도 사이를 통과하여 일본 서해안을 타고 흐르는 연안지류이다. 또 하나는 쓰시마와 한반도 사이의 대한해협을 통과한 후 동해안 연안을 따라 북상하는 동한난류이다. 그리고 동한난류에서 분리되어 외해 쪽으로 흐르는 외해지류가 있다.[62] 어떤 바람을 만나는가라는 변수가 있기는 하나 대체로 이 흐름을 타면 조선 동남해안 각 지역에서 일본 서해안 쪽으로 흘러들어갈 가능성이 크다.

---

60) 일본 열도 혼슈(本州: 일본 열도의 가장 큰 섬) 남쪽의 서해안 쪽 지방. 돗토리(鳥取), 시마네(島根) · 야마구치(山口) 현으로 나뉘어 있다.

61) <부록 3> 「동해를 표류한 사람들」 참조

62) 한국해양수산개발원 편, 2011, 앞의 책, 117쪽

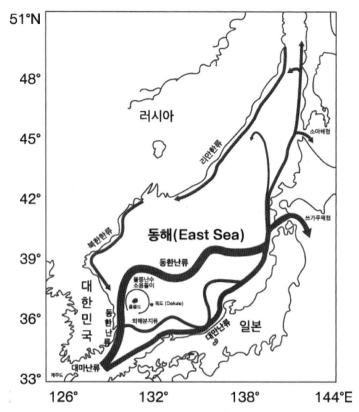

출처: 국립해양조사원(http://eastsea.khoa.go.kr)

〈그림 1〉 「동해 표층해류 모식도」(간략도)

　한편 산인 지방에서 동해를 가로질러 조선으로 표류하기는 힘들다. 바다의 흐름이 열도 연안을 따라 북상하기 때문이다. 기록상으로도 산인 지방 사람들이 조선에 표류한 기록은 찾을 수 없다. 국내에서 표류한 기록조차 거의 찾을 수 없다. 그 이유는 먼저 일본 서해안은 동해안(태평양에 면한 지역)에 비해 물자를 수송하는 회선(廻船)이 많이 다니지 않는 곳이기 때문이다. 서해안 연안을 따라 북상하여 홋카

이도로 물자를 수송하는 배(北廻廻船) 정도였기 때문에 표류할 이유
도 없다. 다음으로 기후나 지리적 형세로 보아 표류 발생 지역이 아
니다. 특히 돗토리 지역(이나바노쿠니와 호키노쿠니)의 배가 표류한
기록은 거의 없다. 일본 돗토리 현에서 간행한 『조취현사(鳥取縣史)』
를 보면 일본 열도 서해안 동북쪽의 돗토리 연안에서 서남쪽의 시마
네 연안으로 바람에 떠밀려간 다음의 세 건의 표류 기록이 전부라고
한다.63)

　　◎ 1744년(元享 14) 1.22
　　　　돗토리 현 서부 도마리우라(伯州 泊浦)의 배가 구로마쓰우라(黑
　　　　松浦: 시마네 현 서부, 역자 주) 앞 바다에서 표류, 표류민은 시
　　　　마네 현 서부 시오다우라(塩田浦)에 표착, 배는 더 서남하행(西
　　　　南下行)하여 시마네 현 서부 하마다소토우라(濱田外浦)에서 발견
　　◎ 1821년(文政 4) 5.20
　　　　돗토리 현 서부 아카사키우라(伯耆國 赤崎浦)에서 동북상행(東
　　　　北上行)하던 배가 표류하여 시마네 현 서부 하마다우라(石見國
　　　　濱田浦)에 표착
　　◎ 1839년(天保 5) 5
　　　　돗토리 현 동부 가로우라(因州 加露浦)의 배가 표류하여 현 돗
　　　　토리 현 서부 와키우라(石見國 那賀郡 和木浦)에서 파손

　　그리고 기록은 없으나 시마네 연안에서 표류하면 아마 돗토리 연
안 등 동북쪽 지역 연안으로 밀려갔을 것으로 추정된다. 즉 산인 지
방 사람들은 표류를 하더라도 같은 지역 연안으로 밀려갈 뿐이며 조
선으로 흘러오는 일은 거의 없었다. 있다고 하면 울릉도로 '표류'했다
고 하는 1건, 울릉도에 도해하였다가 거기서 조선으로 표류한 2건의

---

63) 鳥取県編, 1981, 鳥取県史 第四巻 近世社会経済, 鳥取県, 568쪽

예를 찾을 수 있을 뿐이다.

울릉도 도해를 처음 시작했다는 요나고(米子: 호키노쿠니의 요나고, 지금의 돗토리 현 요나고 시)의 오야 진키치(大谷甚吉)가 1617년 울릉도에 '표류'하였다고 한다. 그리고 이후 매년 울릉도 도해를 하던 오야 가의 배가 1666년 울릉도에서 조선 기장으로 표류한 적이 있다. 그리고 그 이전인 1618년에 이즈모노쿠니(出雲國: 지금의 시마네 현 동부 지역) 주민들이 울릉도에 도해하였다가 조선으로 표류한 적이 있다. 다음에서는 이 사건을 각각 검토하여 오야 진키치의 '표류'와 일본 산인 지역 주민들의 표류의 의미에 대해 살펴보고자 한다.

일본 서해안 지역의 배가 연안을 따라 니가타(新潟)나 야마가타(山形) 등 동북 지역으로 갔다가 되돌아오는 길에 자칫 바람을 잘못 만나면 울릉도가 보이는 해역까지 떠밀려 가는 경우가 있는 것 같다. 본문 제2장 제2절에서 소개하는 「장생죽도기(長生竹島記)」(19세기)에서 그 예를 볼 수 있다. 그리고 17세기 요나고 주민 오야 진키치(大谷甚吉)도 그런 이유로 울릉도에 '표류'하였다고 한다.

오야 진키치는 다지마(但馬: 지금의 효고 현) 오야타니(大屋谷)의 출신으로 전국시대 말기에 요나고에 이주해 살면서 회선업(回船業: 해운업)을 하였다.[64] 오야 진키치는 주로 일본의 북쪽 지역을 대상으로 한 해운업을 경영하였다. 그러던 중 1617년(元和 3)에 폭풍을 만나 표류하다가 울릉도에 표착했다고 한다. 거기서 전복이 많이 나고 다른 해산물 역시 많은 것을 보고 와서 같은 지역에 사는 낭인(浪人) 무라카와 이치베(村川市兵衛)에게 그 사실을 말하였다.[65] 무라카와는

---

64) 鳥取縣編, 1981, 위의 책, 254쪽
65) 위의 주

다시 도쿠가와(德川)의 가신(家臣)으로 번정(藩政) 등 시찰차 요나고에 온 아베 시로고로[阿部四郎五郎, 또는 아베 마사유키(正之)라고도한다]라는 사람에게 막부로부터 도해 허가를 받아달라는 부탁을 하였다. 그리고 아베의 주선으로 1618년 5월 16일 허가가 났다고 한다.

> 「다케시마 도해 금지 및 도해 연혁」(1858)
> 겐나 3년(1618)에 (오야) 진키치가 에치고(越後: 지금의 니가타 현, 역자 주)에서 돌아올 때 표류하여 다케시마(竹島)에 이르렀다. (중략)당시 막부의 신하였던 아베 시로고로 마사유키가 순견사(巡見史: 막부 장군의 교체기에 막부에서 각 지역으로 파견하는 정무, 민정시찰사, 역자 주)로서 요나고에 있었는데 진키치가 무라카와 이치베와 함께 다케시마 도해 허가를 알선해 주도록 청원했다. 겐나 4년(1619)에 두 사람은 에도에 갔으며, 아베 씨의 소개로 청원한 건이 막부 의제로 올라 5월 16일에 도해 면허장을 받았다. 이것을 다케시마 도해의 시작으로 한다.66) <부록 1-27>

위는 『조취번사』제6권에 수록된 17세기의 오야·무라카와 가의 울릉도 도해 관련 기록을 인용한 것이다. 이 기록의 저본(底本)은 오야진키치의 '표류'가 있고 200년가량 더 지난 후인 1858년경에 편찬된 『백기지(伯耆志)』67)이다.

---

66) 鳥取県編, 1971, 鳥取藩史 第6巻 殖産商工誌事変誌, 鳥取県, 466~467쪽; 池内敏, 1999, "竹島渡海と鳥取藩―元禄竹島一件考·序説一", 鳥取地域史研究第一号, 鳥取地域史研究会, 32쪽

67) 『백기지』는 돗토리 번이 편찬한 호키노쿠니(伯耆國)의 지지(地誌)이다. 의사이며 유학자인 가게야마 슈쿠[景山 肅: 1774~1862, 통칭 릿세키(立碩)]의 건의가 편찬 계기가 되었다. 1858년 12월, 가게야마는 『인번지(因幡誌)』를 본 따 호키노쿠니의 군(郡)·촌(村)·리(里)의 고금사(古今事)를 기록한 지지(地誌) 편찬의 필요성을 말하며 에미군(會見郡) 지지 원고의 초안을 상신하였다. 이것을 계기로 1861년 이후 번의 상덕관국학국(尚德館 國學局) 국학자들이 『백기지』를 편찬하게 되었다. 『백기지』의 원본은 거의 소실되었고 현재는 「에미군」「히노군 가와히가시(日野郡 河東)」「히노군 가와니시」의 3부로 이루어진 『백기지』가 「인백총서(因伯叢書)」[佐伯元吉編, 1972, 因伯叢書 4, 名著出版, (因伯叢書発行所編, 1916의 복간본)]에 수록되어 있으며, 동서(同書) 「백

또한 『백기지』의 저본이 된 것은 1818~1829년에 편찬된 「대곡구우위문 죽도도해유래기 발서공(大谷九右衛門 竹島渡海由來記拔書控)」[68]인 것으로 보인다.

> 진키치라는 자가 있었다. 요나고 포구로 이사와 살면서 회선업을 하고 있었는데 에치고에서 돌아올 때 바람을 만나 다케시마에 표류, 진키치가 섬을 전부 돌아보고 오는 방법을 깊이 생각하였는데 조선국에서 약 40리 정도 떨어져 있고 인가는 아예 없으며 장사할 만한 산물이 있어보이므로 도해 방법을 생각하고 그곳에서 해상 150리 정도를 지나 돌아왔다. <부록 1-28>

이 기록을 읽으면 오야 진키치와 울릉도와의 관계가 마치 표류를 통해 형성된 것 같은 인상을 받는다. 가와카미 겐조도 「다케시마 도해 금지 및 도해 연혁」을 인용하여 일본인의 울릉도 도해의 획기적 사건이 된 오야·무라카와 가의 울릉도 도해가 오야 진키치의 울릉도 표류에서 시작되었다는 식의 기술을 하고 있다.[69]

기지 팔 요나고 하(伯耆志 八 米子之下)」에 오야 진키치(大谷甚吉)·무라카와 이치베(村川市兵衛)의 '다케시마(울릉도) 도해' 관련 문서가 수록되어 있다(鳥取県編, 1982, 鳥取縣史 五 近世 文化産業, 鳥取県, 246~251쪽). 여기에서는 시마네 현 홈페이지(http://www.pref.shimane.lg.jp soumu/web-takeshima)에 게재된 내용을 사용하였다.

68) 1818~1829년에 오야 가(大谷家) 11대 당주인 오야 가쓰오키(大谷勝意)가 17세기 초 오야 진키치(大谷甚吉)로 알려진 오야 가의 초대 당주 오야 가쓰무네(大谷勝宗) 때부터의 울릉도 도해 관련 문서들을 취합하여 필사해 놓은 문서이다. 소위 아베 시로고로(阿倍四郎五郎)를 통해 '다케시마(울릉도) 도해 면허'를 받고, 울릉도 산물을 막부에 헌상하여 장군을 대대로 알현하는 영광을 입었으나 1696년 '다케시마(울릉도) 도해 금지령'이 내려져 가업을 접기까지의 오야가가 소장한 울릉도 관련 서류를 취합, 필사한 것이라고 한다. 동 문서는 원래 한문체로 되어 있으며, 오야 가의 후손인 오야 후미코(大谷文子)가 1983년에 편찬한 『대곡가고문서(大谷家古文書)』에는 현대 문체로 바꾼 것이 수록되어 있다(大谷文子, 1984, 大谷家 古文書, 久保印刷所). 이 문헌에 「대곡구우위문 죽도도해유래기 발서공(大谷九右衛門 竹島渡海由來記拔書控)」에 대한 해설이 있다(107~160쪽). 또한, 가와카미 겐조의 책에도 인용되어 있다(川上健三, 1966, 竹島の歴史地理学的研究, 古今書院, 第1章 第1節). 여기에서는 가와카미의 책에 수록된 내용을 재인용하였다.

그러나 다음의 기록을 보면 사실 오야 진키치가 표류한 1617년 당시 이미 지역적 차원에서의 울릉도 도해가 있었고, 이 섬을 이소타케시마라는 명칭으로 인식하고 있었다는 것을 알 수 있다.

일본 나라(奈郎)에 있는 홍복사(興福寺)의 학승 다몽인(多聞院) 에이슌(英俊) 등에 의한 1478~1618년간의 일기인『다문원일기(多文院日記)』1592년 5월 19일조에는 호키(伯耆) 사람 야시치(弥七)가 '이소타키 닌징[いそたき人参: 이소타케(産) 인삼]을 지참하고 에이슌을 찾아왔다는 기록이 있다.[70)]

또한 1618년 7월 이즈모노쿠니의 미오노세키(三尾關)에 사는 마타자이(馬多三二) 등 7명이 울릉도 출어 중에 조선으로 표류하였다고 한다. 그 내용을 보면 다음과 같다.

> 겐나 4 무오년, 마타자이 등 7명이 울릉도에서 고기를 잡다가 표류한 것을 돌려보낸다. 이것이 일본과의 우호관계의 시작이다.[71)]
> <부록 1-29>

> 왜인 마타자이 등 7명 (중략)
> 즉 미오노세키에 사는 자이다. 울릉도에 고기를 잡으러 갔다가 바람을 만나 표류한 자이다.[72)] <부록 1-30>

위와 같이 지역적 차원에서는 사실상의 울릉도 도해가 행해졌고 또한 이소다케시마라는 명칭으로 알고 있었다. 따라서 해운업을 영위

---

69) 川上健三, 1966, 위의 책, 72쪽

70) 中村栄孝, 1969, 日朝関係史の研究 下, 吉川弘文館, 460쪽; 池内敏, 1999, 앞의 논문, 40쪽

71) 池内敏, 1999, 위의 논문, 40쪽, 45쪽(미주 13)에서 재인용

72) 위의 주

하여 바다 사정에 밝았던 오야 진키치 역시 이 섬이 조선의 울릉도이 며 일본에서 이소다케시마라는 명칭으로 불린다는 것을 알고 있었을 가능성이 크다. 그렇다면 <부록 1-27>, <부록 1-28>과 같이 오야·무라카와 가의 울릉도 도해가 오야 진키치의 일신상의 불행과 우연을 계기로 한 울릉도 발견과 표류에서 시작되었다는 기술은 어딘가 앞뒤가 맞지 않는다.

또한 오야·무라카와 가의 울릉도 도해에 대해 기록하고 있는 산인 지방의 지지(地誌) 역시 오야 진키치의 울릉도와의 관계 형성을 별달리 표류라는 사건을 매개로 설명하고 있지 않다.

「대곡구우위문 죽도도해유래기 발서공」과 편찬 시기가 같은 오카지마 마사요시(岡嶋正義)의 『죽도고(竹島考)』(1828)[73]에는 다음과 같이 오야 진키치의 '표류'에 대해 기록되어 있다.

> 「다케시마에 배가 다니기 시작하다」
> 겐나 때 호키노쿠니에서 다케시마에 도해하게 된 경위를 물으니 게쵸(慶長) 때쯤 나카무라(中村) 호키노카미(伯耆守)님이 이나바노쿠니를 영유하고 있을 때에, 요나고 성하(城下)에 오야 진키치(大谷甚吉)·무라카와 이치베(村川市兵衛)라는 선장이 있었다. 어느 날 배가 다케시마 가까이 갔는데 사람이 살지 않는 폐도(廢島)로서 산물이 많음을 보고 그곳을 둘러본 후 그 섬으로 오는 바닷길을 상세히 알아내어 계속 배로 오갈 생각을 하였으나, 멀리 외떨어져 있는 섬이며 무엇보다도 조선국에 근접해 있는 외진 섬이기에 내 생각만으로는 안 되는 일이다 싶어서 그냥 시간을 보내고 있었는데 (후략)[74] <부록 1-31>

73) 『죽도고』는 오카지마가 1828년에 편찬한 책이다. 상·하 두 권으로 되어 있다. 주로 돗토리와 그 주변 지역에 전해 내려오는 다케시마(울릉도)에 관한 기록 및 일본과 조선, 중국 문헌을 들어 다케시마(울릉도) 영유권에 대한 자신의 생각을 전개시키는 내용으로 구성되어 있다. 이 자료에 대해서는 본문 제2장 제2절에서 상술한다.

또한 이보다 약 86년 앞서 1742년에 편찬된 『백기민담기(伯耆民談記)』[75]에는 다음과 같이 기록되어 있다.

「오야・무라카와 다케시마 도해사」
오야, 무라카와 양씨(氏)는 요나고 거주자로서, 대대로 명망 있는 요나고 주민이다. 자손은 아직도 요나고 도시요리(年寄: 長老, 역자 주) 직(職)을 맡고 있다. 양씨가 다케시마 도해 면허를 받게 된 것은 원래 그 섬이 일본에서 아주 멀리 떨어져 있어서, 이전 도해하는 사람이 없었는데, 그 두 사람이 도해시의 이윤을 보고, 겐나 3년경 돗토리 번 번주에게 요청하였다. (후략)[76] <부록 1-32>

현재의 돗토리 현 지역에서 편찬된 지지(地誌)류를 검토해 보면 시간을 거슬러 올라갈수록 오야 진키치가 울릉도에 표류하였다는 식의 기술은 사라지는 것을 알 수 있다.

<부록 1-31>은 오야 진키치가 울릉도를 조사하러 간 것 같은 인상을 주는 기술이다. 또한 '멀리 외떨어져 있는 섬이며 무엇보다도 조선국에 근접해 있는 외진 섬이기에 내 생각만으로는 안 되는 일이다' 라는 기술에 주목해야 한다. 울릉도가 일본인이 멋대로 도해할 수 있는 일본의 섬이 아닐지도 모른다는 생각을 했다는 인상을 주기 때문이다.

---

74) 岡嶋正義, 1828, 竹島考 下卷 竹島通舶發端 竹島考 上・下(정영미 역, 2011, 竹島考 上・下, 2011 경상북도 독도사료 연구회 성과물Ⅰ, 경상북도・안용복 재단, 160~161쪽)

75) 돗토리 번의 번사였던 마쓰오카 노부마사(松岡布政: ?~1750)가 1742년에 편찬한 호키노쿠니(伯耆國)의 지지(地誌). 마쓰오카가 1741~1743년에 편찬한 『伯耆民諺記』에서 호키노쿠니와 관련이 적은 항목을 삭제한 후 15편으로 재편집한 것이다. 「地理」「神社佛閣」「古城」의 3부로 구성되어 있다. 이 중 제1권「地理」「米子由來之事」에「村川大谷竹島渡海事(무라카와・오야 울릉도 도해사)」가 수록되어 있다. (鳥取縣編, 1982, 鳥取藩史 第五卷 近世文化産業, 鳥取縣, 238~242쪽)

76) 萩原直正校註, 1960, 因伯文庫 伯耆民談記, 日本海新聞社, 19~20쪽

<부록 1-32>에서는 이전에 울릉도에 도해하는 사람이 없었다고 기술된다. 그리고 오야·무라카와 가의 울릉도 도해는 다른 사람이 도해한 적이 없는 새로운 섬의 자원적 가치를 발견한 양 가(兩家)의 청원에 의해 시작된다고 한다. 울릉도에 이전에 도해하는 사람이 없었다고 하는 것은 앞서 본 '이소타키 닌징'이나 울릉도로 표류한 이즈모노쿠니의 미오노세키 어민을 고려해 볼 때 모순이 있다.

사실, 오야 진키치가 다니는 항로에서 울릉도는 너무 멀리 떨어져 있다. 에치고(越後: 지금의 니가타 현)에서 돌아오는 길에 바람에 떠밀려 동해 한 가운데로 나갈 가능성이 없지는 않으나 조선 가까이에 있는 울릉도에까지 흘러갔다는 말은 신빙성이 없다. 바다의 흐름이 그렇지 않기 때문이다. 그리고 만일 그가 정말 표류를 했다면 배기 파손되어 요나고로 되돌아오기 힘들었을 것이다. 그럼에도 오야 진키치는 울릉도를 '발견'한 후 무사히 요나고로 되돌아 와서 다음의 도해를 기약한다.

오야 진키치의 '표류'는 사실상의 표류로 볼 수 없다. 이 표류는 일종의 명분으로써 후대에 이르러 만들어진 것으로 보인다. 당시는 민간인의 국외 도항이 법으로 엄금되어 있었던 시대였다. 이 법을 어기면 극형을 면치 못했다. 그러나 표류민에 대한 처우는 달랐다. 당시에는 많은 표류민이 발생하였고 이들은 국가 간의 우호와 인도적 차원에서 국가의 체계적 보호를 받았다.[77] 이와 관련하여 오야 진키치의 첫 울릉도 도해 사유가 후대에 와서 '표류'라는 단어로 변명된 것으로 판단된다.

---

77) 池内敏, 2006, 大君外交と「武威」, 名古屋大学出版会, 15쪽

1618년 7월, 울릉도 출어 중에 표류하여 조선에 갔다고 하는 이즈모노쿠니 미오노세키에 사는 마타자이(馬多三二) 등 7명은 일본과의 우호 차원에서 송환되었다고 기록되어 있다. 또한 1666년에 울릉도에서 돌아오다가 조선의 장기로 표류한 오야 가의 선원에게 조선 정부가 지급한 물품(漂倭衆別贈)을 보면, 9월에는 선장(頭倭)에게 백미(白米) 2두(斗)와 백지(白紙) 2권을, 선원에게는 백미 각 1두와 백지 각 1권을 지급하였으며, 10월에는 22인에게 백미 22두, 대구어(大口魚) 110마리, 청주(淸酒) 22병, 동과(東瓜) 22개, 감장(甘醬) 6두 6승이 지급되었다.[78] 이들 표류민은 국가 간의 우호 차원에서 후한 대우를 받았던 것이다.

「대곡구우위문 죽도도해유래기 발서공」의 내용은 이미 1693년 이후의 울릉도 쟁계[79]에 의해 다케시마(울릉도)가 조선의 영토임이 재확인되고 나서 한참 후에 오야 가의 후손에 의해 기록된 것이다. 따라서 오야·무라카와 가의 울릉도 도해의 범법성을 변명할 수 있는 어떤 명분이 더더욱 필요해졌을 것이라고 본다. 그것이 '표류'라는 단어였다고 판단된다.

그런데 현재 오야·무라카와의 울릉도 도해는 일본인의 마쓰시마(독도) 인식과 실효지배라는 문맥에서만 언급되고 있다. 즉 옛날에 일본인이 다케시마(울릉도) 도해 면허를 받았다, 울릉도 도해를 통해 독도를 알게 되어 마쓰시마라고 불렀다, 그리고 독도를 울릉도 도해 기항지로 사용하였다[80]는 등 일본인의 울릉도 도해의 범법성에 대해서

---

78) 岡嶋正義, 1828, 竹島考 下巻 大谷之船漂到ス朝鮮国(정영미 역, 2011, 앞의 책, 184~187쪽)
79) 제2장 각주 1 참조

는 함구한 채로 독도 인식, 그리고 실효지배의 계기로써만 기술하고 있는 것이다. 그 근거 자료로 쓰이고 있는 것이 위에서 인용한 「대곡 구우위문 죽도도해유래기 발서공」, 『백기지』 등인 것이다.[81]

오야·무라카와 가의 울릉도 도해란 즉 조선의 섬 울릉도 침탈을 의미한다. 일본의 나이토 세이추(內藤正中) 교수가 지적하듯 "어디에 빈집이 있고 어느 누구도 살고 있지 않다고 하여 마음대로 들락날락" 한 행위였다고 할 수 있다.[82] 따라서 일본인의 울릉도 도해를 계기로 한 일본인의 '독도 인지' 또는 '독도 실효지배' 등에 대한 평가도 이와 같은 문맥에서 해야 될 것이다.

2. 다케시마(竹島) 명칭 유래와 『은주시청합기』

오야·무라카와 가의 울릉도 도해를 통해 다케시마라는 명칭이 산인 지역에 널리 알려지게 되었다. 그런데 앞서 언급한 바와 같이, 같

---

80) 에도 도쿠가와 가 3대 장군 이에미쓰(家光) 시대에 오야·무라카와 다케시마(울릉도)에 대한 지배 허가를 받았으며 울릉도 도항시 마쓰시마(松島: 독도)를 중계지로 사용했다는 주장은 이미 1954.2.10자 「일본 정부 견해 ②」에서 보인다. 1950~1960년대 한일 독도 영유권 논쟁기 및 왕복 각서에 대해서는 제4장 제1절 참조. 이하 같음.

81) 이들 문서에는 일본의 겐나(元化) 4년, 즉 1618년에 막부로부터 다케시마(울릉도) 도해 면허를 받았다는 내용이 기록되어 있다. 이 1618년의 울릉도 도해면허 발급설은 이후 일본 측 독도 영유권 주장의 주요 근거가 되었다. 그런데 1999년 들어 이케우치 사토시가 '다케시마(울릉도) 도해 면허'를 분석하여, 그 발급연도가 1624년(寬永元年)이라는 지적을 하였다. 1681년 다케시마(울릉도) 도해의 정당성을 막부에게 설명할 필요가 있었기 때문에 도해 역사를 1618년으로 소급해서 설명하였기 때문에 발급연도가 바뀌었다는 지적이다(池内敏, 1999, 앞의 논문, 43쪽). 그리고 이 설을 기록한 오야 가 문서[「대곡씨구기(大谷氏舊記)」, 『대곡가고문서(大谷家古文書)』 등이 있다]가 후대의 『죽도고』(1828년)나 『백기지』(1870년대) 등의 산인 지방 지지(地誌), 더 나아가 『조취번사』 등에 무비판적으로 인용됨으로써 1618년 다케시마(울릉도) 도해 면허 발급설이 정착되었다고 한다. 오야 진키치의 '표류'도 같은 맥락에서 해석되어야 한다고 본다.

82) 内藤正中, 2005b, "竹島固有領土論の問題点", 郷土研 69号(2005.8), 郷土石見, 7쪽

은 시기 같은 지역에서는 울릉도에 대해 이소다케시마라는 명칭을 사용한 흔적이 역력한 것이다.

그런데 왜 오야·무라카와가 울릉도를 다케시마라 하여 도해 면허를 받게 되었는지에 대해서는 아직 밝혀진 바 없다. 나이토 교수는 이 점에 대해 '울릉도 도해 목적의 개칭(改稱)'이었다는 지적을 하였다. 1614년 조선과 쓰시마 번의 교섭을 통해 일본에서 이소타케시마라고 부르고 있던 섬이 조선령 울릉도로 결착 났다. 그때 조선 측은 엄중한 태도로 '왕래하는 일이 있으면, 단지 귀도 하나만을 문호로 한다. 그 외의 사절은 해적으로 간주한다'고 하였다. 즉 일본의 조선국과의 왕래는 쓰시마를 경유하는 해로만을 인정하고 다른 길을 통해 내항하는 것은 해적으로 간주하겠다고 한 것이다.[83]

이에 따라 1620년 몰래 이소타케시마에 도해했던 쓰시마의 야자에몬(弥左衛門)과 진에몬(仁右衛門)이 붙잡혀 처형된 사실도 있다.

> 유곡기(柚谷記)가 말하길, 이소타케시마는 옛날 와시자카 야자에몬 부자가 이 섬에 건너가서 은거하였던 섬이다. 막부로부터 받은 주인장을 가지고 쓰시마의 무사와 쓰시마 부중(府中) 사람이 작은 배 두 척을 타고 가서 이들을 잡았다. 이는 일본 밖으로 나가는 것을 금하고 있었기 때문이다.[84] <부록 1-33>

이에 나이토는 위의 1614년의 교섭을 배경으로 그 이전까지 이소타케시마로 불리던 울릉도 명칭이 다케시마로 개칭되었다고 본다. "즉 조선국과의 왕래는 쓰시마를 경유하는 해로만을 인정하고 다른

---

83) 内藤正中, 2000a, "竹島渡海免許をめぐる問題", 竹島(鬱陵島)をめぐる日朝関係史, 多賀出版, 51~53쪽 ; 中村栄孝, 1969, 앞의 논문, 457쪽
84) 池内敏, 1999, 앞의 논문, 40쪽, 45쪽(미주 14)에서 재인용

길을 통해 내항하는 것은 해적으로 간주하겠다고 말하고 있으므로 막부로서는 지금 울릉도라고 생각되는 섬으로 도해하려는 사람에게 '주인장(朱印狀)'[85] 같은 형식을 취해 정식 허가를 내줄 수는 없었다. 그래서 생각해 낸 것이 그때까지 이소타케시마라고 부르고 있던 울릉도를 다케시마라는 새로운 이름으로 바꾸어 부르는 것이었을지도 모른다고 추측하고 있다"고 한다. 그리고 "1618년 이전에는 일본도 조선도 모두 다케시마라는 명칭은 사용하지 않고 있었다. 그 당시의 이소타케시마는 중국의 지도에 「다케시마(他計汁麻)」라고 되어 있었을 뿐이었는데, 그것이 섬의 이름을 새로 다케시마라고 명명하게 된 하나의 단서가 되었다고 볼 수도 있다[「타계즙마(他計汁麻)」를 일본어로 읽으면 다케시마이다, 인용자 주]. 어쨌든 1625년에 막부가 다케시마라는 이름으로 도해면허를 교부하여, 요나고 주민의 다케시마 도해사업이 시작되자 그때까지 이소다케시마로 불리던 섬의 이름은 공식문서 상에서는 볼 수 없게 되었고 모두 다케시마라는 명칭이 사용되게 된다"고 분석한다.[86] 다케시마라는 명칭은 조선의 섬 울릉도에 도해하기 위한 구실이었다는 것인데 필자도 동의하는 바이다.

한편 다케시마라는 명칭의 유래가 중국 지도의 「다케시마(他計汁

---

85) 일본 에도 시대 초기 주인장을 발급받은 주인선(朱印船)이 동남아 각 국으로 도항하여 무역을 하였다. 1604년부터 1635년까지 주인장을 받아 동남아로 도항한 선적 수는 350여 척을 상회한다고 한다. 주인장은 주로 일본 열도 서쪽에 영지를 둔 영주[다이묘(大名)] 및 교토·오사카·나가사키의 상인 및 재류 외국인에게 발행되었으나 이후 막부의 기독교 금교 및 무역 통제 강화와 함께 막부와 깊은 관계가 있는 특권 상인에게만 발급해 주게 되었다. 에도 막부는 1831년에는 주인선의 관리와 통제를 강화하기 위해 새로 봉서선(奉書船)제도를 실시하였고 1835년에는 일본 선박의 해외 도항을 전면적으로 금지하였다. 이로써 주인선 무역도 중지되었다. (日本史広辞典編集委員会編, 1997, 앞의 책, 1041쪽)

86) 内藤正中, 2000a, 앞의 논문, 51~53쪽

麻)」였을지도 모른다고 한 것에 대해서는 약간의 검토가 필요하다. 나이토는 그 근거로써『조선통교대기』[87])를 인용하고 있다. 여기에서 보면 중국 명나라에서 왜구대책을 위해 1561년에 작성된『일본도찬(日本圖纂)』에 "호키노쿠니(伯耆國) 북방 해상에 「다케시마(他計汁麻)」라고 표기되어 있는 점과『도서편(図書編)』「일본국도(日本国図)」에 「伯耆沿海… 其北為竹島, 県海三十里(호키 연해… 그 북쪽에 다케시마가 있다, 현해 30리)"로 되어 있다고 한다.

한편 오카지마 마사요시의『죽도고』도 같은 이유로 다케시마가 일본영토라고 인식한다.『죽도고』상권에는 「혹문(或門)」이라는 항목이 있다. 어떤 사람(或者)이 다케시마(울릉도)에 대해 궁금한 것을 물어 오면 거기에 답하는 형식으로 기술되어 있다.[88] 여기에서 세 번째 질문 중 '에도 중기 경 다케시마가 일본 호키노쿠니의 속지였다고 하는데 맞느냐'는 질문에 대해 중국 고문헌에 기록된 「다케시마(他計汁麻)」또는 「다케시마(竹島)」를 들어 다케시마가 일본 호키노쿠니에 소속된 섬임을 논증하는 것이다.

> 혹자는 물어 말하길, "조선국 사람의 배가 다케시마에 왕래한 시기는 호키노쿠니에서 도해한 시기와는 차이가 있었기 때문에 그 나라 사람이 그 일을 눈치 채지 못한 채 많은 해가 지났다고 한다. 또 에도 중기 경에는, 호키노쿠니의 속지였다고도 하는데 확실한 증거가 있는 것인가?"
> 답하여 말하기, "호키노쿠니에서 다케시마에 수십 년간 도해한 것을 조선국이 모르고 있었다니 이는 근거 없는 망언이다. 또, 호키주의 속도(屬島)였다는 말도 근거가 없지는 않다. 지금 그에 대한

---

87) 田中健夫・田代和夫校訂, 1978, 朝鮮通交大紀, 名著出版, 288쪽, 위의 주 54 참조
88) 「혹문」에 대한 자세한 분석은 본문 제2장 제2절에서 상술한다.

한두 가지 설(說)을 들어 증거로 삼겠다. (중략)

『등단필구(登壇必究)』는 「도서편」을 인용하여 말하길, "(윗부분 생략) 이를 빗츄(備中)라 한다. 이 서쪽에 있는 것을 이나바(因幡)와 호키(伯耆)라 한다. 바닷가가 모두 배를 댈 만한 백사장이 없다. 그곳의 진(鎭)을 아카사키(阿家殺記)와 와코케(倭子介), 다노구치(他奴賀知)라 한다. 그 북쪽에 있는 것을 다케시마(竹島)라 하는데 바닷길 30리이고…"라 하였다. (중략)

또 『무비지』권231, 「일본고(日本考) 도명(嶋名)의 부」에, "사쓰(薩)주의 다네가시마', '히젠(肥前)의 히라토(平戶)', '게이(藝)주의 미야지마(宮嶋)"라고 한 것과 같이 다케시마(竹島)를 호키국에 부속시키고 그 번역어를 '다케시마(多計什麼)'라 하였다. (중략)

이미 명나라 사람도 그렇게 쓴 것이 역력하니 다케시마가 옛날부터 우리나라 호키노쿠니의 속도(屬島)였다는 것에 어떤 의심이 있을 수 있을까.[89] <부록 1-34>

　　여기에서 『일본도찬』, 『도서편』, 『무비지(武備志)』에 수록된 「일본국도(日本國圖)」에서의 다케시마에 대해 잠시 살펴보고자 한다.

　　『일본도찬』은 명나라 지리학자 정약증(鄭若曾)이 왜구 대책을 위해 기술한 일본 연구서이다. 1562년(明·嘉靖 41)에 완성되었다. 여기에는 「일본국도」가 수록되어 있다. 또한 그가 편찬한 『주해도편(籌海図編)』에도 「일본국도」가 수록되어 있다. 두 지도는 같은 계통의 지도이다.

　　여기에서 『주해도편』의 「일본국도」를 들어보면, 「다케시마(竹島)」는 오른쪽 페이지 상단 「인번주[因幡州/이나바 주(쿠니)]」와 「伯耆州[호키 주(쿠니)]」 사이에 끼어 있는 큰 섬이다. 「은기산(隱岐山/오키 섬)」 및 「삼도[三島/미시마, 현재의 야마구치 현(山口縣)의 미시마(見島)로 추정됨]」와 동일 선상에 동일한 크기로 그려져 있다.

---

89) 岡嶋正義, 1828, 竹島考 上卷 或門(정영미 역, 2011, 앞의 책, 54~71쪽)

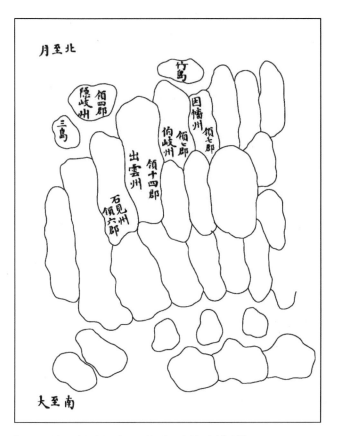

출처: 규슈대학 디지털 아카이브〉중국・일본제 동아시아 지도〉籌海図編
(http://record.museum.kyushu-u.ac.jp/eastasia/c02.htm)

〈그림 2〉『籌海図編』卷二 日本国図(西日本) 간략도

　『도서편』「일본국도」는 명나라 시대 학자 장황(章潢, 1527～1608)이
1541년(明・嘉靖 41)에서 1577년(万暦 5)에 걸쳐 편찬한 「유서(類書)」
(백과사전의 일종)이다. 이 중「일본국도」라고 하는 제목의 지도가 수
록되어 있다. 이것은 정약증(鄭若曽)이 편찬한 『주해도편』・『일본도
찬(日本図纂)』에 수록된 「일본국도」 계통에 속하는 지도이다.

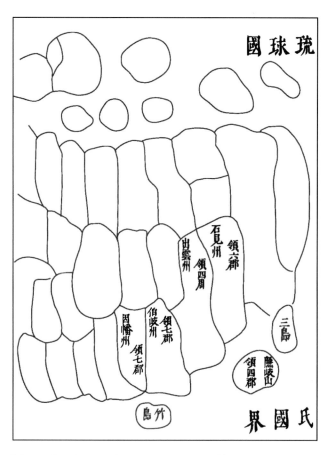

출처: 규슈대학 디지털 아카이브〉중국·일본제 동아시아 지도〉図書編
(http://record.museum.kyushu-u.ac.jp/eastasia/toshohen.htm)

〈그림 3〉『異称日本伝』巻中五 日本国図(西日本) 간략도

　여기에서 「다케시마(竹島)」는 왼쪽 페이지 하단 「인번주(因幡州)」
와 「백기주(伯耆州)」 사이에 끼어 있는 큰 섬이다. 역시 「은기산(隱岐
山)」 및 「삼도(三島)」와 동일 선상에 동일한 크기로 그려져 있다.

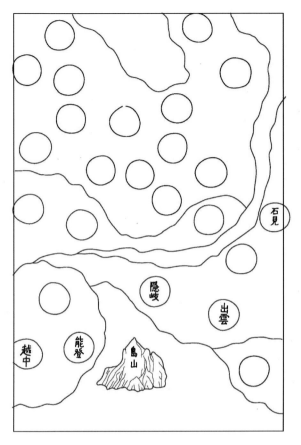

출처: 규슈대학 디지털 아카이브)중국·일본제 동아시아 지도)武備志
(http://record.museum.kyushu-u.ac.jp/eastasia/bubishi.htm)

〈그림 4〉『武備志』卷二三三·占度載·度三十五·四夷一日本図
(山陽道·山陰道·東海道)

『무비지』는 명나라 사람 모원의(茅元儀)가 1621년(明·天啓元)에
완성시킨 병서이다. 이 책은 주로 중국 역대의 병법에 관해 기술하고
있는 것인데 동북아시아, 동남아시아 각지의 지도와 「일본국도」가 수

록되어 있다.

　여기에는 「다케시마(竹島)」라는 섬은 없다. 왼쪽 페이지 하단에 「은기(隱岐: 오키)」는 본주(本州)의 「출운(出雲: 이즈모)」과 「백기(伯耆: 호키)」의 옆에 그려져 있다. 그 앞에 선명한 산 모양을 한 섬이 있다. 「도산(島山)」[90]이라고 표기되어 있다.

　위의 지도는 각각 『일본도찬』의 「다케시마(他計汁麻)」, 『등단필구』가 인용한 『도서편』의 「다케시마(竹島)」 및 『무비지』의 「다케시마(他計汁麻)」를 그림으로 표현한 것으로 보인다. 여기에서 보면 『일본도찬』과 같은 계통의 지도인 『주해도편』 및 『도서편』은 「다케시마(竹島)」, 『무비지』에는 「도산(島山: ‘시마야마’라고 불렀을 것이다)」이라고도 표기되어 있다.

　이와 같이 보면 이들 명나라 문헌에서 보이는 「다케시마(他計汁麻)」는 일본어 「다케시마(竹島)」의 차자(借字)이다.[91] 「다케시마(他計汁麻)」의 중국어 음 「tā-jì-zhī-má」는 「다케시마(竹島)」의 중국어 음 「zhōu-dǎo」와는 다르다. 이 「다케시마(他計汁麻)」는 「다케시마(竹島)」의 일본어 「take-shima」의 차자인 「他(ta) 計(ke) 汁(shi) 麻(ma)」이다. 즉 명나라 문헌의 「다케시마(他計汁麻)」와 「다케시마(竹島)」는 일본에서 유래한 지명으로 보는 것이 적절하다.

　앞 절에서 언급한 바와 같이 이 명나라 문헌들이 편찬될 때에는 이미 왜구의 울릉도 침탈, 임진왜란 등으로 울릉도가 이소다케시마라는 명칭으로 일본에 알려져 있을 때였다. 자료는 남아있지 않으나 혹 「다케시마(竹島)」라는 명칭으로 알려져 있었을 수도 있다. 이러한 명

---

90) 「도산(島山)」이 현재의 어느 지방의 어느 섬인지 특정이 불가능하다.
91) 이 점에 대해서는 서울 시립대학교 배우성 교수의 교시(敎示)가 있었다.

칭으로 기록된 지도 혹은 문헌이 명나라 문헌에 참조되어 전재된 것으로 보인다.

그렇다고 해서 오카지마와 같이 "다케시마(竹島)를 호키국에 부속시키고 그 번역어를 '다케시마(多計什麽)'라 하였다… 이미 명나라 사람도 그렇게 쓴 것이 역력하니 다케시마가 옛날부터 우리나라 호키노쿠니의 속도(屬島)였다는 것에 어떤 의심이 있을 수 있을까"라는 해석은 할 수 없는 것이다. 앞서 언급한 바와 같이 당시 일본에서는 이미 자국 지도에 이소다케시마를 그려놓고 있었기 때문이다.

한편 지도만 놓고 보면, 위 지도상의 「다케시마(竹島)」는 울릉도라고 보기 힘들다. 먼저 『무비지』가 「다케시마[多計什麽(ta-ke-shi-ma)]」를 설명하고 있는 자리의 섬, 즉 호키노쿠니 앞의 섬에는 「도산(島山)」이라는 표기가 되어 있다. 이 「도산(島山)」이 어떤 섬을 가리키는 지는 명확하지 않다. 그러나 「도산(島山)」으로도 표기되는 섬이라는 것은 확실하다. 즉 「다케시마(竹島)」가 울릉도를 가리키는 에도 시대의 다케시마(竹島)라는 보장은 없는 것이다.

또한 이 지도들이 실측 지도가 아니라는 것을 감안해도 위의 「다케시마(竹島)」들이 오키 섬보다 본주(本州)에 가깝게 그려져 있는 것은 주목할 만하다. 이 그림은 본문의 기술과 일치한다. 『도서편』은 '이나바와 호키 주에서 바닷길 30리'로 기술하고 있다. 여기에 대해 오카지마는 다음과 같이 말한다.

> 그러면, "그 땅을 다케시마라 하는데 바닷길 30리"라고 하였다. 아마 1,800리의 오류일터이다. 우리나라의 거리표시법(里法)으로 하면 그 나라의 3,000리는 대략 우리나라의 300리에 해당한다. 호키노쿠니에서 다케시마까지 대략 150~160리의 바닷길이므로 그보다 한

배나 더 많은 오류이다. 이 뿐만이 아니라 다른 나라에서 우리나라에 대해 기술한 책을 보자면 거리표시가 잘못된 것이 적지 않다. 이에 증거 하나를 들어보면, 같은 책에서 말하기를, "(윗부분 생략) 이즈모(出雲)의 남쪽 경계라고 하였으며, 그 땅을 오키라 한다. 바닷길 350리이다"라고 하였다. 책에서 말한 대로만 하자면, 다케시마는 호키노쿠니에서 불과 3리의 바닷길이고 오키노쿠니는 이즈모노쿠니에서 바닷길 35리가 된다. 다케시마가 오키노쿠니 안쪽의 우리 쪽 바다에 있지 않은 것은 세 살배기 어린 아이도 알고 있는 바이다.[92] <부록 1-35>

위의 지도에서 보면 본주(本州)에서 「다케시마(竹島)」 및 「오키 산(隱岐山)」까지의 거리감은 문헌 기술에서의 30리 및 350리와 대략 비율이 일치한다. 그런데도 오카지마는 같은 문헌에 기술된 「다케시마(竹島)」=30리, 「오키 산(隱岐山)」=350리는 잘못된 것이라고 판단한다. 이 배경에는 호키노쿠니에서 다케시마까지 대략 150~160리의 바닷길이라는 사전 지식이 있는 것이다.

위의 명나라 지도상의 울릉도 명칭이 일본에서 유래한 것이면 일본 본주에서 「다케시마(竹島)」나 「오키 산(隱岐山)」까지의 거리 표시 역시 일본에서 유래했을 것이다. 그렇다면 위의 거리 표시는 오카지마가 지적하듯 '외국인이 그린 일본지도이기 때문에 오류'가 아닐 가능성이 크다. 필자는 위의 「다케시마(竹島)」가 일본 서해안의 어느 한 섬을 가리키고 있다고 본다.

한편 이 지도들의 「다케시마(竹島)」가 울릉도를 가리키는 다케시마(竹島)라 할지라도 그것과 울릉도의 영유권과는 별개의 문제이다. 이 명칭 역시 이소다케시마와 같이 왜구의 울릉도 침탈 또는 임진왜란

---

92) 岡嶋正義, 1828, 竹島考 上卷 或門(정영미 역, 2011, 앞의 책, 66~69쪽)

이라는 역사적 문맥에서 해석되어야 한다. 즉 이소다케시마와 같이 일본의 울릉도 침탈의 소산인 것이다.

또한 오야·무라카와 가의 다케시마(울릉도) 도해는 엄연한 남의 나라 영토를 침범한 것이므로 이 섬 도해를 계기로 한 마쓰시마(독도)에 대한 모든 인식 및 행위 역시 재해석되어야 한다. 요나고 주민의 다케시마(울릉도) 도해 이전에 마쓰시마(독도)에 대한 인식 또는 행위가 있었다는 근거는 없다. 즉 나이토 교수가 지적하듯 "다케시마라고 불리었던 울릉도가 조선령으로 취급된 이상, 그 섬의 부속도로 되어 있는 마쓰시마(현재의 '다케시마')도 조선령이 되는 것"[93]이다.

따라서 지역적 지지(地誌) 차원에서 처음으로 다케시마(울릉도)·마쓰시마(독도)라는 명칭이 등장한다는 일본 고사료 『은주시청합기(隱州視聽合紀)』「국대기(國代記)」의 해석 역시 무익하다.[94]

이 책은 1667년 이즈모노쿠니의 마쓰에(松江) 번 번사(藩士) 사이토 간스케(齊藤勘介)[95]가 집필한 것이다. 같은 해 그는 오키 섬 관리로 임명되었고 번주에게 보낼 보고서 작성을 위해 오키 섬을 빠짐없이 순시하였다. 그리고 노인들한테 들은 전설이나 여러 이야기, 오키의 지리, 절과 신사, 산물 등을 기록하였다. 이 기록을 편찬한 것이 『은주시청합기』이다.

이 중 제1권 「국대기」의 다음 인용 내용은 지금까지 한일 독도 연구에서 독도가 마쓰시마로 처음 등장하는 일본 자료로써 잘 알려진 내용이다.[96]

---

93) 內藤正中, 2005c, "隱岐の安龍福", 北東アジア文化研究 22号(2005.10), 鳥取短期大学, 57쪽
94) 齊藤勘介(豊仙), 1667, 隱州視聽合紀[오키 사사키(佐佐木) 가(家) 소장본]
95) 또는 사이토 호센(齊藤豊仙)이라고 한다.

그런데 서북 방향으로 이틀 낮과 하룻밤을 가면 마쓰시마(松島)가 있다. 그곳에서 다시 한 나절 정도에 다케시마(竹島: 울릉도)가 있다[세간에서는 이소다케시마(磯竹島)라고 한다. 대나무나 물고기 강치가 많다]. 이 두 섬은 사람이 없는 땅이다. 고려를 보는 것이 운슈(雲州)에서 인슈(隱州: 오키 섬을 말함, 역자 주)를 바라보는 것과 같다. <u>그런즉 일본의 서북쪽 한계는 이 주(州)로 한다.</u>[97] <부록 1-36>

또한 위의 자료는 밑줄 친 일본의 서북쪽 한계를 나타내는 '이 주(此州)'를 어디로 해석하느냐를 두고 1950년대 이후 한일 학자 간에 공방이 지속되어 온 자료이다.[98] 즉, 일본 측은 위의 기술로써 『은주시청합기』가 다케시마(울릉도)를 일본의 북서부 한계로 보았으니 그 동쪽에 있는 독도는 일본영토라고 주장해 왔다. 여기에 대해 한국 측은 '일본 측 해석은 오독(誤讀)', '일본의 북서부 한계를 오키 섬으로 보고 있으므로 그 서쪽에 있는 독도는 한국영토'라고 주장하였다.[99] 즉 같은 문장상의 한 지시대명사 '이 주'에 대해 한국과 일본이 서로 해석을 달리하여 다른 결론을 내 왔던 것이다.[100]

이에 대해 2005년 이케우치가 『은주시청합기』 및 제 판본에서 '州'와 '島'의 용례를 분석하여 '이 주'를 일본의 오키 섬으로 결론 내렸

---

96) 1650년대 초반의 것이라고 추측되는 「대곡가고문서(大谷家文書)」에도 마쓰시마라는 명칭의 독도가 등장한다[池内敏, 2005, "前近代竹島の歴史学的研究序説 —陰州視聴合紀の解釈をめぐって—", 靑丘学研究論集25(2005.3), 韓国文化研究進行財団編, 163~164쪽].

97) 齊藤勘介(豊仙), 1667, 隱州視聽合記 國代記

98) 이 자료는 1956.9.20 「일본 정부 견해 ③」에서 등장하였다.

99) 1959.1.7 「한국 정부 견해 ③」에서 지적되었다.

100) 『은주시청합기』「국대기」의 「此州」 해석을 둘러싼 한일 학자의 논쟁에 대해서는 池内敏, 2005, 앞의 논문, 169~184쪽(付録 "『隱州視廳合紀(記)』に言及した諸論考")에 정리되어 있다.

는데 이후 동 자료의 '이 주'에 대한 해석 논란은 잠잠해진 것 같다.

그러나 애당초 요나고 주민의 울릉도 도해가 불법이었던 만큼 '이 주'가 오키 섬으로 해석되던 울릉도로 해석되던 관계없었다고 본다. 그런데도 최근까지 앞서의 표와 같이 '이 주'의 해석에 매달려왔던 것이다.

또한 『은주시청합기』의 「지부군 다쿠비 야마 엔키(知夫郡燒火山緣起)」[101]에 주목해야 한다. 「국대기」 이전이긴 하나 비슷한 시기에 쓰인 것인데 여기에서는 울릉도를 이소타케시마로 기술하고 있다. 호키의 오야·무라카와 양가가 에도 막부의 허가를 얻어 이소타케시마에 도해하였는데 풍랑을 만나 표류하다가 다쿠비야마(燒火山) 신사(神社)의 이사리비(漁火: 물고기를 어선 쪽으로 유인하기 위해 피우는 불)의 인도를 받아 무사히 돌아올 수 있었다는 내용이다.

> 또 호키노쿠니의 오야 무라카와가 미야(宮)로부터 주인(朱印)을 하사받아 큰 배로 이소다케시마에 갔다. 풍랑을 만나 고구려(조선, 역자 주)쪽으로 흘러갔다. 해가 졌으나 포구를 알 수 없었다. 배는 다쿠비야마(燒火山)를 마음속에 떠올렸다. 즉시 이사리비(漁火)가 보여 포구로 들어 갈 수 있었다. 귀항 한 후 그 산을 받들었다. (이 일에 대해) 듣는 자 모두 경악하였다.[102] <부록 1-37>

『은주시청합기』는 지역 차원의 이소타케시마, 즉 조선의 울릉도에 대한 인식을 오야·무라카와 가(家)라는 특정 집안의 다케시마, 즉 일본 섬이라는 인식으로 완전히 대체시킨 역할을 한 문헌이다. 이소타

---

101) 이 사료는 1659년에 집필된 것으로 오키 섬 도젠[島前: 오키 섬은 도젠과 도고(島後) 및 그 외의 작은 섬으로 구성되어 있는 군도(群島)이다]의 문화재로 지정되어 있다.

102) 齊藤勘介(豊仙), 1667, 隱州視聽合記 知夫郡燒火山緣起

케시마라는 명칭은 뒷 절에서 보듯 더 후대의 지지류(地誌類)에 남기는 한다. 그러나 『은주시청합기』이후, 산인 지방의 대부분의 지지류가 이 문헌을 저본으로 하여 편찬되기 때문에 울릉도에 대한 일본 명칭은 이제는 다케시마가 되어버렸다.

제2장
울릉도 도해 금지령과
일본인의 울릉도·독도 인식

고려 이후, 동해는 공식적으로는 한반도 제 왕조와 일본 간의 교류에 이용되는 바다가 아니었다. 따라서 그 가운데 있는 울릉도·독도는 일본인이 쉽게 알 수 있는 섬이 아니었다. 그러나 여말선초의 왜구, 임진왜란 등을 통해 알려져 일본식 이름이 붙게 되었다.

조선 시대 이후에는 태종·세종의 울릉도민 쇄환정책 이후 주민이 살지 않던 것을 기화로 일본인들이 불법 도해하게 되었고 이 과정에서 다케시마라는 새로운 이름이 붙게 되었다. 또한 독도에도 마쓰시마라는 이름이 붙게 되었다.

지금으로서는 독도 영유권과 관련하여 이 마쓰시마(독도)를 근거로 하는 '일본인의 역사석 독도 인식'과 '실효지배'가 부각되고 있지만 사실 당시에 마쓰시마(독도)는 일본인들의 관심 밖에 있는 섬이었다. 지금까지 남아있는 자료에서 보면 마쓰시마(독도)에 대한 기록은 아주 단순하다. 명칭이나 일본의 오키 섬 또는 울릉도로 부터의 거리에 관해 기술한 한두 문장 분량의 기록이 약간 남아 있을 뿐이다. 대부분의 내용은 울릉도의 자원, 오야·무라카와 가의 울릉도 도해, 그리고 이 섬의 소속을 둘러싼 조·일 간의 논쟁─울릉도 쟁계─으로 채워져 있다.

그런데 1696년 1월 이후 일본에서 동 해역으로의 진출은 다시 막히게 되었다. 1693년 조선 어민과 요나고의 오야 가 선원이 울릉도에서 만나게 된다. 그리고 안용복과 박어둔이 오야 가 선원에게 이끌려 요나고로 간다. 이 사건을 계기로 조·일 간 울릉도를 둘러싼 논쟁인 울릉도 쟁계가 벌어진다. 그 결과 에도 막부가 오야·무라카와 가의 울릉도 도해 금지 조치를 취하였기 때문이다. 이로써 일본 산인 지역 주민들에게 동해는 다시 닫힌 바다가 되고 울릉도는 금단의 섬이 되었다. 에도 막부의 울릉도 도해 금지 정책이 철저했던 것은 1837년 이마즈야 하치에몬 사건에서 알 수 있다. 그가 소속 번 관료들과 모의하여 비밀리에 울릉도에 도해하였다가 막부에 발각되어 관련자 전원이 처벌된 것만 보아도 알 수 있다.

그런데 울릉도 쟁계가 사건 이후의 일본 산인 지역 주민의 울릉도와 독도 인식 왜곡의 배경이 된다. 이후 이 지역에서 울릉도 도해 시대를 회고하는 문헌들이 편찬되는데 이런 문헌에서의 울릉도·독도 인식은 사실(史實)과는 괴리된 것이며 착종(錯綜)된 것이다. 다케시마(울릉도)는 원래 일본 섬인데 조선에 양보하였다거나 또는 빼앗겼다고 기술되기도 하고 다케시마(울릉도)를 마쓰시마라는 이름으로 거론하는 양상까지 보인다. 이 사건으로 인해 지역 사회에 막대한 경제적 이익을 안겨준 울릉도 도해가 중단된 것에 대한 지역민의 반감이 작용한 결과로 추정된다. 한일 독도 영유권 논쟁에서 사용되고 있는 자료들은 이러한 울릉도 쟁계 후의 일본인의 울릉도·독도 인식이 반영되어 있는 자료들이다.

제1절 울릉도 쟁계와 도해 금지령에 대한 고찰

1. 울릉도 쟁계 또는 다케시마 잇켄을 보는 시각

울릉도 쟁계[1] 또는 다케시마 잇켄[2]은 1693년에 안용복이 울릉도에서 일본 오야 가 선원과 만나 일본에 간 것을 계기로 시작하여 1699년까지 지속된 조선과 일본과의 울릉도 소속을 둘러싼 논쟁[3]을 지칭한다. 이 결과 조선에서는 15세기 이래의 울릉도 주민 쇄환 정책(또는 공도 정책)이 울릉도 수토 정책으로 수정되었으며, 일본에서는 에도 막부가 근 80여 년간 이어진 오야·무라카와 가의 울릉도 도해를 금지하는 명령을 내리게 된다.

울릉도 쟁계는 조·일 양국 정부 차원의 국가 경계에 대한 논쟁이었던 만큼 여러 문헌에 다양한 형태로 기록되어 왔다.[4] 그런데 이 울

---

1) 조선 후기 예조(禮朝)관원들의 실무 지침서인 『춘관지(春官志)』[1744(英祖 20) 편찬, 1781(正祖 5) 증보]에서 17세기 말에 안용복을 계기로 벌어진 조·일 간의 울릉도 소속을 둘러싼 논쟁(1693~1699)을 다루고 있는데 이를 '울릉도 쟁계(鬱陵島爭界)'로 이름 붙이고 있다. (법제처 편, 1976, 법제자료 제85집 春官志, 법제처, 269~288쪽)

2) 다케시마 잇켄(竹島一件)이라는 단어는 울릉도 쟁계를 지칭하는 일본 고사료상의 용어이다. 당시의 일본 연호를 사용하여 겐로쿠(元禄) 다케시마 잇켄이라고 한다. 그리고 18세기 초 하마다 번의 이마즈야 하치에몬의 울릉도 도해 사건을 덴포(天保) 다케시마 잇켄이라고 하여 구분하고 있다.

3) 송병기는 '분규'로 정의하고 있다. (송병기, 2007, 재정판 울릉도와 독도, 단국대학교 출판부, 49~50쪽)

4) 한국에서는 『숙종실록』, 『승정원일기』, 『비변사등록』, 『변례집요』 등과 『성호사설』 등의 관·사찬 문헌 다수에서 울릉도 쟁계에 대해 기록하고 있다. 일본에서는 17세기 울릉도 도해 당사자였던 오야·무라카와 가(家)가 남긴 문서를 시작으로 해서 18세기에서 19세기에 쓰시마 번에서 편찬된 『죽도기사(竹島記事)』, 돗토리 번 등의 번정(藩政) 문서나 구비(口碑) 등을 저본으로 하여 산인 지역에서 편찬된 지지(地誌)류 등이 다케시마 잇켄에 대해 다루고 있다. 20세기 메이지 정부 성립 후 다시 일본인의 울릉도 침탈로 인한 조·일 간 논쟁이 벌어졌다. 이때 메이지 정부의 내무성, 외무성 등이 17세기의 울릉도 쟁계를 참고하여 울릉도가 어느 나라에 귀속되는 섬인지에 대해 재조사

릉도 쟁계 관련 기록들이 지금은 독도 영유권 관련 연구 자료로 사용되고 있다. 한국에서는 우산도(于山島), 일본에서는 마쓰시마(松島)라는 섬에 대한 내용이 주로 이 울릉도 쟁계 또는 다케시마 잇켄 관련 자료에 수록되어 있기 때문이다. 우산도 또는 마쓰시마라는 명칭과 지리적 위치를 기술한 불과 한두 문장 분량의 기록이기는 하지만 역사적으로 한국인 또는 일본인이 독도를 인식했다는 근거로써 간주되고 있는 것이다.[5] 그래서 한국에서도 일본에서도 이런 자료들에서 발췌한 문장을 인용하여 독도 또는 '다케시마(독도)' 고유영토론의 근거로 제시하고 있다.

특히 울릉도 쟁계의 계기가 된 안용복의 언행 관련 기록은 매우 한일 간에 주목받아 왔다. 우산도 또는 마쓰시마에 대해 단지 명칭과 지리적 위치 정도만 기술되어 있는 다른 기록들과 달리 그 소속에 대해서도 언명한 내용이 있기 때문이다.

『숙종실록』에 의하면 1696년에 안용복이 울릉도에 와 있던 일본인에게 '송도(松島: 마쓰시마)는 자산도(子山島: 우산도의 오기)로서, 그것도 우리나라 땅인데 너희들이 감히 거기에 사는가?'라고 꾸짖고, 도망가는 그들을 쫓아 일본으로 갔다는 기록이 있다.[6] 또 1693년에는 울릉도에서 만난 오야 가 어부들을 쫓아 일본에 가서 '근년에 내가 이곳에 들어와서 울릉도·자산도 등을 조선의 지경으로 정하고 관백

하였다. 이때 조사 보고된 내용이 『죽도고증(竹島考證)』「기죽도각서(磯竹島覺書)」 등으로 편찬되어 지금까지 남아 있다.

5) 한편 우산도에 대해서는 울릉도를 가리키는 명칭이며 독도의 명칭이 아니라는 일본측의 반론이 있으며 일본에서도 19세기 중엽에 작성된 문서나 지도에서 보이는 마쓰시마는 독도가 아닌 울릉도를 가리키는 명칭이다.

6) 『肅宗實錄』卷三十, 肅宗二十二年 九月 戊寅條 <부록 1-38>

의 서계까지 받았는데, 이 나라에서는 정식(定式)이 없어서 이제 또 우리 지경을 침범하였으니, 이것이 무슨 도리인가?'라고 따졌다는 내용도 있다.[7] 한편 2005년에 시마네 현 거주 무라카미 스케쿠로(村上助九郎) 씨가 자택의 문서 창고에서 발견하여 발표[8]한 「원록 9 병자년 조선주착안일권지각서(元祿九丙子年朝鮮舟着岸一卷之覺書)」에는 조선의 강원도에 다케시마(울릉도)와 마쓰시마(독도)가 포함되어 있다는 기술이 있다. 이 문서는 안용복의 2차 도일(1696) 시 일본 오키섬에서 한 말을 마쓰에 번(松江藩) 관료가 받아 적은 문서이다.

이와 같이 옛날 사람들이 독도를 조선 땅으로 명확히 인식했다는 근거가 안용복의 언행에서 확인되었기 때문에 그간 울릉도 쟁계 관련 자료는 거의 안용복의 언행에 포커스가 맞추어져 연구되어 왔다.

한편 일본에서는 다케시마 잇켄 관련 자료 중 오야 가(家)가 남긴 문서에 주목해 왔다. 17세기에 오야·무라카와 가가 울릉도 도해를 시도함으로써 울릉도와 독도에 다케시마와 마쓰시마라는 일본식 이름이 붙었다. 양 가(家)가 남긴 사문서나 이를 저본으로 하여 다케시마 잇켄에 대해 쓴 산인 지역 문서 등에서는 모두 이 명칭들을 사용하고 있다. 한편 오야 가 문서에 의하면 이들이 울릉도에 오가는 도중에 독도에 들러 바다사자를 잡았으며 마쓰시마 도해 면허를 받았다고 한다. 즉 옛날의 일본인이 독도를 인식했고 실효지배했다고 해석될 수 있는 내용을 주로 오야 가 문서가 제공하고 있는 것이다.

이에 따라 울릉도 쟁계 관련 자료는 지금의 관심사에 따라 안용복 또는 오야 가 관련 자료를 중심으로 연구되어 왔다. 그리고 안용복이

---

7) 위의 주
8) 산음중앙신보(山陰中央新報) 2005년 5월 17일자 1면 기사

나 오야 가등 개인의 언행 또는 활동의 특징을 부각시켜 온 것이다. 그런데 여기에는 한 가지 문제점이 있다. 그럼으로써 조·일 양국의 국가 경계에 대한 정부차원의 논쟁이라는 울릉도 쟁계의 의의가 뒤로 숨어버린 것이다. 사실 전근대기의 독도 영유권을 거시적 차원에서 담보하고 있는 것은 이 울릉도 쟁계이다.

한국에서는 물론 일본의 다케시마 잇켄 관련 자료에서 울릉도는 항상 독도와 함께 등장한다. 울릉도·우산도(蔚陵于山) 또는 조울양도(朝蔚兩島), 다케시마·마쓰시마(竹島松島) 등으로 표현되는 것이다. 이것은 이 두 섬이 불가분의 관계에 있다는 것을 의미한다. 또는 다케시마 안의 마쓰시마(竹島之內松嶋), 다케시마 근처의 작은 섬(竹島近所之小嶋), 다케시마 부근의 마쓰시마(竹島近邊松嶋)와 같이 표현된다. 이와 같이 마쓰시마를 설명할 때 다케시마에서부터 시작하는 것은 전자가 후자의 부속 요소라는 표현이다. 즉 독도는 울릉도의 부속 섬이었고 울릉도 쟁계는 울릉도 영유권뿐만 아니라 독도 영유권도 확정한 사건이었다. 따라서 울릉도 쟁계 사건 그 자체가 전근대기의 독도 영유권을 담보한다고 할 수 있는 것이다.

또한 울릉도 쟁계가 일본인의 지속적 울릉도 침탈을 배경으로 일어난 사건이라는 점도 간과되는 경향이 있다. 광해군 6년(1614)에 동래부사 윤수겸이 이소다케시마는 조선의 울릉도라고 천명하였다. 그런데 다시 1693년에 다케시마라로 개칭(改稱)한 울릉도에 대해 일본이 자국의 섬임을 주장하고 나선 사건이 울릉도 쟁계인 것이다. 그러나 이런 역사적 의의는 안용복 또는 오야·무라카와 가의 사적인 언행의 지나친 부각으로 가려져 버렸다. 오야 가가 마쓰시마에 들러 바다사자를 잡았고 도해 면허를 받았다는 기술에만 집중하여 오야 가의 울릉도·독도 도해가 조선 영토 침범이었다는 사실은 망각한 것이다.

울릉도 쟁계는 일본인의 지속적인 울릉도·독도 침범에 대해 두 섬의 영유권을 재천명한 사건이었다. 그리고 일본도 승복하여 오야·무라카와 가의 울릉도 도해를 금지시킨다. 그런데 지금까지는 지금의 관심사에 따라 이 사건 또는 관련 자료에서 마쓰시마에 대한 것만 집중하여 봄으로써 오히려 일본에게 독도 영유권을 주장할 수 있는 빌미를 주어 왔던 것이다.

앞으로 울릉도 쟁계는 그 자체로서 연구되어야 할 부분이 많다. 지금까지의 연구는 조·일 양국의 국가 경계에 대한 정부차원의 논쟁이라는 거시적 시각보다는 자산도(우산도) 영유권을 주장한 안용복 언행(또는 오야·무라카와 가)에 집중하는 미시적 시각에 의한 고찰이 우세해 왔기 때문이다.[9]

그리고 울릉도 쟁계가 일본인에게 어떤 영향을 주었는지에 대해서도 생각해보아야 한다. 이 사건은 1696년에 오야·무라카와 가의 울릉도 도해 금지령으로 일단락되었다. 이 금지령은 조선의 입장에서는 당연한 귀결이었다. 그러나 일본인의 입장에서 보면 그렇지 않은 것일 수도 있는 것이다. 사실상 울릉도 쟁계 이후에 산인(山陰) 지역에서 편찬된 지지류를 보면 동지역 사람들이 실제 일본영토인 울릉도를 조선에 빼앗겼다는 인식을 했다는 것을 알 수 있다. 물론 이런 인

---

9) 안용복과 울릉도 쟁계 관련 국내외 주요 연구서로서는 송병기, 2005, 고쳐 쓴 울릉도와 독도, 단국대학교 출판부; 송병기, 2006, 안용복의 활동과 울릉도 쟁계, 역사학보 제192집(2006.12), 143~181쪽; 송병기, 2007, 앞의 책; 池内敏, 2001a, "竹島一件の再検討—元禄六~九年の日朝交渉—", 名古屋大学文学部研究論集, 756号(2001.11), 名古屋大学; 内藤正中, 2000a, 앞의 논문; 内藤正中, 2000b, "竹島一件をめぐる諸問題", 竹島(鬱陵島)をめぐる日朝関係史, 多賀出版; 内藤正中, 2005c, 앞의 논문 등이 있다.

식은 사실(事實)과는 다른 자의적인 해석일 뿐이다. 그렇지만 후대인의 인식은 이 자의적인 해석의 영향을 크게 받았다.

울릉도 쟁계 과정에서 에도 막부는 울릉도가 어느 나라 땅인지에 대해 조사한다. 그러면서 돗토리 번 번주에게 다케시마와 마쓰시마가 돗토리 번에 속했는지를 묻는 서한을 보낸다. 여기에 대해 돗토리 번 번주는 다케시마 외 일도(一島)가 돗토리 번에 속해있지 않는다는 답변을 한다. 이에 따라 에도 막부는 오야·무라카와 가의 울릉도 도해를 금지시켰다. 즉 다케시마와 마쓰시마가 조선 영토라고 인정한 것이다. 이 인식이 울릉도 쟁계 직후에도 지속되었다. 그러나 일정 시간이 지난 후에는 조선에 울릉도를 빼앗겼다는 인식으로 변질되어 간다. 지금 일본이 독도가 일본 고유영토라는 주장을 하면서 제시하는 근거들이 모두 울릉도 쟁계가 종료된 후 한참 후에 이런 왜곡된 인식 하에서 쓰인 내용 중에 있는 말들이다.

따라서 일본인에게 있어 울릉도 쟁계란 무엇이었는지, 또는 어떻게 받아들였으며 어떻게 계승되어 갔는지를 인식 주체의 내적 배경과 외적 배경의 특성과 연관시켜 살펴보아야 한다. 그리고 그 특징 안에서 마쓰시마에 대한 인식이 어떤 의미가 있는지 분석되어야 한다. 그런데 지금까지는 이와 같이 일본인의 울릉도·독도 인식을 구조적으로, 형성사적 관점에서 고찰한 연구는 없다. 이에 다음에서는 울릉도 쟁계 및 도해 금지령 이후 산인 지역 주민의 울릉도·독도 인식이 어떻게 형성되어갔는지 살펴보고자 한다.

2. 울릉도 쟁계와 쓰시마 번

이 절에서는 먼저 울릉도 쟁계로 인한 울릉도 도해 금지령이 일본
인에게 어떤 의미였는지 구체적으로 살펴보고자 한다.

먼저 울릉도 쟁계의 경과를 1876년에 집필된 일본 외무성 자료
『죽도고증』「중권(中卷)」을 통해 보고자 한다. 여기에는 울릉도 쟁계
와 관련하여 조·일 간에 오고간 일련의 문서 20여 통이 수록되어 있
다. 다음의 표는 그 문서들을 날짜별로 정리한 것이다.

[표 1] 울릉도 쟁계 관련 조·일 왕복 서한 목록

날짜(음력)	발신인	수신인	내용
1693년 2월	안용복 일행이 일본인 어부와 조우(3월 일본 도해)		
1693년 9월	대마주 태수 십위 평의린	조선국 예조 참판 대인	안용복 일행 송환 조선인의 죽도(竹島, 다케시마)출어를 금지시킬 것
1693년 1월 15일	조선국 예조참판 권해	대마주 태수 십위 편의린	우리나라 '울릉도' 귀국 '죽도' 라고 함.
1694년 2월	대마주 태수 십위 평의린	조선국 예조 참판 권해	서신에서 '울릉'이라는 이름 삭 제 요구
1694년 9월	조선국 예조참판 이여	대마주 태수 십위 평의린	조선 땅 울릉도에 대해 설명 하고 죽도는 울릉도임을 천명
1695년 5월	대마주 차사 귤진중	동래부사 대인	조선의 답신 내용에 대한 힐 문 4개조 제시('처음 서신에서 는 울릉도에 대한 언급이 없 었음' 등)
1695년 6월	동래	차사 귤진중	에도의 관원이 고사(古事)에 밝지 못하여서 발생한 일이라 고 함.
1696년 1월 28일	에도 막부가 일본 요나고 주민의 다케시마 도해를 금지한다는 각서를 쓰시 마 번주에게 전달		
1696년 5월 20일	안용복 일행이 울릉도와 자산도(우산도)가 조선 땅이라는 주장을 위해 일본 으로 갔다가 8월 6일 귀국		

1696년 10월 16일	대마도주	조선인 역관 변동지·송판사	에도 막부의 명령을 조선인 역관에게 전함.
?	대마도주	에도 노중	에도 막부의 명령을 조선인 역관에게 전했음을 보고
1696년 12월	변동지·송판사	대마도 쓰기무라 등 6인	에도 막부의 뜻을 조선 조정에 알리겠다고 보고
1697년 4월 27일	조선국 예조참의 박세준	대마도주	울릉도는 우리 땅이고 귀국의 뜻을 존중하며. 울릉도에 대해 수토제도를 실시하겠다는 뜻을 전함.
1697년 5월 10일	(왜관수)	(동래부사)	4월 27일 서한 중 '울릉도' 삭제 요구
1697년 7월 21일	조선국 예조참의 박세준	대마도주	'울릉도'는 조선 땅임을 천명
1698년 3월	예조참의 이선부	대마도주	'울릉도'는 조선 땅임을 확인
1698년 5월	대마도주, 예조참의 서한을 에도에 송부		
1698년 7월 15일	예조참의 서한을 에도 노중이 접수, 다케시마 잇켄을 종결시킴.		
1699년 1월	대마도주	조선국 예조 대인	다케시마 잇켄을 종료시켰다고 알림.

출처: 北澤正誠, 1881, 竹島考證 中[정영미 역, 2006, 독도자료집 Ⅱ(竹島考證), 동북아의 평화를 위한 바른역사기획단, 77~257쪽]

위의 표를 사용하여 울릉도 쟁계의 경과를 정리하면 다음과 같다.

에도 막부의 지시에 의해 쓰시마 번이 오야 가 어부들을 쫓아 돗토리 번으로 간 안용복과 박어둔을 나가사키에서 인수하여 1693년 9월에 조선으로 돌려보낸다. 그러면서 조선인의 다케시마(울릉도) 도해를 금지시켜 달라는 내용의 1693년 9월자 서신을 예조참판 앞으로 보낸다. 이에 대해 예조참판은 '우리 어민들이 우리나라의 땅인 울릉도(弊境之鬱陵島)에도 못 가게 하였는데 귀국의 다케시마(貴界竹島)에 들어가서 번거로움을 끼쳤다'고 말한다. 이때 조선 정부는 다케시마가 울릉도임을 알고 있었다고 한다. 그럼에도 '폐경지울릉도'와 '귀계죽도'를 마치 다른 섬인 것처럼 기술한 것은 좌의정 목래선(睦來善)

및 우의정 민암(閔黯)의 제청에 따라 일본과의 마찰을 피하기 위해서였다는 분석이 있다.10)

이에 대해 쓰시마 번은 1694년에 다시 사신을 보내 예조참판 서신 내용 중 '울릉'이라는 두 자를 삭제해 달라고 요구한다. 그런데 그 요구를 들어주면 서신에는 '귀계죽도'만 남게 되어 울릉도는 일본영토가 되어버린다. 이에 영의정 남구만은 앞서의 서신을 회수하고 '죽도(竹島: 다케시마), 즉 울릉도는 강원도 울진현의 속도(屬島)이므로 조선 어민이 경계를 침범한 것이 아니다. 앞으로는 일본 연해민의 울릉도 왕래를 금한다'는 내용의 서신을 보내게 한다.11)

이에 대해 첫 답신 내용의 수정을 요구하며 1695년까지 동래에 머물고 있던 사자 다치바나 마사시게(橘眞重)가 조선 측 답신 내용에 반박하는 '힐문 4개조(詰門 4個條)'를 동래부사에게 보내기도 한다. (5월)12)

그동안 일본에서는 에도 막부가 울릉도가 어느 나라에 속하는지 조사한다. 그리고 1696년 1월 9일 쓰시마 번주에게 다케시마(울릉도)가 조선 영토라는 뜻을 밝힌다. 28일에는 요나고 주민의 다케시마(울릉도) 도해 금지령을 내린다.13) 그런데 이 사실을 몰랐던 안용복 일행은 울릉도와 우산도가 조선 영토임을 주장하러 5월에 다시 돗토리 번으로 갔다. 그리고 8월까지 머물다가 8월 6일에 귀국한다.

쓰시마 번은 같은 해 10월 16일, 동래로부터 조선 역관 두 사람을 불러 일본인의 다케시마(울릉도) 도해를 금지시켰다는 말을 전달한

---

10) 송병기, 2007, 앞의 책, 61쪽

11) 송병기, 2007, 위의 책, 62~63쪽

12) 다치바나의 서신에는 「의문 4조 봉정(疑門四條奉呈)」로 되어 있다.

13) 송병기, 2007, 위의 책, 69쪽

다. 조선인 역관은 1697년 1월에 귀국한다. 또한 쓰시마 번은 조선 역관에게 에도의 명령을 전달했다는 취지의 서신을 에도로 보낸다.

쓰시마 번은 조선으로 귀국한 역관이 전달한 말에 대한 예조참의의 답신을 4월에 받게 된다. 그런데 내용 중 '우리나라의 울릉도(鬱陵爲我地)', '귀국이 처음부터 잘못 알았다(貴州始錯)', '제봉행(諸奉行)'이라는 문구가 또 문제가 되었다. 이 문구가 불온하므로 고쳐야 한다고 판단한 쓰시마 번은 왜관 관수(館守)로 하여금 문구 개정 교섭을 하게 한다.

이에 대해 동래부사는 '귀주시착'이라는 문구만 삭제하고 다른 것은 고치기를 거절하였다. 그런데 1698년 동래부사가 바뀌면서 재교섭이 되었고 쓰시마 번은 내용을 일부 수정한 서신을 받게 된다. 이 서신을 5월 에도로 보내고, 1699년 1월 예조참의에게 다케시마 잇켄이 끝났음을 알리는 서신을 보내는 것으로 울릉도 쟁계는 종료된다.[14]

울릉도 쟁계는 1693년부터 1699년까지 장장 7년에 걸쳐 진행된 조·일 간의 울릉도 영유권을 둘러싼 논쟁이었다. 앞서 언급하였듯이 이 사건은 조선의 대(對)울릉도 정책의 변환을 가져왔으며 안용복의 활동상은-우산도가 일본의 마쓰시마(독도)라고 한 증언 등-현재 한국의 독도 영유권의 주요 근거가 되고 있다.

그런데 사실 울릉도 쟁계는 원래 벌어질 일이 아니었다. 다음 기록은 1693년 6월에 쓰시마 번의 스기무라 우네메(杉村采女)가 동래 왜관의 나카야마 가베(中山加兵衛)에게 보낸 서신의 일부 내용이다. 『죽도기사(竹島記事)』[15] 1권에 수록되어 있다.

---

14) 北澤正誠, 1881, 竹島考證 中(정영미 역, 2006, 앞의 책, 525~526쪽)

15) 『죽도기사』는 1726년에 쓰시마 번주의 명령에 의해 번사(藩士) 고시 조에몬(越常右衛

같은 때에 쓰시마 번은 에도 막부로부터 나가사키에서 안용복과 박어둔을 인도 받아 조선으로 귀환시키라는 명령을 받는다. 이에 상황을 조사하기 위해 동래 왜관에 서신을 보낸 것 같다. 이 서신의 내용에서 보면 쓰시마 번은 이소타케시마라는 명칭과 울릉도라는 명칭은 잘 알고 있었으나 문제의 소재가 된 다케시마라는 명칭의 섬이 어떤 섬인지는 잘 몰랐던 것 같다.

> 다케시마(竹嶋)를 조선에서는 부룬새미(한국어 소리 무릉섬에 해당하는 일본어 음역, 역자 주)라고 한다고 하였는데, '竹嶋'라고 쓰고 조선어로 부룬새미라고 읽는 것인가, 부룬새미라고는 어떻게 쓰는가? '欝陵嶋'라는 섬이 있는데 백성들이 이 섬을 부룬새미라고 부르고 있는 것은 아닌가. 일본에서는 '欝陵嶋'를 이소다케(磯竹)라고 한다. '欝陵嶋'는 부룬새미와는 다른 섬인가, 누가 일본인은 부룬새미를 다케시마(竹嶋)라고 한다고 했는가.[16] <부록 1-39>

쓰시마 번은 일본인이 무릉섬을 다케시마라고 한다는 정보에 대해 정말 조선에서는 다케시마를 무릉섬이라고 하는지, 혹시 무릉섬이라고 부르며 '鬱陵島'라고 쓰는 것은 아닌지, 즉 다케시마와 울릉도가 일도이명(一島二名)은 아닌지에 대해 확인하고 있는 것이다.

이에 대해 조선 왜관의 나카야마 가베에는 6월 13일자로 다음과 같

門)이 편집하고, 오우라 무쓰에몬(大浦陸右衛門)이 집필하여 완성한 1693(元禄 6)~1699년(元禄 12)의 울릉도 쟁계 관련 기록으로 전체 5권으로 되어 있다. 쓰시마 번의 유신(儒臣)인 마쓰우라 마사타다(松浦充任)의 1726년 1월 일자 서문이 있다. 여기에서는 외무성 소장본(국립공문서관 분류 번호 178-0659)을 사용하였다. 번역문은 필자의 『죽도기사』 1권의 원문 대조 번역본에서 발췌·인용하였다. (정영미 역, 2012a, "『다케시마(竹島紀事)』에서의 1693년 안용복 일행의 행적에 대한 심층 조사·보고, 2011년 경상북도 독도사료연구회 연구보고서, 경상북도/안용복재단)

16) 越常右衛門·大浦陸右衛門, 1726, 竹島記事 一巻(정영미 역, 2012a, 위의 논문, 29쪽, 54쪽)

은 답변을 보낸다.

> 부룬새미는 다른 섬이다. 자세히 조사해 보니 우르친토(한국어 소리 울릉도를 일본어로 음역한 것, 역자 주)라는 섬이다. 부룬새미란 우르친토에서 북동쪽으로 아스라이 보이는 섬이라고 들었다.[17]
> <부록 1-40>

위의 답변의 취지는, 문제가 된 다케시마라는 섬은 조선의 울릉도이며 무릉섬은 울릉도와는 다른 섬이라는 것이다. 쓰시마 번은 이 시점에서 다케시마가 조선의 울릉도라는 것을 명확히 인식할 수 있었을 것이다. 그러나 이후 앞서 언급했듯이 장장 7년간에 걸친 울릉도 쟁계를 벌이는 것이다.

애초부터 울릉도 쟁계·다케시마 잇켄은 벌어질 일이 아니었다. 그런데도 이 논쟁이 벌어질 수 있었던 것은 애초에 울릉도가 이전의 이소타케시마가 아닌 다케시마라는 새로운 명칭으로 등장했기 때문이다. 쓰시마는 다케시마가 울릉도 또는 이소타케시마라는 것을 알게 된 후에도 에도 막부의 명령 때문이었는지 아니면 그 이전부터 가지고 있던 울릉도에 대한 탐심 때문이었는지 모르겠으나 이 사실을 모르는 척했던 것으로 보인다. 그리고 울릉도와 다케시마가 이도이명(二島二名)이라는 전제하에 조선과의 교섭을 벌였던 것이다.[18]

---

17) 越常右衛門·大浦陸右衛門, 1726, 竹島記事 一卷 (정영미 역, 2012a, 위의 논문, 30쪽, 56쪽)

18) 메이지 초기에도 같은 현상이 발생한다. 메이지 초기 일본 외무성에서 다케시마와 마쓰시마라는 섬이 조선의 울릉도의 일도이명(一島二名)인지 아니면 또 다른 섬이 있는 것인지에 대한 논쟁이 벌어진다. 이때도 외무성은 확실히 다케시마와 마쓰시마라는 섬이 울릉도의 일도이명임을 인식하고 있었다. 그런데도 마쓰시마라는 또 다른 일본 섬이 있어야 할 필요성 때문에 서양지도상의 독도에 일본 고문헌에서 보이는 마쓰시마라는 명칭을 가져다 붙인 새로운 마쓰시마=독도를 창출하는 것이다. 이 점

아무튼 안용복 활동과 울릉도 쟁계는 당시로서는 큰 사건이었고 많은 기록을 남겼으며 일본에서 말하는 다케시마가 조선의 울릉도이며 조선 영토임을 확실히 못 박는 계기가 되었다.

오야 가 문서가 제공하는 다케시마(울릉도) 도해 금지령의 내용은 다음과 같다.

> 「다케시마 도해 금지령」1696년 1월 25일 노중(老中) 봉서
> 예전에 마쓰다이라 신타로가 인슈(因州: 이나바노쿠니, 역자 주)와 하쿠슈(伯州: 호키노쿠니, 역자 주)의 영주였을 때 (장군님에게) 말씀드려서 백주 요나고 주민 무라카와 이치베와 오야 진키치가 다케시마에 도해하였고 지금까지도 어로를 하고 있다. 앞으로는 다케시마에 도해하는 것을 금하라는 명이 계셨으므로 그 뜻을 받들도록 하라.
> 정월 28일
> 쓰치야 사가미노카미 마사나오
> 도다 야마시로노카미 다다마사
> 아베 붕고노카미 마사타케
> 오쿠보 가가노카미 다다아사
>
> 마쓰다이라 호키노카미님에게[19] <부록 1-41>

1696년 1월의 울릉도 도해 금지령은 이후 철저히 지켜진 것으로 보인다. 오야·무라카와 가는 금지령 이후 생업을 잃게 된다. 이때의 상황을 『죽도고』는 다음과 같이 전하고 있다.

> (전략) 이 근방에서 전해져 오는 말로는 그때 다케시마에서 조선인들이 이쪽 배를 보기만 하면 총통을 쏘아 해안 근처로 못 오게 하

에 대해서는 다음 장에서 상론하겠다.
19) 池內敏, 1999, 앞의 논문, 34쪽

였다고 한다. 그래서 오야와 무라카와는 뜻하지 않게 열심히 일했던 땅으로부터 멀어져 80년 이래의 생업을 잃었고, 또 수하에 있던 선원들이 곤궁해진 것에 마음이 아파 매우 당혹스러워 했다. 이에 따라 무라카와 이치베는 겐로쿠 11년(1698)부터 에도를 다니며 탄원하였고, 겐로쿠 16년(1703)까지 6년간 막부의 재고를 바라며 온갖 수를 다 써 보았지만, 일은 안 되고 시간만 허무하게 흐를 뿐이었으므로, 장시간의 에도 체류에 가산은 기울고 결국 곤궁해져서 그런 것을 돗토리 번에게 보고하고는 에도를 떠났다. 그 이후 그렇게도 세상에 알려진 부호였었는데도 가운이 다 기울어 곧 생활에 쪼들리게끔 되자 이를 불쌍히 여긴 번주가 요나고초에서 면직물 도매상을 하는 것을 허가해 주었다. 이전의 영화에는 비할 바가 없었으나 간신히 가명(家名)을 유지하며 살아갈 수 있었는데, 얼마 전에 제도가 바뀌어 호키와 이나바의 다른 도매상과 같이 그것에서도 손을 놓아야 했다. 그 두 집안은 각별한 집안이니 봐 달라고 탄원하였으나 들어주지 않았고, 지금 무라카와 이치베는 다테초에서 소금 파는 일을 하고, 오야 후지노조는 나다초에서 물고기와 날짐승을 파는 일을 하는데, 두 집안 다 약간의 구전을 받아 살아가는 방편으로 삼고 있다.[20] <부록 1-42>

일본 요나고의 오야・무라카와 가의 울릉도 도해는 1696년을 마지막으로 중지되었다. 오야 가의 기록에 의하면 약 80년간(1618~1696), 이케우치 사토시의 분석에 의하면 약 70년간(1624/25~1696)간의 도해였다. 이후 메이지 시대가 되어 에도 시대의 쇄국정책이 철폐되기 전까지 울릉도・독도 해역은 다시 닫힌 해역이 되었다.

3. 울릉도 도해 금지령의 전개 -1837년 하치에몬 사건-

1696년의 울릉도 도해 금지령은 일본 산인 지역 주민의 울릉도에 대한 일체의 행위를 금지시킨 것이라 할 수 있겠다. 그런데 이 때문

---

20) 岡嶋正義, 1828, 竹島考 下 幕府禁遏渡海于竹嶋(정영미 역, 2011, 앞의 책, 238, 241쪽)

에 에도 시대 말기로 들어서면 마쓰시마, 즉 독도에 대한 행위가 울릉도에 대한 행위의 명분으로 거론되기 시작한다. 그러나 그것이 바로 섬의 소속을 나타내는 것은 아니다.

이와 같은 점은 1837년에 있었던 하치에몬(八右衛門) 사건에서 확인할 수 있다. 이 사건은 당시의 일본 연호를 따서 덴포 다케시마 잇켄(天保 竹島一件)이라고도 한다.

이 사건은 이와미노쿠니 하마다(石見國 浜田: 현재 시마네 현 하마다 시)에 살던 하치에몬(八右衛門)이라는 자가 하마다 번 관료들과 공모하여 몰래 다케시마(울릉도)에 도해하였다가 에도 막부에 발각된 사건이다. 이때 주범인 하치에몬은 사형 당했고 사건에 관련된 하마다 번 고위 관료들은 자살하였다.[21]

사건의 구체적 경과는 다음과 같다. 1831년 하치에몬이 에도에 머물고 있던 번주에게 가서 "하마다의 먼 바다에 있는 다케시마(울릉도) 부근에는 물고기가 많으니 도해 면허를 주셨으면 합니다"라고 청원을 하였다. 그러나 번주는 "그곳은 도해가 금지된 곳"이라 하여 허락하지 않았다. 그러자 하치에몬은 하마다로 돌아가 번의 관료들을 설득하였다. 관료들은 처음에는 안 된다고 하였으나 당시 번 재정도 피폐해져 곤란을 겪고 있었기 때문에 "암암리에" 허락을 하였다. 하치에몬은 몰래 각 지방에서 도검, 활, 총 등을 구입하여 배에 싣고 울릉도에 가서 외국 배들과 만나 무역을 하였다.[22] 이 일이 1836년 6월

---

21) 北澤正誠 1881, 竹島考證 下(정영미 역, 2006, 앞의 책, 260~293쪽); 浜田市観光協会・浜田市文化財保存会, 竹島事件史(浜田市가 발행한 팜플렛, 연도 미상) 등에 사건 경과가 수록되어 있으며 연구서로서는 '浜田市教育委員会編, 2002, 八右衛門とその時代―今津屋八右衛門の竹嶋一件と近世海運―, 浜田市教育委員会'가 있다.

22) 하치에몬의 진술서에는 1833년에 한 번 다케시마(울릉도)에 도해했다고 되어 있지만

에 에도 막부에 의해 발각된 것이다. 발각된 후의 경과는 다음과 같다.

[표 2] 1836~1837년 덴포 다케시마 잇켄의 경과

날짜(음력)	경과
1836년 6월 10일	하치에몬 및 선원 5명 체포 오사카로 호송, 심문 및 투옥
6월 14일	하마다 번 에도 근무자 중 사건 관련자 3명 투옥
6월 28일~29일	하마다 번 하마다 근무자 중 사건 관련자 2명 자살
7월 28일	하마다 번 하마다 근무자 중 사건 관련자 부하 2명 투옥
8월 1일	하마다 거주 사건 관련자 1명 투옥
8월 4일	하마다 번주 부하 2명 투옥
	오사카 거주 사건 관련자 2명, 에도 거주 관련자 3명 심문 후 방면
1837년 2월	최종 판결

출처: 北澤正誠, 1881, 竹島考證 下(정영미 역, 2006, 앞의 책, 260~293쪽)

이 덴포 다케시마 잇켄 때의 하치에몬 진술서는 일본의 '다케시마(독도)' 영유권 근거 자료로 사용되고 있다. 하마다 번 관료가 하치에몬에게 '번주가 다케시마(울릉도)에 도해하는 것은 안 된다고 하니 마쓰시마(독도)에 도해하여 시험적으로 일을 해보라'고 하였고 하치에몬은 '다케시마(울릉도)에 간다는 말이 외부로 새면 마쓰시마(독도)에 갔다가 풍랑을 만나 다케시마(울릉도)에 표류했다는 듯이 말해두면 지장 없을 것'이라고 했다고 기술되어 있기 때문이다. 아래 제시한 진술서 ⓑ의 밑줄 친 부분이다. 이 말로써 마쓰시마(독도)는 일본인이 가도 되는 일본영토였다고 해석되고 있는 것이다.

『죽도도해 일건(竹嶋渡海一件)에 관한 기록 全』
조선 영토인 다케시마(竹嶋)에 도해(渡海)한 일건(一件)에 관한 대략

사실은 세 번 도해했다는 지적도 있다. 浜田市教育委員会編, 2002, 앞의 책, 56쪽

(大略)

내가 조선의 땅인 다케시마에 도해하게 된 경위에 대한 취조가 있으셨습니다. (중략)

ⓐ 마쓰바라우라에서 이마즈야 하치에몬이라는 가호와 이름으로 회선(廻船) 한 척을 소유해서 직접 배를 타고 선장을 하며 살고 있었는데 위의 다케시마와는 가장 가까운 마쓰마에(松前: 홋카이도, 역자 주)로 짐을 실어 나르는 일을 하였습니다. 나는 그 이전부터 자주 마쓰마에로 도해하였고 그때마다 마음이 슬프고 상하였습니다. ① 원래 이 섬은 이와미(石見國)의 해안의 북서쪽(亥子)으로 100여 리나 떨어져 있는 일명 울릉도라고도 하는 빈 섬으로 초목이 무성하고 섬 주변에는 전복 외에도 수많은 물고기들이 떼 지어 모여 있는 것처럼 보이는 섬입니다. 이에 이 섬에 도해하여 초목을 베어내고 물고기를 잡는 일을 한다면 자기 자신에게 유익이 됨은 말 할 것도 없고 막대한 국익이 될 것이라고 생각하고 도해 청원서를 어떻게 내는지를 조사하여 알아냈을 때인 7년 전 寅 해(1830년, 역자 주) 7월 (중략)

(에도 근무 하마다 번 관료에게) 다케시마 도해를 하고 싶다는 말을 하였습니다. (중략)

내원서(內願書)의 내용은 (다음과 같습니다) 이전부터 (다케시마를 생각하고) 마음이 슬프고 상했는데 (이 이유는 다음과 같습니다) ② 다케시마 외에 마쓰시마라고 하는 이와미국 바닷가에서 북쪽(子)으로 70~80여 리 떨어진 곳에 작은 섬이 있습니다. 이 마쓰시마와 다케시마는 모두 전혀 사람이 살고 있지 않은 빈 섬인 것 같으며 그대로 그냥 두는 것도 매우 애석한 일이므로 초목을 베어내고 물고기들을 잡으면 자기 자신의 유익이 될 뿐만이 아니라 막대한 국익이 될 수도 있을 것으로 보입니다. 그러므로 스오우노카미님(하마다 번주, 역자 주)에게 세금으로 내는 은(銀)은 시험적으로 일단 한 번 가서 일을 해 본 후에 어느 정도 낼지 정하고 싶다는 내용의 다케시마·마쓰시마 도해 내원서(內願書)를 직접 써서 작성하여 같은 해 8월-며칠인지는 모르겠음-오기우에몬에게 가져갔습니다. (중략)

그랬더니 같은 달(1832년 1월, 역자 주) 18일 에도의 오기우에몬으로부터 나에게 편지가 왔습니다. 그 내용은 (다음과 같습니다) 다케시마가 일출(日出)의 땅(일본 땅, 역자 주)인지 어떤지 알기 어려우니 도해 계획을 정지하라고 한 것이었습니다. (중략)

ⓑ 그 후 상황을 물어보러 갔더니 (오카다 다노모가) 에도에서 그

렇게 말해 온 이상에는 다케시마에 도해하는 것은 그만두고 마쓰시마에 도해하여 시험적으로 일을 해 보라는 말을 하셨다고 산베에가 말해서 마쓰시마는 작은 섬으로 가능성 없는 곳이나 에도에는 마쓰시마에 간다는 말을 하여 두고 다케시마에 도해하여 시험적으로 일을 해 보고 만일 이 일이 외부로 새어나가면 (마쓰시마에 갔다가) 풍랑을 만나 다케시마에 표류했다는 듯이 말해 두면 지장 없을 것이라고 산베에에게 말하여 두었습니다. (중략)

ⓒ 합해서 8명이 신도마루를 타고 같은 달 15일 하마다를 떠나 곧장 다케시마로 향하고자 하였으나 날씨를 보니 횡풍(橫風)이 강하게 불어서 일단 조슈의 미시마(三嶋) 근처로 갔다가 다시 날씨를 보아 출선하여 오키노쿠니(隱岐國)의 후쿠우라(福浦)에 도착하였습니다. 거기에서 순풍을 만나 북쪽(子)으로 가서 마쓰시마 근처도 지나게 되었습니다. ③ 그때 배 안에서 본 바로는 작은 섬으로 나무 같은 것도 없고 쓸모없는 곳이었으므로 상륙하지 않고 그대로 북서쪽(乾)으로 가서 같은 해 7월 21일 다케시마에 도착하였습니다. (중략)

1836년 취조에 대한 답변

죽도 방각도(竹島方角圖)

앞서 말한 진술에 따라 시험적으로 그린 그림23) <부록 1-43>

일본 에도 막부가 17세기 말에 취한 울릉도 도해 금지령은 19세기 초까지도 유지된다. 에도에 체류하던 하마다 번주가 다케시마가 일본 영토가 아닐지도 모르니 도해를 중지하라고 한 것에서 알 수 있다. 또한 독도가 울릉도와 함께 무인도임을 보고한 것으로 보아 17세기 울릉도 도해 금지령의 범위에는 독도도 포함되어 있었음을 알 수 있다.

그런데 19세기 초반에 산인 지역 주민들은 다시 울릉도 도해를 시도한다. 하치에몬의 진술서 내용을 보면, 그가 울릉도와 독도를 발견해서 생각하고 취한 행동이 마치 17세기에 오야 진키치의 그것과 흡

---

23) 동경대학교 부속 도서관 소장. 여기에서는 浜田市教育委員会編, 2002, 앞의 책, 자료 3~8쪽을 사용하였다.

사하다는 것을 알 수 있다.[24] 위의 내용 중 ⓐ는 17세기 오야 진키치의 다케시마(울릉도) 표류담을 떠올리게 하는 내용으로 채워져 있다. 여기에서 '표류'란 후대에 만들어진 울릉도 도해 명분이었으나 그 외 정황은 오야 진키치와 비슷하다. 그 역시 홋카이도로 물자를 수송하는 회선(廻船)업자였던 것을 계기로 울릉도를 알게 되고 이 섬의 경제적 가치-산물이 많아 그냥 내버려두기 아까운 섬-에 주목한다. 그러나 이미 다케시마라는 섬이 조선의 울릉도라는 것이 조·일 양국 간에 명백히 확인된 이후였다. 이 섬에 도해하는 것은 남의 나라 땅을 침범하는 것이다. 따라서 이 섬에 도해하기 위해서는 새로운 명분이 필요하다. 그것이 마쓰시마(독도) 도해이다. 17세기 이소다케시마에서 다케시마로 개칭된 섬으로의 도해가 언급된 것과 똑같은 현상이다.

그런데 앞서 본 바와 같이 마쓰시마(독도)는 17세기 말의 다케시마(울릉도) 도해가 금지되면서 함께 도해가 금지되었던 섬이다. 그렇지 않으면 1836년 하치에몬이 도해를 시도한 시점에 "그대로 그냥 두는 것도 매우 애석한" 섬으로 남아있었을 리가 없다. 일본은 이미 17세기에 오야·무라카와 가가 다케시마(울릉도) 도해 중에 마쓰시마(독도)에 대해 알게 되었고 이 섬에서도 바다사자를 잡았다고 한다.[25] 그 이후에 울릉도 쟁계가 벌어져 일본인의 울릉도 도해가 금지되었는데, 그때 도해 금지의 범위에 독도가 들어 있지 않았다면 1837년 시점의 기록에 위와 같은 내용이 나올 리 없는 것이다.

그럼에도 마쓰시마(독도) 도해를 명분으로 다케시마(울릉도) 도해

24) 제1장 제2절 「오야 진키치와 다케시마(竹島)」 참조
25) 제4장 제1절 「한일 독도 영유권 논쟁에 대하여」 참조

를 운운 한 것은 사실인 것 같다. 그러나 이 점에 대해서는 심층 검토가 필요하다.

일본에 남아있는 울릉도·독도 관련 자료는 17세기의 울릉도 쟁계에 대해 기록한 것들이 대부분이다. 그것도 17세기 당시에 기록된 1차 자료는 거의 남아있지 않다. 대부분이 18세기 후반이나 19세기에 들어 편찬된 산인 지방의 지지(地誌)류이다.

이런 자료들을 통해 보면 산인 지방 사람들이 동해를 가로지를 때 목표가 되는 것은 오직 울릉도이다. 독도는 울릉도 도해 시에만 등장하는 섬이다. 가는 길에서 보이기 때문이다. 독도 그 자체가 도해 목표였다는 말은 18세기의 오야 가 문서에 등장한다. 그러나 이 말은 신빙성이 없다(다음 절 참조).

독도 그 자체가 도해 목표가 되지 않았을 것이라는 추정은 울릉도와 독도의 경제적 가치를 비교해 보면 안다. 『죽도고』에서 보면 나뭇가지 하나를 울릉도 해안가 물속에 넣어두었다가 다음 날 꺼내보면 마치 나뭇잎이 달린 것처럼 전복이 달려 나온다고 한다. 또한 울릉도 향나무의 향기와 극상품으로써의 품질은 19세기 초 당시 산인 지방에 전설화되어 있었다. 바다사자 역시 무수히 많았다.

한편 독도는 돌섬(石島)라는 이름이 붙을 정도이므로 섬에 자생하는 수목(樹木)이 없다. 전복이나 미역을 따거나 바다사자를 잡을 수 있었다고는 하나 섬의 크기상 울릉도에 비할 바 없는 산출량이었을 것이다. 장기 체류를 불가능하게 하는 섬의 형세 역시 그 경제적 가치를 격감시킨다. 즉 독도는 당시의 항해 수준에서는 모험이라고 할 만큼의 원양 항해의 목표가 될 정도의 경제적 가치가 없는 섬이다.

역사적으로 일본 산인 지방 사람들의 동해 도해 목표는 오직 울릉도였다. 독도는 울릉도 도해 시 보이는 섬일 뿐이다. 위의 하치에몬의 진술에서도 역시 울릉도로 가는 항로에서 보인 섬이며 쓸모없어 보여서 그냥 지나친 섬이라고 하는 것이다. 독도가 그 자체로 도해 목표가 된 적은 없다고 본다.

자료에서의 기술 형태도 역시 같은 점을 시사하고 있다. 관련 자료들은 모두 울릉도에 대해서만 기술하고 있을 뿐이다. 독도에 대해서는 그 명칭－마쓰시마(松島)－나 부근 섬과의 거리 및 위치 관계(울릉도 또는 일본의 오키 섬), 소속(조·일 어느 나라에 속하는가)에 대해서만 기록하고 있다. 양적으로 보면, 전체 기술에서 한 줄이나 두 줄 정도의 정보량이다.

즉 독도는 일본인의 울릉도에 대한 지식과 인식에 있어 그 섬을 구성하는 하나의 자연적 요소로써만 취급되었을 뿐이다. 따라서 자료에 그 명칭과 울릉도에서의 거리만 기술되어 있는 것이다. 즉 독도는 울릉도의 부속 섬이다.

이러한 점은 울릉도·독도 명칭에서도 보인다. 울릉도에는 대나무가 많았다. 『죽도고』에서 보면 울릉도에는 '마노다케(マノ竹)' 또는 다케시마 갈대(竹島蘆)라고 하는 '도이다케(桶竹)'가 자란다고 한다. 마디의 형태가 여타 대나무와는 다르다고 한다. 크기가 커서 마디 하나에 3승(升)의 바다사자 기름이 들어가는 것도 있고 밥을 찌는 밥통으로 쓸 수 있을 정도로 큰 것도 있었다고 한다. 「조선국교제시말내탐서(朝鮮國交際示末內探書)」(1870)에 보면 울릉도에는 '대나무보다 큰 갈대가 자란다'는 구절이 있다. 울릉도에 대나무가 많았다는 근거이다.

따라서 울릉도가 다케시마(竹島)라는 명칭으로 불린 것은 납득할 만하다. 그러나 마쓰시마(松島)는 다르다. 이 명칭이 경사스러운 것을 의미하는 일본어의 쇼치쿠(松竹)에서 유래한 것이라는 것은 이미 잘 알려져 있는 사실이다. 즉 울릉도를 다케시마로 불렀기 때문에 부속 섬 독도는 마쓰시마라고 불렸던 것이다. 다시 말해 일반적으로 섬의 명칭이 그 자체의 자연적 특징－지형 등－을 상징하여 붙여진 것과는 달리 마쓰시마라는 명칭은 대나무가 많이 나는 울릉도의 자연적 특징에 의해 붙여진 것이다. 즉 마쓰시마는 다케시마에 대한 일본인의 지식과 인식을 구성하는 하나의 요소일 뿐이라는 의미가 된다.

따라서 울릉도 도해 금지령에 독도라는 명칭이 별도로 기재될 이유는 없었다고 본다. 울릉도라는 섬에는 독도도 포함되어 있기 때문이다. 만일 울릉도 도해 금지령에 독도가 포함되지 않았다면 17세기 이후 일본인들은 독도에 계속 도해했을 것이다. 그러나 울릉도 도해 금지 이후 오야·무라카와 가는 생업을 잃고 곤궁에 빠졌다. 그리고 하마다의 하치에몬이 다시 울릉도 도해를 시도한 1836년 시점까지 일본 산인 지역 사람들이 독도를 목표로 도해했다는 기록은 없다.

이 점이 하치에몬의 진술서에서 확인되는 것이다. 앞의 ①～③은 에도 시대 일본인이 마쓰시마(독도)라는 섬을 인지하고 있었다는 근거로 제시되는 내용이다(다음 절 참조). 그런데 이 내용을 전체 문맥 안에서 읽어보면, ① 및 ②는 문헌 자료 등을 통해 습득한 지식이고 ③이야 말로 진짜 마쓰시마(독도)도해라는 실제 경험을 통한 지식임을 알 수 있다.

①과 ②는 울릉도와 독도의 초목을 베어내고 물고기를 잡는 등의 경제적 가치를 논한다. 그러나 독도에는 베어낼 만한 초목이 없다. 즉 위의 지식은 실제 도해를 통한 경험에 의한 지식이 아님을 알 수 있다. 따라서 ③에서처럼 '독도를 보았더니 쓸모없는 곳이어서 그대로

지나쳤다'고 하는 말이 나오는 것이다.

즉 ①과 ②는 하치에몬의 실제 경험에 의한 지식도 아니며 동시대의 다른 사람들의 실제 경험에 의한 지식도 아닌 것이다. ①과 ②의 지식 루트는 당시에 지역에 전해 내려오던 관련 문서, 문헌 또는 구비(口碑)일 것이다.

17세기 이후 산인 지방 주민이 독도에 도해하지 않았다는 것은 다음의 일본 문헌에서 발췌한 「근세 후기의 주요 항로」 그림을 보면 알수 있다. 여기에서 보이는 바와 같이 울릉도와 독도는 오야 진키치나 이마즈야 하치에몬의 회선(廻船) 같은 일본의 니시마와리(西廻) 배(和船)가 다니는 길에서 멀리 떨어져 있다. 이들이 의도적으로 이 항로 바깥으로 나가는 것은 국법을 어기는 위험한 일이었다.

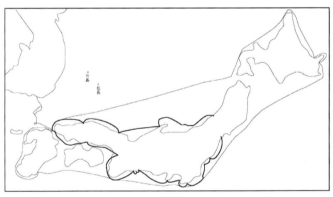

근세후기 일본선박의 운항 범위

출처: 浜田市教育委員会編, 2002, 八右衛門とその時代─今津屋八右衛門の竹嶋一件と近世海運─, 浜田市教育委員会, 島根県, 59쪽(石井謙治『和船Ⅰ』加筆転写 資料)

〈그림 5〉 근세 후기 일본 선박의 운항 범위

하치에몬 사건 결과 1837년에 에도 막부가 전국적으로 다시 한 번 울릉도 도해 금지령을 내렸다. 이 내용을 보면 일본 배들이 일본 연안에서 멀리 떨어지는 것 자체가 불가능했다는 것을 알 수 있다.

「고찰(高札:방)」[덴포(天保) 8年: 1837]
이번에 스오우노카미(周防守)인 마쓰다이라의 전 영지였던 세키슈(石州: 시마네 현 지역, 역자 주)의 하마다(의) 마쓰바라우라에 있던 낭인 하치에몬이 다케시마에 도해한 사건에 관해, 취조를 한 후 위의 하치에몬과 그 외 각각에게 엄한 형벌을 내렸다. 위의 섬은 예전에는 호키(의) 요나고 주민들이 도해하여 어업 등을 행한 곳이었으나, 겐로쿠 시대에 (막부가) 조선국에게 건네주셨다. 그 이후 도해를 금하는 명령이 내려진 곳이다. 모든 외국으로의 도해는 엄히 금하셨으므로 향후 위의 섬에 대해서도 똑 같이 명심하여 도해하지 않아야 한다. 물론 국내 각각의 구니(國: 지역, 역자 주)의 배 등도 바다에서 외국배와 마주치지 않도록 뱃길을 정하는 것에 마음을 써야 한다고 이전에도 모두에게 알리신 것 같이 그 말씀을 지켜서 앞으로는 가능한 먼 바다로는 나가지 않도록 배를 몰아야 한다. 위의 뜻을 어령(御領: 도쿠가와 가의 영지, 역자 주)에 있어서는 다이칸(代官)이, 사령[私領: 도쿠가와 가외 다이묘(大名)의 영지, 역자 주]에 있어서는 영주의 지토우(地頭)가 해안가의 무라(村)와 마치(町)에 빠짐없이 알려야 한다. 위의 뜻을 판자에 적어 고찰장(高札場)에 걸어두어야 한다.
2월
위와 같이 장군님 뜻에 따른 지시가 내려졌으므로 어령에 속한 사람들은 반드시 지킬 것
우라부교(浦奉行)[26] <부록 1-44>

---

26) 시마네 현 하마다 시(濱田市) 소재 하마다 향토 사료관이 소장하고 있다. 위는 향토 사료관에 번각되어 액자로 걸려있는 판본의 내용이다. 지난 2009년 일본 니가타 현에서도 같은 내용의 고찰(高札)이 발견되어 옥션을 통해 판매되었다. 이 고찰은 현재 한국 국립해양박물관이 소장하고 있다.

오야 진키치나 이마즈야 하치에몬의 배가 울릉도에 대해 알 수 있었던 것은 지도에 표시된 대로 니시마와리(西廻) 항로를 다니는 배였기 때문이다. 상대적으로 울릉도와 독도에 접근해 있는 이 항로에서는 그 두 섬을 볼 수도 있었을 것이다. 이것을 배경으로 17세기에 울릉도 도해가 시작되었고 울릉도 도해 금지령으로 인해 중단되었다.

17세기 울릉도 도해 금지령 이후의 일본인의 독도에 대한 행위는 위와 같은 문맥에서 해석되어야 한다. 즉 물자를 수송하는 배도 일본 연안에 붙어서 다니게 하였는데 하물며 울릉도도 아닌 독도에 초목을 채취하고 물고기를 잡으러 상시 도해하였다는 것은 애당초 말이 안 되는 것이다.

물론 독도에 도해하고 안하고가 이 섬이 어느 나라 섬이었는가를 결정짓는 요소는 아니다. 그런데 이 결정은 이미 17세기에 이루어졌다. 또한 하치에몬이 소지했다는 「죽도방각도(竹島方角島)」에 울릉도와 독도가 조선 영토로 색칠해져 있다는 것은 이미 널리 알려진 사실이다.[27] 이 지도에서 보면 다케시마(울릉도)와 마쓰시마(독도)는 조선

----

27) 이 지도의 색 표기의 문제점에 대해 언제 누가 처음 지적하였는지 명확하지 않다. 한일 독도 영유권 논쟁기 한국이 다케시마 잇켄과 관련하여 덴포 다케시마 잇켄을 제시하고 '다케시마(울릉도)에 밀무역한 이와미국 하마다번 팔우위문(八右衛門: 하치에몬)을 사형에 처한 것'을 지적하였다. (「한국 정부 견해 ②」) 여기에 대해 일본이 '하마다번(浜田藩) 家老 오카다 다노모(岡田賴母)의 부하 하시모토 산베(橋本三兵衛)가 하치에몬에게 '마쓰시마(독도) 도해라는 명목으로 다케시마(울릉도)에 도해하는 방법도 있다고 알려 주었다'고 반론하였다. (「일본 정부 견해 ②」) 이후의 견해에선 일본인이 옛날부터 일본인이 독도를 인지하고 경영하였다는 맥락에서 사용되었다. (「일본 정부 견해 ③」) 그런데 이 논쟁에서는 이 지도가 구체적으로 언급되지 않았다. 지도가 처음 제시된 것은 가와카미 겐조의 문헌에서이다. (川上健三, 1966, 앞의 책, 57쪽) 가와카미는 이 지도를 구미제(歐美製) 지도에 의한 (일본지도에의) 영향 이전, 일본 고지도에 마쓰시마・다케시마가 명확하게 기록되었다는 것을 논증하면서 소개하였다. 흑백의 삽입도로써 지도 내용에 대한 구체적인 언급은 없다. 이후 이 지도가 재검토되면서 다케시마・마쓰시마가 조선과 같이 붉은 색으로 표기된 것이 알려진 것 같다.

과 같이 붉은 색으로 표기되어 있다. 즉 이들은 울릉도와 독도가 조선 영토라고 알고 있었던 것이다. 그 위에 울릉도에 도해하기 위한 명분으로 독도 도해가 거론되었다.

출처: 동경대학교 부속도서관

〈그림 6〉「竹島方角圖」 간략도

그러나 이 명분의 근거가 동시대의 실제 독도 도해 상황에 있었던 것도 아니다. 독도가 일본영토라고 명기되어 있는 근거 자료도 없다. 그런데도 독도 도해를 명분으로 울릉도에 도해한 것은 울릉도 도해 금지령 이후 산인 지방에서 울릉도에 대한 인식이 왜곡되어 온 결과라고 본다. 즉 다케시마(울릉도)를 마쓰시마라는 명칭하에 인식하게 된 것이다. (다음 절 참조)

울릉도 쟁계 결과 이 섬으로의 도해가 금지되자 에도 막부의 조치에 대해 산인 지방 주민은 반발한다. 이 감정이 후대에 편찬된 지지류의 울릉도 쟁계 관련 기술에 반영된다. 그 결과 오야·무라카와 가의 울릉도 도해 사실, 울릉도 쟁계의 경과 그리고 다케시마(울릉도)·마쓰시마(독도)의 소속 등에 대한 새로운 해석-인식-이 이루어진다. 이 과정에서 다케시마(울릉도)를 마쓰시마라는 명칭하에 인식하는 현상이 일어난 것으로 분석된다.

이는 다음 장에서 다루는 내용인데 그 전에 이와 같은 새로운 해석-인식-형성의 방향성에 대해 짚어두고자 한다. 다음은 일본에서 하치에몬의 「죽도방각도」를 필사한 것들이다. 처음 것은 1950년대에, 다음은 2000년대에 필사한 것이다. 이 필사본을 비교해 보면「죽도방각도」에서 조선의 섬과 같은 색으로 표기한 다케시마(울릉도)·마쓰시마(독도)의 색이 1950년대에는 남아있으나 2000년대에는 사라진 것을 볼 수 있다. 독도문제가 심화되면서 벌어지는 '아주 사소한 역사 왜곡'의 증거일 것이다.

울릉도는 에도 시대의 조·일 간의 영유권 논쟁 대상의 섬이었다. 이에 대해 기술한 자료가 지금까지 많이 남아있고 지금은 이 자료들을 통해 독도 영유권이 논해지고 있다. 그러나 어떤 역사적 사실이 후대에 문제시될 경우 문제시 하는 입장에 따라 역사적 사실이 왜곡될 수 있다. 현재 일본에 남아 있는 자료는 울릉도 쟁계를 계기로 이 섬으로의 도해가 중단된 것에 대한 지역민의 반발이 반영되어 역사적 사실이 많이 왜곡되어 있는 것들이다.

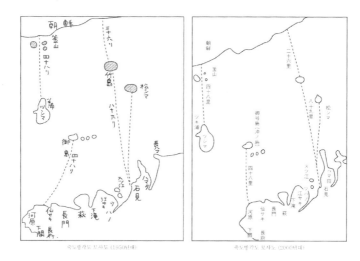

출처: 하마다 향토사료관(浜田郷土資料館), 浜田市教育委員会編, 2002, 八右衛門とその時代―
今津屋八右衛門の竹嶋一件と近世海運―, 浜田市教育委員会(16쪽)

〈그림 7〉 「竹島方角圖」의 1950년대 및 2000년대 모사도

하치에몬 사건에서도 마쓰시마 도해가 거론되었지만 이것 역시 17
세기 이래 울릉도 도해, 즉 울릉도에 대한 행위가 규제당한 것에 대
한 반작용으로 나온 근거 없는 명분일 뿐이라고 본다.

제2절 울릉도 쟁계 후의 일본인의 울릉도·독도 인식

1. '조선의 울릉도'와 '일본의 다케시마·마쓰시마' 인식

울릉도 쟁계 결과 1696년 1월에 오야·무라카와 가의 울릉도 도해
는 금지되었다. 그런데 이후 산인 지방에서 울릉도 쟁계를 다룬 사서

(史書)와 지지(地誌)가 편찬된다. 오야·무라카와 가의 울릉도 도해와 안용복 사건, 그리고 에도 막부의 도해 금지령이 지역적 차원에서 기억되기 시작한 것이다. 그런데 이 내용을 검토해 보면, 시간이 경과함에 따라 사실(事實)과는 다른 인식이 형성되어 가는 것을 알 수 있다.

오야·무라카와 가의 울릉도 도해가 정지되고 약 46년의 세월이 흐른 후, 마쓰오카 후세이(松岡布政)[28]는 『백기민담기(伯耆民談記)』(1742)[29]에서 울릉도 쟁계와 도해 금지령에 대해 다음과 같은 인식을 보인다.

「오야·무라카와 다케시마 도해사」
(전략) 조선국에서도 사신을 보내 그 섬에 대해 이런 저런 소송을 하였기에 결국엔 그 섬을 조선국에 붙이시고 오야와 무라카와에게 도해 정지 명을 내리셨다. 이때부터 (다케시마 도해가) 쇠퇴하여 지금에 이르기까지 섬에 도해하는 자가 없다. 이 다케시마로 말하면 일본에서 멀리 떨어져 있고, 조선에서는 가깝다. (중략)
(이 섬에는) 여러 가지 산물이 나서 인하쿠(因伯: 이나바와 호키노쿠니, 역자 주) 양국은 물론 널리 일본의 이익이 되는 곳이니 도항

---

28) 마쓰오카 후세이는 호키노쿠니(伯耆國) 구라요시(倉吉) 사람으로서, 돗토리 번주인 이케다(池田) 씨의 가신(家臣)이었다. 그는 만년에 학문에 마음을 쏟았는데, 특히 사학을 좋아하였다. 짬이 나면 붓과 벼루를 가지고 혼자 걸으면서 인하쿠(因伯)의 산야를 돌아다녔고, 가는 곳마다 고적(古蹟)을 찾고 절이나 신사(寺社), 구가(舊家)를 방문하여 민간에 구비(口碑) 전승되는 설화를 모집하여 분류 기록하기를 즐겨 하다가 후에 모아서 15권으로 만들고 이름 붙이기를 「백기민담(伯耆民談)」이라 하였다고 한다. (鳥取県編, 1982, 앞의 책, 238쪽)

29) 『백기민담기(伯耆民談記)』는 마쓰오카가 여러 지방에 남아있는 전승(傳承)과 리언(里言) 및 여러 기록물 중에서 관심을 가지고 있었던 기사를 발췌하여 편집한 「백기민언기(伯耆民諺記)」중, 호키노쿠니(伯耆國)와 관련이 적은 항목을 삭제한 후 재편집한 것이라고 추측되고 있다. 전 15권 편성으로 「지리(地理)」「신사불각(神社佛閣)」「고성(古城)」으로 나뉘어져 있다. 호키(伯耆) 전래의 고서나 고문서에 대한 소개가 부족한 것으로 보아 지방의 전승(傳承)이나 구비(口碑)를 수록하는 것을 주목적으로 편집된 것으로 추측되고 있다. (鳥取県編, 1982, 위의 책, 238~241쪽) 여기서는 오기하라 나오마사의 교정·주석본(萩原直正校註, 1960, 앞의 책, 19~22쪽)을 사용하고자 한다.

이 중단된 것을 아무리 애석해 해도 한이 없다. <부록 1-45>

위는 오야·무라카와 가가 에도 막부의 면허를 발급받아 울릉도에 도해하였고, 1692년과 1693년에 울릉도에서 조선 어민과 만나게 되어, 1693년에는 안용복·박어둔 두 사람을 데리고 돌아 온 것, 이들을 돗토리 번주가 조사하고 사건 경위를 에도에 보고한 것에 이어지는 내용이다.

여기에서 그는 울릉도 쟁계가 "조선이 사신을 보내 이런 저런 소송"을 한 것이고, 울릉도의 조선령 재확인은 "결국엔 에도 막부가 그 섬을 조선국에 붙"였다. 울릉도에 도해하지 못하게 된 것은 "일본의 이익이 되는 곳인데… 애석하다"는 등 사실(史實)의 자의적 해석 경향을 보이는 것이다.

이 경향은 이로부터 약 86년 후의 사람인 오카지마 마사요시(岡嶋正義)[30]에 와서 더욱 뚜렷해진다. 그의 저서인 『죽도고』(1828)[31]에서

---

30) 오카지마 마사요시는 『죽도고(竹島考)』와 뒤에서 언급하는 『인부연표(因府年表)』의 저자이다. 그는 『죽도고』 외에도 일본 근세 시대의 우수한 사서(史書) 및 지지(地誌)를 현대에 전한 사람으로 평가되고 있다. 그의 사서 중에 최고의 작품으로 『인부연표(因府年表)』가 꼽히고 있다. (鳥取県編集, 1982, 위의 책, 244~246쪽) 오카지마는 420石의 봉녹 ≪知行高≫을 받는 돗토리 번의 가신(家臣)으로 1824년에 오메쓰케야쿠(御目付役)로 임명되어 1826년 8월에 면직되기까지 근무하였다. 이후 1859년 75세로 사망할 때까지 공직에 임명되는 일은 없었다. 그간 사서와 지지 편찬에 몰두하여 『죽도고』와 『인부연표』를 포함한 약 40여 점의 사서를 남겼다. (池內敏, 2006, 앞의 책, 353~363쪽)

31) 『죽도고(竹島考)』는 오카지마가 1828년에 편찬한 책이다. 상·하 두 권으로 되어 있으며 주로 돗토리와 그 주변 지역에서 전해져 내려오는 울릉도 관련 기록 및 일본과 조선, 중국 문헌을 근거로 울릉도 영유권에 대한 자신의 생각을 피력하는 내용으로 구성되어 있다. 상권은 『죽도고』의 편찬 취지와 과정에 대해 기록한 「서문」, 오야·무라카와의 울릉도 도해 전말을 개괄한 「총설」, 울릉도가 그려진 지도를 소개하고 분석한 「도설(圖說)」, 울릉도 관련 통설에 대한 문제점을 지적을 통해 자신의 견해를 피력하는 「혹문(或問)」, 1724년(享保 9)에도 막부가 오야·무라카와의 울릉도 도해 경위에 관해 조사하였을 때 제출된 자료에 의거하여 도해 선단의 규모, 울릉도 산물 등

볼 수 있는 경향이다.

『죽도고』상권의 「혹문(或門)」에는 다음과 같은 내용이 있다.[32]

1. "다케시마는 아주 먼 바다에 있어 조선국에 가깝고 특히 산물이
   많은 섬이라고 들었다. 그런데 옛날부터 집 짓고 사는 사람도 없
   고, 또 그 나라에서 배로 왕래하지 않는다던데 그런가?"

◀ "(전략) 그 다케시마는 풍요한 땅으로 그 나라에서 멀리 떨어져
   있지 않다고는 하나, 우리나라 배가 왕래하는 바다에 있는 고도
   (孤島)이므로 그 나라 사람이 오래전부터 살해당할 것을 두려워
   하여 살지 않았고, 또 마음 편하게 도해할 수도 없었기에 폐도
   (廢島)라고만 알려져 있었다. (후략)"

2. "다케시마는 옛날부터 폐도(廢島)로서 어느 나라의 관할에 속한다
   는 것도 없고 또 사람도 살지 않는다고 하는데 증거가 있는가."

◀ "원래 겐키(元龜)와 덴쇼(天正)때, 왜구의 난이 그쳤을 때에는 이
   섬을 조선국의 관할지라고 생각하고 있었던 것 같다. (중략)
   그런데 호타이코의 위벌(威伐)을 당한 후에는 오직 일본군대를
   떨쳐버린 것을 다행으로 여겨 다케시마 같은 것에는 마음을 쓰
   지 않고 있을 동안에 오야와 무라카와가 도해를 하였고 그 이후
   에는 호키노쿠니의 속지처럼 되어 (후략)"

3. "조선국 사람의 배가 다케시마에 왕래한 시기는 호키노쿠니에서
   도해한 시기와는 차이가 있었기 때문에 그 나라 사람이 그 일을

을 기술한 「도해 준비 및 물산」, 울릉도의 지리, 해로 등을 기술한 「다케시마와 마쓰
시마의 지리」의 총 6편으로 구성된다. 하권은 오야·무라카와의 울릉도 도해가 시작
될 때부터 끝날 때까지의 주요 사건을 시대별로 정리해 놓은 것(9편)과 일본으로 떠
내려간 울릉도 향나무를 화제로 삼은 이야기(2편)로 구성되어 있다. 한편 언무(偃武)
라는 내용이 상권 말미에 포함되어 있는데『죽도고』가 편찬된 지 대략 16여 년 후인
'1844년'에 '중주고(重周稿)'라는 사람에 의해 쓰인 것으로 기록되어 있다. 내용은 일
종의『죽도고』에 대한 '추천사'와 같은 것이며『죽도고』영인본(돗토리 현립박물관
소장)의 상권 뒤표지 안에 붙은 봉투에 들어 있던 문서로 추정된다. 동 자료는 현재
시마네 현 도서관 및 시마네 현 현청에 소장되어 있다. 동 자료에 대해서는 이케우치
사토시가 「혹문」을 중심으로 간략하게 소개하고 있다.[池内敏, 2006, 앞의 책 353∼
363쪽(「補論 6「竹島考」について」)] 또한 필자의 원문대조 한글 번역본이 있다(정영미
역, 2011, 竹島考 上·下, 경상북도 독도사료 연구회 성과물Ⅰ, 경상북도·안용복 재
단, 경상북도). 번역문은 필자의 원문대조 한글 번역본에서 발췌·인용하였다.

32) 岡嶋正義, 1828, 竹島考, 上 或問(정영미 역, 2011, 앞의 책, 38∼103쪽)

눈치 채지 못한 채 많은 해가 지났다고 한다. 또 에도 중기 경에는 호키노쿠니의 속지였다고도 하는데 확실한 증거가 있는 것인가."

◀ "호키노쿠니에서 다케시마에 수십 년간 도해한 것을 조선국이 모르고 있었다니 이는 근거 없는 망언이다. 또 (다케시마가) 호키주의 속도였다는 말도 근거가 없지는 않다. 지금 그에 대한 한두 가지 설(說)을 들어 증거로 삼겠다. (후략)"

4. "지금 한 다케시마의 사적에 관한 말은 『백기민담기』에는 빠져 있다. 어느 쪽이 맞는가?"

◀ "그 책은 호키에 대한 것만 편찬한 책으로 다케시마에 관해서는 중요시 하고 있지 않다. 따라서 그 책에서 말하고 있는바 세밀치 않은 곳이 있다. (후략)" <부록 1-46>

위의 내용을 보면 당시의 돗토리 번에서의 울릉도에 대한 인식은 대체로 현재 시점에서 파악할 수 있는 울릉도 쟁계 관련 사실(史實)과는 많이 다른 방향으로 형성되어 온 것을 알 수 있다. 위의 질문과 답변은 '조선의 울릉도에 대한 그간의 조치로 보아 울릉도는 그 소속이 분명치 않은 폐도로서 호키노쿠니의 속도였을 수도 있다'는 인식을 입증하고 있는 것이다. 이 인식의 출처와 형성 과정은 명확하지 않다. 단 1695년에 제시된 쓰시마 번의 사신 다치바나 마사시게의 「힐문 4개조」도 위와 같은 인식을 제시하고 있는 것을 볼 수 있다.

다치바나는 조선이 첫 서신의 '울릉(蔚陵)'이라는 두 글자를 삭제해 주기는커녕 1695년 4월 예조참판 이여(李畬) 명의로 "'울릉(蔚陵)'은 조선의 섬이며 대나무가 생산되기 때문에 혹은 '죽도(竹島)'라고도 부른다. '울릉(蔚陵)'과 '죽도(竹島)'가 일도이명임은 일본 사람들도 다 아는 바이니 귀국의 변방 사람들의 도해를 금지시켜라"는 취지의 서신을 받는다. 여기에 대해 다치바나가 제시한 4개의 의문을 요약해 보면 다음과 같다.[33]

1. 만일 다케시마가 울릉도의 일도이명이며 울릉도가 조선의 영토로서 관리되어 왔다면 왜 그동안 조선 관리와 오야·무라카와가의 선원들이 만난 적이 없는지.
2. 일본인이 멋대로 국경을 넘어왔다고 하는데 그렇다면 왜 78년 전 마타자이와 59년 전 오야 가 선원이 다케시마에 갔다가 표류했을 때는 왜 국경을 넘어 침범했다고 하지 않았고 그들을 처벌하지 않았는지.
3. 울릉도와 다케시마가 일도이명이라는 사실은 조선에서도 일본에서도 아는 사실이라고 하는데 그렇다면 왜 첫 서신에서는 '귀국의 죽도(竹島)', '우리나라의 울릉도'라고 쓴 것인지.
4. 82년 전 쓰시마 번주가 사람을 이끌고 이소타케시마에 가서 살고자 했을 때는 '이른바 이소타케시마라 하는 섬은 실로 우리나라의 울릉도입니다. (중략) 지금은 비록 폐기하였으나 어찌 타인이 함부로 기거하는 것을 허용하여 서로 다툴 단서를 만들겠습니까?'라고 하고, 78년 전 마타자이 등 미오노세키에 사는 사람들이 다케시마에 갔다가 표류하여 조선에 갔을 때는 '왜인 마타자이 등 7명이 변방의 관리에게 체포되었기에 그들이 온 연유를 물었는데 그들은 미오노세키에 사는 사람들인데 울릉도에 고기를 잡으러 갔다가 풍랑을 만나 표류하여 온 자들이었습니다. 이에 왜선에 태워 귀도(貴島)로 돌려보냅니다'라 하였다. 두 서신의 내용은 일관성이 없지 않은가?

위의 의문의 요지는 '울릉도는 조선의 섬이 아니다'는 것이다. 이후 일본 산인 지역에서는 어떤 경위를 통해서인지는 모르는데 위와 같은 인식으로 굳어져 간다. 즉 울릉도 쟁계로 인해 울릉도를 조선에 준 것 또는 빼앗긴 것을 애석해 하거나 분노하는 인식이다. 『백기민담기』에서는 울릉도를 조선에 주어 애석해 하는 인식을 볼 수 있다. 그리고 위의 인용문에서 알 수 있듯, 이 인식은 오카지마에게서 한층 더 강해지는 것이다.

오카지마는 울릉도가 호키노쿠니의 속도였다는 것을 입증하려고

---

33) 北澤正誠, 1881, 竹島考證 上 疑問四個條(정영미 역, 2006, 앞의 책, 104~125쪽)

한다. 한편 혹자층이 '왜『백기민담기』에도 없는 말을 하느냐'는 식의 질문에는 '그 책은 호키에 대한 것을 다루고 있기 때문에 다케시마(울릉도)에 대한 내용은 소략해졌다'고 답변한다. 그리고『백기민담기』나 『죽도고』모두 울릉도 상실에 대한 애석함을 보이는데 전자가 '울릉도를 조선에 주게 된 것에 대한 소박한 애석함'이라면 후자는 '조선에 탈취당한 섬에 대한 분노에 찬 애석함'이라는 차이가 있다.

> ◀ "(전략) 만일 그때 재주 있는 자가 있어서 이쪽에서 빨리 섬을 열고, 집을 지어 사람을 이주시켰으면 이후의 우환은 생기지 않았을 터인데 그런 일이 없었으므로 조선인들이 오야와 무라카와의 배가 돌아가고 없는 틈을 타서 결국 우리 땅을 탈취하였으니 이는 실로 애석한 일이 아닐 수가 없다. (후략)" <부록 1-46>

오카지마의 인식에서 특이한 것은 다음과 같은 5번 질문에 대한 답변이다.

> 5. "최근에 편찬된 아베(安部)씨의『인번지(因幡志)』에 '울릉도 이를 다케시마라 하고 자산도 이를 마쓰시마라 한다'고 기록되어 있는데 맞는 말인가?" <부록 1-46>

이 질문에 대한 답변을 검토해 보면 오카지마가 조선의 울릉도・자산도(독도)와 일본의 다케시마(울릉도)・마쓰시마(독도)를 서로 다른 섬으로 인식하고 있는 것을 알 수 있다.

> ◀ "① 다케시마라는 이름은 중국 및 조선국 서적에서도 종종 언급되므로 우리나라만 다케시마라고 하는 것이 아님이 명백하니 일부러 논할 필요는 없다. 그러나 그 잘못된 말이 어디서

비롯되었는지 살펴보면, 『삼국통람(三國通覽)』의 「여지로정지도(輿地路程之圖)」에 조선국 강원도 해상에 섬 하나가 있고, 또 오키와 조선국간의 바다 한가운데에 다케시마가 있는데 옆에 "조선국 것이다. 이 섬에서 은주(隱州: 오키 섬, 역자 주)가 보이고 또 조선국도 보인다"는 주(注)가 있고 그 섬의 동쪽에 작은 섬 하나가 그려져 있다. 아마 마쓰시마일 것이다. 또 그 책에 수록되어 있는 「조선국전도(朝鮮國全圖)」를 보면, 역시 강원도 바다 가운데 섬이 있는데 울릉도, 천산국(千山國)이라고 쓰여 있고, 그 안에 산을 그리고 그 이름을 이소타케라 하고 있다. 이는 즉 「여지로정지도」에 그려져 있는 강원도 바다에 있는 작은 섬이다. 『삼국통람』의 모든 지도는 지구 위도에 따라 그렸는데 지도 폭에 한계가 있으므로 전도(全圖)에는 오키국의 다케시마도 그려져 있지 않다. 원래 그 지도는 조선 한 나라만 그린 것이므로 실제보다 약간 크게 그려져 있고 울릉도도 강원도에서 아주 멀리 떨어진 바다 가운데 그려놓았으니, 이는 마치 다케시마를 방불케 하는 것이다. 그런 것을 고레치카(惟親: 아베 교안, 역자 주)가 이 섬 옆에 있어야 할 작은 섬 하나가 없는 것은 하야시 씨가 빠트렸기 때문이라고 착각하였고, 또 울릉도 안에 천산국이라고 기록한 것을 하나의 섬에 두 개의 섬 이름을 쓴 것이라고 잘못 추측하여 『인번지』에 "울릉도 일본에서는 이를 다케시마 하고 자산도 이를 마쓰시마라 한다"라고 기술한 것이다. '센(千)'과 '시(子)'는 글자 모양이 비슷하여 잘못 옮겨 쓴 것일 것이다. 또 그 지도를 하나하나 따져보면 잘못된 것이 역력하다.

② (전략) 나의 억측이 맞다면, 원래 그 섬이 다케시마가 아니면 그 옆에 마쓰시마가 있을 이유가 없다. 또 천산국이라고 하는 것은 울릉도의 옛날 이름으로써 다른 섬의 이름은 아닌데, 여기에 증거 하나를 들면 (중략), 또 생각해 보면 (중략)

③ 명주란 강원도에 속한 땅이므로 울릉도가 그 정동 쪽에 있다면 다케시마와 멀리 떨어져 있다는 것은 의심할 여지가 없다. (후략) <부록 1-46>

위의 ① 부분의 긴 논리를 간략히 표로 정리하여 나타내면 다음과 같다.

[표 3] 오카지마 마사요시의 다케시마·마쓰시마 논리

문헌	『삼국통람(三國通覧)』		『인번지(因幡志)』를 쓴 아베의 착각	결과
부속도	「여지로정지도(輿地路程之圖)」	「조선국전도(朝鮮國全圖)」		
표기 사항	① 조선국 강원도 해상의 섬	❶ 울릉도 "천산국·이소타케"	❶의 울릉도는 즉 ①을 가리키는데 강원도 해상에서 멀리, 실제보다 크게 그렸기 때문에 ②의 다케시마로 착각	울릉도=다케시마 ⇒조선 섬
	② 오키 섬과 조선국의 바다 한 가운데의 다케시마="조선국 것이다. 이 섬에서 은주(隱州: 오키 섬)가 보이고 또 조선국도 보인다."		❶의 '천산국'은 울릉도인데 이를 하야시가 빼먹고 그리지 않은 ③의 마쓰시마로 착각 / 천(千)을 자(子)로 잘못 표기	자산도=마쓰시마 ⇒조선 섬
	③ 다케시마 동쪽의 마쓰시마로 보이는 작은 섬			

출처: 岡嶋正義, 1828, 竹島考, 上卷, 渡海之調艤並物産(정영미 역, 2011, 앞의 책 38~103쪽)

즉 ① 부분의 오카지마의 논리는 '「인번지」를 쓴 아베가 『삼국통람』 「조선국전도」에 그려진 울릉도 한 섬을 「여지로정지도」에 그려진 다케시마(울릉도)·마쓰시마(독도) 두 섬으로 잘못 비정(比定)하였다. 이 때문에 "울릉도 이를 다케시마라 하고 자산도 이를 마쓰시마라 한다"는 말이 나왔다. 그러나 사실은 그렇지 않다'는 것이다. 다른 말로 하면 다케시마는 울릉도가 아니며 따라서 다케시마(울릉도)와 마쓰시마(독도)는 조선의 섬이 아니라는 말이다.

이 인식을 확인할 수 있는 것이 ②와 ③의 부분이다. ②의 '그 섬'이 어느 섬을 가리키는지 확실치는 않으나 전체적으로 「조선국전도」의 울릉도가 다케시마가 아니라는 것을 설명하고 있는 것으로 보인다. 즉 '울릉도가 다케시마라면 당연히 그 옆에 마쓰시마도 함께 그려졌어야 하는데 마쓰시마는 빠져있다. 따라서 울릉도는 다케시마가 아니'라는 설명으로 보인다.

울릉도가 다케시마가 아니라는 인식은 ③에서 명확해진다. 신라가 명주(溟洲)의 정동 쪽 바다에 있는 울릉도라는 섬을 정복한 것을 예로 들어, 울릉도는 강원도에 속한 땅이므로 다케시마와는 멀리 떨어져 있다는 것은 의심할 여지가 없다는 것이다.

『인번지(因藩誌/因幡志)』는 1795년(寬政 7) 돗토리 번의 번의(藩醫)였던 아베 교안(安部恭庵)이 편찬한 이나바노쿠니(因藩國)의 지지(地誌)이다. 『인번지』「필기지부 삼(筆記之部 三)」에 오야・무라카와가의 울릉도 도해 경과, 안용복 도일 사건 등이 기록되어 있는데 울릉도와 자산도에 대해서는 다음과 같은 기록이 있다.[34]

> 조울양도(朝蔚兩島)란 울릉도-일본에서는 이것을 다케시마(竹島)라고 칭한다. 자산도[이 표기 위에 우산섬(ウサンスム)라는 후리가나가 붙어있다, 역자 주]-일본에서는 마쓰시마(松島)라고 부른다-가 이것이다. <부록 1-47>

위는 1696년에 안용복이 일본에 갈 때 배에 매달고 간 깃발에 쓰인 「조울양도감세장(朝蔚兩島監稅將)」이라는 글에서 '양도(兩島)'란 어떤 섬인지에 대해 설명하고 있는 부분이다. 자산도 위에 '우산섬(ウサンスム)'이라는 후리가나가 붙은 것이 재미있다. 그런데 이 자산도/우

---

34) 『인번지(因幡誌)』「필기지부 삼(筆記之部 三)」에는 오야・무라카와 가의 울릉도 도해 경과 및 안용복 도일 사건 등에 대한 기록이 수록되어 있다. 본문은 시마네 현 홈페이지 '웹 죽도문제연구소'에서 볼 수 있다.
(http://www.pref.shimane.lg.jp/soumu/web-takeshima/takeshima04/takeshima04_01/takeshima04c.html)

산도가 일본에서 말하는 마쓰시마라는 것은 안용복 입에서 나온 말
이다. 그가 소지하고 갔다는 「팔도지도(八道地圖)」에는 강원도에 다
케시마(울릉도)와 마쓰시마(독도)가 속해 있다고 표기되어 있다.[35] 따
라서 『인번지』에서의 마쓰시마라는 명칭의 출처와 1696년 당시의 어
떤 조선 지도상의 '우산도'이다.

『삼국통람도설(三國通覽圖說)』(1775)[36]은 울릉도 쟁계가 정식으로
종료(1699)되고 나서 76년 후에 편찬된 것이다. 그리고 「여지로정지도」
에 표기된 "조선국 것이다(朝鮮国ノ持也)"라는 다케시마(울릉도)·마
쓰시마(독도) 옆의 주기(注記)는 울릉도 쟁계 결과 도해 금지령이 내
려진 사실(1696년 1월)이 반영된 것이다. 그리고 이에 이어지는 "이
섬에서 은주가 보이고 또 조선국도 보인다(此嶋ヨリ隱州ヲ望又朝鮮ヲ
見ル)"는 1667년 편찬된 『은주시청합기』상의 기술이 반영된 것이다.
그런데 그로부터 53년이 지난 오카지마의 시대에 와서는 다케시마(울

---

35) 「원록구 병자년 조선주착안 일권지각서(元禄九丙子年朝鮮舟着岸一卷之覺書)」에 수
　록되어 있다. 이 문서는 2005년 5월 17일자 산인 중앙 신보(山陰中央新報) 보도에 의
　해 알려졌다. 이 문서를 소장하고 있던 무라카미 가(家)는 오키 섬 도젠(島前) 아마(海
　士)의 호족이었으며 오키 섬으로 유배 간 고토바 천황(1180~1239)의 묘소를 지키는
　집안이다. 에도 시대에는 촌장(庄屋) 집안이었다. 이 문서는 돗토리 번 번주에게 소송
　을 하러 가는 도중 오키 섬에 들른 안용복 일행을 조사한 마쓰에 번의 대관(代官: 번
　사) 두 명이 작성한 조사 보고서의 필사본으로 보인다. 여기에는 「팔도지도(八島之
　圖)」라는 제목하에 조선의 팔도를 연명한 부분이 있는데 강원도 밑에 '다케시마(竹
　島)와 마쓰시마(松島)가 속해있다'는 말이 덧붙여 있다. 강원도 근해(近海)에 울릉도·
　우산도(于山島)가 그려진 조선의 팔도지도(八道地圖)를, 팔도(八道)는 조선 명칭 그대
　로, 울릉도와 우산도는 다케시마와 마쓰시마라는 일본 명칭으로 바꾸어 필사한 것으
　로 보인다.
36) 하야시 시헤이(林子平)가 1775년에 편찬한 지리서이다. 5장의 지도가 수록되어 있다.
　「여지로정지도(輿地路程地圖)」는 첫 번째 수록된 「삼국접양지도(三國接壤地圖)」를
　가리키고 있는 듯 보인다. 「조선전도(朝鮮全圖)」는 「조선팔도지도(朝鮮八道之圖)」라
　는 명칭으로 두 번째에 수록되어 있다. 여기에서는 한국에서 발행된 자료를 사용하
　였다. (韓相夏 發行, 三國通覽圖說, 1986, 景仁文化社)

릉도)와 마쓰시마(독도)가 일본의 섬으로 바뀌는 것이다.

〈그림 8〉『三國通覽圖說』「三國接壤地圖」 간략도

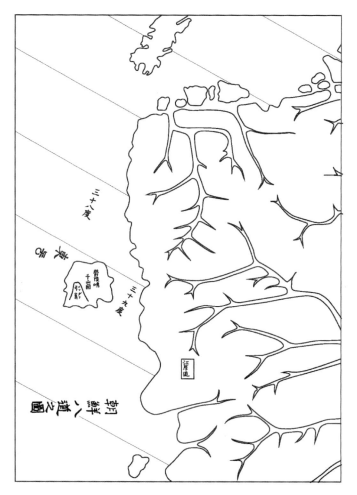

출처: 三國通覽圖說, 1986, 景仁文化社

〈그림 9〉『三國通覽圖說』「朝鮮八道之圖」 간략도

오카지마의 논리는, 1696년의 일본인의 울릉도 도해 금지령에 따라 동해 해역과 울릉도 도해에 대한 경험을 바탕으로 한 지식 입수가 중단된 것을 배경으로 하는 논리라고 본다. 후대의 사람들은 울릉도에 가본 일 없이 전해 내려오는 문서와 지도를 통해 울릉도에 대해 파악한다. 그리고 파악되지 않는 부분은 자신의 생각으로 채워간다. 한편 편찬자의 잘못된 생각을 수정할 수 있는 새로운 지식은 입수되지 않는다. 울릉도 도해가 사실상 중단되었기 때문이다. 따라서 많은 사실 관계가 '자신의 생각'으로 왜곡될 여지가 발생하는 것이다.

「여지로정지도(輿地路程之圖)」, 즉 「삼국접양지도(三國接壤地圖)」를 보면, 오카지마의 말대로 조선 가까이에 이름 없는 섬 하나가 표기되어 있고, 동해 중간쯤에 다케시마라고 표기한 섬과 이름은 없으나 작은 섬 모양이 함께 표기되어 있다. 오카지마는 이 지도를 가지고 조선의 울릉도와 일본의 다케시마·마쓰시마의 세 섬이 동해상에 있다고 생각한 것 같다. 그런데 「삼국접양지도」는 울릉도만 그려져 있는 조선지도와 오키 섬 북쪽에 다케시마(울릉도)와 마쓰시마(독도)가 그려진 일본지도를 붙여서 그린 것이다. 즉 울릉도가 울릉도 및 다케시마 두 개로 잘못 표기된 지도인 것이다. 그러면서도 다케시마 및 인접한 섬(독도)을 조선의 것으로 표시했다. 이 인식은 17세기 중엽에 편찬된 『은주시청합기』에서 유래한 것이다.

한편 오카지마는 다케시마·마쓰시마가 울릉도와는 다른 일본의 섬이었는데 울릉도 쟁계에 의해 탈취 당한 것이라 생각했다. 그리고 울릉도 도해의 재개 여부에 대해 묻는 6번 질문에 대해 다음과 같은 탈환론을 펼친다.

6. "혹자는 물어 말하길, "지금이라도 막부의 다케시마 도해 면허가 있으면 예전과 같이 왕래할 방법이 있는가?"
▶ "(전략) 이와 같이 엄한 법제가 행해져서 바다 멀리에 있는 나라들까지도 그 선정을 덕택으로 왜적의 피해를 겨우 면하고 방어

하지 않아도 되게 되었으며, 변방 주민들은 베개를 높이 베고 편한 잠을 잘 수 있게 되었다. 그러면 조선국 등은 곧 복종하고 귀순했어야만 했는데, 그 받아들이는 모양을 보면, 그 나라 사람의 성품이 우유부단하여 위(威)로써 다스릴 때에는 심히 두려워하지만, 베푸는 덕과 은혜에 대해서는 느끼는 바가 적다. 따라서 중국에 대해서도 대대로 배반을 하여 매번 정벌을 당하였다. 그 이후 청나라를 등에 업고 거만해지고 동해가 평화로운 것을 빌미로, 이전에 우리나라가 오랫동안 폐도(廢島)였던 섬을 열고 다년간 도해하여 막대한 이윤을 얻고 있는 것을 시기하여 겐로쿠(元祿) 때 이런저런 간계를 부려 우리 배를 막았고 결국에는 다케시마를 빼앗아 오랫동안 자기 속지로 만들었다. (중략) 그 나라의 거만이 하루아침에 이에 이른 것이 아니라는 것을 깨달아야 한다. 은혜를 잊고 덕을 배신함이 심하니 미워할 만하지 아니한가? 다른 나라의 일이라고 할지라도 사람으로서 국난이 일어나기를 바라서는 아니 되나 시대의 운은 예측하기 어려운 것이다. 그 나라에 혹시 내란이라도 일어나서 삼한시대와 같이 분열되던가, 혹 적국이 일어나 국세가 위기에 처하게 되면 반드시 예전과 같이 우리나라에 무릎을 꿇을 것이다. 혹 그러한 조짐이 보이면 원래 다케시마는 호키노쿠니의 속도(屬島)였으므로 재빨리 이를 다시 찾을 계획을 세워야 할 것이다. (후략)" <부록 1-46>

오카지마는 먼저 6번 질문에 대해서 에도 막부의 쇄국령을 언급한다. 즉 막부가 중국과 조선 연안을 노략질하는 왜구 대책으로써 해금(海禁) 정책을 취해 외국과의 교역장을 나가사키로 한정시키는 한편 그 외의 장소에서의 교역을 철저히 금지시켰다고 한다. 그리고 위에서 인용한 것 같이 말하는 것이다. 간추려 보면, 조선은 왜구를 막아준 일본에 고마워했어야 하는데 오히려 동해가 평화로워진 것을 틈타 시기(猜忌)와 간계로 일본인의 다케시마(울릉도) 도해를 막고 이 섬을 빼앗았다는 것이다. 그리고 혹시 조선이 다시 위기에 처하게 되면 재빨리 다케시마(울릉도)를 되찾아 오자는 것이다.

오카지마의 열망은 곧 이루어지는 것 같았다. 이로부터 약 50년이 채 되지 않아 일본은 운요호 사건(1875)을 벌여 불평등 조약인 강화도조약(1876)을 조선에 강요했다. 그리고 이 조약에 의거 1877년에는 일본 해군 아마기(天城) 함이 처음으로 조선 연안을 조사하였으며 1787년에는 당시 마쓰시마라고 불렸던 울릉도 조사에 착수한다. 물론 이때 마쓰시마가 조선의 울릉도임이 밝혀져 일단 조선으로부터의 다케시마(울릉도) 탈환 열망은 좌절되었다. 그러나 얼마 후 울릉도는 물론이고 조선 그 전체가 일본의 식민지가 되면서 마침내 그 열망을 이루게 된다. 이 내용은 다음절에서 기술하고자 한다.

이케우치 사토시 2006 『대군외교와 「무위」』에는 「보론 6 '죽도고'에 관해서」[37]라는 제목으로 『죽도고』의 내용 구성이 개괄적으로 소개되어 있는데, 역시 「혹문」의 6가지 문답 내용을 요약하여 소개하고 여기에서 보이는 오카지마의 견해를 다음과 같이 평가하였다.

이상과 같이 오카지마 마사요시의 견해는 지금의 관점에서 보면, 먼저 역사인식에 침략 긍정적인 색채가 보이기 때문에 그대로 받아들이기 어려운 것이긴 하다. 원래 그의 견해는 무사의 세계관의 하나의 표현이므로, 그것만을 들어 비난한다고 하는 것은 별로 생산적인 것이 못될 것이다. 차라리 오카지마가 가능한 일본·조선·중국의 문헌을 섭렵하고, 그 사료들에 의거하여 논리를 구성하고 있는 점에서 고증사가로서의 특징을 볼 수 있다고 생각한다. 다케시마는 울릉도가 아니라고 하는 등은 결과적으로는 오해하고 있는 점도 있으나, 「울릉도 천산국(鬱陵島 千山國)」의 해석 등은 지금까지 행해지고 있는 논의와도 통하는 점이 있다. 오카지마는 얼마간의 한계는 있었으나 「항간에 떠도는 말」에 대해 「묻지도 않고 따지지도 않고」 따르는 태도는 취하지 않았다.[38]

37) 池内敏, 2006, 앞의 책, 358쪽

이케우치는 오카지마가 「혹문(惑問)」에서 전개하는 일본의 울릉도 영유권 논리나 대조선관(對朝鮮觀)을 '오해'나 '무사의 세계관의 하나의 표현'으로 평가하였다. 그리고 오카지마의 고증사가로서의 태도를 평가하는데 역점을 두었다. 그러나 오카지마의 그런 '오해' 및 '무사의 세계관의 하나의 표현'이 후대의 기록으로 계승되고,39) 이 기록들이 현재 일본의 독도 영유권 근거 자료로 사용되고 있는 것의 문제점에 대한 언급은 없다.

2. '일본의 다케시마(울릉도)'와 '일본의 마쓰시마(울릉도)' 인식

오카지마의 『죽도고』 외에도, 현재 일본의 독도 영유권 근거 자료로 사용되고 있는 산인 지방 지지류는 울릉도 도해 금지령에 대한 지역민의 반발적인 감정이 이입되어 관련 사실을 자의적으로 해석하거나 왜곡시킨 내용들로 채워진 것들이 대부분이다. 특히 울릉도 영유권에 대한 해석은 더욱 그렇다.

> 『인부연표(因府年表)』(1830~1843)
> 겐로쿠(元祿) 2년 3월 小
> 이십육일 요나고의 선장 무라카와 이치베에는 다른 때와 같이 배를 타고 다케시마에 갔는데, 올 해는 그보다 앞서 조선국 사람이 도해하여 어로를 하고 더 더욱이 이쪽이 둔 바다사자 잡이 도구도 마음대로 꺼내 쓴 것처럼 보여, 무라카와가 선원들과 함께 분노하여, 그중 이객 두 사람을 잡아 이쪽 배에 태우고, 말하길, 이 섬은

---

38) 위의 주

39) 오카지마의 인식은 이후 『인부연표(因府年表)』(1830~1843), 『인백기요(因伯記要)』(1907) 및 돗토리현이 편찬한 『조취현 향토사(鳥取縣鄕土史)』(1932) 등의 돗토리 현의 역사서나 지지(地誌)에 그대로 답습되어 간다. 이는 나이토 세이추가 지적한 바로서 이케우치도 인정하고 있다. (池內敏, 2006, 위의 책, 362~363쪽)

우리에게 일본 장군이 내려 주어서 수십 년간 도해한 곳인데, 올해 마음대로 다시 와서 횡포를 부리니 이상하기 짝이 없다 하고, 심히 그들을 혼낸 후에 뭍으로 올려 보내고 후일 증거를 삼기 위해 이객 등이 말리고 있던 꼬지 전복 조금과 갓 하나, 두건 하나, 메주 하나를 취하고 바다를 건너 오늘 요나고로 귀선하였고, 상세한 것을 돗토리에 보고하게 되었다.

생각해 보면 다케시마까지의 바닷길은 대략 오키국에서 마쓰시마에 70리, 마쓰시마에서 다케시마에 40리, 다케시마에서 조선국에는 40리여서 늘 그 지형이 보인다고 한다. 그렇다고 해도 옛날부터 사람이 살지 않는 폐도(廢島)가 되었기 때문에 겐나(元和) 때에 오야와 무라카와가 막부에 원하여 도해하고자 한 것이다. 위의 조선국에 아주 가까운 그 섬에 지금까지 사람이 살지 않는 것은 완전히 일본이 위광을 떨치고 있기 때문이 아닐까. 그때의 일을 그대로 방치해 두는 것은 우리나라를 멸시하는 근본이 되니 통곡할 따름이다.[40] <부록 1-48>

겐로쿠(元禄) 9년 1월 정월 大 18일
이번에 막부의 명에 따라 요나고의 선장인 오야와 무라카와가 어선을 다케시마에 보내는 것을 정지당했다. 생각해보면, 예전에 요나고에서 배를 다케시마에 보냈으나 그보다 앞서 조선국 어부 등이 도해하여 매년 배를 늘려 멀리서 우리배의 돛대 그림자만 보아도 해안에 진을 치고 혹은 대통을 울리고 공격하는 태도를 보임으로 별 수 없이 배를 뒤로 물려 일의 진상을 모두 막부에 알리고 좋은 처분을 바랬는데 생각지도 않게 이번에 영원히 도해하는 것을 금하셨으므로 오야와 무라카와는 갑자기 생계를 잃어 매우 당혹한 상황에 이르렀으므로 또 출부하여 좋게 처단해 주기를 원했으나 결국 뜻을 이루지 못하고 끝났다. 겐나(元和 4년) 들어 도해하기 시작하여 81년 지나 이에 이르렀다.[41] <부록 1-49>

『인백기요(因伯記要)』「조선울릉도점령사업(朝鮮鬱陵島占領事業)」 (1907)
오야와 무라카와 양가의 조선 울릉도 점령사업의 초창기는 요나고가 생긴 이래 가장 활발하고 정취있는 실제 역사였다. (중략)

---

40) 鳥取県編, 1976, 鳥取藩史, 第七巻, 近世資料, 鳥取県, 154~155쪽
41) 鳥取県編, 1976, 위의 책, 187쪽

막부가 쓰시마의 소씨로 하여금 조선과 담판하게 하였다. 조선이 굴하지 않고 자국의 속지라는 주장을 꺾지 않았다. 막부가 결국 고식(姑息)적인 정책을 취해, 그 섬을 이후 조선에 맡긴다는 명분으로 우리의 점령권을 포기하고 (중략)
막부의 하나의 금령이 이와 같은 울릉도 점령사업을 완전히 물거품을 만들었다.[42] <부록 1-50>

『조취현 향토사(鳥取縣鄉土史)』(1932)
(전략) 봉서 하나를 내려 하루아침에 조선인의 손에 맡기곤 돌아보지 않고 뒤로 후퇴한 막부의 겐로쿠 시대의 조치는 유감이었다. 겐로쿠 시대 평화가 지속된 결과 문약하고 후퇴한 정책을 취해 원도(遠島) 어권(漁權)을 위해 외국과 맞서는 것이 불리하다고 생각하여 결국 어권을 포기하고 양가의 특권을 금지하였을 것이나, (이는) 국가뿐만 아니라 우리나라를 위해서도 애석한 일이었다.[43] <부록 1-51>

위의 자료를 통해 보면 다케시마에 울릉도가 겹쳐지면서, '일본 땅 다케시마(울릉도)를 조선인이 무력으로 탈취했는데 에도 막부가 문약하여 대응을 못하고 포기하게 되었다'는 역사상이 그려진다. 이처럼 19세기 울릉도에 대한 산인 지방의 인식이란 역사적 사실(事實)과는 전혀 부합하지 않게 왜곡된 것이었다.[44] 울릉도가 아닌 다케시마가

---

42) 鳥取県編, 1907, 因伯紀要, 鳥取県, 196쪽

43) 鳥取県編 1932, 鳥取県鄉土史, 鳥取県, 444쪽, 446쪽

44) 이케우치 사토시는 지역에서 구축되어가는 역사상과 일국의 정사(正史)로서 집성된 역사 간에 괴리가 있음을 다음과 같이 지적한다. "지역에서 축적되어 온 역사상에도 어떤 실체적인 뒷받침이 있었을 터이다. 15세기 초기부터 계속되어 온 조선정부의 공도화 정책은 17세기 초엽의 요나고 주민으로 하여금 다케시마(울릉도)를 「발견」하게 하였다. 이후, 동세기 말엽에 이르기까지, 다케시마(울릉도)에서 조선인 어민과 만나는 일 없이 도해하였다. 이로써 「마쓰시마(독도), 다케시마(울릉도)를…경영」「다케시마/울릉도의 개발」(가와카미 겐조(1966)65.71.73항)이라 칭하는 것은 맞지 않다. (본서 제7장) 또 다케시마(울릉도)를 「발견」했다고 하는 것에는 제멋대로의 생각과 착각이 있었을지도 모른다. 그러나 당시의 돗토리 번 주민들에게 있어서는 국가 차원에서 마무리 지어진 「정사」나 「쇄환정책」이 어떤 것인지를 알 방법이 없었기 때문에 수 세대에 걸친 생업의 역사를 「정사」를 기준으로 한다면 일탈행위였다고 일방적으

다케시마(울릉도)가 됨으로써 울릉도가 일본 땅이 되는 그러한 논리가 전개되는 것이다.

독도 역시 마찬가지이다. 가와카미는 그의 저서에서 다음과 같은 자료로써 전근대 시대의 '일본인의 독도 인지'를 입증하고 있는데 이 자료들은 구체적으로 다시 검토해 볼 필요가 있다.[45)]

① 『은주시청합기(隱州視聽合記)』(1667)[46)] 「국대기(國代記)」
(전략) 그런데 서북 방향으로 이틀 낮과 하룻밤을 가면 마쓰시마(松島)가 있다. 그곳에서 다시 한 나절 정도에 다케시마(竹島)가 있다(세간에서는 이소다케시마(磯竹島)라고 한다. 대나무나 물고기 강치가 많다). 이 두 섬은 사람이 없는 땅이다. 고려를 보는 것이 운슈(雲州: 이즈모노쿠니, 시마네 현, 역자 주)에서 인슈(隱州: 오키노쿠니, 시마네 현, 역자 주)를 바라보는 것과 같다. <u>그런즉 일본의 서북쪽 한계는 이 주(州)로 한다.</u> <부록 1-36>

② 『은기고기집(隱岐古記集)』(1823)
(전략) 섬 둘레는 16리[주 도고(島後: 오키 섬의 도고, 역자 주)] (중략) 북북서쪽으로 40여 리에 마쓰시마가 있다. 둘레는 약 1리 정도로서 산(生) 나무가 없는 돌섬이라고 한다. 또 서쪽으로 70여 리에 있는 섬은 다케시마라고 불려 왔다. 대나무가 무성한 큰 섬이라고 한다. 여기에서 조선을 보면 인슈에서 운슈를 보는 것보다 더 가깝다고 한다. 지금은 조선인이 왕래한다고 한다. 내가 다른 지역의 선원에게 물어보았는데 방향은 맞다고 한다. 가을에 하늘이 개고 북풍이 부는 날에는 다이만지(大滿寺) 산의 정상에서 보면 멀리 마쓰시마가 보인다고 한다. 다케시마는 조선의 지산(池山)에 둘러져 있어 조선의 섬으로 보인다고 한다. 내가 생각해볼 때 우리나라(오키)에서는 옛날부터 이소다케시마라고 불려져 왔다 – 시청합기에

로 비난하는 것으로 일이 끝난다고는 단정 지을 수 없을 것이다. (池内敏, 2006, 앞의 책, 358쪽)"

45) 川上健三, 1966, 앞의 책, 50~56쪽에서 재인용. 이하 인용하는 자료에 대한 설명은 가와카미의 설명으로 대신한다.

46) 본 논문 제1장 2절 2항 참조

서 보인다. <부록 1-52>

③ 오야 가 3대 당주 가쓰노부 (勝信)의 「청원서(請書)」(1681)(에도
막부 순검사 앞 제출)

一, 다케시마는 오키국 도고(嶋後)의 후쿠우라(福浦)에서 해상 100
여 리 정도 될 것이라고 합니다. 바다에서의 거리기 때문에 확실한
것은 모릅니다.

一, 겐유인(嚴有院: 도쿠가와 4대 장군, 역자 주) 때, 다케시마로 가
는 길에 둘레 20정 정도라는 작은 섬이 있습니다. 초목이 없는 돌
섬입니다. 25년 이전 아베 시로고로님의 주선으로 배령(拜領) 받아
도해하고 있습니다. 작은 섬이라 해도 강치(를 잡을 수 있기 때문
에) 기름 짜는 일을 조금 하고 있습니다. 이 작은 섬은 오키국 도고
의 후쿠우라에서 해상 60여 리나 됩니다. (후략) <부록 1-53>

④ 오야 가 4대 당주 규에몬 가쓰후사(勝房) 「장군님께 올리는 청
원서(御公儀江御訴訟之御請)」(1740.4)(에도 막부 지샤 부교(寺社奉
行) 앞 제출)

一, 다케시마로 도해하는 길에, 오키국 도고의 후쿠우라에서 7~80
리(里) 정도 가면 마쓰시마라고 하는 작은 섬이 있기 때문에 그 섬
에도 도해하고자 하는 뜻을

一, 다이토쿠인(台德院: 도쿠가와 2대 장군, 역자 주) 때 청원하였더
니 들어주셔서 다케시마와 같이 매년 도해하였습니다. 다시 올린
'죽도도해회도(竹嶋渡海之絵図)'에 써 두었습니다. <부록 1-54>

⑤ 오야 가 4대 당주 가쓰후사 「장군님께 올리는 청원서(御公儀江
御訴訟之御請)」(長崎奉行)(1741.6.10)
[에도 막부 나가사키 부교쇼(長崎奉行所) 앞 제출]
(전략) 다이유인(大猷院: 도쿠가와 3대 장군, 역자 주) 때 다케시마
로 가는 길에 역시 마쓰시마라고 하는 섬을 발견하고 보고 드렸더
니 다케시마와 같이 지배하게 하셨으므로 두 섬에 도해하였으니
매우 감사하게 생각합니다. (후략) <부록 1-55>

⑥ 1696.1.23 에도 막부의 질문에 대한 돗토리 번주의 답변
一, 마쓰시마에 물고기를 잡으러 가는 것에 대해서는 다케시마에
도해하는 길에 있기 때문에 들려서 물고기를 잡습니다. 다른 지역
에서 물고기를 잡으러 온다는 말은 듣지 못했습니다. 이즈모노쿠니

및 오키노쿠니 사람들은 요나고 사람들과 같은 배를 타고 갑니다.
一, 후쿠우라에서 마쓰시마까지 80리(里)
一, 마쓰시마에서 다케시마까지 40리(里) 정도임. <부록 1-56>

⑦ 『죽도도설(竹嶋図説)』(1751-1763)
(전략) 오키노쿠니 마쓰시마의 서도(西島)에서 바닷길 약 40리 정도
북쪽으로 섬 하나가 있다. 이름하여 다케시마라 한다. 이 섬은 일
본에 접해있고 조선 근처에 있으며 지형은 삼각형이고 둘레는 약
15리(里) 정도이다. (중략)
하쿠슈(伯州: 호키노쿠니, 역자 주) 요나고에서 다케시마까지 바닷
길 160리(里) 정도이다. 요나고에서 이즈모로 가서 오키의 마쓰시
마를 거쳐 다케시마에 도달한다. 단 오키의 후쿠시마에서 마쓰시마
까지 바닷길 60리(里) 정도 마쓰시마에서 다케시마까지 40리(里) 정
도라고 한다. <u>이상의 말들은 교호 9년(1724, 역자 주)에도 막부의
조사에 대해 요나고 사람 오야 규에몬 · 무라카와 이치베가 상신한
문서에 있다.</u> (후략) <부록 1-57>

⑧ 『장생죽도기 (長生竹島記)』(1801)
(전략) 그러면 오키의 도고에서 마쓰시마의 방향은 남서서쪽 바다
에 해당한다. 동쪽에서 불어오는 바람을 타고 두 낮과 두 밤을 간
다. 거리는 36정(丁) 1리(里)로써 바닷길 170리(里) 정도로 생각한다.
산세가 험하다고 한다. 토지는 5리(里) · 3리(里) 정도 된다고 한다.
<u>옛날 말처럼 소나무(十八公)로 단장하고 멀리까지 그림자를 드리운
풍경은 어디에 비할 바 없다. 그런데 왠일인지 염천에는 쓸 물이
부족하다고 한다.</u> 당시에도 천 석(千石)짜리 회선(廻船)이 홋카이도
로 가다가 예기치 않은 큰 바람을 만나 떠밀려서 (마쓰시마를 보게
되고) 이게 바로 말로만 듣던 마쓰시마구나 하며 멀리서 보았다.
<u>일본 서해의 끝이다.</u> (후략) <부록 1-58>

⑨ 『죽도고(竹島孝)』(1828)
마쓰시마는 오키국과 다케시마 사이에 있는 작은 섬이다. 그 섬은
한 줄기 해수(海水)를 사이에 두고 두 개의 섬이 이어져 있다. 이
해협의 길이는 2정(町) 폭은 15간(間) 정도 된다고 한다. 이 섬의 넓
이와 높이는 80간(間) 정도 되는 것을 어떤 지도에서 보았다. 두 섬
의 크기는 같을 것이다. 아직 구체적인 근거를 찾지 못하고 있다.
<부록 1-59>

⑩ 세키슈(石州: 시마네 현 서부) 하치에몬(八右衛門) 진술서(聽取書)(1838)

원래 이 섬은 (주, 다케시마를 말함) 이와미국 해안에서 북서북 쪽에 해당하고 바닷길 100여 리 가량 떨어져 있으며 일명 울릉도라고도 하는데 완전히 빈 섬으로 보입니다…

…오키노쿠니 후쿠우라에서 순풍을 타고 북쪽 바다를 지나 마쓰시마 앞을 지날 때 배 안에서 본 바에 의하면 과연 작은 섬으로 나무도 하나도 없고 더욱이 쓸모없는 섬으로 보였기 때문에 일부러 상륙하지 않고 그대로 북쪽으로 배를 몰아 다케시마에 착선합니다.
<부록 1-60>

자료 ①은 1667년 이즈모노쿠니(出雲國)의 마쓰에 번(松江藩) 번사(藩士) 사이토 간스케(齊藤勘介)가 편찬한 『은주시청합기』/「국대기」중의 기술이다.[47]

자료 ②는 1823년 오키 섬 사람 오니시 노리야스(大西敎保)가 1667년의 『은주시청합기』를 저본으로 하고 그 외 오키 섬의 어부들의 이야기를 듣고 편찬한 것이다.

자료 ③~⑤는 17세기 후기와 18세기 중기경, 오야 가의 3대 및 4대 당주가 울릉도 도해에 관한 에도 막부(지샤 부교, 나가사키 부교)의 재조사 시 답변한 내용이다.[48]

자료 ⑥은 울릉도 쟁계의 처리 과정에서 에도 막부가 울릉도와 독도의 소속에 대해 물은 것에 대해 1695년 12월 돗토리 번 번주가 답변한 내용이다.[49]

---

47) 이 자료에 대해서는 본문 제1장 제2절 2항에서 상술하였다.

48) 「오야가 고문서(大谷家古門書)」(大谷家所藏)에 수록되어 있다. 여기에서는 가와카미가 인용한 것을 재인용하였다(川上健三, 1966, 앞의 책, 51~53쪽).

49) 「기죽도각서(磯竹島覺書)」에 수록된 기록이다. 「기죽도각서」는 일본 국립공문서관 내각문고(內閣文庫)에 소장되어 있다. 「기죽도각서」란 울릉도 쟁계 때 조선과 쓰시마 번과의 사이에 오고간 교환문서나 그 이전의 교섭을 위한 「구상서(口上書)」, 돗토

자료 ⑦은 18세기 중반(1751~1763년경) 마쓰에 번(지금의 시마네현) 번사 기타조노 쓰안(北園通荓)이 편찬한 것으로 후손(北園子家)이 소장하고 있던 것을 마쓰에 번의 학자 가나모리 겐사쿠(金森建策)가 입수, 증보 편찬하여 1849년에 번주에게 제출한 책이다.50)

자료 ⑧은 1801년 이즈모 다이샤(出雲大社)의 신관(神官) 야다 다카마사(矢田高當)가 편찬한 것이다.51)

자료 ⑨는 앞서 소개한 1828년 오카지마 마사요시의 『죽도고』 중의 기술이다.

자료 ⑩도 앞서 소개한 1837년의 하마다번 하치에몬의 진술서 중의 기술이다.

위의 10건의 자료는 1950~1960년대의 한일 독도 영유권 논쟁기에 일본 정부가 「일본 정부 견해」에서 제시한 일본의 '일본인의 독도 인식' 근거 자료이다. 이 자료들은 가와카미의 문헌에서 '옛날부터 일본인의 독도 인지와 이용'의 근거 자료로써 다음과 같이 재논증되었다.52)

리 번의 「구상서」 등의 「각서」를 말한다(大熊良一, 1969年, 竹島史考, 原書房, 251쪽). 1875년 태정관 정원 지지과(太政官 正院 地誌課)의 나카무라[中邨(中村)元起]에 의해 취합·교정되었다. 여기에서는 가와카미가 인용한 것을 재인용하였다(川上健三, 1966, 앞의 책, 53쪽).

50) 「죽도도설(竹島圖說)」은 일본 국립공문서관 내각문고 및 요나고 시립 산인 역사관(米子市立山陰歷史館)에 소장되어 있다. 내각문고 소장본은 『죽도관계문서집성(竹島関係文書文書集成)』(エムティ出版編, 1996a, 竹島関係文書文書集成, エムティ出版, 1~22쪽)으로 간행되어 있다. 또한 원문대조 한글 완역본으로 '경상북도 독도사료 연구회 편(정영미 역), 2014, 『독도관계 일본 고문서1』, 경상북도'가 있다. 여기에서는 필자의 완역본을 사용하였다. (제2장 각주 61, 70, 72 참조)

51) 『장생죽도기(長生竹島記)』 중의 기술이다. 시마네 현립 도서관 죽도관계 자료(목록 No.3-2)에서 탈초본을 소개하고 있다. 여기에서는 가와카미가 인용한 것을 재인용하였다(川上健三, 1966, 앞의 책, 54쪽).

52) 川上健三, 1966, 앞의 책, 50~56쪽[제2절 1. 일본인의 다케시마(독도), (1) 문헌에 나타난 마쓰시마·다케시마]

『은기고기집』에 대해서는 '일본에서「다케시마」또는「이소다케시마」로 부른 것은 울릉도이며 지금의 '다케시마(독도)'는 당시「마쓰시마」라는 명칭으로 알려져 있었다'는 맥락에서 논증하였다.[53]

오야 가 당주들의 문서와 돗토리 번주의 답변서는 '당시 '다케시마(독도)'가 마쓰시마라는 이름으로 알려져 있었으며, 다케시마(울릉도)·마쓰시마(독도)의 위치 관계와 그 실정에 관해 정확하게 인식하고 있었다'는 문맥에 제시되었다.[54]

『죽도도설』에 대해서는, 이 책이 다케시마·마쓰시마의 위치 관계 및 실정을 정확하게 파악한 것은 물론 "막부에 의해 다케시마 도항이 금지된 후에 편찬된 것임에도 불구하고 마쓰시마를「오키국 마쓰시마」라든지「오키의 마쓰시마」라고 부르고 있다"는 점이 지적되었다.[55]

『장생죽도기』에 대해서는 "당시 다케시마 마루의 울릉도 도행에 있어, 마쓰시마(지금의 '다케시마')를 도중의 기항지로써 늘 이용하고 있던 상황을 알 수 있고, 마쓰시마로써「일본 서해의 끝」이라고 하였다"는 점이 지적되었다.[56]

『죽도고』와 하치에몬 진술서에 대해서는 '일본인의 다케시마·마쓰시마 인식이 후대로 올수록 더욱 명확해진다'는 문맥에서 제시되었다.[57]

---

53) 川上健三, 1966, 앞의 책, 50쪽

54) 川上健三, 1966, 앞의 책, 51~56쪽

55) 川上健三, 1966, 위의 책, 54쪽 "この書物でも、隠岐に近い島を松島、遠い島を竹島としているほか、竹島が東西両島から成っていることも明らかにしている。さらに注目されるのは、この書物が幕府によって竹島渡航が禁止された後における編著であるにもかかわらず、松島を「隠岐国松島」とか「隠岐ノ松島」と呼んでいる点である。"

56) 川上健三, 1966, 위의 책, 54쪽 "当時竹島丸の欝陵島渡航に際しては、松島を途中の寄航地として常に利用していた様子を知ることができる。これでもまた松島をもって「本朝西海のはて也」としているのである。"

57) 川上健三, 1966, 위의 책, 56쪽

그리고 결론적으로 "이와 같이 제 문헌에서 보면 우리나라에서는
1696년의 다케시마 도해 금지 이전은 물론, 그 이후에 있어서도 마쓰
시마·다케시마 명칭은 물론 두 섬에 관한 정확한 지리적 지식도 아
주 나중에 이르기까지 계승되고 있었던 것을 알 수 있다"고 한다.[58]

지금의 일본 외무성 역시 가와카미의 논증을 계승하여 "그간, 오키
에서 울릉도로의 뱃길에 있는 '다케시마(독도)'는 뱃길 표지로 계항지
로, 또한 강치나 전복이 잘 잡히는 곳으로써 자연스럽게 이용되게 되
었습니다. 이리하여, 우리나라는 늦어도 에도시대 초기에 해당하는
17세기 중반에는 '다케시마(독도)' 영유권을 확립하였습니다"[59]라고
한다.

그런데 과연 위의 자료에서 '두 섬에 관한 정확한 지리적 지식'이

---

58) 川上健三, 1966, 위의 책, 56쪽 "このように、諸文献からみて、わが国では元禄九年(一
六九六)の竹島渡海禁止以前はもちろん、その以後においても、松島・竹島の名称のみな
らず、両島に関する正しい地理的知識も相当後年に至るまで継承されていたことが知ら
れるのである。"

59) 日本外務省ホームページ>竹島>竹島問題>竹島問題の概要>竹島の領有
"2. 竹島の領有
1. 1618年(注)、鳥取藩伯耆国米子の町人大谷甚吉、村川市兵衛は、同藩主を通じて幕
府から鬱陵島(当時の「竹島」)への渡海免許を受けました。これ以降、両家は交替で
毎年年1回鬱陵島に渡航し、あわびの採取、あしかの捕獲、竹などの樹木の伐採等に
従事しました。(注)1625年との説もあります。
2. 両家は、将軍家の葵の紋を打ち出した船印をたてて鬱陵島で漁猟に従事し、採取した
あわびについては将軍家等に献上するのを常としており、いわば同島の独占的経営を
幕府公認で行っていました。
3. この間、隠岐から鬱陵島への道筋にある竹島は、航行の目標として、途中の船がかりと
して、また、あしかやあわびの漁獲の好地として自然に利用されるようになりました。
4. こうして、我が国は、遅くとも江戸時代初期にあたる17世紀半ばには、竹島の領有権
を確立しました。
5. なお、当時、幕府が鬱陵島や竹島を外国領であると認識していたのであれば、鎖国令
を発して日本人の海外への渡航を禁止した1635年には、これらの島に対する渡海を禁
じていたはずですが、そのような措置はなされませんでした。
(http://www.mofa.go.jp/mofaj/area/takeshima/g_ninchi.html)

나 '후대의 계승' '뱃길 표지의 계항지', '강치 또는 전복 채취지로 이용'이 적절한 표현인지 검토해 볼 필요가 있다.

위의 자료들은 17세기 말에서 19세기 중반까지 약 200여 년간 주로 산인 지역에서 다양한 편찬자에 의해 편찬된 것들이다. 그러므로 자료를 다음과 같이 시대와 출처별로 나누어 볼 필요가 있다. 인식은 시대의 흐름에 따라 변하는 것이고 인식 주체에 따른 바리에이션이 있는 것이기 때문이다. 이런 맥락 속에서 '두 섬에 관한 정확한 지리적 지식'이나 '후대의 계승' 등의 표현이 적절한 것인지를 검토해 보아야 한다.

[표 4] 에도시대 마쓰시마 관련 자료 분류표 ①

구분		1차 당사자		2차 당사자	
시대 구분	A	오야·무라카와 / 하치에몬 도해 시대(1618 / 1625~1695년 및 1836년경)	A'	오야·무라카와 도해 이후 시대	
자료 구분	B	1차 당사자의 사건에 대한 진술·보고 문서 등	B'	B'-1	2차 당사자(오야·무라카와 / 하치에몬의 후손의 진술
				B'-2	관련 지역민이 저술한 지지(地誌) 등

위 표에 따라 앞서 제시된 자료를 분류한 것이 다음 표이다.

[표 5] 에도시대 마쓰시마 관련 자료 분류표 ②

구분	조합	해당 자료
가	A-B	③ 1681년 가쓰노부 「請書」
		⑥ 1696년 돗토리 번주 답변
		⑩ 1838년 하치에몬 사건 관련 자료
나	A-B'	① 1667년 『은주시청합기』

다	A'-B	없음
라	A'-B'	B'-1: ④ 1740년 가쓰후사 「御請」
		B'-1: ⑤ 1741년 가쓰후사 「請書」
		B'-2: ⑦ 1751~1763년 『죽도도설』
		⑧ 1801년 『장생죽도기』
		② 1823년 『은기고기집』
		⑨ 1828년 『죽도고』

그리고 다음 표는 위의 분류표에 따라 자료를 구분하여 다케시마·마쓰시마의 지리적 정보를 비교해 본 것이다.

[표 6] 에도시대 마쓰시마 관련 자료에서의 다케시마·마쓰시마에 대한 지리적 정보 표

구분	조합	해당 자료						
		자료	위치		거리[60]		둘레	
			마쓰시마	다케시마	마쓰시마 (후쿠우라 기점)	다케시마 (마쓰시마 기점)	마쓰시마	다케시마
가	A-B	③			60리 234km 126.34nm	40리 * 후쿠우라에서 100리 156km ※ 390km 210.58nm	20정 2,181m	
		⑥	다케시마에 도해하는 길		80리 312km 168.46nm	40리 156km 84.23nm		
		⑩		시마네현 해안에서 북서쪽		40리 *후쿠우라에서 100리 156km ※ 210.58nm		
나	A-B'	①	서북 방향		이틀 낮과 하룻밤	한 나절 정도		
다	A'-B	-						

---

60) 사료상의 거리 표시인 '리(里)'를 일본 역사상의 도량형에 따라 km(일본에서 1리=약 4km), nm(해리, 1nm=1,852m)로 고친 것이다. 다음과 같이 실제 거리와는 차이가 있다.

라	A'-B'								
		B'-1	④	다케시마로 도해하는 길		70~80리 273~312km 147.40~168.46nm			
			⑤	다케시마로 가는 길					
		B'-2	②	북북서쪽	서쪽	40리 156km 84nm	70리 273km 147.40nm		
			⑦		오키국 마쓰시마의 서도 북쪽	60리 234km 126.34nm	40리 156km 84.23nm		15리 58.50km
			⑧	도고에서 남서서쪽	두 낮과 두 밤 170리 663km 357.99nm			15리 58.50km	
			⑨	오키국과 다케시마 사이					80간 144m

〈독도와 한일 주요지점 간의 거리〉

주요 항	울릉도	동해	죽변	포항	부산	오키 섬
거리(km)	87.4	243.8	216.8	258.3	348.4	157.5

※ 2008년 국무총리실 영토대책단 지시에 따라 2010년 동북아역사재단이 작성한 「독도 통합홍보 표준 지침」

사료상의 거리 표시인 '리(里)'는 당시의 바다에서의 거리를 목측할 때 사용한 단위 같아서 지금의 도량형으로 고칠 수 없는 것은 물론 동시대의 도량형으로도 정확한 환산치가 나오지 않는다. 가령 안용복도 포항에서 울릉도까지를 50리로 표현하는데 (『죽도기사(竹島記事)』 1693년 9월 4일 쓰시마에서의 진술) 이를 환산하면 약 20km (조선에서의 1리=약 420m*)가 된다. 1리=4km로 환산하면 195km가 나오는데 이것이 실정에는 더 맞다.
* 대한제국 법률 제1호 도량형법에 따름(대한지적공사, 2005, 한국지적 백년사: 자료 편 1-5, 27, 31, 15쪽)

위의 가행 자료군에서 보면 울릉도·독도의 위치는 오키 섬에서 북서 방향이며, 오키 섬에서 독도까지는 약 60~80리, 울릉도까지는 약 40리이며 모두 합쳐서 100~120리가량으로 기술된다.

나행 자료 역시 독도의 방향은 오키 섬에서 서북 방향으로 본다. 그리고 거리는 오키 섬에서 독도까지 이틀과 반나절, 울릉도까지는 반나절로 본다. 이틀과 반나절이 걸리는 거리가 80리, 반나절 걸리는 거리가 40리인지는 명확하지 않으나 그 비율로 보아 대략 비슷한 것 같다. 즉 가행 자료군과 나행 자료는 울릉도·독도 위치와 거리 정보에 있어 일치한다고 볼 수 있다.

다행 자료와 관련해서는, 사실상 울릉도 도해 종료 후에 기록된 1차 당사자의 기록이라는 것은 없으므로 분석 대상에서 제외된다.

위에 인용된 자료 중 가장 많은 부분을 차지하는 것이 라행 자료군이다. 이 자료군은 또한 두 가지 자료군으로 나눌 수 있다. 하나는 도해 당사자였던 오야가의 후손이 에도 막부에 선조의 울릉도·독도 도해에 대해 보고한 B'-1 자료군이다. 또 하나는 호키, 이즈모, 오키 등 오야·무라카와 가의 울릉도·독도 도해와 관련 있는 주변 지역 사람이 울릉도 도해에 대한 옛날 문서나 구비(口碑)를 저본으로 하여 저술한 B'-2 자료군이다.

이 라행 자료군의 마쓰시마(독도)에 대한 지리적 정보를 가·나행 자료군의 그것과 비교해 보면 재미있는 현상을 발견할 수 있다. 즉 가행, 나행 자료(군)에 수록된 지리적 정보가 라행 자료군에서는 뒤바뀌는 것이다.

오야 가의 후손이 울릉도 도해에 대한 것을 보고한 라행 B'-1 자료군에서는 독도까지의 거리를 70~80리 범위에서 보고한다. 이것은 가행 자료군이 60~80리 범위로 보고한 것과 같다. 이 정보의 출처는 선조가 남긴 문서류일 것이다. 그런데 독도에서 울릉도까지의 거리는 항상 40리로 고정되어 나타나는 것에 비해 오키 섬에서 독도까지의 거리는 60~80리로 변동적으로 나타나는 것은 주목할 만하다.

한편 후대의 제2차 당사자, 즉 지역의 인식을 담고 있는 라행 B'-2 자료군에서는 이 단순한 지리적 정보가 이상하게 혼란스러워 지는 것을 볼 수 있다.

이 자료군 중 가장 시대가 앞서는 라행 B'-2-⑦『죽도도설』[61]의 두 섬의 위치 및 거리는 울릉도 도해 시대의 가행 자료군의 기술과 일치한다. 그러나 이로부터 약 50년 이후에 편찬된 라행의 B'-2-⑧『장생죽도기(長生竹島記)』에서의 위치와 방향은 많이 달라진다. 더욱이 자료에서 표현된 마쓰시마는 명백히 독도를 가리키는 마쓰시마가 아니다. 독도는 울창한 소나무로 뒤덮여 그 그림자를 바다에 드리운 그런 섬이 아니다.『장생죽도기』에는 독도에 대한 인식과 울릉도에 대한 인식이 뒤섞여있다. 먼저 방향과 거리는 울릉도의 그 것이다. 오키 섬에서 '두 낮과 두 밤'을 가는 곳(『은주시청합기』와 비교), 170리(里) 정도 떨어진 곳(그 외 자료에서의 오키 섬에서 울릉도까지의 거리와 비교해 보면 차이가 있기는 하지만)에 있는 섬은 다케시마, 즉 울릉도인 것이다. 또한 섬의 크기 역시 이 섬이 울릉도임을 가리킨다(⑦『죽도도설』과 비교). 그런데도 섬의 명칭은 마쓰시마, 즉 독도인 것이다. 즉 『장생죽도기』에서 말하는 마쓰시마라는 섬은 지금의 독도가 아닌 울릉도를 가리키고 있는 것이다.

---

61)「죽도도설(竹島圖說)」은 18세기 중반(1751~63년경)에 마쓰에 번(松江藩: 지금의 시마네 현 지역) 사람 기타조노 쓰안(北園通葊)이 편찬하였다.

이로부터 약 20년 후에 편찬된 B'-2-② 『은기고기집(隱岐古記集)』에서는, 울릉도에서 독도까지의 거리(40리)가 오키 섬 후쿠우라에서 독도까지의 거리로써 전도(顚倒)되어 있는 것을 알 수 있다. 그리고 그 이전의 후쿠우라에서 독도까지의 거리(70~80리)는 독도에서 울릉도까지의 거리가 되어 있다. 또한 울릉도에서 조선이 보인다는 17세기의 『은주시청합기』의 기술이 여기에서는 마쓰시마에서 조선이 보인다, 다시 말해 독도에서 조선이 보인다는 기술로 바뀌어져 있는 것을 알 수 있다. 이 기술로써 볼 때 여기서 말하는 마쓰시마는 분명히 울릉도이다.

그런데 이와 거의 동시에 편찬된 라행 B'-2-⑦ 『죽도고』는 누가 보아도 납득할 만한 물리적 실체로서의 독도를 그려내고 있다. 이 자료를 얼핏 보면 『죽도고』가 쓰인 19세기 초에 일본 사람이 독도에 대해 잘 알고 있었음은 명명백백하다고 생각할 것이다. 그런데 앞서 언급했듯이 이 자료 역시 선대의 기록(번정문서, 오야·무라카와 가 문서, 지지류 등)을 저본으로 편찬한 책이다. 그런데 라행 B'-2 자료군의 다른 자료들과 달리 이 책의 울릉도·독도 지리·지형 정보가 정확한 것은 17세기 문서를 참조했기 때문이었을 것으로 본다. 17세기에는 오야·무라카와의 울릉도 도해 시대였으므로 독도가 어디에 있는 어떤 섬인지에 대해서도 비교적 정확히 파악하고 있었다. 즉 위의 『죽도고』의 독도에 대한 지리·지형에 대한 인식은 19세기가 아닌 17세기의 것이다. 앞서 지적했듯이 오카지마는 다케시마와 울릉도가 다른 섬이라고 생각했던 사람이기 때문이다.

사실 '어디에 얼마만큼 가면 무엇이 있다'라는 인식은 단순한 정보 차원의 인식이어서 후세 사관(史官)의 관점에 따라 왜곡될 여지가 거의 없는 인식 범주에 속한다. 그런데 위에서 보이는 바와 같이 오야·무라카와 가의 울릉도 도해 시대에서 약 200년이 경과하는 동안 오키섬에서 독도까지의 거리와 독도에서 울릉도까지의 거리를 뒤바꾸어인식하는 현상이 벌어진다. 또한 크기나, 조선의 섬 또는 '울창한 소나무로 뒤덮여 그 그림자를 바다에 드리운' 섬이라고 설명한 점으로보아 마쓰시마라는 명칭이 가리키는 섬이 독도에서 울릉도로 바뀌어왔다는 것을 알 수 있다. 이 인식을 이미지로 나타내면 다음과 같다.

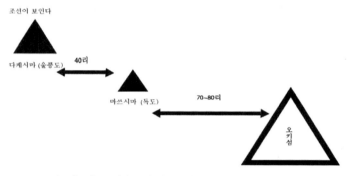

〈그림 10〉 17세기 오키 섬-다케시마-마쓰시마 지리정보

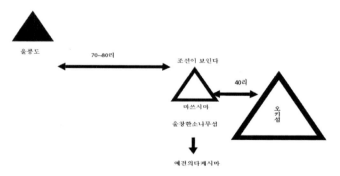

〈그림 11〉 19세기 오키 섬-다케시마-마쓰시마 지리정보

이 이미지는 명백히 17세기의 다케시마(울릉도)에 대한 인식이 19세기에는 '울릉도'와 '마쓰시마라는 명칭의 울릉도'로 2분화된다는 것을 말해주고 있다. 그리고 17세기의 다케시마(울릉도)·마쓰시마(독도) 간 거리 40리가 '마쓰시마라는 명칭의 울릉도'와 오키 섬 간의 거리에 적용되고 있다. 대신 '마쓰시라는 명칭의 울릉도'와 울릉도 간의 거리로서 17세기의 마쓰시마와 오키 섬 간의 거리인 70~80리가 적용되고 있다. 이와 같은 거리 관계의 왜곡이 말해주고 있는 것은 분명하다. 즉 '울릉도'는 일본에서 멀고, '마쓰시마라는 명칭의 울릉도'는 일본에서 가까운 섬이라는 것이다. 다시 말해 '울릉도'는 조선의 섬이며 '마쓰시마라는 명칭의 울릉도'는 일본의 섬이라는 인식인 것이다.

19세기에 들어 산인 지역의 다케시마(울릉도)·마쓰시마(독도) 인식은 '조선의 울릉도'와 '일본의 마쓰시마라는 이름의 다케시마' 인식으로 바뀐다. 또는 제2장 제2절 1항에서 소개한 오카지마 마사요시 인식처럼 '조선의 울릉도'와 '일본의 다케시마와 마쓰시마' 인식으로 바뀌는 것이다. 전자는 두 섬으로 인식했고 후자는 세 섬으로 인식했다는 차이가 있지만 모두 17세기의 다케시마(울릉도)를 조선의 섬과 일본의 섬으로 2분화했다는 공통점이 있다.

이러한 다케시마(울릉도) 2분화라는 인식이 왜 형성되었는지, 그 배경을 다음과 같이 생각해 볼 수 있다. 첫째는 1696년의 울릉도 도해의 중단으로 두 섬의 지리·지형에 대한 경험적 지식이 부재했다는 것이다. 후대인들은 이 두 섬에 가 본 적 없다. 말로만 들었을 뿐이다. 들은 것을 또 전달하는 과정에서 오류가 생긴다. 또는 상상이나 자의적 해석이 곁들여지면서 오류가 생긴다. 이러한 과정을 통해 거리 관계 왜곡에 의거한 울릉도 이명화(二名化)·이국적화(二國籍化) 인식이 형성되었을 것으로 추정한다.

『죽도고』등의 울릉도 관련 문헌은 이와 같은 산인 지역의 왜곡된 인식하에 편찬된 것이다. 문헌 편찬자들은 두 섬에 대한 정보가 비교적 정확히 기록된 돗토리 번이나 쓰시마 번 또는 에도 막부의 공문서(公文書)를 자유롭게 참조할 수 있는 신분이 아니었다. 이들은 주로 산인 지역에 전해 내려오는 말(口碑)에 의존하여 문헌을 편찬하였다. 구비(口碑)가 '기억'하는, 다시 말해 17세기의 울릉도 도해 당사자였던 산인 지역이 '기억'하는 다케시마·마쓰시마에 대해 쓴 것이다. 이에 대해『죽도고』는 다음과 소개하고 있다.

> 교호 9년(1724) 4월의 일이었는데, 막부가 번주에게 지시하길, 오야와 무라카와에게 예전에 도해하였던 다케시마에 조선국 사람이 도래하여 일을 방해하고, 그 후 도해가 금지되게 된 경위 및 그 섬의 지리와 물산 등에 대해 자세히 조사하여 올리라고 하였다. 그래서 그 두 집안사람들이 막부의 명을 받들어 예전에 다케시마에 도해하였던 선원을 찾았더니, 겨우 30년 전의 일이었음에도 호키주 내에는 7명밖에 없었고 그들 또한 대부분이 말도 제대로 못할 정도로 노쇠한 노인이었다. 혹은 가까운 이웃집에 가는 것조차 힘들어 하는 자도 있었다. 그중에 요나고 나다초에 있는 야사베라는 자는 당시 72세로서 40년 전에 한 번 다케시마에 도해한 적이 있던 자였으므로 간신히 그 사람만 데리고 돗토리로 가서, 그때 막부에서 조사하는 건에 대해 답변하게 하였다. 그런데 그 후에도 막부의 조사가 거듭되었는데, 그중 시키초에 있는 조우에몬이라는 자는 조사 이전에 다른 곳으로 가고 없었으나 그때쯤 다시 돌아왔다. 역시 그에게 또 자세한 것을 물으니, 이 조우에몬은 아직 어린아이였을 적에 도해한 적이 있었는데, 그때는 겐로쿠 5년(1695)으로서 조선인이 처음 다케시마에 도래했던 해였다. 그때부터 3년간 계속해서 도해했던 자로서 당시 53세였다. 그가 친히 본 것을 이어서 말씀드렸다고 한다.[62] <부록 1-61>

1724년에 에도 막부가 다시 오야 진키치와 무라카와 이치베의 울릉도 도해에 대한 조사를 하였다. 한편 쓰시마 번이 다케시마 잇켄에 대해 종합 정리한 『죽도기사』63)가 같은 시기에 편찬된 것으로 보아,64) 이때 어떤 이유에선가 에도 막부가 울릉도와 울릉도 도해에 대한 재조사를 실시한 것 같다. 아마 당시의 에도 막부 쇼군이었던 도쿠가와 요시무네(德川吉宗)가 추진한 「교호노 가이카쿠(享保改革)65)」와 관련이 있었을 것이라고 생각되나 자세한 것은 알 수 없다. 에도 막부나 돗토리 번 또는 쓰시마 번에 관련 문서가 남아있지 않기 때문이다.66)

한편 에도 막부의 조사에 대해 오야 가가 제출한 문서는 일부 공개되어 있다. 가와카미 겐조에 의해 '일본인의 독도 인식'의 근거로 제시된 인용문들 중 <부록 1-53> 및 <부록 1-54>가 이에 해당한다. 앞서 본 바와 같이 이때 오야 가 당주들이 에도 막부에 마쓰시마(독도)에 대해 보고한다. 즉 그들이 마쓰시마(독도)에 도해하여 바다사자 잡이를 하였고, 이 섬에 대한 도해 면허도 받았다는 등의 보고이다. 그리고 위의 『죽도고』에 수록된 기록을 통해 당시의 재조사 상황이 어땠는지 엿볼 수 있다.

이에 의하면, 울릉도 도해 당사자 집안에 전해 온 문서 및 도해 경

---

62) 岡嶋正義, 1828, 竹島考, 下 幕府精ヶ鑿ス竹嶋之地理来歷ヲ(정영미 역, 2011, 앞의 책, 257, 259쪽)
63) 제2장 각주 15 참조
64) 이 점에 대해서는 국방대학교 김병렬 교수의 시사가 있었다.
65) 에도 막부 제8대 쇼군 도쿠가와 요시무네가 막번체제(幕藩體制)안정화를 위해 추진한 개혁
66) 아직 발견되거나 발굴되지 않았다는 의미이다.

험자의 불확실한 기억에 의거하여 17세기의 산인 지역민의 울릉도 도해가 재구성되었음을 알 수 있다. 그리고 일본은 지금, 이러한 지역민의 기억 속에서 재구성된 울릉도 쟁계/다케시마 잇켄 관련 자료에서 마쓰시마라는 이름이 있음을 들어 독도 영유권 근거 자료로 제시하고 있는 것이다.

한편, 왜 18세기 중엽의 산인 지역 사람들의 기억은 울릉도를 '조선의 울릉도'와 '일본의 다케시마(울릉도)' 또는 '일본의 마쓰시마(울릉도)'로 2원화시키는 방향으로 진전되었을까? 단정은 못하지만 아마 울릉도 소유에 대한 집념이 작용하였을 것이라고 본다. 17세기의 울릉도 도해는 도해 당사자나 주변 사람들에게 경제적 풍요를 가져다 주는 사업이었던 것 같다. 이는 1696년 음력 1월에 울릉도 도해 금지령이 내린 후의 다음과 같은 무라카와 이치베의 행동을 통해 알 수 있다.

오야와 무라카와는 뜻하지 않게 열심을 다했던 땅으로부터 멀어져 80년래의 생업을 잃었고, 또 수하에 있던 선원들이 곤궁해진 것에 마음이 아파 매우 당혹스러워했다. 이에 따라 무라카와 이치베는 겐로쿠 11년(1698)부터 에도를 다니며 탄원하였고, 겐로쿠 16년(1703)까지 6년간 막부의 재고를 바라며 온갖 수를 다 써보았지만, 일은 안 되고 시간만 허무하게 흐를 뿐이었으므로, 장시간의 에도 체류에 가산은 기울고 결국 곤궁해져서 그런 것을 돗토리 번주에게 보고하고는 에도를 떠났다. 그 이후 그렇게도 세상에 알려진 부호였는데도 가운이 다 기울어 곧 생활에 쪼들리게끔 되자 이를 불쌍히 여긴 번주가 요나고초에서 면직물 도매상을 하는 것을 허가해 주었다. 이전의 영화에는 비할 바가 없었으나 간신히 가명(家名)을 유지하며 살아갈 수 있었는데, 얼마 전에 제도가 바뀌어 호키와 이나바의 다른 도매상과 같이 그것에서도 손을 놓아야 했다. 그 두 집안은 각별한 집안이니 봐 달라고 탄원하였으나 들어주지 않았고, 지금 무라카와 이치베는 다테초에서 소금 파는 일을 하고, 오야 후지노조는 나다초에서 물고기와 날짐승을 파는 일을 하는데 두 집안 다 약간의 구전을 받아 살아가는 방편으로 삼고 있다. 이전에 비하면 처량하기 그지없는 모습이다.[67] <부록 1-42>

위의 인용문은 『죽도고』 하편에 수록된 「막부가 다케시마 도해를 못하게 하다(幕府禁遏渡海于竹嶋)」는 항목에서 발췌 인용한 것이다. 위의 내용을 통해 울릉도 도해가 당사자인 오야·무라카와 가를 포함하여 그 외 관련자들에게 막대한 이익을 안겨주는 일이었음을 추측할 수 있다. 또한 그들에게 있어 도해 금지령이란 경제적 몰락을 의미하는 일이었음도 추측할 수 있다. 그렇기 때문에 울릉도 도해 금지령이 내린 후에도 위와 같이 울릉도 도해 재개를 위해 노력했던 것이다.

그러나 울릉도 도해 재개 소원은 이루어지지 않았다. 그것이 '일본의 다케시마(울릉도)' 또는 '일본의 마쓰시마(울릉도)'라는 왜곡된 기억을 만들어 내는 심적 동기가 되었을 것이다. 즉 가지고 싶은 것을 가질 수 없는 현실에 대한 심리적 보상으로 명칭과 일본으로부터의 거리 조작을 통한 일본의 섬, 울릉도가 만들어지는 것이다.

이 인식이 19세기 초에 이르면 당시의 시대적 정세와 맞물려 더욱 증폭된다. 즉 울릉도 쟁계가 조선의 울릉도 강탈, 일본 에도 막부의 실책 등의 관점하에 논해지며 결론적으로 울릉도 침탈, 조선 침탈론으로 이어지는 것이다. 이에 대해서는 제2장 제1절 1항 「'조선의 울릉도'와 '일본의 다케시마·마쓰시마' 인식」에서 소개했으나 여기에서 다시 『죽도고』의 편찬자인 오카지마 마사요시의 인식을 확인하면

---

67) 제2장 각주 20 참조 <부록 1-42>

다음과 같다.

> 그러면, 호우타이코우의 위벌(威伐)을 당한 후에는, 오직 일본 세력을 떨쳐버린 것을 다행으로 여기고, 다케시마 같은 것에는 마음을 쓰지 않고 있을 동안에, 오오야와 무라카와가(다케시마) 도해를 하던 동안에, 그보다 나중에는 호키국의 속지와 같이 되었으므로 중국의 책에도 그와 같은 말이 실렸다고 알려졌다(는 것은 끝 부분에 실려 있으므로 여기서는 약기한다). 만일 이때 재주 있는 자가 있어서 이쪽에서 (빨리 섬을 개척하고, 집을 지어) 사람을 이주시키고 빨리 이 섬을 개척하여 집을 지어 두었으면, 후환이 안 생겼을 터인데, 그런 일을 하지 않았음으로, 조선인도 (오오야와 무라카와의) 배가 돌아가고 없는 틈을 타서 결국 우리나라 땅을 탈취하였는데 실로 애석한 일이 아닐 수가 없다. (중략)
> 다케시마 도해를 금지하였을 때 조정에서는 어떤 결정이 있었는지. 또 조선국에서 사자를 우리 번에 보낸 취지(문서)가 관의 창고의 비밀 기록이 되어 알려져 있지 않고, 민간 서적에 의해 전해져 오는 말은 그 내용이 분분하여 일정치 않다. 이와 같이 일의 처음이 어떠하였는지에 대한 정설이 없는데, 지금 그 일의 끝에 대하여 말하는 것은 설령 장소(張蘇)의 혀를 빌린다고 해도 누가 그 말에 납득하겠는가. 단지 교호 때 막부가 다케시마의 사적 및 지리, 물산 등에 대해 상세히 조사한 것으로써 추측해 보면, 어쩌면 다시 배로 왕래하고자 하는 움직임이 있을 수도 있지 않을까. 그때 어떤 이유로 허무하게도 (다케시마 도해)가 중지되었는지. 그에 대한 상세한 것을 듣고 싶다. (중략)
> 그 이후 청나라를 등에 업고 거만해지고 동해가 평화로운 것을 빌미로 긴 시간 무인도였던 섬을 예전부터 우리나라가 점령하고 다년간 도하하여 막대한 이윤을 얻은 것을 시기하여, 겐로쿠(元祿)때 이런 저런 간계를 부려 우리 배가 가는 것을 막고 결국에는 죽도를 빼앗아 오랫동안 자기 속지로 만들었다. (중략)[68] <부록 1-62>

그 나라의 거만이 이에 이르렀으나 간단히 끝낼 말이 아님을 깨달아야 한다. 은혜를 잊고 덕을 배신함이 심하니 미워할 만 것이 없지 않지 않은가. 다른 나라라고 할지라도 국난이 일어나려고 하는

---

68) 岡嶋正義, 1828, 竹島考, 上 惑問(정영미 역, 2011, 앞의 책, 51, 53, 87, 89, 101쪽)

것을 사람으로서 바라서는 되지 않지만, 시대의 운은 알 수 없는 일이니 그 나라에 혹시 내란이라도 일어나서 삼한시대와 같이 나라가 나누어지던가, 혹 적국이 일어나 국세가 위궁에 처하게 되면 반드시 예전과 같이 우리나라에 무릎을 꿇을 것이다. 혹 그러한 조짐이 보이면 원래 다케시마는 호키노쿠니의 속도(屬島)였으므로 재빨리 이것을 다시 되돌릴 계획이 있어야 할 것이다. 나의 어리석은 생각을 다 말하고자 욕심을 내어 견식이 없고 완고함을 잊고 자신의 주제넘은 일을 한 것 같다. 따라서 잠시 나의 말을 멈추겠다.[69]
<부록 1-46>

오카지마는 조선에 울릉도를 강탈당한 것이니 기회가 있으면 다시 되찾아 와야 한다고 생각했다. 그런데 이 인식이 지역 전체의 통일된 인식이었다고는 할 수 없다. 울릉도에 대해, 그와는 다르게 알고 있는 혹자(或者)를 위해 문답형으로 설명한 「혹문(惑門)」이 존재한다는 것이 그 증거이다. 그러나 많은 사람들이 그와 비슷한 생각을 했던 것 같다.

그 예로 제2장 제2절 2항에서 가와카미 겐조에 의해 '일본인의 독도 인식'의 근거로 제시된 각 사료를 들 수 있다. 이 중 A'-B'-2군의 각 사료들이 울릉도를 '조선의 울릉도'와 '일본의 다케시마' 또는 '일본의 마쓰시마'로 인식하고 있는데 이 사료들은 모두 후대의 지역민의 인식이 반영되어 있는 사료들이다.[70] 일본에 새로운 근대 정부가

---

69) 제2장 제1절 1항 「'조선의 울릉도'와 '일본의 다케시마·마쓰시마' 인식」 참조, <부록 1-46>에서 재인용

70) [표 5] 「에도시대 마쓰시마 관련 자료 분류표 ②」 참조. A'-B'-2군의 ① 『죽도도설(竹島圖說)』은 18세기 중엽에 현 시마네 현 지역에 있던 마쓰에 번(松江藩)의 번사인 기타조노 쓰안(北園通菴)이 편찬한 것을 18세기 중엽에 역시 마쓰에 번의 번사인 가나모리 겐사쿠(金森建策)가 증보 간행한 책이다(제2장 제2절 3항 참조). 『장생죽도기(長生竹島記)』는 1801년에 현 시마네 현 이즈모 시에 있는 이즈모 오야시로(出雲大社)의 신관(神官) 야다 다카마사(市田高當)가 이즈모 지역에 전해 내려온 이즈모 어부의 울릉도 도해담을 정리해 놓은 것이다. 이 도해담은 이즈모 어부가 17세기에 오키에서

들어선 1867년 이후 시마네 지역 사람들이 다시 울릉도에 밀려들어왔다. 그런 행동의 배경이 된 것이 아마 울릉도 도해 재개에 대한 지역민의 염원이 만들어 낸 '일본의 다케시마(울릉도)' 또는 '일본의 마쓰시마(울릉도)' 인식이었을 것이다.[71] 그러나 이 명칭들은 명칭들이 가리키는 지리적 실체들이 일본의 섬이 아니라는 것을 역설적으로 입증하고 있는 존재일 뿐이다.

3. '오키의 마쓰시마'에 대하여

'일본인의 독도 인식'의 주요 근거로 인용되고 있는 『죽도도설(竹島圖說)』[72]의 '오키의 마쓰시마'라는 문구는 더욱 주의해서 살펴보아야 한다.

『죽도도설』은 18세기 중엽에 현 시마네 현 지역에 있던 마쓰에 번(松江藩)의 번사인 기타조노 쓰안(北園通菴)이 편찬한 것을 18세기 중엽에 역시 마쓰에 번의 번사인 가나모리 겐사쿠(金森建策)가 증보, 간행한 책이다. 가나모리가 쓴 서문에 의하면, 기타조노 집안에 전해 내

울릉도에 도해한 배 '다케시마 마루(竹島丸)'의 선장으로부터 들은 이야기라고 한다. 『은기고기집(隱岐古記集)』은 1823년에 오키 섬 사람인 오니시 노리야스(大西教保)가 1667년의 『은주시청합기(隱州視聽合記)』를 저본으로 하고 그 외 오키 섬의 어부들의 이야기를 들어 편찬한 것이다. 『죽도고(竹島考)』는 1837년에 돗토리 번의 번사였던 오카지마 마사요시가 편찬하였다. 즉 이 문헌들은 모두 산인 지역에 속하는 돗토리 현, 시마네 현에서 편찬된 책이다.

71) 1882년 고종의 명으로 울릉도 조사에 임한 이규원은 울릉도에 78명의 일본인이 불법 입도하여 '대일본국 송도 규곡(大日本國 松島 槻谷)'이라고 쓴 표목을 세우고(1869) 벌목하고 있었던 것을 발견하여 보고하였다.

72) 일본 국립공문서관 소장 『竹島圖說 完』(청구번호 175-0140)/エムティ出版編, 1996, 竹島関係文書集成, エムティ出版, 6∼27쪽, 번역문은 필자의 『竹島圖說』을 포함한 4편의 고문서 원문 대비 완역본을 사용하였다[경상북도 독도사료 연구회 편(정영미 역), 2014, 『독도관계 일본 고문서1』, 경상북도].

려오던『죽도도설』이라는 문헌이 '세간에 알려진 바가 거의 없어 실로 진귀한 책'이므로 이 책 내용에 하다마(현재의 시마네 현 하마다 시)에 살던 나가쿠라라는 사람의 이야기를 더해 다시 편찬하였다고 한다. 가나모리 겐사쿠(金森建策, ~1862)는 오카야마 현 출신의 양학자(洋學者)였는데 1849년에 마쓰에 번(현 시마네 현 마쓰에 시 소재)의 어용학자로 고용된 사람이다.

'오키의 마쓰시마'라는 문구는 다음과 같은 문맥에서 나온다.

> 오키노쿠니(隱岐國) 마쓰시마(松島)의 서도[西島, 마쓰시마에 속한 하나의 작은 섬으로 지역 사람들은 차도(次島)라 부른다]에서 바닷길 약 40리(里) 정도 북쪽에 섬 하나가 있다. 이름 하여 다케시마(竹島)라 한다. 이 섬이 일본에 접해 있고 조선[다케시마에서 조선은 바닷길 40리 정도라고 한다. 이 말은 교호 9년(享保, 1724)에 그 이전에 섬을 수차례 드나들었던 노인 한 사람을 조사하였는데, 그때 그의 말인즉, "하쿠슈(伯州) 아이미군(会見郡) 하마노매(濱野目) 산류무라(三柳村)에서 오키(隱岐)의 고토(後島)까지 35~36리 되는데, 그 눈짐작으로 다케시마에서 조선의 산을 보면(조선의 산이) 조금 더 멀리 보이니 약 40리 정도일 것"이라고 했다. ○ 내 생각에, 그 조선의 산이라는 것은 아마 조선의 울릉산(蔚陵山)일 것이다] 옆에 있으며 지형은 삼각형으로 둘레가 약 15리 정도(15리라 한 것도 단지 어림짐작일 뿐이다. 농부의 말로는 특히 동서로 긴데 남북으로는 얼마나 넓은지 알 수 없다고 한다. 또 대나무가 무성하여 사람이 감히 들어갈 엄두를 내지 못하는 곳이 적지 않다고 한다)이다.[73]
> <부록 1-63>

앞서 1724년에 에도 막부가 요나고 주민의 울릉도 도해에 대한 재조사가 있었음을 소개했다. (제2장 제2절 2항) 위의 내용은 이때 동원

---

73) 일본국립공문서관 소장,『竹島圖說 完』(청구번호 175-0140)[경상북도 독도사료 연구회 편 (정영미 역), 2014, 앞의 책, 4쪽]

된 노쇠한 울릉도 도해 경험자의 진술(<부록 1-61>)일 것이다. 그는 오키노쿠니, 즉 오키 섬의 마쓰시마의 서도에서 북쪽으로 40여 리에 있는 다케시마(울릉도)에 대해 이야기한다. 그런데 이 문장만 보면 여기에서의 마쓰시마는 독도로 보인다. 독도가 동서로 위치한 두 개의 섬으로 나누어져 있는 것이 표현된 듯이 보이기 때문이다. 이에 일본은 이 문장으로써 일본의 독도 고유영토론의 주요 근거로 내세우고 있다.

그러나 '오키노쿠니의 마쓰시마의 서도'라는 문구가 어떤 문맥에서 나오는지 상세히 살펴보면 이 마쓰시마 역시 전 항에서 살펴보았던 '일본의 다케시마(울릉도)' 또는 '일본의 마쓰시마(울릉도)'와 같은 성격의 명칭임을 알 수 있다.

여기에서 보면 다케시마라는 섬이 '오키 섬의 마쓰시마에 속한 서도(西島) 또는 차도(次島)에서 바닷길 약 40리 정도'라고 기술되어 있다. 한편, 다케시마에서 조선의 울릉산(鬱陵山)까지의 거리도 기술하고 있는데 이를 40리라고 하였다. 이 거리는 '다케시마에서 울릉산이 보이는 것이 하쿠슈의 산류무라, 즉 돗토리 번의 요나고 부근에서 35~36리 떨어져 있는 오키 제도의 고토(後島)가 보이는 것보다 조금 더 멀리 보이니 다케시마에서 울릉산까지는 약 40리 정도'라는 이야기에 의거한 것이다.

그런데 이 '울릉산'은 가나모리도 인정하듯 조선의 울릉도를 가리킨다. 그러므로 울릉산에서 40리 정도 떨어진 곳에 있다는 다케시마라는 섬은, 사실 지리적 실체로서의 마쓰시마(독도)를 가리키고 있을 가능성이 크다. 그런데 이 다케시마라는 이름의 마쓰시마(독도)는 다시 '오키 섬의 마쓰시마(독도)'에서 약 40리 떨어진 곳에 있는 것이다.

즉, 다른 고문서상의, '마쓰시마(독도)에서 다케시마(울릉도)까지의 거리 40리'라는 표현을 상기해 보면, 여기에서의 오키의 마쓰시마−다케시마−울릉산은 명백히 독도−울릉도−울릉도 또는, 독도−독도−울릉도 중 하나이다.

앞서 보았듯이 이 진술이 "대부분이 말도 제대로 못할 정도로 노쇠한 노인", "혹은 가까운 이웃집에 가는 것조차 힘들어 하는" 도해 경험자 중 "당시 72세로서 40년 전에 한 번 다케시마에 도해한 적이 있던 자"의 진술, 또는 "어린아이였을 적"이었던 1695∼1698년 사이에 도해한 경험을 통한 진술이었기 때문에 오류가 있는 것은 당연하다. 그럼에도 지금은 위의 내용 중 '오키노쿠니의 마쓰시마의 서도'라는 문장만 발췌되어 일본 독도 고유영토론의 주요 근거로 제시되고 있는 것이다.

한편 17세기 이래 시마네 현, 돗토리 현 등이 속한 산인 지역에서 보이던 이와 같은 인식이 시대의 변화에 따라 일본 전국으로 확대되기에 이르는 것은 주목해야 한다. 19세기 중엽에 에도 막부 정권이 몰락하고 근대적 중앙집권화를 추진한 메이지 정부가 성립된다. 그리고 새로운 영토의 개척 및 영유에 의욕을 보이게 된다. 이러한 시대적 요구에 적극적으로 참여했던 사람 중의 하나가 마쓰우라 다케시로(松浦武四郎, 1818∼1888)이다. 그는 북방영토 탐험가로서 홋카이도란 명칭의 명명자이다. 그런데 마쓰우라는 북방영토 외에도 울릉도에 관심을 보였다. 이에 울릉도의 위치·지형·산물과 함께 요나고의 오야·무라카와의 울릉도 도해에서 에도막부에 의해 도해가 금지되는 과정 등으로 구성된 『죽도잡지(竹島雜誌)』(1871)[74]를 편찬하여 동경에서 발간하는 것이다. 이때 그가 저본으로 한 책이 주로 19세기에 편찬된 산인 지역의 지지류이다. 따라서 이들 지지류의 '오키노쿠니의 마쓰시마' 또는 '조선의 울릉도', '일본의 다케시마(울릉도)', '일본의 마쓰시마(울릉도)' 등의 지역적 인식이 중앙인 도쿄를 경유하여 메이지 정부 및 전 지역으로 확대되는 것이다.

여기에서 『죽도잡지』가 다케시마와 마쓰시마에 대해 어떻게 기술했는지 확인해 보고자 한다.

다케시마는 일본에서 멀리 떨어져 있어 오히려 조선에 가까우며 섬 안이 매우 넓은 섬이다. (『백기민담』) 오키노쿠니(隱岐国) 마쓰시마(松島)의 서도[西島, 마쓰시마에 속한 작은 섬이다. 지역 주민들은 차도(次島)라고 한다]에서 바닷길 약 40리 정도의 북쪽에 있다. (『죽도도설』, 이 설은 매우 의심스러우나 이 외 근거할 만한 것이 없기 때문에 적어 둔다) 북위 37도 50분에서 38도에 걸쳐 있다. (「일본여지로정도」『대청일통도』)

촌민들 말에 오키에서 북서(戌亥)쪽으로 40리(里) 정도에 있고, 이와미(石見)에서 북북서쪽(亥子)으로 80리, 조슈(長州)에서는 북동쪽(子丑)에 해당하며 약 90리 정도라고 생각한다. 그러나 이는 어림짐작한 말이 전해져 온 것이므로 정확하지 않다.

조선에서 가자면 부산포에서 이 섬까지는 80리, 밤이 되어 그 나라 민가에서 밝히는 불빛이 분명히 보인다고 한다. 도해했던 적이 있던 선원들이 한 말이다. (『백기민담』). 생각건대 이것은 잘못된 말이다) 또, "고려가 보이는 것이 운슈(雲州)에서 인슈(隱州)가 보이는 것과 같다. (「[일본여지]로 정도([日本興]地路程図)」" 등의 말이 나온다.[75] <부록 1-64>

---

74) 목판본으로 동경 청산당(靑山堂)이라는 곳에서 출판되었다. 또 초고『다기심마 잡지(多氣甚麼 (다케시마) 襍誌)』가 1854년에 집필되어 배포되었는데 그때는 동경서림(東京書林)이 관련하였던 것 같다. 또 문부성 사료관 소장본「타계심마(他計甚麼 다케시마) 雜誌)」라는 것도 있다. (松浦武四郎, 1975, 松浦武四郎紀行集, 冨山房) 여기에서는『죽도관계 문서집성(竹島関係文書集成)』(1996, 앞의 책)에 수록되어 있는『죽도잡지』및『다기심마 잡지』를 사용하였다. 번역문은 필자의 완역본에서 인용하였다.[(경상북도 독도사료연구회 편(정영미 역), 2014, 앞의 책)]

75) 경상북도 독도사료 연구회 편(정영미 역), 2014, 위의 책, 20, 21쪽

마쓰우라는 다케시마가 "오키노쿠니(隱岐国) 마쓰시마(松島)의 서도(西島)에서 바닷길 약 40리 정도의 북쪽에 있다", "오키에서 북서(戊亥)쪽으로 40리(里) 정도"에 있다고 한다. 매우 의심스러운 말이라던가, 어림짐작한 말이 전해져 온 것이므로 정확하지 않다는 등의 단서가 달렸기는 하나, 마쓰우라의『죽도잡지』가 그동안의 산인 지역에서 편찬된 지지와는 달리 동경에서 간행되었다는 의미에서, '오키노쿠니 마쓰시마'라는 지역에 국한된 인식을 일본 중앙에 전파하는데 한 몫을 하는 것이다. 그리고 19세기 후반, 일본 외무성에서 있었던 '마쓰시마(울릉도) 개척 논란'을 경유하여 1945년 이후 일본의 독도 영유권 주장의 주요 근거가 되었다.

제3장

메이지 시대 울릉도 명칭 혼란과 새로운 마쓰시마= 독도 창출의 일(一) 과정

조선 초기 일본과의 교역 통로가 쓰시마로 한정되고, 17세기 초 성립한 에도 막부의 쇄국정책이 실시되면서 울릉도·독도 주변 해역을 포함한 동해 해역은 공식적으로는 닫힌 해역이 되었다. 이 바다가 조·일 양국의 밀무역 장소로 이용되었던 때도 있었던 것 같으나 공식적으로 이 바다로 나간 것이 용서되는 사람은 표류민밖에 없었다.

그런데 18세기 중엽 이후 이 사정이 달라진다. 동해에 서양 배가 들어오기 시작한 것이다. 서양 배들은 동해를 탐사하고 울릉도와 독도를 조사하며 이 섬들에 각기 의미적 연관성 없는 서양 명칭을 붙인다. 그리고 19세기 중엽에 들어서는 일본이 개국을 하였다. 이를 계기로 에도 막부의 쇄국정책하에서 자국 영토 안에 계류되어 온 일본 국민이 외국으로 또는 먼 바다로 나갈 수 있게 되었다. 이 시대 변화 과정에서 다케시마(울릉도)는 마쓰시마(울릉도)라는 이름으로 정착한다.

한편 에도 시대의 다케시마(울릉도)가 마쓰시마(울릉도)라는 이름으로 바뀌게 되는 이유와 과정에 대한 설명은 일찍이 한일 독도 영유권 논쟁기에서부터 제시되어, 가와카미 겐조의 책에서 「섬의 명칭 혼란」이라는 제목으로 재정리되고 현재 일본 외무성 홈페이지에서는

「일본에 있어서의 '다케시마'의 인지」[1]라는 항목으로 설명되고 있다.[2]

'섬의 명칭 혼란'의 특징은 울릉도에 대한 다케시마(울릉도)·마쓰시마(독도) 명칭 전도의 이유를 주로 서양지도, 특히 시볼트의 지도에서 찾고 있다는 점이다. 그러나 사실 이소타케시마가 다케시마(울릉도)로 바뀐 동일한 이유와 과정에 의해 다케시마(울릉도)가 마쓰시마

---

1) 日本外務省ホームページ>竹島>竹島問題>竹島問題の概要>竹島の認知
　　【日本における竹島の認知】
　　1. 現在の竹島は、我が国ではかつて「松島」と呼ばれ、逆に鬱陵島が「竹島」や「磯竹島」と呼ばれていました。竹島や鬱陵島の名称については、ヨーロッパの探検家等による鬱陵島の測位の誤りにより一時的な混乱があったものの、我が国が「竹島」と「松島」の存在を古くから認知していたことは各種の地図や文献からも確認できます。例えば、経緯線を投影した刊行日本図として最も代表的な長久保赤水(ながくぼせきすい)の「改正日本興地路程(よちろてい)全図」(1779年初版)のほか、鬱陵島と竹島を朝鮮半島と隠岐諸島との間に的確に記載している地図は多数存在します。
　　2. 1787年、フランスの航海家ラ・ペルーズが鬱陵島に至り、これを「ダジュレー(Dagelet)島」と命名しました。続いて、1789年には、イギリスの探検家コルネットも鬱陵島を発見しましたが、彼はこの島を「アルゴノート(Argonaut)島」と名付けました。しかし、ラ・ペルーズとコルネットが測定した鬱陵島の経緯度にはズレがあったことから、その後にヨーロッパで作成された地図には、鬱陵島があたかも別の2島であるかのように記載されることとなりました。
　　3. 1840年、長崎出島の医師シーボルトは「日本図」を作成しました。彼は、隠岐島と朝鮮半島の間には西から「竹島」(現在の鬱陵島)、「松島」(現在の竹島)という2つの島があることを日本の諸文献や地図により知っていました。その一方、ヨーロッパの地図には、西から「アルゴノート島」「ダジュレー島」という2つの名称が並んでいることも知っていました。このため、彼の地図では「アルゴノート島」が「タカシマ」、「ダジュレー島」が「マツシマ」と記載されることになりました。これにより、それまで一貫して「竹島」又は「磯竹島」と呼ばれてきた鬱陵島が、「松島」とも呼ばれる混乱を招くこととなりました。
　　4. このように、我が国内では、古来の「竹島」、「松島」に関する知識と、その後に欧米から伝えられた島名が混在していましたが、その最中に「松島」を望見したとする日本人が、同島の開拓を政府に願い出ました。政府は、島名の関係を明らかにするため1880(明治13)年に現地調査を行い、同請願で「松島」と称されている島が鬱陵島であることを確認しました。
　　5. 以上の経緯を踏まえ、鬱陵島は「松島」と称されることとなったため、現在の竹島の名称をいかにするかが問題となりました。このため、政府は島根県の意見も聴取しつつ、1905(明治38)年、これまでの名称を入れ替える形で現在の竹島を正式に「竹島」と命名しました。
　　(http://www.mofa.go.jp/mofaj/area/takeshima/g_ninchi.html)
2) 「섬의 명칭 혼란」과 문제점에 대해서는 제4장 제1절 참조

(울릉도)가 되었던 것으로 보인다. 또한 전장(前章)에서 살펴보았듯이 이미 18세기 말~19세기 초의 산인 지역은 '마쓰시마(울릉도)' 인식을 보이고 있는 것이다. 즉 한일 독도 영유권 논쟁기에 제시되어 지금에 이르고 있는 '섬의 명칭 혼란'은 그야말로 독도 영유권 주장을 위한 논리일 뿐이다.[3]

에도시대에는 일본 열도 동해안 또는 남해안에 면해 있는 지역의 지역민이 울릉도를 경험했을 가능성은 거의 없다. 따라서 울릉도·독도에 대한 지식도 전무했을 것이다. 그런데 메이지 시대가 되어 일본 국민이 외국으로 나갈 수 있게 되고, 또한 러시아 블라디보스토크 항이 개항하면서 일본 나가사키에서 동해를 종단하여 블라디보스토크 항으로 가는 항로가 생긴다. 이것을 배경으로 동해를 종단하던 일본인에게 울릉도가 새롭게 '발견'되는 것이다. 또한 새로 성립한 메이지 정부가 울릉도를 마쓰시마라는 이름으로 규정한다. 그 섬에 사람이 없고 경제적 가치가 있으며 조선의 원산항 개항에 맞추어 항로를 확보해야 한다는 판단에 따라 그 섬의 소속에 대해 조사하는 과정에서 울릉도가 마쓰시마라는 명칭이 규정되는 것이다.

한편 『죽도잡지』를 경유한 『죽도도설』의 '오키노쿠니 마쓰시마'는 메이지 시대의 마쓰시마(울릉도)가 에도시대의 다케시마(울릉도)가 아니라는 문헌적 근거로 사용되다가 두 섬이 같은 섬이며 조선의 울릉도임이 확인된 순간 사람들의 인식에서 지워진다.

그리고 지리적 실체로서의 독도는 한동안 리앙쿠르 록스라는 명칭으로 존재하다가 1905년 편입에 즈음하여 '오키노쿠니 마쓰시마'로

---

3) 위의 주

다시금 간주되고, 그와 동시에 '다케시마(독도)'라고 명명되었다. 독도를 가리키던 에도시대의 마쓰시마라는 명칭이 울릉도의 명칭이 되어버렸기 때문에 울릉도를 가리키던 다케시마라는 명칭을 독도에 부여했다고 하는 것이 외무성 홈페이지의 설명이나 그 진실은 알 수 없다. 이 논문에서는 단지 일본 해군과의 연관성을 지적하는 것으로 만족하고자 한다.

제1절 『죽도고증』과 「마쓰시마(울릉도) 개척원」

1. 『죽도고증』과 '마쓰시마 개척 논란'에 대하여

'일본 에도 시대에는 울릉도를 다케시마(竹島), 독도를 마쓰시마(松島)라고 불렀다. 그런데 18～19세기, 서양지도의 영향(특히 시볼트 때문에)으로 마쓰시마가 일시적으로 울릉도를 가리키는 명칭으로 사용된다. 이 시기 울릉도의 명칭으로 울릉도, 다케시마, 마쓰시마가 혼란스럽게 사용되었다. 그 와중에 멀리서 마쓰시마(울릉도)를 보았다고 하는 일본인이 그 섬의 개척을 정부에 청원하였다. 정부는 1880년에 현지조사를 하고 마쓰시마라고 칭해지는 섬이 울릉도라는 확인을 하였다. 위와 같은 경위에 의해 현재의 '다케시마(독도)'의 명칭을 어떻게 할까라는 것이 문제가 되었다. 그래서 일본 정부는 시마네 현의 의견도 청취하면서 1905년에 현재의 '다케시마(독도)'를 정식으로 '다케시마'라고 명명하였다.'

위는 에도 시대의 마쓰시마(독도)가 왜 다케시마(울릉도)라는 이름으로 편입되었는지에 대한 일본 외무성 홈페이지의 설명이다. 이 설명 전체를 '섬의 명칭 혼란'이란 제목하에 기술하고 있다는 것은 앞서 지적한 바이다. 여기에서는 이 '섬의 명칭 혼란' 기술의 역사적 배경으로 설명되고 있는 '다케시마・마쓰시마 명칭 혼란 현상'에 대해 살펴보고자 한다.

이 울릉도 명칭 혼란 현상은 1870년대에 일본 외무성 등에 접수된 「마쓰시마 개척원」을 통해 알려졌다. 이 「마쓰시마 개척원」과 그 경과에 대한 기록은 일본 외무성 사료관 소장 「국립공문서관 내각문고 소장 외무성 기록 조선국 울릉도 범금도해 일본인 쇄환 처분 일건 죽도고증 5(國立公文書館內閣文庫所藏外務省記錄 朝鮮國 鬱陵島 犯禁渡海 日本人 引戾處分 一件 竹島考證 五)」에 수록되어 있다.4) 이 자료는 일본에서의 '섬의 명칭 혼란' 기술의 저본(底本)이 되는 문서이나 아직 전(全) 내용을 심층 분석한 연구는 없다.5) 여기에서는 이

---

4) 간행본으로는 'エムティ出版編, 1996b, 竹島考証, エムティ出版'이 있다. 한국어 번역본으로는 '신용하 편저, 독도연구총서 8, 독도 영유권 자료의 탐구 제4권, 독도연구보전협회, 2001, 26~213쪽/동북아의 평화를 위한 바른역사기획단편(정영미 역), 독도자료집II 죽도고증(竹島考證), 다다미디어, 2006'이 있다. 신용하 편저본에는 「죽도고증」중권 수록 문서 1호~11호, 14~24호, 하권 수록 문서 1~3호 번역이 생략되어 있다. 여기에서는 외무성 사료관 소장 「國立公文書館內閣文庫所藏外務省記錄 朝鮮國 鬱陵島 犯禁渡海 日本人 引戾處分 一件 竹島考證 五」를 사용하였다. 번역문은 필자의 원문 대조 한글 번역본에서 인용하였다.

5) 한일 독도 영유권 논쟁기에 제시된 내용과 견해를 포함하여 가와카미의 책에 정리되어 있을 뿐이었다[川上健三, 1966, 앞의 책, 31~46쪽(제1장 제1절 (2) 「松島・竹島論爭」)]. 이후 필자가 이 자료를 사용하여 논문을 발표하였다[정영미, 2012b, "일본의 '섬의 명칭 혼란에 대한 연구'와 Liancourt Rocks", 근대 이행기의 한일 경계와 인식에 대한 연구-독섬(石島)과 Liancourt Rocks를 중심으로-, 정영미 외 지음, 동북아역사재단, 215~310쪽 / 2012c, "『죽도고증』의 「마쓰시마 개척원」과 아마기함의 울릉도 조사-메이지 시대 새로운 마쓰시마=독도 창출 일(一)과정-", 한일관계사학회편, 한일관계사 연구 43집, 469~507쪽 / 정영미, 2014, "독도 영유권 관련 자료로서의 「죽도고증(竹島考證)」의 역할과 한계", 영남대학교 독도 연구소편, 독도연구 제17호, 43~65쪽) 제3장은 필자의 논문들을 수정 보완하여 수록한 것이다. 또한 한철호, "메이지 초기 일본 외무성 관리

「마쓰시마 개척원」을 분석하고 실제의 울릉도 명칭 혼란 현상이란 어떤 것이었으며 그것이 '섬의 명칭 혼란'의 기술과는 어떤 차이가 있는지 살펴보겠다. 또 필요에 따라『죽도고증』의 요약본인「죽도판도소속고(竹島版圖所屬考)」[6]를 참고하고자 한다.

먼저『죽도고증』에 대해 살펴보고자 한다. 이 문헌은 외무성 서기관 기타자와 마사나리(北沢正誠)[7]가 1876년부터 1881년 8월 사이에 상·중·하로 나누어 보고한 다케시마(울릉도) 관련 보고서를 일책(1冊)으로 합본한 것이다. 1881년 8월에 제출되었다. 그 요약본인「죽도판도소속고」의 집필 일자가 8월 20일인 것으로 보아 그 이후에 제출된 것 같다.

이 문헌에 당시 왜 다케시마(울릉도) 관련 조사를 하게 되었는지에 대한 기술은 없다. 문헌의 제목으로 보아 1881년 6월에 조선 정부가 일본인의 울릉도 도항금지를 일본 정부에 요구한 것과 관련하여 편찬된 것으로 추정될 뿐이다.[8]

다나베 다이치(田邊太一)의 울릉도·독도 인식-일본의 '공도' 정책에 대한 비판을 중심으로-", 동북아역사논총 제19호, 2008.3, 189~231쪽 / 김호동, "『죽도고증』의 사료 왜곡 -'한국 측 인용서'를 중심으로", 일본문화학보 제 40집, 2009.2, 327~349쪽 / 김호동, "메이지 시대의 일본의 울릉도·독도 정책", 일본 문화학보 제 46집, 2010.8, 65~89쪽 등의 관련 논문이 있다].

6) 일본 외교문서 14권 소수, 외무성 소장, 외무성 울릉도 관련 자료를 집성 편찬한 エム ティ出版編, 1996a, 앞의 책, 125~145쪽에도 수록되어 있다. 번역문은 필자의 원문 대조 완역본에서 발췌 인용하였다(정영미 역, 2014, 앞의 책).

7) 기타자와 마사나리(北澤正誠, 1840~1901)는 마쓰시로 번[松代藩: 현 나가노(長野)현 나가노시에 있었던 번] 출신이며 사쿠마 조산(佐久間象山)의 애제자였다고 한다.

8) 편찬 경위에 대해 필자는 위의 2012b 및 2012c 논문에서 "시기적으로 보아「마쓰시마 개척원」과 관련 있는 것은 명백하다. 외무성에 처음「마쓰시마 개척원」이 제출된 시기가 1876년이다. 이후, 마쓰시마는 옛날의 다케시마(울릉도)로서 조선의 영토이므로 개척할 수 없다는 측과 옛날의 다케시마(울릉도)와는 또 다른 섬일 수도 있고 그러면 일본영토이니 군함을 보내 조사해 보자는 측 사이에 논란이 벌어졌다. 이와 같은 상황에서 외무성이 기타자와로 하여금 다케시마(울릉도)에 대해 조사하게 한 것 같다."는

1881년 5월에 강원감사 임한수가 일본인의 울릉도 불법 입도 및 벌목, 반출을 적발한 울릉도 수토관의 보고를 통리기무아문에 보고하고 통리기무아문은 다시 고종에게 보고한다. 이와 관련하여 조선 정부는 일본 정부에 일본인의 울릉도 도항 금지를 요구하는 한편 사실 조사를 위해 이규원을 검찰사로 임명한다.9) 『죽도고증』은 이때, 일본 정부가 조선 정부의 항의에 대해 울릉도 소속(울릉도가 어느 나라 섬인지)에 대한 명확한 판단을 위해 조사·보고하게 한 문헌인 것 같다.10)

분석을 하였다. 이후 2014년 논문에서 본문과 같은 취지로 수정하였다.

9) 승정원일기 고종 18년 5월 22일 계미조

朴海哲, 以統理機務衙門言啓曰, 卽見江原監司林翰洙狀啓, 則枚擧鬱陵島搜討官所報, 以爲看審之際, 有何伐木, 積置海岸, 剪頭着黑衣者七名, 坐其傍故, 以書問之, 則答以日本人, 而伐木將送于元山·釜山爲言, 彼舶去來, 挽近無常, 指點此島, 不無其弊, 請令統理機務衙門稟處矣。 封山自是重地, 搜討亦有定式, 而彼人之潛斫暗輸, 邊禁攸關, 不容不嚴防乃己, 將此事實, 撰出書契, 下送萊館, 轉致于外務省。 第伏念是島, 處在淼茫之中, 任他空曠, 甚屬疎虞, 其形址要害之何如, 防守緊密之何如? 合有周審而裁處, 本衙門被選人副護<軍>李奎遠, 鬱陵島檢察使差下, 政官牌招開政下批, 使之從近馳往, 到底商度, 具意見修啓, 以爲稟覆之地, 何如? 傳曰, 允。(국사편찬위원회 sjw.history.go.kr)

10) 『죽도고증』의 편찬 경위에 대해서는 김호동의 논문에서도 볼수 있다 (2009, 앞의 논문, 329~331쪽). 단 김호동은 "기타자와 세이세이의 『죽도고증』은 1881년에 일본 외무성의 지시에 의해 기술된 것이다. 왜 일본 외무성은 기타자와 세이세이로 하여금 『죽도고증』을 만들게 하였는가에 대해 번역한 신용하와 정영미는 각기 다른 해석을 하고 있다. (중략) 다른 원인을 내 놓게 된 것은 기타자와 세이세이가 『죽도고증』에서 서문 등을 쓰지 않고 '竹島考證 인용서'만 쓰고 본문으로 바로 넘어갔기 때문이다." (김호동, 2009, 위의 논문, 329쪽)라고 지적한 바와 같이, 『죽도고증』의 편찬 목적과 경위는 명확하지 않다. 단지 당시의 정황과 현재 외무성에 보관되어 있는 자료의 형태(제목)를 통해 편찬 경위를 짐작할 뿐이다. 한편 자료의 내용에 의거해 보면 기타자와는 1881년 8월에 외무성 지시로 『죽도고증』을 편찬하기 이전부터 외무성의 마쓰시마(松島, 울릉도)에 대한 조사에 직접적으로 관계했던 사람이라고 추정된다. 『죽도고증』하(下)에 의하면 일본 외무성에 처음 접수된 '마쓰시마(松島, 울릉도) 개척원'의 날짜는 1876년 7월이고 마지막은 1878년 8월이다. 『죽도고증』은 그 약 2년간의 외무성에서의 논란 경과가 기술되어 있는 것이다. 사실 이 논란이 언제 확실히 종료되었는지는 모른다. "이상과 같이 甲乙丙丁의 논의가 분분하여 정해지지 않았으므로 조사하자는 말도 그대로 중단되었는데 명치 10년 9월에 이르러 아마기 함 승무원이며 해군 소위인 미우라 시게사토(三浦重鄕) 등이 회항할 때 '마쓰시마(松島)'에 가서 측량하게 되었다(정영미, 2006, 앞의 책, 501쪽)"는 것이다. 그러나 정황상 논란은 '마쓰시마 개척원'이 외무성에 접수되어 논란이 시작 되었을 시점부터 마지막 '마쓰시마

이 사료의 제목이 시사하고 있는 바이다.

　한편 『죽도고증』에서 보이는 각 내용은 이미 그 이전에 「마쓰시마
개척원」과 관련하여 조사된 것으로 보인다. 외무성에 처음 「마쓰시마
개척원」이 제출된 시기가 1876년이다. 이후, 마쓰시마는 옛날의 다케
시마(울릉도)로서 조선의 영토이므로 개척할 수 없다는 측과 옛날의
다케시마(울릉도)와는 또 다른 섬일 수도 있고 그러면 일본영토이니
군함을 보내 조사해 보자는 측 사이에 논란이 벌어졌다.[11] 이와 같은
상황에서 외무성이 기타자와로 하여금 다케시마(울릉도)에 대해 조사
하게 하였는데[12] 이후 본격적인 조선과의 울릉도를 둘러싼 영유권
논쟁에 대응하기 위해 그동안의 조사 내용을 재편집하여 보고하게

개척원'이 처리된 시점까지의 약 2~3년간 진행되었을 것으로 보인다. 그 기간 중
'마쓰시마'에 대한 조사가 진행되었을 것이고 그 결과가 『죽도고증』의 상권 및 중권
의 내용이라고 보는 것이 타당하다. 이 논란 기간 중 '마쓰시마'에 대한 조사가 누구
에 의해 어떻게 진행되었는지는 모르나 1881년 기타자와가 『죽도고증』을 편찬한 것
으로 보아서는 그 자신이 그 기간 중의 조사 담당자였을 가능성이 크다. 즉, 『죽도고
증』이 작성된 직접적인 원인은 1881년에 발생한 울릉도를 둘러싼 조선과의 외교 분
쟁이었을 것이나, 그 이전에 이미 원안(原案)이 만들어 있었고 그 배경은 1876년부터
제출된 '마쓰시마 개척원'이었을 것이다. 필자가 필자의 번역서에서 "『죽도고증』은
19세기 말 일본의 울릉도와 독도의 영유권에 대한 혼란된 인식을 보여주는 자료이다.
명치유신 이후 동해상에서 새로운 섬인 '마쓰시마(松島)'를 발견하였다면서 일본 외
무성으로 개척원이 쇄도하게 되자 외무성의 지시를 받은 기타자와 마사나리(北澤正
誠)가 6세기부터 19세기 후반(1881년)까지의 울릉도(일본명 竹島)와 독도(일본명 松
島)에 관한 기록을 집성하여 분석하고 보고한다. 그 결과는 '마쓰시마(松島)는 즉 한
국의 울릉도이고 다케시마(竹島)는 즉 마쓰시마<松島, 한국의 울릉도>에 붙어있는
작은 암석'이라는 것이었다. 이는 당시 일본의 울릉도와 독도에 대한 인식이 매우 혼
란스러운 것이었음을 잘 나타내 주고 있는 것이다"(정영미, 2006, 앞의 책, 523쪽)라
고 기술한 이유이다. 이렇게 『죽도고증』의 편찬 목적과 경위에 대해서는 이 자료 자
체의 보관 형태에 의거한 추정과 내용에 의거한 추정이 있을 수 있으니 앞으로 더
사실 관계가 밝혀질 필요가 있다고 본다.

11) 이하 이 논란 현상 전체를 '마쓰시마 개척 논란'으로 표기하고자 한다.

12) 관련 조사보고서가 일책(一冊)으로 편집될 당시에는 이미 마쓰시마라는 섬이 옛날의
　　다케시마이며 울릉도라는 판정이 난 이후였다. 따라서 『죽도고증』에서는 처음부터
　　다케시마라는 명칭을 사용하고 있다.

한 것 같다.

『죽도고증』은 다케시마(울릉도)가 어느 나라에 속하는지를 여러 문헌과 기록, 증언 등을 참고로 탐색한 내용으로 채워져 있다.[13]

상권은 한·중·일의 울릉도 관련 고문헌 등과 17세기의 오야·무라카와의 울릉도 도해 및 울릉도 쟁계를 고찰하여 역사적으로 울릉도가 어느 나라 땅이었는지를 고찰하는 내용으로 구성되어 있다. 이에 의거 기타자와는 임진왜란 전까지는 울릉도가 조선 땅이었으나 그 이후에는 일본 땅이 되었다는 결론을 내린다.[14]

중권에서는 울릉도 쟁계 과정에서 쓰시마주와 동래왜관이 20여 차례 주고받은 서신에 의거하여 울릉도 쟁계의 경과를 기술한다. 그리고 에도 막부가 편한 것만 추구하고 강성해지고자 하지 않아 울릉도를 포기하였다고 평가한다.[15]

하권에서는 앞서 본 덴포 다케시마 잇켄의 경과와 '마쓰시마 개척 논란'에 대해 기록하고 있다. 그의 기술을 통해 본 '마쓰시마 개척 논란'은 다음과 같다.

> (전략) 황정 유신 후인 메이지 10년(1877, 역자 주) 1월 시마네 현 사족(士族)인 도다 다카요시(戸田敬義)가 다케시마 도해 청원서를 동경부에 제출하였다. 6월에 이르러 허가할 수 없다는 지령이 있었으며, 이후 다시 다케시마에 대한 말을 하는 자가 없었다. 그 후 무쓰(陸奧) 사람인 무토 이치가쿠(武藤一学)와 사이토 시치로베(斎藤七郎兵衛) 등이 블라디보스토크 항에 왕래하면서 다케시마 외에 따로 마쓰시마라는 섬이 있다고 주장하며 세와키 히사토(瀬脇寿人)

---

13) 北澤正誠, 1881, 竹島考證 上(정영미 역, 2006, 앞의 책, 11~75쪽)

14) 北澤正誠, 1881, 竹島考證 中(정영미 역, 2006, 앞의 책, 77~257쪽)

15) 北澤正誠, 1881, 竹島考證 中(정영미 역, 2006, 앞의 책, 259~522쪽)

를 통하여 도해허가 청원을 해왔다. 이에 다케시마와 마쓰시마가 일도이명(一島二名)인지, 아니면 두 개의 서로 다른 섬인지에 대해 많은 말이 있었으나 결론이 나지 않았다. 마침내 마쓰시마를 순시해 보자는 의견이 일어났으니 그것이 갑·을·병·정의 설이다. 그러나 그 일이 중지되었는데 1880년 아마기함이 돌아올 때 마쓰시마를 지나치게 되었으므로 상륙하여 측량한 후 처음으로 마쓰시마는 울릉도이며 그 밖의 다케시마라는 것은 하나의 암석에 지나지 않는다는 것을 알게 되어 그 일에 대한 것이 처음으로 분명해졌다. 오늘날 마쓰시마는, 즉 겐로쿠 12년(1699, 역자 주)에 다케시마라고 불렸던 섬으로 옛날부터 우리나라 영역밖에 있었던 땅이었음을 알 수 있다.[16] <부록 1-65>

그런데 기타자와의 기술만 가지고는 '마쓰시마 개척 논란'의 실상 파악이 어렵다. 따라서 다음부터는 '마쓰시마 개척 논란'의 계기가 된 각각의 「마쓰시마 개척원」을 통해 그 구체적 경과와 시대적 의미를 살펴보고자 한다.

『죽도고증』하권에 수록되어 있는 '마쓰시마 개척 논란' 과정에서 제출된 개척원들을 제출일자 순으로 정리해 보면 다음과 같다. 여기에서 보면 울릉도에 대해 다케시마와 마쓰시마라는 두 개의 명칭으로 개척원이 제출되었음을 알 수 있다.

[표 7] 19세기 외무성에 제출된 마쓰시마 개척원 내역

일자	청원서 제목	청원자	문서 수신처	문서 번호
1876년 7월	松島(울릉도) 開拓之議	陸奧 士族 武島平學(一學)	外務省	8호
1876년 7월 13일	兒玉貞陽建白	兒玉貞陽	外務省	9호

---

16) 北澤正誠, 1881, 竹島考證 下(정영미 역, 2006, 앞의 책, 508~515쪽)

1876년 7월 13일	松島(울릉도) 着手之階梯見込	兒玉貞陽	外務省	10호
1876년 12월 19일	松島(울릉도) 開島願書幷建言	千葉縣下第拾大區六小區 下総国印幡郡佐倉町町 高齋藤七郎兵衛	블리디보스토크 주재 무역사무관 瀨脇壽人(외무성 영사)	13호
1877년 1월 27일	竹島(울릉도) 渡海之願	東京第四大區二小區 水道橋内三崎町二丁目一番地 華族裏松良光邸内全戸寄留 島根縣 士族 戸田敬義	東京府 知事 楠本正隆	4호
1877년 3월 13일	「竹島(울릉도) 渡海之願」재청원	東京府第四大區二ノ小區 水道橋内三崎町貳丁目イ 六番地寄留 島根県 士族 戸田敬義	東京府 知事 楠本正隆	5호
1877년 4월	「竹島(울릉도) 渡海之願」재청원	東京府第四大區二ノ小區 水道橋内三崎町貳丁目イ 六番地全戸寄留 島根県 士族 戸田敬義	東京府 知事 楠本正隆	6호
1877년 5월 6일	松島(울릉도) 開島之建白	露領浦潮港寄留 武藤平學	外務省 ※ 블라디보스토크 주재 무역사무관 경유	16호
1878년 8월 15일	松島(울릉도) 開拓願	長崎県下第九大區四小區 肥前国高木郡神代四百五拾八 番地 下村輪八郎 千葉県下第十六區六小區 下総国印幡郡佐倉田町四拾四 番地 斎藤七郎兵衛	블리디보스토크 주재 무역사무관 瀨脇壽人(외무성 영사)	20호

출처: 北澤正誠, 1881, 竹島考證 中(정영미 역, 2006, 앞의 책, 259~522쪽)
※ 문서번호는『죽도고증』상의 문서 번호임.

위의 8호 및 9호 10호 문서와 13호 문서는 울릉도를 마쓰시마라고
표기한 개척원이다.

8호는 미치노쿠(陸奧)[17]의 사족(士族)인 무토 이치가쿠(武島一學)가
제출한 개척원이며 9호 및 10호는 고다마(児玉)라는 자가 제출한 것
이다. 고다마의 출신지에 대한 기록은 없고, 무토의 동업자로 추측된

---

17) 지금의 아오모리(靑森) 현과 이와테(岩手) 현을 아우른 지역

다.18) 개척원은 블라디보스토크 주재 일본 무역사무소 사무관이었던 세와키 히사토(瀬脇壽人)를 통해 외무성에 제출되었다. 한편 무토는 외무성으로부터의 답변이 없자 1877년에 다시 세와키를 통해 개척원을 제출한다. 제16호 문서이다.

13호 개척원은 시모우사(下総)19)에 사는 상인 사이토 시치로베(斎藤七郎兵衛)가 제출한 것이다. 이 개척원도 1876년에 세와키를 통해 외무성에 제출된다. 그러나 역시 답변이 없자, 1878년에 다시 나가사키 출신 시모무라 유하치로(下村輪八郎)라는 자와 연명한 개척원을 제출한다. 제20호 문서이다.

4~6호 문서는 울릉도가 다케시마라고 표기된 개척원이다. 시마네현 사족(士族)으로서 당시 도쿄(東京)에 거주하고 있던 도다 다카요시(戸田敬義)라는 사람이 1877년에 제출한 것이다. 1월 27일(4호)과 3월 13일(5호), 10월 4일(6호)의 세 번에 걸쳐 제출되었다.

그런데 4~6호 문서의 개척원은 전부 기각되었다. 1877년 6월 8일, 도쿄부(東京府)는 지사 구스모토 마사타카(楠本正陵)20)의 명의로 "서면의 다케시마 도해 청원에 대한 건은 허가할 수 없음"이라는 문서를 보낸다. 「동경부 제18675호 문서」이다.21) 기각된 이유는 기술되어 있지 않다.

「마쓰시마 개척원」의 내용은 다음과 같은 것이다.

무토의 개척원(8호)의 취지는 '2~3년 전부터 블라디보스토크를 왕

---

18) 川上健三, 1966, 앞의 책, 34쪽

19) 지금의 지바(千葉) 현 지역

20) 구스모토 마사타카(楠本正陵, 1838~1902)는 나가사키 출신으로 1872년에 니가타(新潟) 현령(縣令), 1877년 도쿄부 지사를 역임하였다.

21) 北澤正誠, 1881, 竹島考證 下 (정영미 역, 2006, 앞의 책, 322~323쪽)

래하며 원거리에서 마쓰시마라는 섬을 보았다. 작은 섬이긴 하나 장차 일본에 도움이 될 만한 섬이다. 남쪽에 있는 오가사와라 섬보다도 한층 더 주의해야 할 땅이니 외국인이 차지하기 전에 개척해야 한다'는 것이다. 그리고 마쓰시마의 지형, 산물 등에 대해 기술하고, '자신은 단지 그 섬의 나무를 블라디보스토크로 수출하거나 혹은 시모노세키에서 매각하여 그 이익을 얻기 원할 뿐이다. 광산이 있을 경우에는 역시 개발하고 어민과 농민을 이주시켜 일본 소유로 해야 한다'는 것이었다.[22]

사이토 역시 사업차 블라디보스토크에 갔다가 개발에 필요한 건축자재가 부족한 것을 보고 마쓰시마 개척을 건의한다(13호). 그가 '블라디보스토크로 가는 도중에 보았는데 그 섬이 작기는 하나 크고 작은 나무들이 있었다. 그 외 산물도 많고 광물도 있다고 들었다. 이 섬을 개척하게 해준다면 본국으로 돌아가 신원이 확실한 사람 몇 명과 함께 나무를 벌목하고 전복을 따서 블라디보스토크 및 중국의 상해 등에 목재를 싣고 가서 판매하겠다. 최근 영국과 러시아 배가 이 섬 주변에 출몰하고, 조선인일지도 모르는 사람들이 살고 있는 것 같으니 개척을 서둘러야 한다'는 것이었다.[23]

블라디보스토크 항은 1856년 러시아인에 의해 발견되어 1860년 국경경비시설이 설치된 이래 러시아제국 극동지역의 거점으로 발전한 항구이다. 일본인이 거류하기 시작한 것은 메이지 초년부터이며 1920년대 초반에는 6천 명에 이르렀다고 한다. 1876년에는 일본-블라디보스토크 무역을 담당하는 '일본국정부 무역사무소'도 개설되었다.[24]

---

22) 北澤正誠, 1881, 竹島考證 下(정영미 역, 2006, 앞의 책, 324~341쪽) <부록 1-66>
23) 北澤正誠, 1881, 竹島考證 下(정영미 역, 2006, 앞의 책, 378~387쪽) <부록 1-67>

세와키 히사토는 초대 무역사무관으로 1876년 11월에 부임하였다.[25] 「마쓰시마 개척원」 제출자들도 이제 막 개발되기 시작한 블라디보스토크를 드나들며 무역을 했던 자들이다.

그런데 당시에는 일본 선박에 의한 러·일 간 정식 항로가 개통되어 있지 않은 때였다.[26] 당시 일본에서 블라디보스토크로 가려면 주로 하코다테를 출발하여 블라디보스토크로 가는 외국 선박을 이용하였는데,[27] 「마쓰시마 개척원」 제출자들은 나가사키에서 출발하는 외국 상선을 이용한 사람들이다.

나가사키에서 블라디보스토크로 가려면 동해를 동북쪽으로 횡단해야 한다. 이 항로상에서는 울릉도가 서쪽(또는 서북, 서남)으로 보일 것이다. 그런데 제출자들 모두 원근거리에서 울릉도를 보았다고 기술하고 있는 것으로 보아 나가사키에서 울릉도 해역을 거쳐 블라디보스토크로 간 것이 확실해 보인다.

무토는 "제가 2, 3년 전부터 러시아령 블라디보스토크에 서너 차례 왕복하였는데 그때마다 매번 멀리서 보였"고, "1875년 11월에 블라디

---

24) 1900년 영사관, 1909년에는 총 영사관으로 승격되었다. 「블라디보스토크 일본인회」 홈페이지(http://www.geocities.jp/urajionihon/index2.html) (2012.9.17 방문)

25) 北澤正誠 1881, 竹島考證 下(정영미 역, 2006, 앞의 책, 376~377쪽), 그는 11월에 부임하였고 12월에 사이토의 개척원을 처리하였다.

26) 일본 선박에 의한 러·일 간 정식 항로로서, 1889년 일본우선(日本郵船)의 고베(神戸)~블라디보스토크 항로, 1902년 대가기선(大家汽船)의 쓰루가(敦賀: 지금의 후쿠이 현 쓰루가 항)~블라디보스토크 항로가 개통되었다.

27) 1878년 세와키는 이해의 마지막 화물선 '드래곤'호를 타고 하코다테로 돌아오는 도중 배 안에서 죽었다고 한다. (山口県市光小周防 手塚律蔵の生家の紹介 http://saha1702hitomi.web.fc2.com/20100904tezukarituzou.htm 2012.9.17 방문) 또한 메이지 시대 처음으로 러시아를 횡단한 도야마(富山) 현의 사가 쥬안(嵯峨寿安)은 1871년 하코다테에서 러시아 '에르마카'호를 타고 블라디보스토크로 갔다고 한다. (도야마 현 국제교류 홈페이지 http://www.tym.ed.jp/kokusai/yukari/saga.html 2012.9.17 방문)

보스토크에 도해했을 때, 그 섬의 남쪽에서 폭풍을 만났고, 밤이 되자 배가 마쓰시마와 충돌하지도 모른다는 두려움에 배에 있던 사람들이 천신만고 하였"다고 한다.[28)

사이토 역시 블라디보스토크로 오는 중 마쓰시마를 관찰했다고 하며,[29) 세와키의「블라디보스토크 항 일기」[30)에 기록된 도해자들 역시 울릉도를 거쳐 온 사람들이었다. 다지마(但馬)[31) 출신 쇼스케(正助)는 "올 봄에 이 항구로 오는 해상에서 마쓰시마를 보았고",[32) 이노키치(猪之吉)는 "나가사키에서 여기로 올 때 마쓰시마 곁을 지나게 되어 불과 1리 정도밖에 떨어지지 않은 해상에서 보게 되었다"[33)고 한다.

나가사키 – 블라디보스토크 항로는 일본의 개국과 주변국 정세 변화에 따라 당시 새롭게 열린 항로이다. 이 항로가 열림으로써 울릉도 주변 해역도 같이 열리게 되었다. 또한 시대가 바뀌면서 민간인들도 원거리 항해를 할 수가 있게 되었다. 그런데 이들이 일본 열도 서북쪽 해안 먼 바다에 있고, 이미 17세기에 도해가 금지된 울릉도를 알 리가 없었다. 그러므로 이들에게 있어 울릉도는 새로 '발견'한 섬일 수 있었다고 본다.『죽도고증』역시 이 울릉도의 새로운 '발견'을 계

---

28) 제3장 각주 22 <부록 1-66>

29) 제3장 각주 23 <부록 1-67>

30) 北澤正誠, 1881, 竹島考證 下(별지 제14호 附 블라디보스토크 항 일기 抄) (정영미 역, 2006, 앞의 책, 1 및 2, 398~409쪽) 무토와 사이토의 개척원을 처리해 줄 것을 당부하는 세와키의 공신(제14호)에 첨부되어 있다.

31) 지금의 효고 현

32) 北澤正誠, 1881, 竹島考證 下(별지 제14호 附 블라디보스토크 항 일기 抄) (정영미 역, 2006, 앞의 책, 398~399쪽) <부록 1-68>

33) 北澤正誠, 1881, 竹島考證 下(별지 제14호 附 블라디보스토크 항 일기 抄)(정영미 역, 2006, 앞의 책, 404~405쪽) <부록 1-69>

기로 울릉도 명칭 혼란 현상이 발생한다고 설명하고 있다.

이 새로 '발견'된 섬에 마쓰시마라는 이름이 붙은 이유는 외무성 홈페이지와 '섬의 명칭 혼란'에 잘 설명되어 있다. 즉, 서양지도상의 아르고노트(가공의 울릉도), 다줄레(실제 울릉도)가 시볼트에 의해 일본지도상의 다케시마(울릉도)와 마쓰시마(독도)에 비정(比定)되었고, 아르고노트=다케시마가 가공의 섬이라는 것이 밝혀져 지도에서 사라지자 마쓰시마=다줄레=울릉도만 남았다는 설명이다.[34]

한편 「마쓰시마 개척원」에도 그 제출자들의 울릉도에 대한 지식이 서양지도 또는 해도, 아니면 외국인의 울릉도 지식에서 온 것임을 시사하는 기술들이 있기는 하다. 무토는 '서북쪽 해안은 절벽이고 남쪽 해안은 완만하며 산에서는 폭포가 떨어지며 해변에는 작은 만이 여러 개 있고 소나무가 울창하다, 광산도 있는 것 같다'고 한다.[35] 사이토는 '동남쪽으로 나무가 울창하며 물고기도 많고 전복도 많다'[36]고 한다. 이러한 형용은 섬을 근거리에서 선회하면서 살펴보지 않으면 나올 수 없는 것들이고, 당시 이러한 정보가 나올 만한 곳은 서양지도나 해도 외에는 없기 때문이다.

또한 무토는 '블라디보스토크 거주 미국인 광산업자인 코펠로부터 마쓰시마가 일본 땅이라는 지식을 입수' 하였다고 한다.[37] 사이토 역시 광산 이야기를 하는 것으로 보아 지식을 입수한 루트는 무토와 비

---

34) 그러나 필자는 전장에서, 이미 18세기 말~19세기 초에 산인 지역에서 마쓰시마=울릉도 인식이 형성되어 있었음을 지적하였다. 사실 19세기 중엽에 일본 외무성에 접수된 「마쓰시마 개척원」의 마쓰시마=울릉도 인식이 시볼트가 서양지도와 일본지도를 잘못 비교한 결과라는 것은 일본 측 논리일 뿐이다.

35) 제3장 각주 22 <부록 1-66>

36) 제3장 각주 23 <부록 1-67>

37) 제3장 각주 22 <부록 1-66>

숫한 것 같다.[38]

　단, '섬의 명칭 혼란'이 울릉도 명칭 혼란 현상을 서양지도나 시볼트 지도라는 외재적 요소하고만 연관 짓고 있을 뿐, 내부로부터의 수요에 의해 발생한 측면, 즉 내재적 요소와의 관련성에 대해서는 일체 설명하지 않고 있다는 점은 짚고 넘어가야 한다.

　울릉도 명칭 혼란 현상은 새로운 울릉도를 '발견'한 사람들이 이 섬을 자신들의 사업에 활용하고자 일본 정부에 대해 섬의 편입과 개척을 요구한 것에서 발생한다. 내부로부터의 수요가 발생 원인인 것이다.

　「다케시마 개척원」 역시 마찬가지이다. 다른 점은 다케시마 개척원상의 울릉도에 대한 지식이 외부로부터 공급된 것이 아니라 내부에 있어 전해 내려오던 지식이었다는 점에 있다.

　도다는 어렸을 때 오키국에서 약 70리 정도 떨어진 서북쪽의 바다에 황막한 불모의 고도가 하나 있어 이를 다케시마(울릉도)라고 부른다는 말을 들었다. 그리고 자기 집에 『죽도도해기(竹島渡海記)』라는 제목이 붙은 작은 책이 있었다고 한다. 당시에는 별 쓸모없는 것이라 여겼는데 '메이지 유신 이래 홋카이도의 여러 황무지를 개척하여 계속해서 좋은 성과가 있자, 다케시마(울릉도)라는 것도 우리나라에 속한 작은 섬일 수 있을지도 모른다고 생각하고 3, 4년간 그 섬에 관한 문헌 또는 설화를 조사하였다. 그러나 그 섬은 도쿠가와 씨 집권 당시 특히 엄하게 도해를 금했던 섬이었기 때문에 관련 문헌을 가지고 있는 자가 하나도 없었다. 또 도쿄로 이사하면서 그 책을 잃어버렸다. 그래서 친한 벗 한두 명과 계획을 세워 지도 두 장을 입수하였고, 또

---

38) 제3장 각주 23 <부록 1-67>

오키에 사는 노인에게 물어보면서 다케시마(울릉도)에 대해 조사'하였다고 한다.[39]

그리고 '직접 가서 조사해보고자 하였으나 발설하지 못하고 있다가 1876년에 오가사와라 섬에 진사관(鎭事官)을 파견하는 등 정부가 개간사업에 적극적이라는 것을 알고 용기를 내어 개척원을 제출하게 되었다'는 것이다.[40]

이 옛날의 다케시마(울릉도)에 대한 지식은 도다가 시마네 현 출신이라는 것에서 비롯된 것으로 추정된다. 자료에 의하면 그는 시마네 현의 사무라이 가계의 후손으로(士族), 청원서 제출 당시 가족 모두 도쿄 스이도바시(水道橋)에 있는 화족(華族) 우라마쓰의 집에 얹혀살고 있었던 것 같다.

제1장 제2절~제2장에서 보아 왔듯이 돗토리 현과 시마네 현 등이 포함된 산인 지방은 17세기 중반 이후의 오야·무라카와 가(家)의 울릉도 도해 관련 지식이 고문서나 고지도 등을 통해 축적되어 있는 곳이다. 도다도 그 지식에 많이 노출되어 있었을 것이다.

그리고 그 지식은 사무라이 계급이었으나 대정봉환 이후 직업을 잃고, 고향을 떠나 동경의 연고지에 얹혀살면서 재활의 기회를 찾고 있던 그에게 홋카이도에 버금가는 개척 대상지로써 다케시마(울릉도)를 떠올리는 계기를 만들어 주었던 것으로 보인다.

한편, 그의 다케시마(울릉도)에 대한 지식이 고전(古典)에 있었던 것처럼 도해 항로도 17세기 오야·무라카와 가(家)가 항해한 항로가 구상된다. "단 그 섬에 도해하는 계절로는 중춘(仲春)[41]이 좋습니다.

---

39) 北澤正誠, 1881, 竹島考證 下(정영미 역, 2006, 앞의 책, 294~309쪽) <부록 1-70>
40) 위의 주 <부록 1-70>

오키로 가고자 하면 우선 호키의 요나고나 사카이 항 등지에서 준비하는데 시간이 걸리고 배를 띄울 수 있을 때까지 기다리는 시간도 있으므로 신속히 조치해 주시길 바랍니다42)"는 것이다. 호키의 요나고를 출발하여 사카이(境) 항에서 배를 타고 오키 도고(島後) 후쿠우라(福浦)로 가서 바람을 기다렸다가 울릉도로 가는 항로는 17세기 오야·무라카와 가가 도해했던 항로이다.

이렇게 메이지 초기의 울릉도 명칭 혼란 현상의 일차적 원인은 내부 수요에 의한 것이었다. 이 내부 수요는 메이지 시대에 들어서 새로운 항로가 열리고, 새로운 항해 수단이 생겼다는 물질적 환경변화를 배경으로 발생하였다. 여기에서 새로운 항해 주체와 항해 목적이 발생했다. 또는 에도 시대 금지되었던 해역으로의 도해가 가능해졌다. 이를 통해 울릉도가 새롭게 '발견'되고, 이 섬의 사업적 가치에 매료된 사람들이 정부에 대해 개척을 요구하는 과정이 울릉도 명칭을 혼란시키는 하나의 요소로 작용했다고 본다.

한편, 메이지 정부의 홋카이도, 오가사와라 섬 정책에서 보이는 대외 팽창 정착도 그 내부 수요를 만드는 한 요소로 작용했다. 울릉도를 '발견'한 사람들이 아무리 이 섬의 사업적 가치를 확신했다고 하더라도 국가의 정책적 뒷받침이 없었다면 「마쓰시마 개척원」은 제출되지 않았을 것이다. 도다가 '직접 가서 조사해보고자 하였으나 발설하지 못하고 있다가 1876년 오가사와라 섬에 진사관(鎭事官)을 파견하는 등 정부가 개간사업에 적극적이라는 것을 알고 용기를 내어 개척원을 제출하게 되었다'43)는 것에서 알 수 있다.

---

41) 음력 2월의 다른 말
42) 제3장 각주 39 <부록 1-70>

메이지 정부는 1869년 7월 8일 에조치(蝦夷地, 홋카이도)에 개척사(開拓使)[44]를 설치하여 지배에 착수하였다.[45] 1876년에는 무인도였던 오가사와라 섬에 대해 영유권을 선포하였다.[46] 「마쓰시마 개척원」은 정부 정책이 지향하고 있던 이러한 방향성을 근거로 삼아 제출된 것들이었다.

또한 '섬의 명칭 혼란'은 마쓰시마=울릉도, 다케시마=울릉도 인식이 병렬적으로 혼재되어 있는 것처럼 다루고 있으나 사실상 이 두 인식에는 엄격한 차이가 있다.

마쓰시마=울릉도 인식은 새로 개발된 항로를 통한 실제 항해의 체험에서 습득한 산지식에서 비롯된 것이다. 즉 동시대적인 인식이다. 그러나 다케시마=울릉도 인식은 고전에서 습득한 전시대의 인식이다. 따라서 도해 방법 역시 고전적인 방향에서 강구되었다. 개척원에서 보이는 바와 같이 도다는 고지도와 바람을 이용하여 아마 재래식 범선을 타고 떠날 요량이었던 것 같다. 떠날 시기를 중춘으로 잡은 것이 그 근거이다. 그리고 2차 개척원에서는 "이미 도해할 계절도 임

---

43) 위의 주

44) 성(省)과 같은 중앙관청의 하나

45) 동년 8월 15일에는 마쓰우라 다케지로(松浦武四郎)의 건의를 받아들여 그 땅을 홋카이도라 명명하였으며 행정구역을 오시마(渡島) 등 11개국(國) 86군(郡)으로 나누었다. 행정은 1882년까지 개척사(1870년부터 북해도 개척사(北海道開拓使)로 개칭)가 집행하였다(日本史広辞典編集委員会編, 1997, 앞의 책, 1954~1955쪽).

46) 이 섬에는 1830년부터 외국인이 들어와 거주하였다. 1853년에는 페리 제독이 석탄 보급지로 설정하기도 했다. 이에 대해 에도 막부도 1861년에 관리를 파견하여 조사하고 이민 개척을 시작하였으나 1863년에 중단되었다. 메이지 정부에 들어 영국과 미국 공사로부터 오가사와라 섬의 귀속에 대한 질의를 받게 되었다. 이에 외무성·내무성·대장성·해군성이 협의를 거쳐 1875년 메이지 마루(明治丸)를 파견하여 조사한 후 1876년 각국에 오가사와라가 일본 섬임을 선포하였다(日本史広辞典編集委員会編, 1997, 앞의 책, 333쪽 등).

박하였고"[47])라고 하였고, 제3차 개척원에서는 "올해 다케시마에 도해하고자 청원을 해 두었으나 이미 도해 시기를 놓쳤으므로, 다음 해로 연기하는 것을 신고합니다"[48])라고 하였다. 이 방법은 석탄을 이용한 기선(汽船)이 오가는 시대 사람에게는 시대착오적인 것으로 비추어졌을지도 모른다. 더불어 다케시마(울릉도)라는 섬의 지리적 실체역시 고전상의 가공의 섬으로 여겨졌을 가능성이 있다. 「다케시마 개척원」의 기각은 이러한 점들이 고려된 결과라고 생각된다.

메이지 시대, 울릉도에 대한 일본의 일반적 인식은 무토 등의 마쓰시마(울릉도) 인식이었다. 그리고 그 인식은 에도 시대와는 단절된 것이다.[49]) 인식의 일관성은 그 인식이 뿌리내리고 있는 물질적 토대가같을 경우에만 성립된다. 당시는 항로와 항해 기술, 항해 주체 등 물질적 토대가 급변해 있었던 시대이다. 여기에 따라서 전혀 새로운 인식이 생기고 보편화된다. 마쓰시마(울릉도)는 다케시마(울릉도)라는명칭에서 보이는 에도 시대 유래의 인식이 사라지는 지점에서 만들어진 새로운 시대의 새로운 울릉도 명칭이었다.

그런데 일본에서는 이 상황을 "이와 같이 우리나라 안에서는 고래의 「다케시마」, 「마쓰시마」에 관한 지식과 그 후에 구미에서 전해진섬 이름이 혼재하여 있었습니다"와 같이 설명한다. 그러나 다케시마=울릉도 인식과 마쓰시마=울릉도 인식을 동등의 비중을 갖는 것처럼취급할 수는 없다.

---

47) 北澤正誠, 1881, 竹島考證 下(정영미 역, 2006, 앞의 책, 310~313쪽) <부록 1-71>
48) 北澤正誠, 1881, 竹島考證 下(정영미 역, 2006, 앞의 책, 316~319쪽) <부록 1-72>
49) 단, 『장생죽도기』(1801), 『은기고기집』(1823)과 같이 에도 시대 이미 산인 지방에서 울릉도를 가리키며 마쓰시마라고 부르는 인식이 존재하였던 것은 앞의 장에서 언급하였다. 이 인식과 「마쓰시마 개척원」 제출자들의 인식과의 연관 관계는 명확하지 않다.

한편 「마쓰시마 개척원」 처리과정을 자세히 보면 비현실적이어서 시대를 반영하지 못하는 마이너 인식이 오히려 메이저 인식을 대체하여 울릉도와 독도에 대해 새로운 규정을 해나가는 것을 볼 수 있다.

1876년에 무토와 고다마의 「마쓰시마 개척원」이 제출된 이후, 외무성에서는 마쓰시마와 다케시마가 일도이명(一島二名)인지 이도이명(二島二名)인지에 대한 논란이 발생하였다고 한다.

이 중 일도이명 입장은 외무성 공신국장 다나베 다이치(田邊太一)에게서 볼 수 있는데 이 입장이 외무성의 공식입장이었던 것 같다.

① 마쓰시마는 조선의 울릉도로 우리 영역에 속해있지 않으니 사이토 모(某)라는 자의 청원을 허락할 수 있는 권한이 없다고 답변하여라.50) <부록 1-73>

② 마쓰시마는 조선의 울릉도로서 우리나라의 영역에 있는 섬이 아니다. 분카 시대(1804~1817년, 역자 주)에 이미 그에 대한 서신을 조선정부와 주고받았다고 알고 있다. 우리나라가 개간에 착수하는 것은 근본적으로 안 되는 일이라고 대답하여야 한다. 또 돌아올 때 상륙하여 항구 등을 살펴본다고 하였는데 어떤 배를 고용하여 그렇게 한다는 것인가. 해군 선함을 고용하겠다고 하는 것인가 아니면 미쓰비시의 기선을 고용하겠다고 하는 것인가. 가능성 없는 일이다. 하물며 상해에 가서 직접 판매하는 계약을 한다고 하는데, 생각해 볼 때 섬에 나무가 있다고는 하나 잘라서 내 온 상황도 아닌데 어떻게 그 금액을 산정하여 계약을 할 수 있겠는가. 꿈같은 이야기라고 생각한다. 다음 일은 알아서 처리할 것. 헤가쿠(平學)라는 자는 어떤 자인가.51) <부록 1-74>

①은 1877년에 제출된 사이토 시치로베의 개척원에 대해 외무성

---

50) 北澤正誠, 1881, 竹島考證 下(정영미 역, 2006, 앞의 책, 396~397쪽)
51) 北澤正誠, 1881, 竹島考證 下(정영미 역, 2006, 앞의 책, 452~455쪽)

공신(公信) 국장 다나베 다이치가 블라디보스토크의 세와키에게 지시한 내용이다. 사이토는 개척원을 세와키에게 제출했고, 세와키는 사이토의 개척원과 함께 무토와 사이토의 개척원을 허용해 달라는 내용의 1877년 4월 25일자 서신[52](일반서신 제1호)을 외무성에 보낸다. 위의 내용은 이 서신에 붙어있는 첨지에 기록되어 있다. 여기에서 다나베는 마쓰시마가 조선의 울릉도이니 일본에 개척할 권한이 없다는 것을 사이토에게 알리라는 지시를 한다.

② 역시 1877년에 제출된 무토의 제2차 개척원[53]에 대해 다나베가 세와키에게 지시한 내용이다. 무토의 2차 개척원도 블라디보스토크에 체류 중인 세와키에게 제출되었다. 세와키는 이 개척원을 외무성으로 전달한다. 그리고 1877년 6월 25일 다시 외무성에 서신을 보내 무토의「마쓰시마 개척원」을 허락해 달라고 요청하는 한편, 자신이 직접 마쓰시마를 조사하겠다고 나선다. (메이지 10년 제3호 공신)[54]

내용은 동 건이 허가되면 자신이 귀국 길에 마쓰시마에 상륙하여 지형과 재목, 어렵 형태, 항구 상태 등을 조사하겠다는 것이다. 그리고 다음 해 봄에 중국으로 가서 마쓰시마 재목 판매처를 확보하고 계약을 하겠다고 하였다. 또 추신을 달았는데, 마쓰시마의 재목을 중국과 그 외 나라 및 블라디보스토크 항으로 수출할 생각이며, 또 마쓰시마 주변에서 고래를 잡는 독일배와 미국배에 고용된 블라디보스토크 체류 일본인을 시켜 고래를 잡겠다고 하였다.

세와키는 1877년 7월 2일자에도 같은 취지의 공신(메이지 10년 제8

---

52) 北澤正誠, 1881, 竹島考證 下(제14호 문서)(정영미 역, 2006, 앞의 책, 390~397쪽)
53) 北澤正誠, 1881, 竹島考證 下(제16호 문서)(정영미 역, 2006, 앞의 책, 418~443쪽)
54) 北澤正誠, 1881, 竹島考證 下(제17호 문서)(정영미 역, 2006, 앞의 책, 444~453쪽)

호 공신)55)을 보내는데, 러시아의 군함이 마쓰시마 해역을 측량하였다는 사실을 알리고 제3호 공신에서 요청한 내용을 시급히 허락해 달라는 내용의 것이었다.

위에 제시한 ②는 세와키의 제3호 공신에 대해 역시 공신국장 다나베가 세와키에게 지시한 내용이다. 여기에서 다나베는 마쓰시마가 조선의 울릉도로서 일본영토가 아니다. 이미 에도시대 조·일 두 나라 간에 결착이 난 일이므로 개척은 불가하다는 답변을 하라고 지시를 한다.

그리고 또, 세와키가 일본으로 귀국하는 길에 마쓰시마에 들러 조사하고 그다음 해에는 중국으로 가서 판매계약을 맺겠다고 한 것에 대해 도대체 어떤 배를 타고 갈 것이며, 판매할 재목이 준비된 것도 아닌데 어떻게 계약을 하느냐는 말이 안 되는 소리라고 일축해 버린다.

다나베의 인식은 마쓰시마가 조선의 울릉도이며 에도 시대의 다케시마(울릉도)로서 동시대에 이미 조선의 영토로 판정 난 땅이라는 인식이었다. 즉 마쓰시마와 다케시마는 울릉도 일도(一島)에 대한 이명(二名)이라는 인식이 외무성의 공식 인식이었다. 그의 답변이 세와키로부터의 공신(公信)에 대한 답변이었던 만큼 외무성 전체 차원에서의 입장을 대변한 공적인 답변이었을 것이라는 점은 의심할 여지가 없다.

그런데 다나베의 답변에서 추정해 보면, 외무성도 옛날에 다케시마(울릉도)·마쓰시마(독도)라는 섬이 일본과 조선 사이에 있었음을 알고 있었을 것인데도 옛날의 마쓰시마(독도)라는 섬에 대해서는 별다른 언급이 없는데 그 이유는 다음과 같이 설명될 수 있다.56)

---

55) 北澤正誠, 1881, 竹島考證 下(제18호 문서)(정영미 역, 2006, 앞의 책, 456~459쪽)
56) 이 점에 대해 한철호 교수로부터 다른 지적이 있었다(2015.4.28 독립기념관 한국독립

외무성이 마쓰시마·다케시마가 울릉도의 일도이명(一島二名)이라
는 인식을 하게 된 지식적 배경은 기타자와 보고서일 것이다.[57] 기타
자와는 보고서 집필 시 조선과 명나라 일본 문헌을 두루 조사하고 마
쓰시마·다케시마가 울릉도의 일도이명이라는 결론을 내린다. 그 결
론을 내리는데 가장 큰 역할을 했을 일본 측 문헌에는 옛날의 조선과

운동사 연구소 주최「광복 70주년 기념 '찾아가는 월례발표회'」, 동국대). 한철호 교
수는 "듣기에 '마쓰시마'는 우리나라 사람들이 붙인 이름이며 사실은 조선의 울릉도
에 속하는 우산이라고 합니다. 울릉도가 조선에 속한다는 것은 구 정부 때에 한 차례
갈등을 일으켜 문서가 오고간 끝에 울릉도가 영구히 조선의 땅이라고 인정하며 우리
것이 아니라고 약속한 기록이 두 나라의 역사서에 실려 있습니다."(北澤正誠, 1881,
竹島考證 下 (丁 23호)(정영미 역, 2006, 앞의 책, 496~497쪽)라는『죽도고증』의 내용
일부를 들어 다나베가 옛날의 마쓰시마(독도)에 대해 명확히 인식했다고 지적하였다.
이 점에 대해 필자는 다음과 같이 견해를 가지고 있음을 밝혀둔다. (1) 다나베 의견은
일부 외무성 사람들이 의견이 반영된 의견이라는 점(제21호 문서 중 '갑'의 의견, 476
~477쪽)을 추가로 지적한다. (2) 한편, 마쓰시마라는 명칭은 '마쓰시마 개척 논란'이
라는 문맥에서 나온 것이다. 이 문맥에서의 마쓰시마는 울릉도이다. 다나베는 이 점
을 확실히 알고 있었다. 그래서 '마쓰시마 개척'에 반대했던 것이다. 한편 위에 제시
한 기술처럼 옛날의 마쓰시마(독도)에 대한 인식도 있었다. 그러나 "'마쓰시마'는 우
리 나라 사람들이 붙인 이름이며 사실은 조선의 울릉도에 속하는 우산이라고 합니다.
울릉도가 조선에 속한다는 것은…"고 한 것처럼, 마쓰시마라는 섬을 조선의 울릉도
에 속한 우산으로 인식했기 때문에 '마쓰시마 개척'을 반대한 것은 아니다. 마쓰시마
라는 명칭이 한때 일본인이 울릉도에 속한 우산에 붙인 명칭인데 현재 울릉도의 명
칭이 되어 있고 이 섬은 조선의 섬이 명백하므로 반대한 것이다. 다시 말해 다나베의
염두에 있던 것은 이미 옛날에 울릉도에 속한 우산으로 판명난 옛날의 마쓰시마(독
도)가 아니라 '마쓰시마 개척 논란'의 대상이었던 마쓰시마(울릉도) 였다. '마쓰시마
명칭 혼란'의 본질은 '섬의 명칭 혼란'이 이야기하듯 단순히 옛날의 일본에서의 울릉
도·독도 명칭이 근대에 와서 혼란스러워졌다, 또는 뒤바뀌었다에 있는 것이 아니다.
이 섬을 개척할 수 있느냐 없느냐가 주 관점이었다. 그리고 그 대상이 된 것은 어디
까지고 울릉도이지 독도가 아니다. 다시 말해 독도는 울릉도의 속도로 울릉도가 조
선의 영토로 판정 난 17세기의 시점에서 이미 이들의 인식에서 사라진 것이다. 그러
나 고문헌, 고지도 등을 통해 마쓰시마라는 명칭은 계속 살아남는다. 이와 같이 살아
남은 명칭을 다나베와 외무성이 울릉도로 인식한 시점에서 일본의 옛날의 마쓰시마
(독도)에 대한 인식은 완전히 단절된 것으로 보아야 한다.

57) 각주 187에서도 언급했듯이『죽도고증』의 편찬 목적, 경위가 불명확하기 때문에『죽도
고증』의 내용 관련 조사가 정확히 언제 누구에 의해 조사된 것인지는 모른다. 기타자
와가 조사관이었던 것 같으나 단정은 불가능하다. 그러나 1881년에 보고된『죽도고증』
의 최종 편집자가 기타자와라는 의미에서 "기타자와 보고서"라는 표현을 사용했다.

일본 사이의 두 섬으로 기록되었던 다케시마(울릉도)와 마쓰시마(독도) 중 다케시마(울릉도)에 대한 기술만 있을 뿐 마쓰시마(독도)에 대한 기술은 없다는 특징이 있다.

기타자와가 참고한 일본 문헌은 다음과 같다.

『대일본사(大日本史)』/『죽도잡지(竹島雜志)』/『죽도도설(竹島圖說)』/『조선통교대기(朝鮮通交大記)』/『죽도기사(竹島紀事)』/『죽도고(竹島考)』/『기죽도각서(磯竹島覺書)』/『통항일람(通航一覽)』[58]

이 자료들은 대부분은 본 논문 제1장 제2절~제2장에서 소개한 바 있으나 본 장의 취지에 맞게 다시 간략히 살펴보면 다음과 같다.

『대일본사』 1004년 3월 7일 조에는 "이나바노쿠니(因幡國)에서 우르마(于陵島/울릉도) 사람 10명 등에 대한 보고가 올라왔다"라는 기록이 있을 뿐이다.

쓰시마의 대조선 외교문서를 편찬한『선린통서』나『조선통교대기』와 같은 책에서는 조선과 일본 사이에 있었던 두 차례의 울릉도 귀속 논쟁(1614년/1696년)이 간결하게 기술되어 있다. 내용 중 다케시마(울릉도)가 조선 영토가 되었다는 기술은 있으나 마쓰시마(독도)에 대한 언급은 없다.

이와 달리『죽도기사』에는 울릉도 쟁계에 대한 것이 자세히 기록되어 있다. 그러나 역시 기술의 중심은 다케시마(울릉도)이다.

위의 문헌에 마쓰시마(독도)가 기록되어 있지 않은 것은 그 저본으로 쓰시마 번정 문서를 사용하고 있기 때문이다. 당시 논쟁의 주 대

---

58) 北澤正誠, 1881, 竹島考證 下(정영미 역, 2006, 앞의 책, 4~7쪽)

상은 다케시마, 즉 울릉도였지 마쓰시마(독도)가 아니었다. 마쓰시마
(독도)는 다케시마(울릉도)에 딸린 이름도 불확실한 미미한 섬이었을
뿐이다.[59]

한편 돗토리와 시마네에 전해 내려오는 민담집, 구술 증언 등을 저
본으로 편집한 문헌에는 마쓰시마(독도)가 이전의 기술형태와는 다른
형태로 언급되어 있다. 『죽도도설』에서는 마쓰시마에 '오키노쿠니'라
는 소속을 나타내는 형용사가 붙고, 『죽도고』에서도 마쓰시마는 조선
영토인 자산도(子山島)가 아니며, 울릉도와 다케시마는 다른 섬이라
고 기록되는 것이다.

이 이전까지는 다케시마(울릉도)와 마쓰시마(독도)가 조선과 일본
사이의 섬으로써 일본영토가 아닌 것으로 기술되어 왔다. 그런데 에
도 말기로 올수록 다케시마(울릉도)·마쓰시마(독도)에 대한 인식은
변형되어 간다. 17세기 말에는 이미 울릉도 도해가 금지되어 산인 지
방 주민들이 그 해역으로 가서 실제 울릉도와 독도를 경험할 수 없었
다. 그러나 관련 기록들은 남아있었다. 그 기록들을 토대로 후대인이
자신의 생각과 상상을 반영하여 이리저리 편집하는 과정에서 다케시
마(울릉도)·마쓰시마(독도)는 일본영토로 되어버리는 것이다.

그리고 이 지역적 인식은 메이지 시대에 들어 동경으로 퍼져나갔
다. 동경에서 발간된 『죽도잡지』는 『죽도도설』을 인용하여 마쓰시마
를 '오키노쿠니 마쓰시마'로 기술한다. 위와 같은 기술은 마치 조선과
일본 사이에는 다케시마(울릉도)라는 섬 하나만 있다는 이미지를 형

---

59) 1695년 에도 막부가 다케시마(울릉도)와 마쓰시마(독도)의 소속에 대해 돗토리번 번주
에게 질문할 때 '다케시마 외 일도'라고 표현한 것, 1870년 태정관 지령에서 '다케시
마 외 일도는 일본땅이 아니니 명심할 것'이라는 지령을 내린 것 등에서도 나타난다.

성시킬 수 있다. 여기에 서양지도에서 보이는 다줄레를 비교하여 다케시마(울릉도) → (다줄레) → 마쓰시마(울릉도)라는 인식이 성립되었다고 본다.

이 추정이 적절하다는 것은 기타자와의 「죽도판도소속고」의 기술을 보면 알 수 있다. 여기에서 그는 '다케시마(울릉도) 일명 이소다케시마라 하며 마쓰시마(울릉도)'라고 한다고 기술하는 것이다.

> 다케시마는 일명 이소다케시마라 하며 마쓰시마라고 칭한다. 한국
> 명칭 중 울릉도 또는 우릉도라 칭하는 것이 이것이다. 그런데 그
> 땅이 우리나라와 조선 사이에 있기에(후략)[60) <부록 1-75>

그리고 그 다케시마(울릉도)는 기타자와의 조사에 의해 이미 예전에 조선 영토로 판정 난 섬임이 밝혀졌다. 즉 마쓰시마(울릉도)는 일본이 개척할 수 없는 섬이다. 이 인식이 기타자와를 통해 외무성에 전달되어 외무성 공식입장이 되었다고 추정된다. 이에 의해 다나베는 무토와 사이토의 「마쓰시마 개척원」을 기각시키는 것이다.

2. 와타나베 히로모토와 새로운 마쓰시마(독도) 창출

그러나 이 외무성 공식 의견은 역사 속으로 사라지고 이에 반대하는 와타나베 히로모토(渡邊洪基)를 필두로 하는 기록국의 이견(異見)이 이후 울릉도와 독도를 재규정해 가는 것을 볼 수 있다.

세와키의 3호와 8호 공신을 계기로 외무성은 다시 마쓰시마와 관련된 의견을 각 관료들로부터 수집한다. 『죽도고증』에는 이때 수집되

---

60) 北澤正誠, 1881, 竹島版圖所屬考 (エムティ出版編, 1996a, 앞의 책, 125~145쪽)

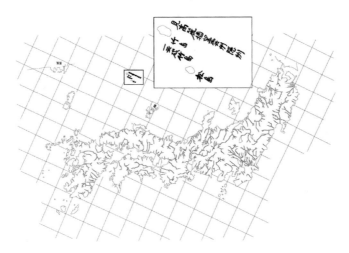

출처: 일본 고베대학 부속도서관〉디지털 아카이브〉스미다(住田) 문고
(http://www.lib.kobe-u.ac.jp/directory/sumita/00025412/)

〈그림 12〉「개정일본여지로정전도(改正日本輿地路程全圖)」(초판, 1779)[61] 간략도

었던 의견들 중 다케시마와 마쓰시마가 두 개의 섬의 이름일지도 모
른다는 의견인 기록국 사카다 모로토(坂田諸遠)의 「마쓰시마에 대한
이견(松島異見)」[62]이 게재되어 있다.[63]

　사카다는 조선과 일본 사이 또는 일본 서북쪽에 다케시마(울릉도)
와 마쓰시마(독도)라는 두 개의 섬을 그리거나 기술한 고지도[64]를 근

---

61) 이 지도는 1779년에 간행된 초판「개정일본여지로정전도」(1775년 서문, 1779년 간행)
　　이다. 최초로 경위도선이 표시된 일본지도라는 의의를 가지고 있다. 위에서 보듯 울
　　릉도와 독도가 일본 경위도선 안에 표현되어 있어 '일본인의 독도 인식'의 주요 근거
　　로 제시되고 있다. (일본 외무성 홈페이지) 그러나 에도 막부의 지시에 의해 1791년에
　　간행된 다음의 <그림 15> 제2판 지도(1795년 서문, 1791년 간행) 부터 울릉도·독도
　　가 일본 경위도선내에서 제외된다.

62) 北澤正誠, 1881, 竹島考證 下(정영미 역, 2006, 앞의 책, 466~467쪽)

63) 北澤正誠, 1881, 竹島考證 下(제19호 문서)(정영미 역, 2006, 앞의 책, 460~469쪽)

64) 이때 제시된 근거 자료는 동해에 두 개의 섬이 그려진 지도들이다. 에도 시대 중기의
　　수필가이며 이토 도가이(伊藤東涯)라고도 하는 이토 나가부치(二藤長淵)의 「유헌소록

거로, 다케시마와 마쓰시마가 이도이명(二島二名)이며 "마쓰시마와 다케시마 두 섬이 존재하는 것은 물론이므로 구지 마쓰시마를 다케시마의 다른 이름이라고는 못할 것"이라는 의견을 제시한다.[65]

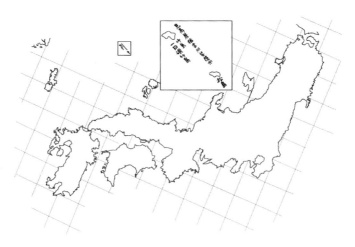

〈그림 13〉「개정일본여지로정전도」(제2판, 1791) 간략도

(輶軒小錄)」, 1667년 사이토 도요노부(齋藤豊仙)가 집필한 오키 지방의 지지(地誌)인 『은주시청합기(隱州視聽合記)』, 1779년 나가쿠보 세키스이(長久保赤水)의 「개정일본여지로정전도(改正日本輿地路程全図)」 계열의 지도로 보이는 「대일본국여지로정전도(大日本國輿地路程全圖)」, 1789년 간행된 나가쿠보의 「당토역대주군연혁지도(唐土歷代州郡沿革地圖)」 중 「아세아소동양도(亞細亞小東洋圖)」, 1868年에 간행된 하시모토 교쿠란사이(橋本玉蘭斎)의 「대일본사신전도(大日本四神全圖)」 및 하마다번(浜田藩)의 유학자인 나카가와 아키스케(中川顕允)가 분세이(文政) 연간에 기록한 『석견외기(石見外記)』에 게재되어 있는 작자 미상의 「대어국환해사도(大御國環海私圖)」, 메이지 초기 지도 간행업자로 보이는 미야자키 류조(宮崎柳條)의 「신정일본여지전도(新訂日本輿地全圖)」 등이다. 이 지도들에는 에도시대의 다케시마(울릉도)·마쓰시마(독도)가 그려져 있다. 따라서 이 지도들을 참고하면 문헌 기록에는 없는 또 하나의 섬을 상정할 수가 있는 것이다.

65) 北澤正誠, 1881, 竹島考證 下 (정영미 역, 2006, 앞의 책, 460~467쪽)

168 일본은 어떻게 독도를 인식해 왔는가

이에 앞서 기록국장 와타나베 히로모토(渡邊洪基)가 같은 취지의 건의서 2통을 제출한다. 무토와 고다마의 개척원에 대한 의견이라는 것을 보아 1876년 말이나 1877년 초에 작성된 것 같다. 그러면 1877년 8월에 작성된 사카다의 의견은 국장 와타나베의 의견을 고지도를 근거로 입증하며 지지하기 위한 것이었다고 본다.

와타나베의 의견은 『죽도고증』에 제11호 문서[66] 및 제12호 문서[67]로 정리되어 있다. 이 내용을 보면, 일본 외무성 홈페이지, 가와카미에서 보이는 '섬의 명칭 혼란' 관련 설명이 이 의견에서 비롯된 것임을 알 수 있다.

> 「마쓰시마에 대한 안건 1」
> ① 옛날에 다케시마에 대한 간략한 기록은 많으나 마쓰시마에 대해서 논술한 기록은 없습니다. 그러나 지금은 사람들이 많이 마쓰시마에 대한 이야기를 합니다. 또 이 두 섬이 일도양명(一島兩名)이라 하기도 하고 두 개의 섬이라고도 하며 말이 분분하나, 조정에서도 민간에서도 그 시비를 가린 사람이 있다는 말을 듣지 못했습니다. 그 다케시마라는 것은 조선의 울릉도로서 막부가 장래를 생각하지 않고 현재의 안일만을 도모하여 결국은 저들에게 주었습니다. 그러므로 소위 마쓰시마라는 것이 다케시마라면 저들에게 속하는 것이고 만일 다케시마 외에 마쓰시마라는 섬이 있는 것이라면 우리에게 속하지 않으면 안 되는데 이 일에 대해 결론을 내릴 수 있을 만한 사람이 없습니다.
> ② 그런데 마쓰시마라는 것이 우리나라와 조선 사이에 있어, 나가사키에서 블라디보스토크 항까지 가는 뱃길과 시모노세키에서 이와미, 이나바, 호키, 오키를 지나 저 중요한 원산항으로 가는 뱃길에 있으므로 매우 중요한 곳으로 간주되어, 이 근방에는 영국과 러시아 함선이 끊임없이 출몰하고 있습니다. 만약 그곳이 우리나라의 한 부분이라면 다소 주의하지 않으면 안 됩니다. 저

---

66) 北澤正誠, 1881, 竹島考證 下(정영미 역, 2006, 앞의 책, 354~361쪽)
67) 北澤正誠, 1881, 竹島考證 下(정영미 역, 2006, 앞의 책, 362~377쪽)

들의 나라 것이라 해도 역시 보호해 주지 않으면 안 됩니다. 그런데 타국이 우리에게 물을 때 대답할 말이 없으니 이를 어찌하겠습니까. 그렇다면 주인 없는 섬 하나만 남을 뿐입니다.

③ 여러 문서를 살펴보건대, 다케시마의 서양이름이라고 하는 「아르고노트」 섬은 존재하지 않는 섬이고, 마쓰시마를 가리키는 「다줄레」 섬이라는 것은 본래의 다케시마, 즉 울릉도이며 우리나라의 마쓰시마라는 섬의 서양 이름은 「호넷 록스」가 된다고 합니다. 그런데 서양 사람들이 다케시마를 가리켜서 「마쓰시마」라고 하면서 머릿속에서는 다케시마를 떠올리고 있는 것 같습니다. 그리고 이 호넷 록스가 우리나라에 속해 있음은 각 나라 지도가 모두 같습니다. 그 밖의 두 섬에 대해서는 각 나라의 인식이 서로 다릅니다. 우리가 하는 말에도 역시 확실한 근거는 없습니다.

④ 따라서 실로 그 땅의 형세를 살펴 어디에 소속되는지를 정하고 어느 곳에 책임을 지울 것인지를 양국 간에 정하지 않으면 안 됩니다. 따라서 먼저 시마네 현에 조회하여 종래의 예를 조사하고 그와 함께 함선을 보내어 그 지세를 살피고 만약 저들이 이미 그 일에 착수했다고 하면 어떻게 하고 있는지 조사해 본 후에 그에 대한 방책을 정할 필요가 있습니다. 청컨대 신속히 이 건의에 대해 의논해 주시기를 엎드려 바랍니다.
기록국장 와타나베 히로모토 작성[68] <부록 1-76>

③의 밑줄 친 부분은, 마쓰시마가 왜 옛날의 다케시마(울릉도)를 지칭하게 되었는지에 대해 와타나베가 서양명칭을 근거로 추론하는 부분이다. 가와카미는 그의 '섬의 명칭 혼란'에서 위의 자료를 소개하고 있는데 다음과 같이 ③의 내용을 정리하여 설명하고 있다.

(1) 고래로 우리나라에서 「다케시마」라고 한 것은 조선의 울릉도를 말한다.
(2) 데라제(다줄레 섬)를 마쓰시마라고 하고 있는데 그것은 본래 다케시마이며 울릉도이다.

---

68) 北澤正誠, 1881, 竹島考證 下(정영미 역, 2006, 앞의 책, 354~361쪽)

(3) 우리나라에서 고래로 마쓰시마라고 하는 것은 호루넷토 록스 (호넷 록스)를 말한다.
(4) 유럽인은 고래의 다케시마를 마쓰시마라 하고, 그 위에 없는 섬 (아르고노트 섬)에 대해 다케시마를 연상한 것 같다.
(5) 호넷 록스(고래의 마쓰시마)가 우리나라에 속한 것은 어느 나라 의 지도에서도 일치한다.[69]

위의 정리에서 보면 마치 와타나베가 마쓰시마를 다줄레(옛날의 다케시마＝울릉도)로 설명한 것처럼 보인다. 그러나 공신국장 다나베 의 인식 역시 같은 것이었다. 마쓰시마가 옛날의 다케시마(울릉도)에 비정된 것은 기타자와의 보고에 의한 것이며, 기타자와 역시 서양지 도의 다줄레 섬에 대한 지식을 참고했기 때문에 옛날의 다케시마(울 릉도)를 당시의 마쓰시마(울릉도)에 비정할 수 있었을 것이다.

또한 (1)(2)(4)로서 추론해보면 다케시마와 마쓰시마는 울릉도의 일 도이명이 된다. 이 입장은 외무성의 공식입장이다. 이 입장에 따라 무 토・세와키 등의 마쓰시마(울릉도) 조사 청원이 기각된 것이다. 그러 나 와타나베는 "시마네 현에 조회하여 종래의 예를 조사하고 그와 함 께 함선을 보내어 그 지세를 살피자"는 건의를 한다. 즉 와타나베는 다케시마와 마쓰시마가 일도이명이라는 입장이 아니었던 것이다. 그 는 이도이명의 입장이었다.

그의 이도이명 입장은 다음에 소개하는 「마쓰시마에 대한 안건 2」 에서 보면 더욱 확실해진다.

이 건의안이 언제 제출되었는지는 모르나 시마네 현령의 보고를 언급하고 있는 것으로 보아 첫 번째 안건에서 건의한 시마네 현 조회

---

69) 川上健三, 1966, 앞의 책, 38~39쪽

가 종료된 후인 것으로 추정된다. 여기에서 그는 위의 구(舊) 돗토리 현령의 보고 및 일본과 서양 자료를 참고로 다케시마와 마쓰시마가 두 섬이며 일본영토라는 것을 입증해 간다.

「마쓰시마에 대한 안건 2」70)
마쓰시마와 다케시마, 즉 한국 명으로 울릉도라 부르는 다케시마는 들은 바에 의하면 일도이명(一島二名)이라 하는 것 같으나, 구 돗토리 현령에게 들으니 정말로 두 섬이라고 하고, 또 도다 다카요시, 가토, 가나모리 겐이라는 자가 쓴 책에 보면, 오키국 마쓰시마의 서도(마쓰시마에 속하는 한 작은 섬이며 섬사람들은 차도라고 한다)에서 바닷길로 40리쯤 되는 북쪽에 섬 하나가 있는데 이름이 다케시마라고 한다는 말이 있습니다. 그리고 호키의 요나고에서 다케시마까지는 바닷길로 약 140리 정도라고 합니다. 요나고에서 이즈모로 가서 오키의 마쓰시마를 지나면 다케시마에 이르게 된다고 합니다. 단 오키의 후쿠시마(일명 후쿠우라)에서 마쓰시마까지는 바닷길로 약 60리 정도이고 마쓰시마에서 다케시마까지는 40리 정도 된다고 쓰여 있습니다. 또 다케시마에서 조선까지는 40리 정도의 바닷길이라고 하였습니다. <u>이 설은 1724년(교호 9년) 당시의 설인데, 그 이전에 여러 차례 도해를 한 적이 있는 한 노인에게 물어보았을 때, "호키 에미군 하마노메 미야나기 촌에서 오키의 고토(後島)까지가 35리에서 36리입니다. 이 거리로써 다케시마에서 조선의 산까지의 거리를 짐작해 보면 약 40리쯤 됩니다"라고 한 대답에서 나온 설입니다.</u> 이로써 생각해 보면 두 개의 섬이 있다는 것은 분명한 것 같습니다. <부록 1-77>

위의 기술이 앞서 언급한 제2장 2절 3항에서 언급한『죽도도설』을 거의 그대로 인용한 것이라는 것은 쉽게 알 수 있다. 그런데 1724년 (교호 9년)의 에도 막부의 울릉도 도해 재조사에 있어서, 에도 막부의 질문상의 마쓰시마는 독도를 가리키지만, 이에 대해 답변한 노인의

---

70) 北澤正誠, 1881, 竹島考證 下(정영미 역, 2006, 앞의 책, 362~377쪽)

답변상의 마쓰시마는 다케시마 또는 마쓰시마라는 명칭으로 표현된 울릉도인 것이다.[71]

그런데 위의 기술 후 와타나베는 영국과 미국, 프랑스, 독일, 바이마르 공화국 등의 지도 및 사전 등을 근거로, 일본 열도와 조선반도 사이의 서북쪽 북위 137도 25분 동경 130도 56분 위치에 다줄레라는 섬이 있다는 것을 입증하고 이 섬을 마쓰시마라고 하였다. 이 섬도 울릉도이다.

서양 책에 찾아보면 영국의 『대영제국 지명사전』에 「다줄레」 섬, 즉 마쓰시마는 일본해에 있는 하나의 섬으로서 일본 열도와 조선 반도 사이의 서북쪽 북위 137도 25분 동경(그리니치 천문대 기준) 130도 56분 지점에 있으며, 1787년 라페루즈가 명명한 섬으로 깎아 지른 듯한 절벽으로 된 해안이 9리 정도 펼쳐져 있고, 가장 높은 곳에 이르기까지 수목이 우거져 있다고 되어 있습니다. 또 리핑곳이 지은 『프로나운싱 지명사전』에는 「다줄레」가 일본해에 있는 작은 섬으로 일본과 조선의 한가운데에 있으며 그 둘레는 8리이고 북위 137도 25분, 동경 130도 56분 지점에 있다고 되어 있습니다. 이를 지도에서 찾아보니, 영국 해군측량 지도에 있는 「다줄레」, 즉 마쓰시마라는 이름이 붙은 섬의 위치가 두 책에서 말하는 위치와 같습니다. <부록 1-77>

그리고 한편으로는 다음과 같이 영국과 러시아 지도 등을 근거로 아르고노트 지점에 다케시마라는 섬이 실제 있을 것이라고 추정하는데, 실제의 다줄레=울릉도 면적과 위치가 그 근거가 된다.

영국의 『로얄 아틀라스』, 프랑스 브리웨의 「대도(大圖)」, 영국 여왕 소속의 지리학자 제임스 와일드의 『일본 열도』, 독일 오페르스의

---

71) 제2장 제2절 3항 / 제2장 각주 62 <부록1-61>참조

『아세아국』, 1875년 곳타의 『스치르스 아틀라스』, 바이마르 지리국의 지도 모두 같은 위치에 「다줄레」 섬이 표시되어 있으며, 영국의 측량도에는 섬을 실선으로 표시하였다고는 하나 동경 129도 57분에서 58분 사이 북위 37도 50분 지점에 아르고노트, 즉 다케시마라는 이름의 섬을 표시하였고, 러시아 지도국의 지도에도 같은 위치에 확실히 그 섬이 표시되어 있으며, 또 가나모리 겐(『죽도도설』)의 책에 다케시마는 그 둘레가 15리라고 되어 있습니다. 또 도다 다카요시 지도에서의 개인이 측량한 측량치를 합산해 보면 23리 남짓 됩니다. (들어가거나 나온 곳을 합친 연안선) 그 둘레는 마쓰시마, 즉 다줄레 섬의 둘레와 적지 않게 다르나, 지도 남쪽 귀퉁이에 둘레가 1리 반 정도인 섬 하나를 그려놓은 것이 있으니 그 섬은 유인도일 것입니다. 지도 측량법으로 측량해 보아도 오키도와 마쓰시마 다케시마, 조선의 거리가 대체로 부합하니 마쓰시마와 다케시마가 두 개의 섬이라는 것은 거의 분명합니다. <부록 1-77>

즉 와탄나베는 마쓰시마라는 섬이 다줄레=울릉도=조선령임을 알고 있었다. 그러면서도 또 한편으로는, 이 외에 서양지도에서 보이는 아르고노트(가공의 울릉도), 일본 고지도에서 보이는 다케시마(울릉도)에 해당하는 다케시마라는 섬이 또 있을 것이라는 이도이명론자였던 것이다.

그가 이도이명론을 주창한 것에는 다음의 이유가 있었다고 본다. 사실 19세기 중엽 메이지 정부 외무성에서 '마쓰시마 개척원'을 계기로 벌어졌던 논란의 핵심은 이 섬을 개척할 수 있으나 못하느냐 하는 것이었지, '섬의 명칭 혼란'에서 설명되듯이 단순히 섬의 명칭이 이렇다 저렇다 하며 갑론을박한 논란이 아니었다.

그런데 다나베의 의견같이 다케시마·마쓰시마 일도이명의 논리라면 개척은 불가능해진다. 여기에서 와타나베가 개척 가능성을 주장하기 위해 다케시마·마쓰시마 이도이명의 논리를 제시한 것이다. 이 점은 「마쓰시마에 대한 안건 1」의 ②에 잘 나타나 있다. 즉 이 섬이 일본과 러시아, 일본과 조선을 잇는 중요한 항로상에 있는 중요한 섬이기 때문에 외국이 먼저 차지하게 할 수 없다는 점이다.

마쓰시마를 조사하는 데 있어 이 섬이 옛날의 다케시마(울릉도)이면 곤란하다. 옛날의 다케시마는 바로 울릉도로 조선영토가 확실하기 때문이다. 그런데 마쓰시마라는 섬 외에 다케시마라는 섬이 따로 있다면 마쓰시마를 조사할 수 있는 가능성이 열린다. 여기에서 무토와 고다마의 개척원상의 마쓰시마 외에 다케시마라는 또 하나의 섬이 있어야 할 필요가 생긴다. 이것이 와타나베가 이도이명을 주장한 이유였다고 본다.

즉 와타나베의 마쓰시마·다케시마 이도이명론은 무토·고다마 등이 발견한 마쓰시마라는 섬의 경제적 가치에서 출발하여 국가 전략상 그 섬을 조사할 필요성 때문에 고안된 논리인 것이다. 논리를 위한 논리였기 때문에 그 내용을 자세히 분석해 보면 허술하기 짝이 없다.

그의 아르고노트는 일본 고지도에서 보이는 다케시마라는 명칭에 지리적 실체로서의 다줄레=울릉도에 대한 정보가 적용된 섬이다.[72] 한편 그의 '다줄레=울릉도가 아닌 마쓰시마'라는 섬은 에도 시대 말기의 마쓰시마=울릉도이기도 하고 한편으로는 에도 중기 시대(1724,

---

72) 현재 일본 외무성 홈페이지는 아르고노트를 다케시마에 울릉도를 마쓰시마에 비정한 것은 모두 1840년에 시볼트가 제작한 「일본도(日本島)」에 원인이 있다고 한다. 그러나 와타나베 역시 아르고노트를 다케시마에 비정하였는데 그는 「일본도」이야기는 꺼내지 않는다. 「일본도」원인론을 처음 주장한 사람은 1930년대의 다보하시 기요시이다. 즉 일본에서의 울릉도·독도 명칭이 17세기의 다케시마·마쓰시마에서 19세기 이후 마쓰시마와 다케시마로 전도된 이유를 시볼트 지도라는 외재적 요인에서 찾는 것은 부적절하다.

교호9)의 울릉도 도해 경험자들의 진술을 통해 왜곡되어 전해진 마쓰시마=독도이기도 하다. 또 한편으로는 서양지도를 통해 입수한 호넷록스=독도이기도 하다. "우리나라의 마쓰시마라는 섬의 서양 이름은 「호넷 록스」가 된다고 합니다… 그리고 이 호넷 록스가 우리나라에 속해 있음은 각 나라 지도가 모두 같습니다"73)라고 하는 것이다. 이렇게 옛날의 다케시마(울릉도)·마쓰시마(독도)에 대한 인식·정보와 서양지도상의 인식·정보가 무작위로 연결되어 혼재되어 있는 것이 와나타베의 논리상의 인식인 것이다.

더 나아가 마쓰시마라는 섬의 소속 판정에 있어서는 호넷 록스라는 독도의 서양지도상의 명칭, 소속 표기를 기준으로 삼는다. 한편 마쓰시마를 일본영토로 판정하는데 불리한 기준은 유리한 방향으로 바꾸어 버린다. 그가 참고한 자료의 대부분에 마쓰시마는 조선의 영토를 나타내는 색으로 표기되어 있었는데 이에 대해 와타나베는 마쓰시마라는 것이 일본 명칭이므로 그 색을 바꾸어야 한다는 입장을 표명하는 것이다.

> 다만 우리나라 책에 다케시마에 대해서만 많이 쓰여 있고 마쓰시마에 대한 것은 없는데, 이것은 다케시마가 더 크고 산물이 더 많아서 다케시마에만 왕래하였기 때문이고, 역시 조선과의 논쟁도 다케시마 문제에 한정되어 있었기 때문이라고 생각합니다. 외국이 이섬에 대해 어떻게 인식하고 있는지를 지도에서 확인해 보면, 영국지도에는 쓰시마와 함께 조선을 나타내는 색으로 칠해져 있고 프

---

73) 北澤正誠, 1881, 竹島考證 下(정영미 역, 2006, 앞의 책, 354~361쪽) <부록 1-75>
호넷은 영국 전함 호넷 호의 함장 포시스(Charles Codrington Forsyth)가 1855년 독도에 붙인 이름이다. 이 외에도 독도에는 프랑스 포경선 선장 윈슬로가 붙인 리앙쿠르 록스(1849)라는 이름, 러시아 전함 팔라다호가 붙인 올리붓차·메넬라이 섬(1854)이라는 서양명칭이 있었다.

랑스도 마찬가지이며, 독일 곳타의「스치레르스의 지도」에는 쓰시마와 함께 일본을 나타내는 색으로 칠해져 있으며, 바이마르 공화국의 지리국 지도에만 쓰시마가 일본을 나타내는 색으로 마쓰시마와 다케시마가 조선을 나타내는 색으로 칠해져 있습니다. 영국과 프랑스가 마쓰시마와 다케시마를 쓰시마와 함께 조선을 나타내는 색으로 칠하였으나, 쓰시마가 일본영역임이 틀림없는 이상 마쓰시마와 다케시마도 그 색을 바꾸어야 할 것인데,「스치레르스의 지도」는 그렇게 바꾼 결과라고 할 수 있습니다.

더욱이 마쓰시마와 다케시마라고 전해져 오는 이름 역시 일본식 이름입니다. 그것을 보면 이 섬은 암암리에 일본에 소속된 섬으로 여겨져 왔다고 할 수 있습니다. 다음으로 우리나라와 조선의 관계를 말해본다면, 구 막부가 일이 시끄럽게 되는 것이 싫어서 단지 그 지리적 원근만을 따져서 그들의 지도에 있는 울릉도라 하여 다케시마를 조선에 주었으나, 마쓰시마와 다케시마는 두 섬이며 마쓰시마는 다케시마보다 우리나라에서 가까우므로 일본에 속한다는 것에 대해 역시 조선에 이론이 있을 수 없습니다. 그리고 그 섬의 긴요함을 논하자면, 그 섬은 거의 일본과 조선의 중간에 위치하고 있고, 우리나라 산인 지방에서 조선 함경도 영흥부, 즉 원산항까지 가는 항로에 있으며, 나가사키에서 블라디보스토크 항으로 항해할 때 반드시 지나쳐 가는 곳이니 그 긴요함이 다케시마보다 몇 배 더 하므로 지금 영국과 러시아 등이 자주 주목하는 곳이 되었습니다. 여러 나라가 알고 있는 바가 이와 같습니다. 그런데 우리나라에서는 마쓰시마와 다케시마가 두 개의 섬인지 하나의 섬인지도 알지 못하며, 따라서 조선에 속하는지 아닌지의 여부도 알지 못하고 있습니다. 혹 외국으로부터 이에 대한 질문을 받아도 역시 답할 바를 알지 못합니다. 만약 우리나라의 것이라고 한다면 그 섬에 대해 의무감을 가지지 않으면 안 됩니다. 이것을 조선에 귀속시켜버리면 또 외국이 어떻게 할지 모르니 주의하지 않으면 안 됩니다. 이 점에 대해 재고해 보아야 할 것입니다.

기록국장 와타나베 히로모토 작성 <부록 1-77>

이렇게 옛날의 다케시마(울릉도)·마쓰시마(독도)에 대한 인식·정보와 서양지도상의 인식·정보가 무작위로 연결되어 혼재된 것이 와타나베의 인식이었으므로 와타나베의 이도이명론에서 비롯한 마쓰시마 개척 주장은 다음에서 보듯 외무성에서 배척당했다. 그러나 그의 주장이 후세에, 특히 지금의 한일 간의 독도 영유권 논쟁에 미치는 영향은 크다. 그가 아르고노트=다케시마의 존재를 주장함으로써 다케시마라는 이름이 지금의 울릉도 옆의 댓섬(죽서도)에 붙는 결과를 낳았기 때문이다. 그 경위는 다음과 같다.

1878년에 사이토와 시모무라가 제출한 개척원을 계기로 마쓰시마를 조사해 보자는 논의가 일어났는데 그 찬반 의견이 『죽도고증』에 제21~23호 문서로 실려 있다. 21호 문서[74]는 '마쓰시마 개척론'에 대한 갑의 반대의견과 을·병의 찬성 의견을 실었다. 제22호 문서[75]는 제21호 문서에 대해 기록국장 와타나베가 자신의 의견을 기술한 것이고 제23호 문서[76]는 공신국장 다나베의 의견이다.

이 22호, 23호 문서에서 와타나베와 다나베는 다시 한 번 자신들의 의견을 확인한다. 즉 와타나베는 마쓰시마가 옛날의 다케시마(울릉도)가 아닐 수 있으니 비용이 든다고 해도 조사해 보자는 것이었고, 다나베는 마쓰시마가 조선의 울릉도임이 분명한데 지금 아무 이유 없이 사람을 보내 조사를 하는 것은 다른 사람의 보물을 넘보는 것이라고 한다. 또한 이제 겨우 조선과 교류할 수 있게 되었기 때문에 그들이 싫어하고 의심할 만한 일을 하면 안 된다. 마쓰시마 개척은 안 된다고 반대한다.

그리고 "마쓰시마가 아직까지 다른 나라에 속하지 않았다고도 할 수 없으니 소속이 애매하므로 조선에 사신을 파견할 때 해군성이 배

---

74) 北澤正誠, 1881, 竹島考證 下(정영미 역, 2006, 앞의 책, 476~491쪽)

75) 北澤正誠, 1881, 竹島考證 下(정영미 역, 2006, 앞의 책, 491~497쪽)

76) 北澤正誠, 1881, 竹島考證 下(정영미 역, 2006, 앞의 책, 497~501쪽) <부록 1-78>

한 척을 그곳으로 보내서 측량 제도하는 사람, 생산과 개발에 대해 잘 아는 사람을 시켜 주인 없는 땅임을 밝혀내고 이익이 있을 것인지 없을 것인지 고려해 본 후, 돌아와서 점차 기회를 보아 비록 하나의 작은 섬이라도 우리나라 북쪽 관문이 되는 것을 그대로 방치해서는 안 된다고 보고한 후 그곳을 개척해도 되므로, 세와키씨의 건의안은 채택할 수 없습니다"[77]라고 한다. 즉 마쓰시마가 조선의 울릉도이나 다른 외국 소속이 되었을 수도 있으니 우선 해군 함정을 보내 조사한 후 개척하자는 의견이다.

'마쓰시마 개척 논란'은 이 다나베의 의견으로 종결된다. 그리고 1880년(실제로는 1878년이다) 역시 그의 의견대로 아마기함이 파견되어 울릉도를 조사한다. 『죽도고증』에 의하면 "메이지 13년(1880, 역자 주) 9월에 아마기함 승무원이며 해군소위인 미우라 시게사토(三浦重鄕) 등이 회항할 때 마쓰시마에 가서 측량하게 되었다, 그에 의하면 그 땅은 옛날부터 울릉도였고 그 섬의 북쪽에 있는 작은 섬을 다케시마(댓섬, 역자 주)라고 하는 사람이 있었지만 하나의 암석에 지나지 않는다는 것을 알게 되어 다년간의 의심과 논의가 하루아침에 해결되었'고 한다.[78]

그런데 위 내용을 자세히 보면 아마기함은 와타나베의 다케시마·마쓰시마 이도이명론을 확인하고자 하였던 것 같다. 즉 다케시마는 한국 땅인 아르고노트이고 마쓰시마는 다줄레로서 다케시마(울릉도)와는 다른 섬이라는 희망을 가지고 무토 등이 건의한 마쓰시마(울릉도)를 찾는 조사를 한 것을 알 수 있다. "그 땅은 옛날부터 울릉도였

---

77) 위의 주
78) 北澤正誠, 1881, 竹島考證 下(정영미 역, 2006, 앞의 책, 500~503쪽) <부록 1-78>

고 그 섬의 북쪽에 있는 작은 섬을 다케시마(댓섬, 역자 주)라고 하는 사람이 있었지만 하나의 암석에 지나지 않는다는 것을 알게 되어 다년간의 의심과 논의가 하루아침에 해결되었다"라는 기술이 시사하는 바이다. 이 다케시마는 울릉도 부속섬인 죽도(竹島: 현재 울릉도에서 북동쪽 약 2km 지점에 있는 댓섬이라고도 부르는 울릉도의 부속섬. 영어로는 Boussle Rock)이다.

결론적으로 와타나베의 이도이명 주장은 서양지도상의 아르고노트=가공의 섬 울릉도를 엉뚱하게 울릉도 옆의 댓섬에 비정하는 결과를 낳았다. (그리고 우산도가 이 댓섬이라고 주장한다) 아마기 함이 "그 섬의 북쪽에 있는 작은 섬… 암석에 지나지 않는다"는 것을 확인한 것에 의한다. 이에 옛날에는 울릉도와 독도를 가리키던 명칭인 다케시·마쓰시마가 서행(西行)하여 조선의 댓섬과 울릉도의 명칭으로 정착되었다(일본에서의 인식을 의미한다). 그 결과 지리적 실체로서의 독도는 마쓰시마라는 명칭을 잃고 서양지도상의 리앙쿠르 록스=무주지로 간주되다가 1905년에 일본 내각 결의에 의해 시마네 현에 편입되는 것이다.

한편 '섬의 명칭 혼란'이 설명하는 '일본인의 독도 인식'은 '마쓰시마 개척 논란'을 경과하면서 완전히 단절되었던 것으로 보아야 한다. 다음의 표는 17세기부터 20세기까지 일본인이 인식한 마쓰시마라는 명칭의 지리적 실체와 소속의 변화 과정을 정리한 것이다. 여기에서 보듯이 일본의 마쓰시마라는 섬에 대한 인식은 결코 일관적인 것이 아니었다. 그리고 아마기 함이 마쓰시마가 울릉도라고 보고한 시점에서 옛날의 마쓰시마(독도) 인식은 완전히 단절되었다고 보는 것이 마땅하다. 그 이전까지는 지엽적 차원의 인식이었으나 그 이후에는 일본 메이지 정부 차원의 인식이 되었기 때문이다. 그리고 1905년 독도를 시마네 현에 편입한 이후, 시마네 현 향토 사가에 의해 옛날의 마쓰시마(독도)=‘다케시마(독도)’ 논리가 새로 구축되는 것이다(제4장 참조).

[표 8] 일본의 마쓰시마 인식 변천 과정

시기			명칭	지리적 실체	소속	근거
17~18세기 초			마쓰시마	독도	조선	1696.1 울릉도 도해 금지령(제2장 제1절 참조)
18세기 중엽 이후			마쓰시마	울릉도·독도	일본	1724(교호9)의 재조사 (제2장 제2절 참조)
19세기 중엽 이후		일반	마쓰시마	울릉도	일본	마쓰시마 개척원(제3장 제1절 참조)
	외무성	다나베	마쓰시마	다케시마(울릉도)	조선	조선과 일본 등의 고문헌(제3장 제1절 참조)
				울릉도		
		와타나베	마쓰시마	마쓰시마(울릉도)	일본	『죽도도설』 등(제3장 제1절 참조)
				다줄레(울릉도)		
				호넷 록스(독도)		
19세기 말 이후			마쓰시마	다줄레(울릉도)	조선	1878 아마기 함의 조사 보고(제3장 제1절 참조)
20세기 초	다보하시 등 일반 학자		마쓰시마	다케시마(울릉도)	관계 없음 (일제 강점기)	제4장 제2절 참조
				울릉도		
	시마네 현의 오쿠하라 헤키운		마쓰시마	다케시마(독도)		
1946년 이후			마쓰시마	리앙쿠르 록스(독도)	일본	1950~1960년대 일본 정부 견해 (제4장 제1절 참조)
				다케시마(독도)		

제2절 일본 해군과 리앙쿠르 록스(Liancourt Rocks)

1. 일본 해군의 마쓰시마(울릉도) 조사 경과와 의의

1880년 아마기 함의 마쓰시마(울릉도) 조사는 에도 시대 일본 산인 지방에서 인식했던 '오키 서북쪽 바다의 다케시마(울릉도)·마쓰시마 (독도)라는 이름의 섬들'의 실체를 조선의 울릉도·독도에서 조선의 죽도(댓섬)·울릉도로 뒤바꾸어 놓았다. 즉 오키 서북쪽 바다의 두 섬이 세 섬이 된 것이다. 그리고 죽도(댓섬/다케시마)와 울릉도가 조선 령으로 간주됨으로써 나머지 한 섬 독도는 소속이 불분명한 리앙쿠르 록스(Liancourt Rocks)라는 서양 명칭하에서 존재하게 된다.

이 섬들의 명칭이 전도(顚倒)된 직접적 요인은 시대 변화에 따른 주(主) 인식 주체의 변동이다. 에도 시대 다케시마(울릉도)·마쓰시마 (독도)에 대한 인식 주체는 일본 서해안 지역이었다. 바다를 통해 접해 있다는 지리적 요인에 따른 인과 현상이다. 따라서 서해안 지역, 특히 산인 지방의 지역민과 해당 지역을 분할 지배했던 봉건 권력 - 돗토리번 등 - 이 다케시마(울릉도)·마쓰시마(독도) 인식의 주체가 될 수 있었던 것이다.

그런데 1867년 일본에 근대 국가가 성립하면서, 그 이전의 땅에 대한 '어느 지역에 속한 땅' 또는 '어느 봉건 영주의 영지'라는 개념이 일본국 '국토' 개념으로 바뀌게 되었다.[79] 그리고 '국토'에 대한 인식 주체는 일본국 정부가 되었다. 한편, 이 인식 주체의 변동기에 있어

---

79) 1871년의 폐번치 현(廢藩置縣)을 말함. 다케시마(울릉도)·마쓰시마(독도)의 인식 주 체였던 오키 섬, 이와미노쿠미, 이즈모노쿠니는 지금의 시마네 현으로 편입되었고, 요나고, 이나바노쿠니, 호키노쿠니는 지금의 돗토리 현으로 편입되었다.

다케시마(울릉도)·마쓰시마(독도)에 대한 지역적 경험과 인식이 바로 메이지 정부로 계승된 것은 아니다. 따라서 앞에서 검토한 바와 같은 '마쓰시마 개척 논란'이 벌어지는 것이다. '마쓰시마 개척 논란'은 전 시대에 있었던 지역적 차원의 다케시마(울릉도)·마쓰시마(독도) 인식이 중앙적 차원에서 어떻게 재구성되는지를 잘 보여주는 사건이다.

아마기 함의 울릉도 조사는, 당시 개척을 청원한 마쓰시마라는 명칭의 섬은 일본의 마쓰시마(독도)이며, 에도시대 조선 영토로 판정 난 다케시마라는 이름의 울릉도가 아니라는 가정하에 서양지도상의 아르고노트를 근거로 조선 영토인 다케시마(울릉도)를 찾으려고 한 것이다.

아마기 함의 조사에 의해 「마쓰시마 개척원」의 마쓰시마가 결국 조선의 울릉도라는 것이 재확인되었지만, 이 아마기 함의 조사가 지금의 독도 영유권 논쟁에 미친 영향은 매우 크다. 앞서 언급한 것과 같이 아마기 함은 마쓰시마(울릉도)·다케시마(독도)의 실체를 울릉도·독도에서 죽도(댓섬)[80]·울릉도로 바꾸어 놓았다. 그럼으로써 독도는 서양과 일본의 해도나 지도상 리앙쿠르 록스 또는 이것을 일본어로 발음한 량코도라는 명칭으로만 남게 되었다. 이것으로 일본의 독도에 대한 무주지 선점의 하나의 명분이 만들어지게 된다.

그간의 한국 연구에서도 이 리앙쿠르 록스라는 명칭을 근거로 일

---

80) 이규원의 「울릉도 외도」 등을 보면 울릉도의 죽도(댓섬)는 이미 그 이전부터 한국어 죽도라는 이름이었다. 일본 해군이 1878 및 1880년에 울릉도를 조사하면서 이 이름을 알게 되었고 한자로는 竹島(일본어로 읽으면 다케시마)라는 명칭이 되는 이 섬을 아르고노트인 다케시마(竹島)라고 판단해 버린 것 같다. 또는 그 반대의 경우도 상정될 수 있는데 즉, 일본 해군의 죽도 명명이 오히려 이규원의 지도에 반영되었을 수도 있다는 점이다. 이는 더욱 조사가 필요한 부분이다.

본의 독도 무주지 선점과 일본의 독도 강탈을 지적하거나 또는 수로지에서의 울릉도·독도 인식과 비교하거나 더 나아가서는 일본 해군 수로지의 인식을 포함하여 동시대의 내무성 인식 등을 시야에 넣어 분석하는 등의 연구가 진전되어 왔으나 구체적인 논증은 없었다고 본다.[81]

위와 같이 1905년의 일본의 독도 편입과 관련하여 메이지 시대에 작성된 일본 정부 부처의 문서들을 통해 일본의 독도 인식이 검토되어 왔으나 '섬의 명칭 혼란'의 직접적인 계기가 된 아마기 함의 마쓰시마(울릉도) 조사 그 자체에 대한 연구는 한국에서도 일본에서도 아직 없다.[82] 이에 여기에서는 일본 국립공문서관에 소장되어 있는 일본 메이지 해군의 수로조사 관련 자료와 1950년대에서 1980년대까지 간행된 『월간고지도연구(月刊古地圖研究)』[83]를 주 자료로 사용하여, 아마기 함의 울릉도 조사의 구체적 경과를 메이지 해군 창설과 수로조사 및 당시의 조·일 관계 등과 연관 지어 고찰해 보고자 한다.

일본 해군 창설은 1867년에 성립한 메이지 정부가 에도 막부의 해

---

81) 제4장 제1절 2항 「'섬의 명칭 혼란'에 대한 한국 측 분석과 문제점」참조

82) 이후 한철호 교수가 일본 방위성 자료들을 사용하여 1878년의 아마기 함의 울릉도 조사에 대해 상세히 기술한 논문을 발표하였으나 이 논문은 아직 공간되지 않았다 (2015.4.28 독립기념관 한국독립운동사 연구소 주최 「광복 70주년 기념 '찾아가는 월례발표회'」, 동국대).

83) 日本地図資料協会編, 1970.3.1〜1995.3.1, 月刊古地図研究 第1巻1号〜第25巻12号(通巻 1〜300号), 日本地図資料協会
『월간고지도연구』를 발행한 일본지도자료협회는 일본 전국에 회원을 가진 고지도 연구회였다. 일반인, 교수, 국토지리원 등 지도 관련 기관 소속원, 학생 등 다양한 직업을 가진 사람들로 구성되어 있었고, 각각 고지도와 관련된 테마를 가지고 연구하고 성과를 발표하였다. 회장은 모로하시 다쓰오(師橋辰夫)였으며 다수의 논문도 발표하였다. (師橋辰夫, 1987, 昭和前期日本都市地図集成, 柏書房; 師橋辰夫, 1987, 昭和前期の都市地図について, 柏書房, 등) 『월간 고지도연구』는 제25권 12호를 끝으로 종간되었다.

군전습소(海軍傳習所)와 해군조련소(海軍操練所) 등의 기관을 계승하고 막부와 제번(諸藩) 등의 장비와 인원을 정리·편성한 것이 기초가 되었다.

오랜 쇄국정책을 유지하고 있던 막부는 시대적 추세에 눌려 결국 개국하지 않으면 안 되게 되었고 제외국선의 내항에 대비하여 한층 해안 방비를 강화하게 되었다. 그리고 또 연안측량의 중요성도 인식하게 된다. 이에 막부는 1852년(安政 2)에 네덜란드 해군사관들을 고용하여 나가사키에 해군전습소(海軍傳習所)를 설치한다. 그리고 막신(幕臣) 및 제번사(諸藩士)를 불러들여 그들에게 근대적 해군기술을 습득하게 하였다.

당시 전습(傳習: 교육)을 받은 사람 중에는 일본 해군의 창설자이며 초대 해군경(海軍卿: 해군성 장관)이 된 가쓰 린타로(勝麟太郎), 즉 가쓰 가이슈(勝海舟)를 비롯해 에노모토 다케아키(榎本武揚), 야다보리 게이조(矢田堀景藏), 오노 도모고로(小野友五郎), 후쿠오카 긴고(福岡金吾), 마쓰오카 반키치(松岡盤吉), 아라이 이쿠노스케(荒井郁之助), 고가 겐고(甲賀源吾) 등의 막신(幕臣: 도쿠가와 막부의 신하)이 있었다. 그리고 고다이 도모아쓰(五代友厚), 가와무라 스미요시[川村純義: 이상 사쓰마 번(薩摩藩)], 사노 쓰네타미(佐野常民), 나카무타 구라노스케[中牟田倉之助: 이상 히젠번(肥前藩)], 야나기 나라요시(柳楢悦), 무라타 사주로[村田佐十郎: 이상 쓰번(津藩)] 등 도쿠가와 막부 외 제번(諸藩)의 신하들이 있었다. 이 에도 막부의 해군전습소 동기생들이 나중에 메이지 해군에 기용되어 이후 제국 해군을 이끌어 가는 중책을 맡는다.

그리고 네덜란드 방식에 의한 항해·측량 기술을 습득한 사람들

중 특히 막신(幕臣)을 기용하여 측량반을 만들어 긴급을 필요로 하는 항만에서부터 측량을 개시하였다. 그 시작으로서 1859년(安政 6)에 막부는 해군사관 후쿠오카 긴고와 마쓰오카 반키치, 니시가와무라 시로(西川村四郎) 등에게 명하여 「가나가와 항도(神奈川港圖)」를 측량 제작시켰다. 이것이 일본이 시도한 최초 서양식 항만도 제작의 시초이다.

1867년에 에도 막부가 해체되고 메이지 정부가 들어선다. 그리고 메이지 원년이 되는 1868년에 정부는 육해군 장교 양성을 위한 병학교(兵學敎)를 설치하였다. 이 병학교는 그다음 해인 1869년(明治 2)에 폐지되었고, 새로 육군 장교(사관·하사관)를 양성하기 위한 병학료(兵學寮)가 오사카에, 해군 장교 양성을 위한 해군조련소(海軍操練所)가 도쿄에 신설되어 각국의 병제(兵制)·기술(技術) 연구를 시작하였다.[84]

정부 조직으로는 1868년(明治 1) 1월 17일에 해륙군무과(海陸軍務科)가 설치되었고, 이 업무는 1869년(明治 2) 7월 관제 개혁으로 신설된 병부성(兵部省)으로 흡수되었다. 1870년(明治 3)에는 육해군이 분리되어 1872년(明治 5)년에 해군성(海軍省)으로 독립한다.[85]

일본 해군의 해양 조사는 1871년(明治 4) 병부성에 육군참모국(陸軍參謀國), 육군축조국(陸軍築造局), 해군수로국(海軍水路局)이 설치되면서 시작되었다.

육군참모국은 간첩대(間諜隊)를 두고 지지(地誌)조사에 착수하였으며, 육군축조국은 메이지 초기에 설치되었으나 전담요원이 없었던 축

---

84) 佐藤侊, 1974, "明治初期における地図作成機関の変遷", 月刊 古地図研究 第5巻 第2号 (1974.4.1) (通巻50号), 日本地図資料協会
85) 日本史広辞典編集委員会編, 1997, 앞의 책, 390쪽

조사(築造司)를 계승하여 성루 측량 등을 수행하였고, 해군수로국은 조직적으로 바다 측량에 착수하였다.

1872년(明治 5), 병부성이 육군성(陸軍省)과 해군성(海軍省)으로 분리되면서 해군수로국은 해군성수로국(海軍省水路局)이 되었다. 그리고 같은 해에 수로료(水路寮)가 된다. 그리고 1876년(明治 9)에는 수로국(水路局), 1886년(明治 19)에는 다시 해군수로부(海軍水路部)가 되고, 1888년(明治 21)에 독립하여 수로부(水路部)가 된 후 현재에 달하고 있다.[86]

일본 해군 수로국의 활동 기록은 초창기의 것이 일본 국립 공문서관에 소수 소장되어 있다. 1876년(明治 9)부터 발행된 「수로잡지(水路雜誌)」, 1879년(明治 12)부터의 「수로보고(水路報告)」, 1891년(明治 24)부터의 「수로보도(水路報道)」 등을 볼 수 있다.

「수로잡지」는 140호까지 발행된 것 같은데 이 중 조선 수로 조사와 관련된 것은 다음 표와 같다. 참고를 위해 일본 산인 지방 연해 수로 조사 관련 건도 포함시켰다.

---

86) 佐藤侊, 1974, 앞의 논문, 4~6쪽

[표 9] 해군 수로국 발행『수로잡지』목록

호수	보고자	제목	군함	발행일자
3		조선 남해안 항해일기 발췌 (朝鮮南岸航行日記抜抄)		1876.9
7	海軍中尉本宿宅命	항해에서 강화도 북동 해안의 정박지에 이르는 항로 (黄海ヨリ江華嶋北東岸ノ泊地=到ルノ航路)		1876.10
8		발췌 번역 러시아 해군일지 제15권 1855호 제1호 수로부 조선 동해안 기록 (摘訳 露国海軍日誌 題十五巻 千八百五十五年 題一号 水路之部 朝鮮半島東海岸記)		1876.12
15		조선국 서해안 약기(朝鮮国西海岸略記) * 전라도 옥구만(沃溝灣), 성호?, 해미 근해 조사(天城艦)		1878.11
16	海軍大尉山澄直清 少尉補小林春三 少尉福地邦鼎術	조선국 동해안 약기(朝鮮国東海岸略記) * 함경남도 덕원만(德原灣) 조사, 울릉도 조사	天城艦	1879.3
18	海軍少尉児玉包考 同高杉春祺術	조선국 남해안 및 서해안 약기(朝鮮国南岸及西岸略記) * 전라도 화성(華盛) 돈해만(頓海灣) 등 조사		1879.6
19	海軍大尉肝付兼行	오키 회항 약기(隠岐回航略記)	孟春艦	1879.7
39	海軍大尉肝付兼行	일본 북서해안 수로 약기 2-나가토 북해안에서 이즈모 호키 경계까지(日本北西岸水路略記第二號-長門北岸ヨリ出雲伯ノ=至ル)	孟春艦	1880.12
40	海軍大尉肝付兼行	일본 북서해안 수로 약기 3-호키에서 가가까지(日本北西岸水路略記第三號-伯耆ヨリ加賀=至ル)	孟春艦	
41	海軍少尉三浦重郷	조선해협 기후 및 해류(朝鮮海峡気候及海流)		1882.1
50	海軍中佐磯辺包義	조선 동해안 내호만 기사(朝鮮東岸内湖湾記事)	清輝艦	1882.1.28
75	海軍少佐五藤国幹	아마기함 조선국 대동(同)강 및 대동(東)강 순항 기사(天城艦朝鮮国大同江及大東江巡航記事)	天城艦	1883.1
96	海軍少佐原田元信	조선 서남제도 해안-조선국 대동강 및 대동강 순항 기사-황해도 대동(東)강 백령도(朝鮮西南諸道海岸-朝鮮国大同江及大東江巡航記事-黄海道大東江白翎道)	孟春艦	1884.2
100	海軍少佐尾形惟善	닛신함 조선국 남양(경기도 화성) 정박지 기사(日進艦朝鮮南陽泊地記事)	日進艦	1885.5
101		조선국 한강 기사		1885.10

117	海軍大尉内海氏善	조선국 제 투묘지(投錨地) 기사-서해안 황해도 백령도 장천포 정박지(朝鮮国諸錨地記事-西岸黄海道・白翎島・長村浦泊地)	1886.10
138		일본의 해안선, 해부 및 해류(日本ノ海岸線, 海部及海流)	

출처:「自明治九年五月 至同十一年五月 海軍省水路雑誌一 自第一号 至第十号」「明治十一年九月 至同十二年九月 海軍省水路雑誌二 自第十一号 至第十九号」「明治十三年 海軍省水路雑誌六 自第三十六号 至第三十九号」「明治十五年 海軍省水路雑誌七 自第四十号 至第五十三号」「明治十六年十一月 海軍水路雑誌九 自第六十九号 至第七十六号」「明治十七年 海軍省水路雑誌十一 自第八十七号 至第九十六号」「自明治十八年四月 至同十九年一月 海軍省水路雑誌十二 自第九十七号 至第百六号」「明治十九年五月 同二十年十月 海軍省水路雑誌十四 第百十二号 至第百二十九号」「自明治二十年十二月 至同二十三年十二月 海軍省水路雑誌十五 自第百卅号至百四十号」(분류: 内閣文庫3090号15册)

「수로보고」는 1879년(明治 12) 10월자 1호에서 1883년(明治 16) 2월 5일자 제 117호까지 볼 수 있는데 결호(缺號) 없이 편철되어 있다. 이 중 조선 연안 조사 관련 보고서는 다음 표에서 보는 바와 같이 7건이 남아 있다.

1891년(明治 24)부터 발행된 「수로보도」는 18호 이상 발행된 것으로 보이며 조선과 관련된 것은 3건이다.

[표 10] 해군 수로국 발행 『수로보고』 목록(조선 연해 관련)

호수	표제	발행 일자	발행자
33	일본해 마쓰시마 한국인 이것을 울릉도라고 칭한다. (日本海 松島韓人之を鬱陵島と称す)	1880.9.13	水路局長 海軍少将柳楢悦
35	조선 동해안 강원도 장전동 투묘지 발견 (朝鮮東岸 江原道 長箭洞錨地ノ発見)	1880.9.18	水路局長 海軍少将柳楢悦
40	조선 동해안 원산진 장덕도 북단 경도의 개정 장전동 투묘지 발견 (朝鮮東岸 元山津長徳島北端経度ノ改正 長箭洞錨地ノ発見)	1881.3.4	水路局長 海軍少将柳楢悦
56	조선 남해안 경상도 통영 섬 발견 (朝鮮南岸慶尚洞 統営嶼ノ発見(天城艦)	1881.6.27	水路局長 海軍少将柳楢悦
76	조선 동해안 함경도 내호만 투묘지 발견 (朝鮮東岸咸鏡道 内湖湾錨地ノ発見)	1882.1.4	水路局長 海軍少将柳楢悦
97	조선 서해안 제물포 경도의 정정 (朝鮮西岸済物浦経度ノ正誤)	1882.8.5	水路局副長 伴鉄太郎

| 112 | 조선 동해안 신포 투묘지 이진리 경도의 개정
(朝鮮東岸新浦錨地梨津里経度ノ改正) | 1883.1.11 | 水路局長
海軍少将柳楮悦 |

출처: 「明治十二, 三年 水路報告 一」「明治十四年 水路報告 二」「明治十五年 水路報告 三」「明治十六年 水路報告 四」(분류: 内閣文庫3090号15冊)

[표 11] 일본 해군성 발행 『수로보도』 목록(조선 연해 관련)

호수	표제	발행 일자	발행자
1	조선 남해안 거제도(군함 조카이) (朝鮮南岸巨済島 軍艦鳥海)	1891.3	水路部
2	조선 서해안 대암동각 부근 및 대동강 내 (朝鮮西岸大岩洞角付近及大同江内)	1891.4	水路部
13	조선 남안 욕지도 동항(군함 조카이) (朝鮮南岸欲知島東港 軍艦鳥海)	1892.10	水路部

출처: 「水路報道 第一号至第八号 水路部」「水路報道 第九号至第十八号 水路部」(분류번호: 内閣文庫3099号2冊178困2架)

위 표에서 보이는 바와 같이 1876년(明治 9) 이후 해군 수로국은 조선 연안을 집중적으로 조사하게 된다. 이 배경에는 강화도 조약이 있다. 일본 해군은 1875년(明治 8)에 운요호(雲揚號) 사건을 벌이고 다음 해인 1876년(明治 9)에 조선과 강화도 조약을 맺는다. 조약 제2조에서 조약이 체결된 후 조선 정부는 20개월 이내에 부산과 그 밖의 2개 항구를 개항할 것을 규정하였고, 2개 항구의 선정은 일본의 임의에 맡겨야 한다고 했다. 그리고 제7조에는 일본이 조선의 연해(沿海)·도서(島嶼)·암초(岩礁) 등을 자유롭게 측량하고 해도(海圖)를 작성할 수 있도록 하였다. 해군 수로국 조선 연안 조사는 이 규정들을 실현시킨 것이다.

그런데 위의 발행물은 실제 조사가 있은 후 조사 내용을 편집하여 기재한 것이다. 이 내용을 검토하여 구체적으로 어떻게 연안 조사가 진행되었는지를 정리한 것이 다음 표이다.

[표 12] 일본의 조선 연안 수로 활동 개요

기간	함선	함장	조사지	출처
1876.2.29~3.10	風翔艦	海軍少佐山崎景則	부산~남해안 제도(거제도, 한산도 등)	「水路雜誌」제3호 (1876.9)
	日進艦	(海軍少佐伊藤祐亨)	강화도 남동해안 정박지 및 북동해안 정박지에 이르는 수로와 정산도(頂山島)에서 한강에 이르는 수로	「水路雜誌」제7호 (1876.10)
1877	高雄丸	海軍少佐杉盛道	전라도 화성 돈해만, 남양(南陽灣)	「水路雜誌」제18호 (1879.6)
1878.5~6.29	天城艦	海軍少佐松村安種	부산~동해안(함경도 덕원만 목표) 6.29 마쓰시마(울릉도) 조사	「水路雜誌」제16호 (1879.3)
1881.11.22	淸輝艦	海軍中佐磯辺包義	함경도 영흥부 내호만(內湖灣)	「水路雜誌」제50호 (1882.1.28)
1882.9.7~9.13	天城艦	(海軍少佐瀧野直俊)	황해도, 평안도 대동강(大同江) 및 대동강(大東江)	「水路雜誌」제75호 (1883.9)
1884.6.28~	孟春艦	海軍少佐原田元信	황해도 대동강(大東江) 입구 백령도 황해도 대동강 황주 철도진 제당강 평양천 황주부 전라도 남서해안 흑산도 정박지 전라도 남서해안 제도	「水路雜誌」제96호 (1884.10)
1885.1.2~	日進艦	海軍少佐尾形椎善	남양(경기도 화성) 정박지 조사	「水路雜誌」제100호 (1885.4)
1891.2	鳥海艦	海軍少佐品川四方一	조선 남해안 거제도	「水路報道」제1호 (1891.4)
1891.1			조선 서해안 월미도 이북(以北) 제도(諸島)	「水路報道」제2호 (1891.4)
1892.8	鳥海艦	海軍少佐伊藤常作	조선 남해안 욕지도	「水路報道」제13호 (1892.10)

출처: 일본 국립공문서관 소장『水路報道』『水路雜誌』에서 발췌

실제 더 많은 조사가 이루어졌을 것으로 추정되나 기록을 통해 확인할 수 있는 것은 위의 건 정도이다.

여기에서 보면 아마기함의 울릉도 조사는 1878년 6월 29일에 이루어진 것을 알 수 있다.[87] 1879년(明治 12) 3월에 발행된 『수로잡지』제16호에 의하면, 아마기 함은 1878년 5월 9일 부산을 출발하여 함경남도 덕원만(德原灣) 일대를 조사한 후 6월 29일 울릉도로 가서 조사한 것으로 되어 있다.

덕원만은 함경남도 남부 해안에 있는 만으로 송전만(松田灣)과 함께 영흥만(永興灣)을 이루는데, 명사십리(明沙十里)라고 하는 갈마반도(葛麻半島)에 둘러싸여 깊숙이 들어간 만이며 그 안쪽에 원산항(元山港)이 있어서 원산만이라고도 부른다.

아마기함은 메이지 해군의 목제 범선이다. 1875년 9월 9일 요코스카(橫須賀) 조선소에서 기공되었으며 1877년 3월 13일 진수식을 가졌고 1878년 4월 4일 활동을 시작했다. 그 이전인 3월 7일 '동해진수부(東海鎭守府)'[88] 소관으로 정해졌고,[89] 4월 4일 '상비함(常備艦)'으로 임명[90]됨과 함께 활동에 들어갔다.

---

87) 현재까지 아마기함의 마쓰시마(울릉도) 조사가 1880년에 이루어진 것으로 알려져 왔다. 『죽도고증』에서 "메이지 13년(1880) 9월에 이르러 아마기함 승무원이며 해군소위인 미우라 시게사토 등이 회항할 때 마쓰시마에 가서 측량하게 되었다"고 하였기 때문이다(부록 1-79 참조). 『죽도고증』에서 메이지 13년 9월이라고 한 것은 동 조사 내용이 실린 『수로보고』 제33호의 일자인 '메이지 13년 9월 13일'을 인용한 때문이다. 실제 조사는 1878년에 이루어졌다.

88) 진수부는 일본해군의 근거지로서 함대의 후방을 통괄한 기관이다. 1875년 일본 주변을 동서 2개의 해면(海面)으로 나누어 동서(東西) 양 지휘관의 지휘 하에 두게 되었고 1876년에는 서해진수부와 동해진수부를 설치하게 되었다. 동해진수부는 요코하마에 설치되었다가 1884년 요코스카로 이전하였다.

89) 「天城艦ヲ東海鎭守府ノ所轄ト定ㅅ」明治11年3月7日
(太政類典·第三編·明治十一年~明治十二年·第五十巻·兵制·軍艦 소수)
(소장처: 国立古文書館 本館-2A-009-00 太00654100)

4월 28일 아마기함은 조선국 함경도·전라도 해안 측량을 위해 요코하마를 출항하였다. "조선국 함경·전라 제도(諸島) 해안 측량 건을 외무성이 상신하여, 측량선을 보내도록 하라는 지시가 왔으므로, 외무성과 협의하여 해안 측량을 위해 지난 28일 요코하마에서 출선시킨 것을 보고함"[91]이라는 4월 30일자 해군성 보고서가 남아 있다.

위의 『수로잡지』제16호에 의하면 아마기함의 덕원만 조사 경과는 다음과 같다.

---

90) 「天城艦を常備艦ト定ム」明治11年4月4日
   十一年四月四日 (太政類典·第三編·明治十一年～明治十二年·第五十巻·兵制·軍艦 소수)
   天城艦ヲ常備艦ト定ム
   海軍省布達
   東海鎮守(丙第五十号)府所轄天城艦ノ儀, 自今常備艦ト被定候條, 此旨為心得相達候事
   (소장처: 国立古文書館 本館-2A-009-00 太00654100)

91) 「天城艦朝鮮國海岸測量·二条」
   明治十一年四月三十日 (太政類典·第三編·明治十一年～明治十二年·第五十巻·兵制·軍艦 소수)
   天城艦朝鮮國海岸測量トシテ回艦
   海軍省届
   朝鮮國咸鏡全羅諸道海岸測量ノ儀外務省上申ニ付, 測量船発遣可取計旨御達ニ依リ外務省へ協議ノ上, 海岸測量トシテ天城艦サル廿八日横浜出発為致候條此段御届仕候也。
   四月三十日
   九月十一日
   天城艦朝鮮國全羅道へ発遣
   海軍省届
   天城艦儀朝鮮國咸鏡道各湾測量済ノ上, 一旦帰港ノ処, 去ル八月十三日同港出発釜山浦へ寄錨ノ末
   廿三日測量ノ〆全羅道へ回航致シ候旨届越候條, 此段為念御届仕候也。九月十一日
   海軍省届
   過般天城艦儀朝鮮國全羅忠清両道海岸測量ノ為〆再応回艦致候処, 同艦乗組ノ者多人数脚気病ニ罹
   り候旨ヲ以昨一日長崎港へ帰艦致候旨電報有之候條, 此段御届仕候也。十月二日
   (소장처: 国立古文書館 本館-2A -009-00 太00654100)

5.9 덕원만을 향해 부산포 출발
5.10 영흥만 남부에 있는 모우체스(영국 명명) / 하시쓰우(러시아 명
    명) 섬 발견
    여기에서 덕원만으로 항진(3리 정도 진출)
    덕원만 내 여도(麗島)·고도(高島)·무도(茅島) 등 영국과 러시
    아 해도 기재 섬들 조사, 식수 공급처, 경위도 등 조사
    송전만(松田灣)으로 항행, 투묘지 등 조사
6.29 마쓰시마 / 울릉도로 이동, 경위도 등 조사[92]

이때 마쓰시마(울릉도)에 대해 보고된 내용을 보면 다음과 같다.

마쓰시마
이 섬은 바다 가운데 홀로 있는 섬으로(獨島) 우리 오키국 오키노
시마(沖島)에서 북동 1 / 2 동 134리, 나가토국 쓰노시마(角島)에서
북 1 / 2 동 185리, 부산포에서 북서 3 / 4북 165리 지점에 있다. 섬
전체가 암석으로 이루어진 듯하며 수목이 울창하고 주위는 많은
절벽으로 둘러싸여 있으며 오직 남동면에 조금 평탄한 곳이 있다.
우리들이 이곳에 이르러 원주민이 작은 집을 집고 어선을 만들고
있는 것을 보았다. 다른 해안은 작은 배라도 접근이 안 될 것 같다.
동쪽으로 작은 섬 하나가 있다. 또 무수한 기암괴석으로 둘러싸여
있다. 항행 중 섬의 고도를 재보니 2,391척(尺)이었다. (중략)
위의 기사는 1878년 해군 소좌 마쓰무라 야스타네의 아마기 함이
조선해로 회항할 때 승선원 해군대위 야마스미 나오기요, 해군소위
보 고바야시 슌조, 후쿠치 구니카네가 측량하여 기술한 것이다. 금
후 이 섬으로 항행하는 사람은 이곳과 잘 일치하는 해도를 참작하
여 면밀히 그 지세를 살펴보아야 할 필요가 있다.
메이지 12년 3월 해군수로국 <부록 1-80>

아마기 함은 이 측량을 끝낸 후 일단 나가사키 항으로 귀항하였고,
8월 13일 다시 출항하여 부산포에 머물다가 동월 23일 전라·충청 해

---

92) 『明治十一年九月 至同十二年九月 海軍省水路雜誌二 自第十一号 至第十九号』「水路
    雜誌第十六號」24~26쪽

안 측량을 위해 출항하였다.[93] 그런데 승무원 중 다수의 각기병 환자가 발생하여 10월 1일 나가사키 항으로 귀항하였다고 한다.[94]

일본 해군의 마쓰시마(울릉도) 조사는 1876년 강화도 조약에 의거, 부산 외 2개 개항장 선정을 위한 일본 해군의 조선 연안 사전 조사 과정에서 이루어진 것이다. 이에 따라 인천이 1883년, 원산이 1880년에 개항되었다.

일본 외무성 기록국장 와타나베 히로모토가 「마쓰시마 개척원」상의 마쓰시마가 에도 시대의 다케시마(울릉도)라는 사실을 알고 있었으면서도 구지 서양지도상의 아르고노트(가공의 울릉도)와 옛 기록에 마쓰시마라는 명칭의 일본영토가 있다는 것을 근거로 다케시마·마쓰시마 이도이명(二島二名)론을 주장한 이유가 여기에 있을 것이다. 즉 원산으로 가는 항로 확보가 당시의 일본에 있어서 매우 중요한 외교적 현안이었기 때문이다.

와타나베는 "마쓰시마라는 것이 우리나라와 조선 사이에 있어, 나가사키에서 블라디보스토크 항까지 가는 뱃길과 시모노세키에서 이와미, 이나바, 호키, 오키를 지나 저 중요한 원산항으로 가는 뱃길에 있으므로 매우 중요한 곳으로 간주되어, 이 근방에는 영국과 러시아 함선이 끊임없이 출몰하고 있습니다. 만약 그곳이 우리나라의 한 부분이라면 다소 주의하지 않으면 안 됩니다. 저들의 나라 것이라 해도

---

93) 앞의 주 262, "海軍省届 天城艦儀朝鮮國咸鏡道各湾測量済ノ上, 一旦帰港ノ処, 去ル八月十三日同港出発釜山浦ヘ寄錨ノ末同廿三日測量ヲ為メ全羅道ヘ回航致シ候旨届越候條, 此段為念御届仕候也。九月十一日"

94) 위의 주, "過般天城艦儀朝鮮國全羅忠清両道海岸測量ノ為メ再応回艦致候処, 同艦乗組ノ者多人数脚気病ニ罹リ候旨ヲ以昨一日長崎港ヘ帰艦致候旨電報有之候條, 此段御届仕候也。十月二日"

역시 보호해 주지 않으면 안 됩니다. 그런데 타국이 우리에게 물을 때 대답할 말이 없으니 이를 어찌하겠습니까. 그렇다면 주인 없는 섬 하나만 남을 뿐입니다'95)고, 그 중요성을 강조하였다.

아마기 함의 울릉도 조사는 외국에 의한 울릉도 무주지 선점을 방지하여 곧 개항시킬 원산항으로 가는 항로를 확보하기 위한 조사였다고 추정된다. 그러나 결론적으로 마쓰시마는 조선의 울릉도로 밝혀졌다. 그리고 와타나베가 찾던 에도시대의 다케시마 또는 서양지도상의 아르고노트는 지금의 댓섬으로 비정되었다.

이 과정을 통해 전술한 바와 같이 에도시대의 다케시마(울릉도)·마쓰시마(독도)라는 명칭의 지리적 실체가 울릉도·독도에서 댓섬·울릉도로 바뀐 것이다. 그런데 필자는 이 울릉도 명칭 전도(轉到)가 이후에 발생하는 독도 문제의 직접적인 근원이 되었다고 판단한다. 이 결과 에도시대의 마쓰시마는 울릉도가 되었고 지리적 실체로서의 독도는 전혀 새로운 섬으로 등장하게 되었다. 이 섬에는 리앙쿠르 록스 또는 량코도란 서양 이름이 사용되고 있었다. 이러한 상황에서 1905년에 일본은 시마네 현 사업가 나카이 요자부로의 청원을 받아들여 량코도라는 섬을 무주지로 간주하고 '다케시마(독도)' 명칭을 부여하여 시마네 현에 편입시키는 것이다.

이 울릉도 명칭 전도 과정은 동해의 실체로서의 두 섬이 세 섬이 되는 과정이었다. 이 과정의 결과 명칭상 일본의 독도 무주지 선점 요건이 만들어진다. 이 결론에 이르는 과정에 일본 정부의 의도가 개입되어 있었는지, 개입되었다면 어느 만큼이었는지에 대한 것은 알

---

95) 北澤正誠, 1881, 竹島考證 下(정영미 역, 2006, 앞의 책, 362~377쪽) <부록 1-77>

수 없다.

그러나 명확한 것은 울릉도 명칭 전도와 근대 이행기 조·일 관계의 변화 및 동북아 정세 변화 등에 따라 동해 해역을 사용해야 할 필요에 따라 울릉도가 일본인에게 재발견되는 과정에서 일어난 사건이라는 것이다. 그리고 그 일본인은 구체적으로 말하면 일본 해군이라고 할 수 있다.

2. 가쓰 가이슈와 리앙쿠르 록스(Liancourt Rocks)

사실 프랑스 포경선이 명명한 리앙쿠르 록스라는 명칭의 일본 내 보급 주체도 일본 해군이며 더 구체적으로는 일본 해군의 창시자인 가쓰 가이슈이다.

리앙쿠르 록스가 제일 처음으로 등장하는 일본지도는 가쓰 가이슈의『대일본국연해약도(大日本國沿海略圖)』이다. 1849년(조선조 철종 1)에 독도를 발견한 프랑스 리앙쿠르 호는 귀항한 그날(1849년 4월 19일) 바로 리앙쿠르 록스 목격 등에 대한 항해보고서를 제출했다.[96]

그리고 1850년 프랑스 해군성 해도국은 그 내용을『수로지(Annales hydrographiques, tome. 4, p17, 1951년 간행)』에 수록하였고, 1851년에는『태평양전도』(해도번호 1264)에 리앙쿠르 록스란 명칭의 독도를 기재한다. 이로써 독도는 사상 최초로 해도상의 정확한 위치에 나타나게 되었다.[97]

---

96) 이진명, 1998, 독도, 지리상의 재발견, ㈜도서출판 삼인, 51쪽
97) 이진명, 1998, 앞의 책, 51~52쪽; 정인철, 2010, 프랑스 리앙쿠르 호의 독도 발견에 관한 역사지리학적 연구, 동북아역사재단(2010 연구지원 성과물 / 미발간)

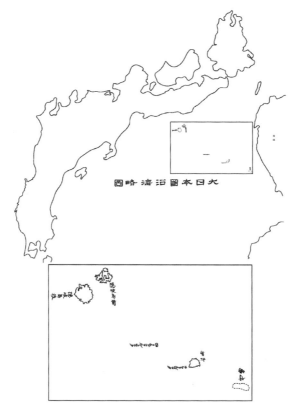

출처: 일본 메이지 대학 도서관)아시다(蘆田)문고 홈페이지
(http://www.lib.meiji.ac.jp/ashida/display/each/09/09-024-01/09-024-1-0
.001.059-l.jpg)

〈그림 14〉 勝海舟『大日本国沿海略図』 간략도

이후 독도가 리앙쿠르 록스로 기재된 서양지도들이 등장하는데,
가쓰 가이슈의 『대일본국연해약도』는 그중 영국 지도를 번역한 것이
다. 지도에 "요즘 항해술이 발달하여 선항이 빈번해졌으나, 영국출판
지도가 매우 정밀한 것을 가숙(家塾: 사설 교육소, 역자 주)에서 번각
하여 항행을 편리하게 한다"는 취지의 서문을 남기고 있는 것에서 알

수 있다.[98]

그런데 영국의 호넷도 1855년 독도를 '발견'하고 호넷이라는 이름
을 부여하였음에도 가쓰 가이슈가 참조한 영국 지도에는 리앙쿠르
록스로 기재되었다고 하는 점은 흥미롭다.

1795년 영국에서 수로국이 창설되어 해도를 제작, 판매한 것을 비
롯하여 18~19세기 프랑스, 덴마크, 스페인, 러시아, 미국 등에 수로
국이 창설되면서 각 국의 해도 정보를 교환·공유하게 되었다.[99] 이
과정에서 1849년 리앙쿠르호가 독도를 '발견'한 정보가 공유되고 리
앙쿠르 호의 리앙쿠르 록스라는 이름이 먼저 명명된 것을 인정받아
영국 지도에도 실리게 된 것이라고 추측된다.

기쿠치 신이치(菊池眞一)의 연구 노트[100]에 의하면, 이 영국지도란
영국 수로부 제작「海圖 2347 Nipon, Kiusiu and Sikok」(1828)의 1863년 11
월 개정판 이후의 판본[101]인 1:1,800,000 항해도「海圖 2347-Japan-Nipon,
Kiusiu and Sikok and a Part of the Coast of Korea」를 참조한 것이다. 이
지도에는 뒤에 제시하는 [표 22]와 같이 다케시마(竹島: 가공의 울릉

---

98) "大日本国沿海略図方今航海術日盛而環海航船路繹不絶。然間差針路為暗礁砂洲遭危
難者不少，是乃閲地図疎與地図不密之失也。偶観英国所刻東洋測量図海岸深渉山岳高
低水源潮路島嶼暗礁尽無不記其国難小而其用為大因刻於家塾以便航行之徒云。慶応
三丁卯朱明月既望海舟勝義邦識 江左鳴鷺福田群書"
蘆田文庫編纂委員会編，2004.3，明治大学人文科学研究所創設 40周年記念 蘆田文庫目
録 古地図編，明治大学人文科学研究所，目録番号09-24—1，목판(色刷)，1舖，62.5x71.6cm
(17.9x9.9cm), 화상은 아시아 문고(蘆田文庫) 홈페이지에서 볼 수 있다.
(http://www.lib.meiji.ac.jp/perl/ashida/search_detail?detail_sea_param=loc,9,24,1)

99) 横山伊徳，2001, "一九世紀日本近海測量について", 地図と絵図の政治文化史，黒田日出
男外編，東京大学出版会，269~344쪽

100) 菊池眞一，2007, "幕末から明治初年にかけての日本近海英国地図—日本水路部創設前
の海図史—", 海洋情報部研究報告 第43号(2007.3.28号)，海上保安庁，7~8쪽

101) 위의 주，1855.10.12 및 1861.8, 1862.8, 1863.5.15, 1863.10.10, 1864.6, 1865.6에 걸쳐 개
정되었다.

도), 마쓰시마(松島: 실제 울릉도), 리엥코오루토 록크(독도)가 기재되어 있다.[102]

일본 근해 및 연해에 대한 근대적 해도는 메이지 시대 초기 서양의 수로부에 의해 그려졌다. 막 개국한 일본으로서는 국제항해용 해도를 작성할 능력이 없었기 때문이다. 따라서 외국 수로부에 의해 일본의 근대 해도가 그려졌는데 이 해도들은 외국 수로부의 측량뿐만 아니라 에도 말기 관찬 지도제작자인 이노 타다타카(伊能忠敬)의 실측 일본지도[103]를 참조하여 그려졌다고 한다. 그리고 그렇게 그려진 해도 중 가장 초창기의 해도가 1855년에 간행된 영국해도(Admiralty Chart) 2347 'Japan' 및 2405 'The Kuril Islands'이다.[104]

따라서 일본 내에서 서양지도의 영향을 받아 제작된 일본제 지도 중 리앙쿠르 록스가 처음으로 기재된 지도로서 1867년의 가쓰 가이슈의 『大日本國沿海略圖』를 상정해도 그다지 무리는 없을 것 같다.

---

102) 단, 마쓰시마(울릉도)에는 호우리루 록크라고도 기재되어 있는데 이 명칭이 1855년 호넷이 명명한 호넷=독도의 방언일 가능성도 충분히 있다. 이 점에 대해서는 더 연구가 되어야 한다.

103) 1854년 홋카이도를 시작으로 하여 1816년 에도 부내(府內) 측량까지 10회에 걸쳐 각 지역을 측량하고 지도(약 400종)를 제작하여 막부에 상정하였다. 이 지도를 총칭하여 「이노 도(伊能圖)」라고 한다[鈴木純子・渡辺一郎編, 最終上程版 伊能図集成(大図)(小図), 柏書房, 1999, 3쪽]. 이 「이노 도」가 본문의 인용문에서 언급되고 있는 시볼트의 지도 및 그 외 서양에서 만들어진 일본지도, 수로도, 해도 등에 원용(援用) 된 것으로 보는 연구들이 많은데 [秋岡武次郎, 1950, 위의 논문; 『月刊古地圖硏究』 1권 1호(15쪽) 등. 그 외 많은 고지도 연구서에서 언급하고 있다] 관찬지도인 「이노 도」에 울릉도, 독도에 대한 표기는 없다. 만일 「이노 도」가 서양지도와 서양 영향을 받은 많은 일본지도들에 영향을 준 것이라면 그 지도들에 표기된 리앙쿠르 록스 (Liancourt Rocks)는 온전히 서양의 측량 및 이에 따른 인식에 의해 그려진 것으로서 일본의 에도시대의 마쓰시마=독도라는 인식과는 전혀 연관성이 없는 것이다. 다시 말하면 리앙쿠르 록스라는 명칭에는 일본에서의 에도시대의 마쓰시마=독도라는 인식이 메이지 시대에 들어와서 완전히 단절되었음을 나타내는 의미가 포함되어 있는 것이다.

104) 菊池眞一, 2007, 앞의 논문, 1~2쪽

현재 일본에 남아있는 고지도 중의 한 점인 이 지도에 대해 이후의 고지도 연구자들이 무언가 특별한 평가를 하고 있는 것 같지는 않다. 다음과 같은 평가 하나를 볼 수 있을 정도이다.

가쓰 가이슈가 일본 에도 막부 말 동란기에 영국판 해도를 사숙생 (私塾生)용으로 번역한 것. 메르카토르 도법을 사용하여 해륙의 도 형, 지리적 위치도 좋다. 수심 해류도 들어 있으며 이즈 반도 제항 (諸港)의 분도(分圖)가 들어 있다. 당시 이노 도(伊能圖)는 어용도(御 用圖)로서 국내에서 사용되는 일이 없었으나 오히려 외국에서 역 수입하여 들어온 지도를 통해 정확한 형태를 알 수 있었던 것은 역 설적이라고 할 수 있다. 그러나 이 지도는 항간에는 그다지 유포되 지 않았던 것 같다."105)

가쓰 가이슈는 "일본 제국 해군의 기초 건설에 공헌하였으며, 우리 나라 해군사에 특필해야 할 제 일인자"106)로 평가되는 사람이다.

가쓰 가이슈(1823.1.30~1899.1.19)는 일본 막부 말기의 막신(幕臣) 이며 메이지기의 정치가였다. 1855년에 나가사키 해군전습소(海軍傳 習所) 교육생으로 교육을 받은 후에도 막부의 해군 관련 제직을 역임 하게 된다.107) 이때의 동기생들이 메이지기 제국 해군을 이끌어 간다 는 것은 앞서 언급한 바이다.

---

105) "勝海舟が幕末動乱期に英国版海図を私塾生用に和訳したものでメルカトル図法を用い海陸 の図形, 地理的位置もよい。水深, 海流も入り伊豆半島諸港の分図が入っている。当時伊 能図は御用図として国内に用いられることがなかったがかえって外国に渡ったものから の逆輸入に入り正確な形を知ることができたのは皮肉ともいえよう。しかしこの地図は あまり巷間には出回らなかった様である。(日本地図資料協会編, 1960.3.1, 古地図出版 一覧, 月刊 古地図研究 第1巻 第1号, 15쪽)

106) 成瀬恭刊行, 1967, 海軍歷史, 原書房,「海軍歷史解說」(勝海舟, 1889, 海軍歷史의 간행본)

107) 長谷川和泉, 1973, "明治以前に作られた海図", 月刊 古地図研究 第3巻 第12号 (1973.2.1), 日本地図資料協会, 5쪽

가쓰 가이슈는 1859년, 군함조련소 교수방취재(軍艦調練所 敎授方取才)가 되며, 1860년에는 간린마루(咸臨丸)를 타고 도미(渡美)하였다. 이후 에도 막부 해군 관련 제직을 역임하였으며, 62년에 군함봉행병(軍艦奉行幷: 에도 막부 직제 중의 하나인 막부 해군을 통솔하고 군함조련소를 관장한 군함봉행 휘하 역직)이 된다. 이때 그는 막부의 지원을 받아 도쿄에 해군조련소(海軍調練所)를 설치하며 조련소가 만들어지기까지 사설 해군 양성소인 해군숙(海軍塾)을 경영하게 되는데, 이때 교육생 중에는 일본 메이지 유신의 중추적인 역할을 하는 사카모토 류마(坂本竜馬)도 포함되어 있었다. 이 해군숙의 교육생들을 위해 만들어진 것이 「대일본국연해약도」이다.

가쓰 가이슈는 1864년에 군함봉행이 되었으나 곧 해임된다. 그러나 1866년에 다시 군함봉행에 재취임하며 68년 메이지 정부하에서 해군봉행병, 육군총재를 역임하고, 1872년 일본 병부성이 육군성과 해군성으로 나누어지면서 독립한 해군성의 첫 해군대보(海軍大輔: 해군성의 제2위직), 및 1873년 첫 해군경(海軍卿: 해군성의 제1위직)이 된다.[108]

또, 그는 1889년에 도쿠가와 막부의 해군 창업에서 1867년 11월 9일 대정봉환(大政奉還)으로 에도 막부가 해체될 때까지의 해군 역사 일절을 기록한 『해군역사(海軍歷史)』(1889)라는 기록을 남기고 있다.

한편 「해군숙」 학생들을 위해 영국 해도 2347을 번역하여 만든 「대일본국연해약도」가 담고 있는 동해상의 지리정보, 즉 다케시마(아르고노트), 마쓰시마(울릉도), 리엥코라루 록크(독도)가 이후 일본 해군

---

108) 日本史広辞典編集委員会編, 1997, 455쪽

으로 계승되는 것은 자명한 일이다.

다음 표는 지금까지 한일 간 독도 영유권과 관련에서 언급되어진 자료에서 독도가 리앙쿠르 록스로 표기된 자료를 정리한 것이다. 이것을 통해서도 가쓰 가이슈의 리앙쿠르 록스가 일본 해군이 사용하는 지도로 계승된 것을 알 수 있다.

[표 13] 리앙쿠르 록스가 기재된 자료 목록

편찬 연도	자료	출처
1886	일본해군『환영수로지』	호리, 1987[109]
1894	일본해군『조선수로지』	호리, 1987
1899	일본해군『조선수로지』	호리, 1987
1904	나카이 요자부로「량코도 영토 편입 및 대하원」	1953.7.13 일본 정부 견해 ①
	『군함 니타카 행동일지』1904.9.24 및 1924.9.25	호리, 1987
	『군함 쓰시마 전시일지』1904.11.13~11.19「비고문서」67호	1952.9.9 한국 정부 견해 ①
	「관보」1905.5.29	
	『오사카 아사히 신문』1905.5.29	
	「관보」1905.5.30	
	『전보신문』1905.5.31	

※ 이 표의 출처로는 자료가 제일 처음으로 언급된 문헌을 기재하였다. 한국연구도 일본연구도 자료의 초출 문헌을 명확히 표시하지 않는 경향이 커서 어느 자료가 어떤 학자에 의해 제일 처음 언급되었는지 파악하기 쉽지 않다. 여기서는 필자가 아는 한 되도록 자료의 초출 문헌을 출처로서 기록하고자 하였다.

또한 본문 제4장 제3절에서 제시하는 [표 22], 즉 가와카미 겐조가 '섬의 명칭 혼란'에서 그의 논리를 입증하기 위해 제시한 지도들 중 '구미의 최신 지식을 받아들인 일본제 지도' 리스트를 보아도 리앙쿠르 록스라는 명칭의 보급자는 일본 해군이다. 덧붙여 말하면, 이 목록

---

109) 堀和生, 1987, "1905年日本の竹島領土編入 (朝鮮古代史の争点<特集>)", 朝鮮史研究会論文集 通号 24(1987.3), 朝鮮史研究会編, 朝鮮史研究会

은 서양지도의 영향을 받은 일본지도 중 독도가 리앙쿠르 록스로 표기된 지도 전부를 망라한 것이다.110)

이 표의 제목으로 보아서 일본 해군과 관련성이 없어 보이는 지도는 1870년 하시모토 교쿠란사이(橋本玉蘭齋) 「대일본사신전도 완(大日本四神全圖完)」 및 1874년 오키 간레이(沖冠嶺) 「대일본 및 지나 조선도(大日本及支那朝鮮図)」, 1886년의 가시와라 요시나가(樫原義長)의 「대일본지도(大日本地図)」이다.

그러나 내용상 역시 동해상의 지리정보를 세 섬, 즉 아르고노트(가공의 울릉도)와 마쓰시마(울릉도), 리앙쿠르 록스(독도)로 표기하고 있는 점 및 마쓰시마(울릉도)에 호우리루 록크 및 세유르 사키라는 같은 정보를 부가하고 있는 점에서 지도 간 연관이 있음을 알 수 있다.111)

일본 해군의 리앙쿠르 록스112) 명칭 보급은 결국 '다케시마(독도)' 편입의 배경이 되었다. 즉, 1904년 9월 29일 시마네 현의 나카이 요자부로(中井養三郞)가 독도 영토 편입과 임대 신청을 위해 내무·외무·농상무 대신에게 제출한 청원서의 제목은 「량코도 영토편입 및 임대 청원서(リャンコ島領土編入并ニ貸下願)」이다. 이 청원에 의해 일본 내각은 1905년 1월 18일 '다케시마(독도)'의 영토 편입을 결의하였다.113)

---

110) 현대송 역시 Liancourt Rocks가 표기된 일본지도에 대해 거의 같은 숫자를 언급하고 있다[현대송, 2009, "일본 고지도로 본 일본의 독도 인식", 지해 해양학술상 논문 수상집』, 한국해양수산개발원, 30쪽 (표6 「울릉도에서 보는 독도의 위치 방향과 빈도」)]. 단 지도 리스트가 게재되지 않았으므로 일본지도에 기재된 Liancourt Rocks인지 서양지도의 그것인지는 판별되지 않는다.

111) 한편 이들 지도간의 정보 요소의 동일성을 제외하면, 그 외의 연관 관계는 현재로서는 명확하지 않다.

112) 이 명칭은 아직도 미국 (U.S.BGN) 및 유럽에서 독도의 명칭으로 활용되고 있다. 이 명칭에는 명칭 사용 당사자국이 한일간의 독도 영유권 논쟁과는 관련 없다 또는 제3자라는 입장 표명이 담겨있다.

그리고 2월 22일 시마네 현 지사 마쓰나가 부키치(松永武吉)가 현 고시 제40호로써 '다케시마(독도)'의 영토 편입을 고시하였던 것이다.

---

113) 호사카 유지는 일본 해군 수로지에 기재된 대한제국(조선)의 범위를 분석하여 일본이 다시 독도뿐만 아니라 울릉도까지 일본영토로 편입하려는 저의를 가지고 있었으며 이에 수로지에 독도를 프랑스인이 발견한 '리앙코르토 열암'으로 기재했다고 분석한다. 그리고 나카이 요자부로가 '량코도' 편입을 요청했을 때 수로국장 기모쓰키는 이 섬이 마쓰시마(독도)임을 알면서도 일부러 무시하여 독도 편입 계획을 진행하였다고 한다. 일본 정부가 마쓰시마(독도)에 대해 알고 있었던 근거는 외무성 문서인 「조선국교제시말내탐서(朝鮮國交際始末內探書)」 및 1877년 시마네 현 지적(地籍) 편찬 관련 당시 최고 행정기관이었던 태정관(太政官) 문서 등이다. (호사카 유지, 2010, 대한민국 독도, 116~126쪽) 리앙쿠르 록스라는 명칭 보급이 일본의 독도 편입에 구체적으로 어떻게 영향을 주었는지에 대해 밝히고 있는 논문이다.

제4장
'섬의 명칭 혼란에 대한 연구' 과정

일본 해군은 독도에 대해 관심이 없었다. 『수로잡지』제8호 「발췌역 러시아 해군일지 제15권 1855호 제1호 수로부 조선 동해안 기록」은 1854년 푸차친 함장의 러시아 함선 팔라다호가 동해를 조사한 기록을 번역한 것이다. 잘 알려져 있는 것처럼 팔라다호는 독도를 발견하여 여기에 올리부차, 메넬라이라는 명칭을 붙였다. 내용을 보면 이들은 다줄레(울릉도)를 측정하고 아르고노트가 가공의 섬임을 확인한다. 그리고 독도에 대해서는 "새똥 때문에 하얗게 보이고 멀리서도 현저히 보이는 두 섬…"[1]으로 기록하고 있다.

일본 해군의 조선연안 수로조사 활동은 서양의 수로보고, 해도 등에 기재되어 있는 장소를 실제로 답사하여 확인하고 수정·보완하는 작업에서부터 시작되었다. 『수로잡지』에 의하면 집중적으로 조선 연안을 조사한 1876~1878년, 조선 남해안이나 서해안은 주로 영국 해도를 참고로 하여 조사된다(「영국간행 중국 수로지」등). 그러나 동해안 조사는 이 러시아 팔라다 호의 조사가 참고가 된다. 이를 바탕으

---

[1] 「自明治九年五月 至同十一年五月 海軍省水路雜誌一 自第一号 至第十号」「水路雜誌第八號」 57~58쪽

로 1878년에 아마기 함이 실제 조사에 들어간 것이다.

따라서 일본 해군은 초창기부터 이미 동해에 두 섬이 있는 것을 알고 있었다. 그러나 그 이후 올리부차·메넬라이 섬을 실제 조사했다는 기록은 없다. 또는 영국 해도에 기재된 명칭인 리앙쿠르 록스를 자체 조사했다는 기록도 없다. 이 리앙쿠르 록스에 대한 조사 기록은 1904년에야 나온다. 즉 군함 니타카(新高)호의 1904년 9월 25일자 조사보고서 「마쓰시마(울릉도)에서 「리앙코르도 암 (독도)」을 실제로 본 사람으로부터 들은 정보(「松島二於テ「リアンコルド」岩実見者ヨリ聴取リタル情報」)가 그것이다. 이때 니타카 함은 독도에 망루를 세울 수 있는지를 조사하기 위하여 파견되었다. 즉 일본 해군의 독도에 대한 관심, 이에 따른 조사는 러일전쟁에 의한 필요성 때문에 발생한 것이다.

그리고 독도에 대한 지식도 일본의 독도 전문가 호리 가즈오가 지적하는 대로 "일본 해군은 울릉도에 관해서는 몇 번이고 직접 조사하였으나 리앙쿠루 섬에 관한 정보는 모두 영국 해군의 수로지로부터 얻은 것에 불과하다"는 것이 사실이다.[2] 그리고 러일전쟁 수행에 따른 필요성이 발생하자 1905년에 '다케시마(독도)'로 명명하여 편입한 것이다.

이 편입 이후에도 독도는 리앙쿠르 록스라는 명칭으로 불렸다. 이 상황이 바뀌는 것은 1905년 5월 27일 울릉도 부근에서 벌어진 '일본해 대해전' 때문이다. 이 해전은 일본 내에 리앙쿠르 록스라는 섬을 알리는 계기가 되었다. 동 섬의 존재가 알려진 전쟁 승전보는 관보

---

2) 堀和生, 1987, "一九〇五年日本の竹島領土編入", 朝鮮史研究会論文集, 通号24(1987.3), 朝鮮史研究会, 105~106, 122쪽

및 신문기사 등을 통해 일본 국민에게 전달되었다.[3] 당시 독도는 리
앙쿠르도 암(岩)[4]이라는 명칭으로 소개되었는데, 부근 해역에서의 전
황과 함께 명칭이 알려지면서 그 섬이 얼마 전 '다케시마(독도)'라고
명명하여 편입한 일본의 섬이라는 것도 함께 알려졌기 때문이다.

이후 이 리앙쿠르 록스가 어떤 섬이냐에 대해 국민의 관심이 모아
졌고 이 섬이 일본이 새로 편입한 '다케시마(독도)'란 것이 알려지면
서 이 명칭의 유래를 찾는 연구가 시작되었다.

이 연구는 처음에는 일본의 새로운 영토 '다케시마(독도)'가 에도시
대의 다케시마, 즉 울릉도가 아니라는 것을 입증하는 것에서부터 시
작한다. 그리고 곧 '다케시마(독도)' 명칭 유래를 울릉도 명칭 혼란, 즉
다케시마라는 울릉도에 대한 명칭이 마쓰시마로 전도된 것과 연결시
켜 기술하는 방향으로 진전되었다. 이 연구들을 이후부터는 '섬의 명
칭 혼란에 대한 연구'라고 통칭하겠다.

---

3) 1905년 (明治 38) 5월 29일자 「관보(官保)」 중 '일본해 해전 속보'에서는 "연합함대 주
력함대는 27일 이래 패잔 적함에 대해 계속 추격하여 28일 「리앙코루도」 암 부근에서
적함 「니콜라이」 제1세…로 구성된 일군과 만나 공격하였더니(聯合艦隊ノ主力ハ二十
七日以來殘敵ニ対シテ追撃ヲ続行シ二十八日「リヤンコールド」岩附近ニ於テ敵艦「ニコラ
イ」第一世…ヨリ成ル一群ニ会シテ之ヲ攻撃セシニ)"라고 하고, 5월 30일자에서는 "연합
함대의 대부분은 앞서 전보한 것 같이 지난 28일 오후 「리앙코루도」 암 부근에서 패잔
적함의 주력함대를 포위 공격하여(聯合艦隊ノ大部ハ前ニ電報シタル如ク一作二十八日
午後「リアンコルド」岩附近ニ於テ敗残敵艦隊ノ主力ヲ包圍攻撃シテ)"라고 한다. 이 리앙
코르 암이라는 명칭은 6월 5일자 「정정(訂正)」란에서 "지난 달 29일 관보 호외 본란 일
본해 해전 전보 항목 3 및 동 30일 일본해 해전 속보의 항목 5중 「리앙코루도」를 둘
다 '다케시마'로 정정한다(去月二十九日官報号外本欄日本海戰戰報ノ項其三及同三
十日日本海戰続報ノ項其五中「リヤンコールド岩」ヲ孰モ「竹島」ニ訂正ス)로 정정되었
다[木村正光発行, 1988年9月復刻版第1刷, 官報(明治編)12巻~(13) 明治38年5月(下) 第
6565号~第6573号, 龍渓書舎; 木村正光発行, 1988年9月復刻版第1刷, 官報(明治編)12巻~
(14) 明治38年6月(上); 第6574号~第6582号, 龍渓書舎].

4) 리앙쿠르 록스를 일본식으로 리앙코르도 암(リヤンコールド岩), 량코도(リヤンコ島) 등
으로 불렀다.

그런데 이 연구들을 검토해 보면 제2차 세계대전 전에는 '다케시마(독도)' 영유권 주장의 색채가 비교적 옅으나 전쟁 종료 후 1950~1960년대에 들어서면 매우 짙어진다. 이것은 동시대에 진전되었던 한일 독도 영유권 논쟁과 맞물린 현상이다. 이때 '섬의 명칭 혼란에 대한 연구'가 완성되었고 가와카미 겐조의 '섬의 명칭 혼란'으로 최종 정리되었다. 그리고 이것이 일본 외무성 홈페이지의 「일본에서의 '다케시마(인지)'」로 재정리되었다.[5]

이 장에서는 '섬의 명칭 혼란에 대한 연구'의 형성 과정을 1950~1960년대 한일 독도 영유권 논쟁기 이전과 이후로 나누어서 살펴보고자 한다.

그 이전에 먼저 1950~1960년대 한일 독도 영유권 논쟁기에 거론되었던 '섬의 명칭 혼란'이란 어떤 것이었는지에 대해 개괄하고자 한다.

---

5) 제4장 각주 27 <부록 1-81> 참조

제1절 한일 독도 영유권 논쟁에 대하여

1. 1950~1960년대 한일 독도 영유권 논쟁과 일본 정부 견해[6]에서의 '섬의 명칭 혼란'

한일 독도 영유권 논쟁은 1952년 1월 18일, 이승만 대통령이 독도를 포함시킨 평화선을 선포한 것에 대해 일본 외무성이 '대통령 선언이 상정하고 있는 독도 영유권을 인정하지 않는다'는 취지의 각서[7]를 보내온 것에서 시작된다.

이에 대해 한국은 SCAPIN 제677호 및 제1033호(맥아더 라인)에 의거하여 독도가 일본영토에서 제외되었다[8]고 반론하였고, 일본 측은

---

6) 이때 오고 간 문서들은 다음의 문서집에 수록되어 있다.
   외교통상부 문서, 독도문제, 1952-53, 분류번호 743.11JA, 등록번호 4565
   외교통상부 문서, 독도문제, 1954, 분류번호 743.11JA, 등록번호 4566
   외교통상부 문서, 독도문제 1955-59, 분류번호 743.11JA, 등록번호 4567
   외교통상부 문서, 독도문제, 1960-64, 분류번호 743.11JA, 등록번호 4568
   외교통상부 문서, 독도문제, 1965-71, 분류번호 743.11JA
   또한 위 내용은, 외무부 정무국 편, 1955, 독도문제개론, 외무부/외교통상부 국제법률국(편), 2012, 전면 개정판 독도 문제 개론, 외교통상부, 로 정리되어 있다.
   동문서 중 한일 간 왕복 구술서는, 신용하, 2000, 독도연구총서 7 독도 영유권 자료의 탐구 제3권, 독도연구보전협회, 서울/신용하, 2001, 독도연구총서 8 독도 영유권 자료의 탐구 제4권, 독도연구보전협회, 2001, 서울, 에 해제와 함께 정리되어 있다.
   위의 문서 내용 중 당시에 발생한 사건과 이를 계기로 오고 간 한일 왕복 각서 목록을 <부록 2> 「한일독도 영유권 논쟁기 사건과 왕복 각서 목록」으로 정리하였다.

7) 1952.1.28 일본 측 항의 구술서(부록 2/ no.1)
   "…Furthermore, in the proclamation the Republic of Korea appears to assume territorial rights over the islets in the Japan Sea known as Takeshima(otherwise known as Liancourt Rocks). The Japanese Government does not recognize any such assumption or claim by the Republic of Korea concerning these islets which are without question Japanese territory. Tokyo, January 28, 1952"

8) 1952.2.12 한국 측 답변 구술서(동 no.2)
   "…The Government of the Republic of Korea does not feel inclined to enter into full arguments, here in this note, over the ownership of Liancourt Rocks, known as "Dokdo" in

다시 '동 연합군 문서가 독도를 일본영토에서 명백히 제외시키고 있는 것은 아니며 또한 연합군의 궁극적 정책이 아니'라고 해석하는 한편 "'다케시마'는 시마네 현 오치군 고카무라에 속하며… 일본 정부의 조사에 따르면 '다케시마'가 'Dokdo'로써 오랜 기간 한국에 속해 있었다는 근거가 없다"[9]고 반론하였다.

그리고 그다음 해 7월 13일 일본은 '다케시마'가 역사적으로 일본의 고유영토이며 국제법적으로도 일본영토라는 견해를 밝힌 일본 정부 견해 ①을 보내온다. 이에 대해 한국 정부도 독도가 역사적으로 지리적으로 국제법적으로 한국의 영토라는 견해를 밝힌 정부 견해 ①을 송부함으로써 이후의 3차, 4차에 걸친 반론, 재반론으로 이어졌다.[10]

이 양국 견해 중 '역사적'인 부분을 보면, 일본 견해는 '다케시마'가 자국의 영토라는 인식하에 그 역사적 명칭을 찾아 제시하는 한편 서양지도를 매개로 하여 현재 명칭과의 연관성을 설명하는 것에서부터 시작되며, 한국 측은 연합국 정책을 매개로 독도가 자국의 영토라는 확신하에 그 역사적 명칭을 제시하는 것과 병행하여 현재의 명칭의 어원을 설명하는 것에서부터 시작된다.

Korea through centuries, and merely wishes to remind the Japanese Government that SCAP, by SCAPIN No.677 dated January 29, 1946, explicitly excluded the islets from the territorial possessions of Japan and that again the same islets have been left outside of the MacArthur Line, facts that endorse and confirm the Korean claim to them, which is beyond any dispute."

9) 1952.4.25 일본 측 재반론 (동 no.3)
"…With regard to the ownership of the Take-Shima(Liancourt Rocks) mentioned in the latter part of the above Note Verbale, it must be stressed that these islands in question have been Japanese territory up to the present.. The Take-Shima actually belong to Goka-mura, Ochi-gun, Shimane Prefecture…Furthermore, according to investigations by the Japanese Government, the fact that the Take-Shima have belonged to Korea as "Dokdo" for centuries is groundless. Tokyo, April, 1952"

10) <부록 2> 참조

가령 일본은 정부 견해 ①에서, "다케시마'는 예전에는 마쓰시마라고 불렸던 섬이며 다케시마 잇켄[11]에서 논쟁이 되었던 다케시마=울릉도가 아니다. 1840년에 제작된 시볼트 지도의 영향으로 유럽 지도에서 울릉도가 마쓰시마로 표기되게 되었고, 이 부정확한 명칭이 일본지도에서도 사용되었기 때문에 명백히 마쓰시마라고 불리던 섬에 '다케시마'라는 이름이 붙게 되었다'고 설명한다.[12]

즉 '다케시마'의 구명칭으로써 에도시대의 마쓰시마라는 명칭이 제시되었고 이 명칭이 '시볼트 지도의 영향으로 유럽 지도에서 울릉도가 마쓰시마로 된 것'이라는 역사적 상황을 배경으로 '다케시마'로 바뀌었다고 설명하는 것이다. 에도시대의 마쓰시마와 '다케시마'의 역사적 연관성은 이 '시볼트 지도' 운운의 역사적 상황을 전제로 할 때 비로소 성립하는 것이다.

한편 한국 측을 보면 그 정부 견해 ①[13]에서, '한국에서 울릉도는

---

11) 17세기에 있었던 울릉도를 둘러싼 조·일간의 경계 논쟁, 울릉도 쟁계

12) 1953. 7.13 일본 정부 견해 ① <동 no. 6>

"In considering this matter, it should be recalled in the first place that the island which bore the name of Takeshima or Isotakeshima in former times was what is now called Wul-Nung-to, and that the present Takeshima was known as Matsushima. This is a fact which may be established by Japanese Literature and old maps published in the days of the Edo Shogunate··· However, in the map of Japan published in 1840 by Philipp Franz von Siebolt,(Siebold 원문대로) Wul-Nung-to was mistakenly indicated as Matsushima and, as the result, the latter name has come to replace the former one in the maps subsequently made in Europe. The misnomer came into use also in Japan, causing Wul-Nung-to to be represented as Matsushima and the small island previously called Matsushima to acquire the name of Takeshima···"

13) 1953.9.9 한국 정부 견해 ① (동 no.12)

"···With regard to names of Ulneungdo and Dokdo in Korea, Ulneungdo had been called Wooneung, Mooneung, Ulneungdo, etc., while Dokdo had been called Woosan of Sambongdo. And, in the meantime, Dokdo has been given its present name of "Dokdo" due to the following backgrounds: According to the dialect of Kyunsang Province of Korea, Dok means stones of rocks. Dokdo means an island of stones of rocks. It happens that the pronunciation of the present Dokdo which means "isolated island" coincides with that of Dokdo (island of

우릉·무릉·울릉 등으로, 독도는 삼봉도와 우산으로 불렸다. 현재의 독도라는 명칭은 경상도 방언으로 돌섬(石島)의 의미인 독섬인데 그 발음이 외로운 섬(獨島)이라는 의미의 독도와 발음이 비슷하므로 적당히 독도라고 불리게 되었다'고 설명한다. 한국 측은 '독도'의 구명칭으로써 '삼봉도와 우산'을 제시하고, '독도' 명칭의 유래도 밝히고 있는데 일본과는 달리 두 명칭간의 역사적 연관성에 대해서는 언급하고 있는 않는 것이 특징이다.[14]

이 문제점은 일본 측에 의해 즉각 지적되어, 정부 견해 ②[15], ③[16], ④[17]를 통해 우산도와 삼봉도가 울릉도의 이칭(異稱)이라는 점과, 한국 고문헌·고지도에서 독도라는 명칭을 찾을 수 없다는 점이 강조되어 있다. 이 지적은 지금까지도 지속되고 있다.

한편 이후의 한국 측의 독도 역사 연구는 이에 대한 별다른 견해 제시 없이 한일 독도 영유권 논쟁기에 제시된 견해를 재확인 또는 강화하는 차원에서 진전되어 왔다. 한일 논쟁기에 제시된 한국 측의 독도 영유권에 대한 논리는 한일회담 종료[18] 후 1965년에 발간된 『독도

---

rocks or stones). Thus, the said island came to be called Dokdo by Koreans very suitably and symbolically, for Dokdo is really a rocky island…"

14) 지금까지도 한국의 독도 연구는 독도 명칭이 '우산도'에서 '독도'로 변한 것에 대한 논리적 설명을 제시하고 있지 않다. 필자는 여기에 대해 필자의 기획 문헌 에서 그 논리적 설명을 시도해 본 적이 있다(정영미 외 지음, 2012, 근대 이행기의 한일 경계와 인식에 대한 연구-독섬(石島)과 Liancourt Rocks를 중심으로-, 동북아역사재단, 서울, 9~22쪽).

15) 1954.2.10 일본 정부 견해 ② (동 no.15)

16) 1956.9.20 일본 측 정부 견해 ③ (동 no.36)

17) 1962.7.13 일본 측 정부 견해 ④ (동 no.52)

18) 1952년 2월에 제1차 회담이 개최된 후 1965년 6월 22일에 한일협정이 체결되기까지 14년 동안 6차례에 걸쳐 개최되었다. 협정문은 1965년 6월 22일 동경 및 8월 13일 한국에서 비준되었다.

(獨島)』[19], 1985년 발간 『독도연구(獨島研究)』[20]와 같이 종합학술서 형태로 집대성되어 지금에 이르고 있는데 여기에서의 관련 기술을 보면 다음과 같다.

『獨島』「3. 獨島에 關한 古文獻과 그 稱號」
獨島 名稱의 유래에 對하여 울릉도 사람 가운데 어떤 사람은 이 섬이 東海 한복판에 외로이 있기 때문에 獨島라 하였다는 사람도 있고 어떤 사람은 이 섬 전체가 바위 즉 돌로 成立되어 있고 慶尙道 方言에 돌을 독이라 하므로 돌섬이라는 뜻에서 독도라 하였다는 사람도 있어 그 어떤 것이 옳은지 알 수 없으나 이것이 처음으로 記錄에 나타나는 것은 光武 10년(一九〇六)이다. 鬱陵郡廳에 保管되어 있는 光武 10년 丙午 陰三月五일字 鬱陵郡守報告書 가운데「本郡所屬獨島」라는 말이 있고 (중략)
朝鮮 초기부터 우리나라는 이 섬을 于山島 또는 三峰島라 하고 江原道蔚珍縣에 부속시켰던 것이다. 世宗實錄 卷 一五三 地理誌 江原道 蔚珍縣條에 (중략)
요컨대 독도는 우리나라 사람이 먼저 發見한 것으로 朝鮮時代에 于山島 혹은 三峰島라하고 江原道蔚珍에 부속시킨 우리나라의 영토인 것은 명백한 사실이다.[21]

『獨島研究』「제2장 鬱陵島・獨島領有의 歷史的 背景」「제2절 鬱陵島・獨島의 認知와 領有」
獨島에 대한 認知가 韓國과 日本 어느 쪽이 앞섰는가, 그리고 이에 따른 該島의 領有가 어느 쪽에 있는가 하는 문제는 領有權 紛爭이 惹起된 이래 해묵은 論爭거리로 거의 해마다 한 번씩 거론되는 중요 爭點이 되고 있다. 그리고 이 분쟁의 초점은 獨島에 대한 呼稱을 如何히 使用하였는가 하는 문제에 두고 있다. 周知하는 바와 같이「獨島」라는 呼稱이 우리나라에서 最初로 쓰인 것은 1906년 울릉군수 沈興澤이 外部에 보낸 報告書에서였으며, 그 이전에는 于山・三峰島 등등으로 쓰였다 한다. (중략)

---

19) 申奭鎬 외, 1965, 獨島, 大韓公論社, 서울
20) 韓國近代史資料研究協議會, 1985, 獨島研究, 文光社, 서울
21) 신석호, 1965, 앞의 책, 18~22쪽

지금까지 우리는 獨島의 認知를 둘러싸고 韓日間의 論點을 살펴보고 아울러 朝鮮初에 이르기까지 鬱陵島 獨島가 어떠한 형태의 支配 아래에 있었는가를 살펴보았다. 이제 이 論旨를 요약하여 소개하고자 한다. 韓國에서 獨島를 일컫은 古稱으로는 于山島・三峰島가 있었다. (후략)[22]

일본 역시 마찬가지이다. 한일 논쟁기에 제시된 일본 측의 독도 영유권에 대한 논리는 1966년 가와카미 겐조(川上健三_)의 『'다케시마'의 역사지리학적 연구』[23]에서 재확인 되었다. 이 문헌은 그가 1953년에 집필한 『'다케시마'의 영유(領有)』[24]의 증보판이다. 이 중 '다케시마'의 역사적 명칭과 일본인의 독도 인지, 그리고 영유의식에 대한 것은 「제1장 섬의 명칭 혼란[25]」으로 정리되어 있다.

그리고 이후 일본에서의 '다케시마' 역사 기술은, 독도가 역사적으로 일본영토가 아니라는 입장을 표명한 일부 연구[26]를 제외하고 모

---

22) 申芝鉉, 1965, "鬱陵島・獨島의 認知와 領有", 『獨島研究』, 文光社, 1985, 91쪽~145쪽

23) 가와카미 겐조(川上健三), 1966, 竹島の歴史地理学的研究, 古今書院、東京

24) 가와카미 겐조(川上健三), 1953, 竹島の領有, 外務省条約局, 東京

25) 가와카미, 1966, 9~46쪽

26) 주 연구자로는, 독도는 러일전쟁을 계기로 일본이 침탈한 한국의 섬이라는 입장의 山辺健太郎, 1965, "竹島問題の歴史的考察", コリア評論 7(2)(1965.1), 民族問題研究所(編), コリア評論社, 4~14쪽)/ 梶村秀樹, 1978, "竹島＝独島問題と日本国家", 朝鮮研究 182(1978.9), 日本朝鮮研究所, 1~64쪽 / 堀和生, 1987, "1905年日本の竹島領土編入 (朝鮮古代史の争点<特集>)", 朝鮮史研究会論文集 通号 24(1987.3), 朝鮮史研究会 編, 朝鮮史研究会, 97~125쪽, 이 있다. 한국 측의 관련 사료 해석일부를 지지하여 독도가 일본영토가 아니라는 입장의 内藤正中, 2000, 竹島(鬱陵島)をめぐる日朝関係史, 多賀出版, 東京, 및 한국 측의 관련 사료 해석 일부를 지지하나 1903년 이전의 독도는 한국영토도 일본영토도 아니었다고 하는 池内敏, 1999, "竹島渡海と鳥取藩-元禄竹島一件考・序説-", 鳥取地域史研究 第一号, 31~47쪽; 2001a, "竹島一件の再検討-元禄六一九年の日朝交渉", 名古屋大学文学部研究論集, 史学47(2001.3), 61-84쪽; 2001b, "17－19世紀鬱陵島海域の生業と交流", 歴史学研究会, 歴史学研究 756号, 23－32쪽; 2005, "前近代竹島の歴史学的研究序説－陰州視聴合紀－の解釈をめぐって－", 韓国文化研究進行財団編, 青丘学研究論集 25(2005.3)、147~184쪽, 이 있다. 이상의 이케우치 논문은, 동북아의 평화를 위한 바른역사정립기획단, 번역선집 2 독도논문번역선 Ⅱ,

두 위의 기술을 답습하고 있으며 현재 일본 외무성 홈페이지 역시 아래와 같이 일본이 독도를 인지하게 된 경위를 설명하고 있다.

[일본에서의 '다케시마'의 인지]
1. '다케시마'의 인지
현재의 '다케시마'는, 우리나라에서는 예전에는 「마쓰시마(독도)」라고 불리었고, 반대로 울릉도가 「다케시마」나 「이소다케시마」로 불리고 있었습니다. 그리고 '다케시마'의 서북서 약 92km 앞에 있는 울릉도가 「다케시마(울릉도)」나 「이소다케시마(울릉도)」로 불리고 있었습니다. '다케시마'나 울릉도의 명칭에 관해서는, 유럽 탐험가 등에 의한 울릉도 위치 측정 오류로 인한 일시적 혼란이 있었기는 하였으나, 우리나라가 「다케시마(울릉도)」와 「마쓰시마(독도)」라는 존재를 오래전부터 알고 있었던 것은 각종 지도나 문헌에서도 확인할 수 있습니다. 예를 들면 경위선을 넣은 간행 일본지도로서 가장 대표적인 나가쿠보 세키스이[長久保赤水]의 「개정일본여지로정전도(改正日本輿地路程全圖)」(1779년 초판) 이 외, 울릉도와 '다케시마'를 조선반도와 오키제도(隱岐諸島)와의 사이에 적확히 기해하고 있는 지도는 다수 존재합니다.
2. 1787년, 프랑스 항해가 라페루즈가 울릉도에 이르러, 이것을 「다줄레(Dagelet) 섬」이라고 명명하였습니다. 계속해서, 1789년에는 영국 탐험가 코넷도 울릉도를 발견하였습니다만, 그는 이 섬을 「아르고노트(Argonaut) 섬」이라고 이름 지었습니다. 그러나 라페루즈와 코넷이 측정한 울릉도 경위도에 차이가 있었던 것에서, 그 후에 유럽에서 작성된 지도에는, 울릉도가 마치 2개의 다른 섬인 것처럼 기재되게 되었습니다.
3. 1840년, 나가사키 데지마의 의사 시볼트는 「일본도」를 작성하였습니다. 그는 오키 섬과 조선반도 사이에 서쪽부터 「다케시마」(현재의 울릉도), 「마쓰시마」(현재의 '다케시마')라는 2개의 섬이 있는 것을 일본의 여러 문헌과 지도를 통해 알고 있었습니다. 한편, 유럽의 지도에는 서쪽부터 「아르고노트 섬」「다줄레 섬」이라는 2개의 명칭이 열거되어 있는 것도 알고 있었습니다. 그래서 그의 지도에

서울, 에 번역본(정영미 역)이 수록되어 있다. 또한, 2010.11.29, "竹島 / 独島論争とはなにか―和解へ向けた知恵の創出のために―", 歴史科学協議会第44回大会報告), 가 있다.

서「아르고노트 섬」이「다카시마」,「다줄레 섬」이「마쓰시마」로 기
재되게 되었습니다. 이에 의해, 그때까지 일관적으로「다케시마」
또는「이소다케시마」로 불려온 울릉도가,「마쓰시마」라고도 불리
는 혼란을 만들게 되었습니다.

4. 이와 같이, 우리나라 안에서는 고래의「다케시마」,「마쓰시마」에
관한 지식과 그 후에 구미에서 전해진 섬 이름이 혼재하여 있었습
니다만, 그 와중에「마쓰시마」를 멀리서 보았다고 하는 일본인이,
그 섬의 개척을 정부에 청원했습니다. 정부는 섬 이름의 관계를 명
백히 하기 위해 1880년(메이지 13)에 현지 조사를 하고, 동 청원으
로서「마쓰시마」라고 칭해지는 섬이 울릉도임을 확인했습니다.

5. 이상의 경위에 의거, 울릉도는「마쓰시마」라고 칭해지게 되었기
때문에, 현재의 '다케시마'의 명칭을 어떻게 할까라는 것이 문제가
되었습니다. 그래서 정부는 시마네 현의 의견도 청취하면서 1905년
(메이지 38), 그때까지의 명칭을 뒤바꾸는 형태로 현재의 '다케시마'
를 정식으로「다케시마」라고 명명했습니다. (후략) 27)<부록 1-81>

위 내용에서 서양 함선의 울릉도·독도 '발견'과 명명 사항을 표로
정리하면 다음과 같다. 울릉도에 대해서는 처음에 다줄레란 명칭이 부
여되고 다음에 아르고노트라는 명칭이 부여되었는데 아르고노트는 경
위도를 잘못 측정한 울릉도였다. 따라서 지도상에 울릉도가 아르고노
트=가공의 울릉도와 다줄레=울릉도라는 두 개의 명칭으로 표시되게
되었고 여기에 시볼트가 에도 시대의 다케시마·마쓰시마를 비정(比
定)하게 되었다. 그런데 후에 아르고노트=다케시마가 지도상에서 사
라짐에 따라 다줄레=마쓰시마=울릉도가 남게 되었다. 그 결과 리앙
코르 록스에 '다케시마'라는 명칭을 부여하여 편입했다는 기술이다.

---

27) 日本外務省ホームページ>竹島>竹島問題>竹島問題の概要>竹島の認知、
http://www.mofa.go.jp/mofaj/area/takeshima/g_ninchi.html、2011.5.19 방문

[표 14] 서양 배의 울릉도·독도 '발견'과 명명

'발견' 일자	국적	선명	선장	울릉도명	독도명	경위
1787.5.27	FR	탐험선 Boussole호 Astrolabe호	라페루즈 (Jean-François de La Pérouse, 1741-1788?)	다줄레 Dagelet		울릉도를 처음 본 Boussole호 특별 승무원 Lepante Dagelet의 이름을 부여 위도 37°25′ 경도 130°56′
1789	UK	탐험선 Argonaute호	코넷 (James Colnett, 1753-1806)	아르고노트 Argonaut		승선함 이름 부여 위도 37°52′ 경도 129°50′
1849.1.27	FR	포경선 Liancourt호	윈슬로 (Jeremiah Winslow, 1781-1858)		리앙쿠루 록스 Liancourt Rocks	승선함 이름 부여 다줄레가 북동 1/2북에서 보이는 위치의 동쪽 위도 37°2′ 경도 129°26′
1854	RU	전함 Palada호	푸차친 (Euphimius Putiatin, 1803-1883)		메넬라이/ 올리부차 Manalai/ Olivatsa	승선함 이름 부여
1855	UK	전함 Hornet호	포시스 (Charles Codrington Forsyth)		호넷 Hornet	승선함 이름 부여

출처: 정인철, 2010, 프랑스 리앙쿠르 호의 독도 발견에 관한 역사지리학적 연구, 동북아역사재단(2010 연구지원 성과물/미발간), 서울/아키오카 다케지로[秋岡武次郎], 1950, "日本海西南の松島と竹島", 社会地理, 通号27(1950.8), 日本社会地理協会編集, 東京, 7~10쪽

　그리고 이 외무성 홈페이지에서의 기술은 다음 표에서 보듯 오랜 과정을 통해 가다듬어 온 것이다.

[표 15] 외무성 홈페이지의 기술 변천

날짜	외무성 홈페이지>각국·지역정세>아시아>'다케시마'문제>>('다케시마'의 개요)/ 1. '다케시마'의 인지
2006.7.18	일본은 오래전부터 '다케시마'(당시의 「마쓰시마」)를 인지하고 있었다. 이 것은 많은 문헌·지도 등에 의해 명백한 것이다. (주: 경위선을 넣은 간행 일본지도로서 가장 대표적인 나가쿠보 세키수이(長久保赤水)의 「개정일본여지로정전도(改正日本輿地路程全圖)(1779년)에 서는 현재의 '다케시마'의 위치관계를 바르게 기재하고 있다. 그 외에도 메이지 시대까지 다수의 자료가 있다)
2006.12.28 (개정판)	금일의 '다케시마'는, 우리나라에서는 메이지 시대 초기경까지는 「마쓰시마」라는 이름으로 불리고 있었고, 당시 「다케시마(또는 「이소다케시마(磯竹島)」로 불리고 있었던 것은 현재의 울릉도였습니다. 그러나 우리나라가 오래전부터 「다케시마」나 「마쓰시마」를 잘 인지하고 있었던 것은 많은 문헌이나 지도 등에 의해 명백합니다. (예를 들면 경위선을 넣은 간행 일본지도로서 가장 대표적인 나가쿠보 세키수이(長久保赤水)의 「개정일본여지로정전도(改正日本輿地路程全圖)(1779년) 외, 울릉도와 '다케시마'를 조선반도와 오키 제도(隱岐諸島)와의 사이에 적확하게 기재하고 있는 지도는 다수 존재합니다)
2007.5.20	상동
2008.2	상동
2011.5.19	현재의 '다케시마'는, 우리나라에서는 예전에는 「마쓰시마」라고 불리고 있었습니다. 그리고 '다케시마'의 서북서 약 92km 앞에 있는 울릉도가 「다케시마」나 「이소다케시마」로 불리고 있었습니다. '다케시마'나 울릉도의 명칭에 관해서는, 유럽 탐험가 등에 의한 울릉도 위치 측정 오류로 인한 일시적 혼란이 있었기는 하였으나, 우리나라가 「마쓰시마」와 「다케시마」라는 존재를 오래전부터 알고 있었던 것은 각종 지도나 문헌에서도 확인할 수 있습니다. 예를 들면 경위선을 넣은 간행 일본지도로서 가장 대표적인 나가쿠보 세키수이(長久保赤水)의 「개정일본여지로정전도(改正日本輿地路程全圖)(1779년 초판) 이 외, '다케시마'와 울릉도를 조선반도와 오키 제도(隱岐諸島)와의 사이에 적확히 기해하고 있는 지도는 다수 존재합니다. 이에 대해, 한국이 오래전부터 다케시마를 인식하고 있었다고 하는 근거는 없습니다.

출처: 2006~2011 「일본 외무성 홈페이지>각국 지역정세>아시아>'다케시마' 문제>'다케시마' 개요/1. '다케시마' 인지」(http://www.mofa.go.jp/mofaj/area/takeshima/index.html)의 기술임. 개요적 설명으로 상세기술이 별첨되어 있다. 원문은 〈부록 1-82〉 참조

2. '섬의 명칭 혼란'에 대한 한국 측 분석과 문제점

그런데 필자가 파악하고 있는 한 '섬의 명칭 혼란'이 한일 독도 영유권 논쟁기 및 지금까지도 한국 측 연구에 의해 원론적으로 반론된

적은 없다. 한일 독도 영유권 논쟁기에는 오히려 이 설명 방식을 차용하여 우산도와 울릉도가 서로 다른 섬의 다른 이름(二島二名)이라는 것을 입증하는 방향으로 추진된 것 같다.

한국 정부 견해 ②는 일본 정부 견해 ①에 대해, '일본학자 다보하시 기요시가 다케시마와 마쓰시마라는 명칭이 메이지 초기에는 울릉도 일도(一島)를 가리켰다가 후에 울릉도와 독도를 가리키는 이명(二名)으로 분리되었다고 지적한 바와 같이, 우산도는 초기에는 울릉도의 일도이명(一島二名)이었다가 후에 울릉도와 독도를 가리키는 이도이명(二島二名)이 되었다'고 설명한다.[28]

견해 ③에서는 "대한민국 정부는 한국이 이미 이조 초기부터 우산도와 울릉도가 각기 별칭의 이도(二島)임을 인지하고 있었으며… 특히 지리적 지식이 발달되지 않았던 시대에 있어서는 일도(一島)에 이명(二名)이 혼용되다가 정확한 지식의 획득과 더불어 이도이명(二島二名)으로 분리 지칭 되어지는 경위를 설명하고 일본이 바로 "명치" 초기에 있어서도 울릉도 일도를 "송도(마쓰시마)", "죽도(다케시마)라는 이명으로 혼칭하다가 그 후에야 울릉도와 독도(일본 소위 현재의

---

28) 1954.9.25 한국 정부 견해 ② <부록 표1 no.24>
   "…于山島와 鬱陵島가 두 개의 別島라는 것을 區別히 說明할 必要가 없다…『世宗實錄地理志』와『新增東國輿地勝覽』이 編纂된 當時 二島二名으로 確認된 事實에 결코 影響을 미치게 하지는 못한다. 더욱이 地理的 知識이 發達되지 않았던 時代에 있어서는 同一地域에 異稱이 生기고 이것이 原名과 混用하여 오다가 二島二名으로 分析되는 實例는 ──히 每擧키 어려우나 特히 日本學者 田保僑(원문대로)潔氏의 松島竹島에 關한 學究的인 論症에서도 그 좋은 實例를 찾아볼 수 있는 바이다. 即 田保僑潔氏는 日本이 該地域에 關하야 地理的 知識이 缺乏되어 있던 明治初期에 있어서 松島, 竹島라는 名稱이 鬱陵島一島를 指稱하엿고 그것이 다시 鬱陵島와 獨島(日本 所謂 現在의 竹島)를 各各 指稱하게 되었다. 同時에 鬱陵島를 기리키든 竹島라는 名稱이 獨島(鬱陵島의 附屬島)의 名稱으로 指稱되엿다는 事實을 學究的으로 論症한 바 있었다…"

죽도('다케시마')를 각각 지칭하게 되었다는 실질적인 진실을 일본인 학자의 학구적인 논증을 빌어서 제시하기까지 하였던 것이다"고 한다.[29] 이 외 당시 한국 측에서 일본의 '다케시마' 영유권 주장에 대해 제시한 반론 중에 이 '섬의 명칭 혼란'-시볼트 지도를 계기로 한 울릉도 명칭 혼란 및 독도 명칭 전도론-에 대한 것은 거의 보이지 않는다.[30]

이후 한일 독도 영유권 논쟁시의 논점을 재정리한 『독도』[31]에 수록된 제연구(신석호,[32] 이병도,[33] 박관숙,[34] 이선근,[35] 박경래,[36] 유

---

29) 1959.1.7 한국 정부 견해 ③ <동 no.43>

30) 다음과 같은 지적을 볼 수 있는 정도이다.
1959.1.7 한국 정부 견해 ③ <동 no.43>
"…또한 당시 일본의 소위 "죽도", "송도"가 지금 울릉, 독도의 어느 것을 지칭한 것인지 분별키 어렵다. 환언 하면 "송도", "죽도"란 이름이 도대체 서로 바뀌어 2명 공히 울릉도, 독도를 혼칭하였기 때문에 일본 측 기록은 그 어느 것을 독도 어느 것을 울릉도로 지칭한 것인지 실로 구별하기 어려운 까닭이다. 이러한 명칭의 혼란은 무엇보다도 이도에 대한 당시 일본의 지리적 지식이 명확치 못하였다는 것을 증명하는 것이며 또 이러한 지리적 지식의 결함은 결국 이것이 일본의 관할권 외에 속하였다는 것을 말하는 것이다…"

31) 申奭鎬 외, 1965, 앞의 책

32) 신석호, 1965, "3 獨島에 關한 古文獻과 그 呼稱", 위의 책, 319쪽, "원래 竹島는 肅宗一九(一六九三)以來 日本人이 울릉도를 指稱하던 것인데 高宗時代(明治時代)에 日本이 울릉도를 松島로 改稱하고 竹島의 呼稱을 獨島에 옮겨 붙인 것이다. 리양꿀은 肅宗一五年(一八九四)에 프랑스의 포경선 리양꿀號가 이 섬을 발견하고 그 船名에 의하여 命名한 것이고 호넷트는 哲宗 六년(一八五五)에 英國 支那艦隊 所屬 汽船 호넷트號가 이 섬을 發見하고 또한 그 船名에 依하여 이름한 것이다. 이와 같이 독도 한 섬에 대하여 現在 네 가지 名稱이 있으나 朝鮮 초기부터 우리나라는 이 섬을 于山島 또는 三峯島라 하고…"

33) 이병도, 1965, "獨島의 名稱에 대한 史的 考察-于山·竹島 名稱考-", 앞의 책, 73~76쪽, "現在 日本人은 獨島를 竹島라고 하지만 원래는 鬱陵島를 磯竹島 혹은 竹島라고 하였던 것이다." 이와 함께 일본에서의 다케시마·마쓰시마 명칭 유래를 고찰하여 (1) 일본에서 다케시마와 함께 울릉도 명칭으로 사용된 이소다케가 한국 고유어 「곰수리」의 借字인 「弓嵩」의 번역어에 해당하는데 후대인이 원의(原義)를 알지 못하고 「磯竹」 또는 「竹島」로 명칭함 (2) 독도에 대한 마쓰시마라는 명칭도 이 「弓嵩」에서 유래했거나 아니면 竹에 대한 대칭으로 사용된 되었음 (3) 에도 시대의 "竹島의 稱이 松島(즉 獨島)에 가서 붙고 松島의 稱이 前者에 가서 붙는만큼 兩島가 名稱上으로도 混用되는 宗屬 (원문대로) 不可分離의 共同 運命體적 關係를 가진 섬"임을 울릉도·

홍렬,37) 황상기,38) 박대련,39) 이숭녕40))에서도 역시 마찬가지이다. 이

독도의 지리적 종속 관계 (주도와 속도로써)를 논증하였다. 그 위에서 "本島인 鬱陵島가 韓國의 所領이라면 屬島인 獨島도 當然히 韓國의 所有"라고 단언하는 것이다 (73~76쪽). 여기에서도 「섬의 명칭 혼란」이 그대로 수용되고 있는 것을 볼 수 있다.

34) 박관숙, 1965, "獨島의 歷史的 由來", 위의 책, 43~44쪽, "日本은 明治維新으로 近代國家를 形成하여 國民의 海外進出을 積極的으로 獎勵하게 되자 日本漁民들은 다시 鬱陵島와 獨島近傍에 進出하기 始作하였다. 그리고 이때에는 鬱陵島를 松島라고 하고 獨島를 竹島라고 하여 그 名稱을 바꾸어 부르게 되었다"

35) 이선근, 1965, "王朝末葉의 鬱陵島問題와 韓日交涉, 위의 책, 93~94쪽, "그러나 一八세기 後葉부터 航海術에 先進한 西歐諸國의 선박과 선원들은 어느덧 우리 東海로 왕래하면서 鬱陵島를 못본체 묵과하지는 않았다… 그리하여 西紀 一七八七年에 불란서의 探險船이 동해를 지나다가 이 섬을 발견하고 그 선원중의 최초의 發見者 이름을 따서 Dagelet 島라 명명되는가 하면… 지금까지 鬱陵島에 竹島와 松島 二名을 混用해오던 일본 측에서도 鬱陵島를 松島 一名으로 확정해 버리는 동시에…"

36) 박경래, 1965, "獨島의 歷史的 根據 (2) 日本側 主張", 위의 책, 161쪽, "以上과 같은 日本側 見解를 通해서 본다면 只今의 鬱陵島가 竹島라고 불리어왔고 只今의 獨島를 松島라고 불리어 왔음이 틀림이 없다…"; 1965, "近世海圖上에서 본 獨島, 위의 책, 162~164쪽, "以上과 같은 別名을 西洋人이 命名한데 對해서 日本人들은 어떠한 理由로 竹島라고 하였는가… 이 點에 대해서 日本의 學者 田保橋潔氏의 論文「鬱陵島의 發見과 領有」에 의하면… 이렇듯 日本人이 鬱陵島를 竹島라고 부를때는 어떠한 생각으로써 불러왔으며 松島라고 불러오던 獨島를 只今은 竹島라고 불러야만 하는 動機는 어떠한데서였을까… 이 點에 對해서 日本百科大辭典에는 다음과 같이 記錄되어 있다…"

37) 유홍렬, 1965, "鬱陵島의 屬島인 獨島", 위의 책, 196쪽, "이러한 때에 西洋人의 東洋探險이 活潑하여져서 一七八七年에는 佛船 두척이 鬱陵島를 發見하고… 여기서 보는 바와 같이 日本人들은 安龍福과 말썽을 부리던 때에는 鬱陵島를 竹島, 獨島를 松島라고 부르다가 二百年을 지나 우리나라에 對하여 侵略行爲를 시작하던 때에는 鬱陵島를 松島, 獨島를 竹嶼라고 부르게 되었으니…"

38) 황상기, 1965, "3 地圖의 相違와 獨島의 名稱" 위의 책, 216~220쪽, "寬文七年… 鬱陵島를 「竹島」(俗磯竹島=이소다케)라 하였고 獨島는 松島(마쓰시마)라고 稱하였다… 一八〇四年傾 「지－볼트」가 이 誤圖를 模倣해서 複作하였던 것이다. 當時 日本에서는 外國文化의 선구자인 「지－볼트」의 地圖를 매우 信用하게 되었고… 이러한 誤圖로 인하여 松島(獨島)가 竹島(鬱陵島)의 位置에 놓이게되자…"

39) 박대련, 1965, "(2) 獨島의 名稱史", 위의 책, 244~256쪽, "둘째로 日本에서는 歷史上 獨島를 어떻게 呼稱해 왔던가… 竹島란 名稱은 이미 肅宗 九年(一六九三年) 때부터 鬱陵島를 가리켜 日本이 제 맘대로 붙이던 것인데 이때부터(1905년 편입 이후부터: 인용자) 獨島를 이름하여 「다케시마」라고 正式으로 부르게 된 것이다."

40) 이숭녕, 1965, "獨島, 竹島의 名稱論", 위의 책, 290쪽, "그런데 竹島라는 이름은 日本人이 前述한 바와 같이 獨島를 日本領土로 편입할 때 命名한 것이나 本題 日本人이 肅宗 一九年 (西紀 一六九三年) 이후 鬱陵島를 竹島라고 하고 제 마음대로 하던 것을

때는 '섬의 명칭 혼란'이 한국의 독도 영유권 논증을 위한 논지 전개에 삽입되는 하나의 기술 요소 또는 대상으로 활용된 측면이 크다.

그 이후의 연구[41]는 다음의 두 방향에서 추진되어 왔다. 먼저 '섬의 명칭 혼란'이 '19세기 중엽의 섬의 명칭 혼란 현상'의 원인으로 제시하는 시볼트 지도를 비판적으로 검토한 연구들이 있다. 신지현 및 최석우[42]는 시볼트 지도를 분석하여 '19세기 중엽의 섬의 명칭 혼란 현상'이 그것에서 유래한다고 한 설명에 문제 제기를 하였다.[43] 김병렬은 시볼트 지도의 저본(底本)의 인식과 다른 문헌상의 인식과의 차이점을 명백히 하는 것으로써 그 문제점을 지적하였다.[44] 임영정은

强奪한 뒤 이 이름을 獨島에다 씨우고 鬱陵島를 松島라고 부른 것이니…"

41) 다음과 같은 연구가 있다.
   호사카 유지, 2010, 대한민국 독도, BM성안당, 권정, 2009, "동해의 무루구세무와 부룬세미", 日本學研究 제27집(2009.5), 檀國大學校 日本研究所, 169~185쪽/ 김영수, 2009, "근대 독도·울릉도 명칭을 둘러싼 한국과 일본의 시각", 역사와 현실 통권 73호(2009.9), 한국역사연구회, 233~268쪽/ 남경란, "울릉군 지명 연구", 독도연구 제4호(2008.6), 영남대학교 독도연구소, 189~231쪽/ 이상태, 2008, "독도 명칭의 역사적 고찰", 한국지도학회지 제8권 제1호(2008.6), 65~73쪽/ 서종학, 2008, "'獨島'·'石島'의 地名 表記에 관한 研究", 語文研究, 36권 3호 통권 139호(2008.9), 韓國語文教育研究會, 39~62쪽 / 배성준, 2002.12, "울릉도·독도 명칭 변화를 통해서 본 독도 인식의 변천", 진단학보 제94호(2002.12), 29~54쪽/ 신용하, 1998, "독도·울릉도 명칭변화 연구: 명칭 변화를 통해 본 獨島의 韓國固有領土 증명, 韓國學報 91·92(1998.9), 일지사, 2~60쪽/ 金炳吾, 1997, "獨島의 名稱에 대한 歷史的 考察", 한양대학교 교육대학원 석사학위 논문 / 김병렬, 1997.8, "독도의 명칭에 관한 연구", 教授論叢 9(1997.8), 국방대학원, 333~362쪽/ 임영정, 1996, "일본인의 독도에 대한 호칭의 변화와 그 성격", 殉國 70(1996.11), 殉國先烈遺族會, 63~75쪽 / 崔文衡, 1990, 제국주의 시대의 列强과 韓國, 民音社, 서울, 136~137쪽/ 李崇寧, 1965, "내가 본 獨島", 獨島, 大韓公論社, 290~292쪽

42) 申芝鉉, 1985, "鬱陵島·獨島의 認知와 領有", 獨島研究, 韓國近代史資料研究協議會, 文光社, 91~145쪽; 崔奭祐, 1985, "歐美側 文獻에 나타난 獨島", 獨島研究, 韓國近代史資料研究協議會, 文光社, 335~360쪽

43) 신지현, 최석우의 분석은 본문 제4장 제3절에서 상술한다.

44) 金炳烈, 1997, "獨島의 名稱에 관한 研究", 教授論叢 9(1997.8), 국방대학원, 35쪽 "日本이 오래전부터 獨島를 松島로, 鬱陵島를 竹島로 認知하고 있었는데 16세기 獨逸人 醫師 지볼트(Philipp Franz von Siebold)가 착오로 표기된 아르고노트를 鬱陵島로

'19세기 중엽의 섬의 명칭 혼란 현상'의 원인을 일본의 울릉도·독도에 대한 조치의 역사적 경과에 초점을 맞추어 고찰하였다.[45]

다음으로는 '19세기 중엽의 섬의 명칭 혼란 현상' 그 자체가 1905년 독도 편입을 위한 메이지 정부의 작위(作爲)적 행위였음을 지적한 연구가 있다. 이숭녕은 '다케시마'라는 명칭으로 편입되기 전의 독도의 명칭이 리앙쿠르 록스였다는 점을 들어,[46] 김병오는 당시의 국제

잘못 알고 竹島로 比定하고, 鬱陵島를 松島로 比定한 까닭에 名稱에 혼란을 겪다가 오늘날 鬱陵島는 그대로 竹島로 확정되고 아르고노트에 붙였던 松島를 獨島에 붙이게 되었다는 주장을 하고 있는데 이는 몇 가지 점에서 불합리하다. 日本의 古文書를 보면 1667년의 隱州視聽合記나 1696년의 磯竹島覺書 등이 鬱陵島와 獨島를 명확히 구분하고 있음을 볼 수 있는데 이들 책은 官纂誌로 編纂된 것이 아니고 시마네 현에 거주하던 사람들이 私撰誌로 編纂한 것들이다. 반면에 日本의 中央政府 쪽에서는 獨島를 거의 인식하지 못했다. 지볼트는 당시 日本의 中央政府에서 편찬한 모든 지도를 참고하였다는 점에서…"

45) 임영정, 1996. "일본인의 독도에 대한 호칭의 변화와 그 성격", 殉國 70(1996.11), 殉國先烈遺族會, 63쪽
"울릉도·독도에 대한 일본 측의 호칭이 몇 차례 바뀌었음은 잘 알려진 사실이다… 울릉도·독도에 대한 이 같은 호칭의 혼란은 그간 일부 일본 측 학자에 의해 Siebold의 착오에 기인하는 것이라는 등의 장황한 변명의 여지를 제공했는가 하면 한국에서는 이 사실을 들어 일본의 인지론, 즉 고유영토설을 부정하여 왔다. 물론 이 사실은 일본의 고유영토가 아님을 증명하는 결정적인 근거가 된다. 그런데 이 호칭의 변화를 고유영토설 등 일찍부터 인지하였는가의 여부를 따지는 데에서만 논의될 것이 아니라 변동되는 시기를 구분하여 각각의 시기에 일본이 울릉도와 독도에 대하여 어떠한 조치를 취했는가에 초점을 맞춘다면, 또 새로운 시각에서의 고찰이 되지 않을까 생각된다. 다시 말하면 호칭 변화에 따른 일본인들의 울릉도·독도에 대한 시각을 살펴보려는 것이다."

46) 李崇寧, 1965, "내가 본 獨島", 獨島, 大韓公論社, 290~292쪽
"그런데 竹島라는 이름은 日本人이 前述한 바와 같이 獨島를 日本領土로 편입할 때 命名한 것이나 本題 日本人이 肅宗 一九年(西紀 一六九三年) 이후 鬱陵島를 竹島라고 하고 제 마음대로 하던 것을 强奪한 뒤 이 이름을 獨島에다 씌우고 鬱陵島를 松島라고 부른 것이니 얼마나 그들이 서둘렀는가를 알 수 있겠다… 西洋의 航海者는 東洋開拓에 있어서 自己流의 命名을 흔히 하는 것이니… 鬱陵島가 '다켈렛'의 西洋名을 붙이든 흔히 있는 일로서 問題될바 아니지만 獨島를 일본이 竹島라고 獨自的 이름을 붙이기 前에 「리앙꾸우르」라고 使用한 것은 그들의 主張을 抹殺하고도 남음이 있을 것이다… 「리앙꾸우르」로 사용한 것을(원문대로) 隱岐島와 아무런 關係가 없음을 말하여 주는 것이다. 이것을 오늘날 隱岐島의 屬島처럼 꾸며대는 日本에 良心이 있는지…"

정세와 연관지어,[47] 김영수는 일본 외무성 문서, 쓰시마 번 문서, 태정관 문서[48] 등에서의 울릉도·독도 인식을 들어[49] '19세기 중엽의 섬의 명칭 혼란 현상'은 일본 정부가 독도 편입을 위해 만들어 낸 것이라고 지적하였다. 더 나아가 호사카 유지는 일본 해군 수로지 등에서의 울릉도·독도 인식도 시야에 넣어 비교 검토함으로써 이것의 독도 편입 목적을 위한 작위적(作爲的) 성격을 더욱 명확히 하였다.[50]

---

47) 金炳吾, 1997, "獨島의 名稱에 대한 歷史的 考察", 한양대학교 교육대학원 석사학위 논문
"…이렇듯 명치유신 이후 일본 측의 명칭이 일관성이 없어진 것에 대해 慎鏞廈는 그들이 최초로 실측한 송도의 명칭에 집착해서라고 했고 田保橋潔은 일본이 울릉도·독도에 대해 지리적 지식이 결핍되어 혼동하였다고 하였으며, 川上健三은 독일인 Sibold에게 그 잘못을 돌리고 있다. 그러나 本考에서는… 일본이 제국주의로 향하는 명치유신 이후에는 그 명칭이 섬의 구성이나 특성과는 아무런 관계없이 예전의 명칭을 버리고 서양식 명칭을 사용하는데, 이것은 1874년 대만침공, 1875년 운양호사건, 1876년 강화도조약 등 일련의 제국주의의 침략의욕에서 조선의 외교권을 박탈시킨 이후 명칭을 죽도로 바꾸고 島根縣에 편입시켜 버린 것이다."

48) 1870년 외무성에 보고된 에도 시대 쓰시마 번의 조·일 외교 관련 동향 보고서에 수록된 「조선국교제시말내탐서(朝鮮國交際始末內探書)」및 1877년 시마네 현 지적(地籍) 편찬과 관련하여 당시 최고 행정기관이었던 태정관(太政官)이 울릉도·독도 소속에 대해 판단한 내용이 기술된 문서(태정관 문서)를 말한다.

49) 김영수, 2009, "근대 독도·울릉도 명칭을 둘러싼 한국과 일본의 시각", 역사와 현실 통권73호(2009.9), 한국역사연구회, 264∼265쪽
"일본은 1905년 당시 무주지인 독도를 편입했다는 논리를 성립시키기 위해 독도에 관한 중립적인 명칭이 필요했던 것으로 보인다. 그런데 일본은 1870∼1877년 사이 중앙정부가 공식적으로 죽도와 송도라고 규정하면서 두 섬을 한국의 영토라고 인정했다. 따라서 다케시마(죽도)와 마쓰시마(송도)라는 명칭을 그대로 사용하면 일본 정부는 무주지에 대한 편입을 주장할 수 없는 상황이었다… 결국 일본 정부는 지볼트 때문에 일본이 명칭의 혼란을 겪었다고 주장하면서 울릉도와 독도가 한국영토라는 사실을 부정할 수 있었다. 그리고 서구명칭 중 가장 널리 사용되는 리앙쿠르를 사용하여 독도가 무주지의 영토라고 착각하게 만들었던 것으로 보인다."

50) 호사카 유지, 2010, 대한민국 독도, BM성안당, 100쪽
"즉 서양인들이 겪은 울릉도와 독도의 명칭 혼란 사태가 일본에 영향을 주었다 해도 매우 제한된 범위에서 일어났을 뿐이다… 일본은 서양인들이 겪은 두 섬의 명칭 혼란 사태를 이용하면서 1880년에 독도의 역사를 과거의 역사와 단절시켰고, 독도는 1847년에 프랑스 선박 '리앙쿠르호'가 발견한 섬이라고 공문서에 명기하기 시작한다. 일본 정부는 독도가 '마쓰시마'이고 '마쓰시마'는 조선의 부속이니 일본과 관계가 없다고 한 공문서와, '리안코르토 열암'이 된 1880년 이후의 독도의 역사를 단절

그런데 이와 같은 연구들에는 '섬의 명칭 혼란'이 1950년대에 제시된 설명이라는 점이 간과되어 있다는 문제점이 있다. 다시 말해 '19세기 중엽의 섬의 명칭 혼란 현상'은 1950년대 이후의 일본이 자국의 독도 영유권을 주장하는 인식이 투영되어 있는 것이다. 실제의 역사적 사실이라기보다는 언설로서의 '역사적 사실'인 것이다. 따라서 실제 19세기 중엽에 섬의 명칭 혼란 현상이 있었는지에 대한 분석이 선행해야 한다. 그러나 위의 연구들은 그것의 원인 즉 왜 그러한 현상이 있었는지에만 초점을 맞추어 분석함으로써 '19세기 중엽의 섬의 명칭 혼란 현상'이라는 존재 자체를 수용한 감이 있다.

그 결과 '섬의 명칭 혼란'에 의해 분식(扮飾)된 메이지 시대의 독도와 에도 시대의 독도의 단절성에 대한 지적도 부분적으로밖에는 이루어지지 않았다. 즉 메이지 정부가 의도적으로 에도 시대의 독도 역사를 단절시켰다는 것인데 이에 의하면 '옛날부터 독도에 대한 지식을 가지고 있었고, 일본영토로 간주하였으며, 실제로 이용하였다'는 일본의 전제가 역사적 사실로써 추인된다. 그런데 '19세기 중엽의 섬의 명칭 혼란 현상'이 실제 있었는지 있었다면 구체적으로 어떤 것이었는지에 대한 분석이 선행되어야 하는 것처럼 이 전제 역시 그 사실 여부에 대한 분석이 선행된 후 판단되어야 한다. 또한 메이지 정부에 의한 독도 역사의 의도적 단절을 논하고 있기 때문에 일본인이 '옛날부터 독도에 대한 지식을 가지고 있었고, 일본영토로 간주하였으며, 실제로 이용하였다'는 전제 역시 추인되었다. 이것은 '섬의 명칭 혼란'이 의도하는 바이다. '섬의 명칭 혼란'을 '실제의 19세기의 섬의

시켜 일본명이 없는 무명이자 주인이 없는 섬으로 시마네 현으로 편입시키는 작전을 시작하고 있었다."

명칭 혼란 현상'과 등치시켜 파악한 결과라고 할 수 있겠다.

'섬의 명칭 혼란'은 1950∼1960년대의 한일 독도 영유권 논쟁과 관련하여 메이지 시대의 독도 명칭(리앙쿠르 록스)에 역사적 유래를 부여(마쓰시마)함으로써 그것이 표상하는 독도에 대한 지식과 인식 그리고 행위를 에도 시대와의 연속선상에서 파악할 수 있게 하는 역사적 배경 설정이다. 일본의 독도 고유영토론과 1905년의 독도 편입의 정당성은 이에 입각한다. 그런데 그간의 연구가 이것을 19세기에 벌어졌던 실제의 섬의 명칭 혼란 현상과 등치시켜 파악함으로써, 즉 역사적 사실로써 다루어 옴으로써 그 연속성을 추인해 왔으며 일본의 독도 고유영토론과 1905년의 독도 편입의 문제점을 충분히 지적하지 못하여 왔다.

필자는 본 책의 제1장부터 제3장에 걸쳐 일본에서의 울릉도·독도 명칭은 다케시마·마쓰시마가 실제 어떤 역사적 배경에서 탄생했고 어떤 혼란기를 거쳐 어떻게 정착해왔는지를 논증해왔다. 다시 말해 실제의 역사적 사실로서의 섬의 명칭 혼란을 논증함으로써 한일독도 영유권 논쟁기에 제시된 '섬의 명칭 혼란'의 허구성을 밝힌 것이다.

그리고 다음에서는 '섬의 명칭 혼란'이 그야말로 일본의 독도 편입 후에 그 정당성을 입증하기 위해 연구된 논리였다는 점을 한일 독도 영유권 논쟁기 이전과 이후의 연구를 비교함으로써 명백히 하고자 한다.

제2절 한일 독도 영유권 논쟁기 이전의 연구

1. 1906년 오쿠하라 헤키운의 연구

제2차 세계대전 이전 '다케시마(독도)' 명칭 유래에 대한 주된 연구로는 오쿠하라 헤키운(奧原碧雲)의 1906년[51] 및 1907년[52] 연구, 다보하시 기요시(田保橋潔)의 1931년 2월[53] 및 1931년 5월[54] 연구가 있다.

먼저 오쿠하라의 연구를 검토해보면, '다케시마(독도)' 명칭 유래에 대한 연구는 이 섬이 에도시대의 다케시마(울릉도)가 아니라는 것을 입증하는 것에서 시작된다는 것을 알 수 있다.

오쿠하라 헤키운은 시마네 현 야쓰카 군(八束郡) 아이카촌(秋鹿村) 진조(尋常) 고등소학교 교장으로 1906년 3월 시행된 시마네 현의 독도 시찰에 동행하였던 사람이다.[55]

당시 시찰단은 시마네 현 제3부장 진자이 요시타로(神西由太郎)를 단장으로 하여 시마네 현 관료, 현 내 신문기자, 교사 등 40명으로 구성되었다. 시찰단은 3월 26일 오후 5시 5분에 오키도 도고(島後)의 사이고 항(西鄕港)을 출발하여 27일 아침 독도를 서도에서 동도 순으로 조사한 후, 동일 오후 2시 30분에 기상변동으로 울릉도로 피난한다.

---

51) 奧原碧雲, 1990年, 歷史地理一卷～8卷, 日本歷史地理学会編, 6～24쪽, 復刻版(奧原碧雲, 1906, "竹島沿革考", 歷史地理 第8卷 第6号(1906.6), 日本歷史地理研究会編)

52) 奧原碧雲, 2005, 竹島及鬱陵島, ハーベスト出版, 復刻版(奧原福市, 1907, 竹島及鬱陵島, 報光社)

53) 田保橋潔 1931a, "鬱陵島, その発見と領有", 青丘学叢, 第3号(1931.2), 青丘学会編, 1～30쪽

54) 田保橋潔, 1931b, "鬱陵島の名称に就いて(補)－坪井博士の示教に答ふ―", 青丘学叢, 第4号(1931.5), 青丘学会編, 103～109쪽

55) 奧原福市, 1907, 앞의 책, 서문

그리고 28일에는 울릉도 현황을 조사하는 한편 울도군수 심흥택을 면담하고 초저녁에 귀향길에 올라 29일 오후 4시에 사이고 항으로 되돌아온 것으로 되어 있다.[56]

이 시찰 후 1906년 6월에 오쿠하라의 '다케시마(독도)' 명칭 관련 연구인 「죽도연혁고(竹島沿革考)」가 잡지에 게재되었고, 1907년에는 '다케시마(독도)'와 울릉도 시찰 복명서를 참작하여 오쿠하라가 편찬한 『죽도 및 울릉도(竹島及鬱陵島)』가 간행되었다. 이 문헌은 '다케시마(독도)'에 대해 지리·기후·어업·어민생활의 상황·연혁으로 나누어 기술하고 있으며, 울릉도는 지리·생물·생업·무역·교통·주민·교육·정치·토지·일본이주민·연혁으로 나누어 기술하고 있다. 여기에는 부록으로 「죽도도항일지(竹島渡航日誌)」 및 시찰 도중 쓰인 시를 모은 시가집인 「한조여운(寒潮餘韻)」도 수록되어 있다.

이 중 「죽도연혁고(竹島沿革考)」의 초두에는 오쿠하라가 시찰단에 합류한 목적이 다음과 같이 서술되어 있다.

① 지난 3월 하순, 시마네 현 제3부장 진자이 사무관은 시찰원 40여 명과 함께, 신영토 '다케시마' 시찰길에 올랐다. 나도 운 좋게 그 일행에 끼어, '다케시마' 및 울릉도에 상륙하여 내 눈으로 직접 그 상황을 시찰하였고, 아즈마(東) 오키도사(隱岐島司)의 후의를 입어 동 관청의 옛날 기록 및 '다케시마'에 관한 문서를 열람하였으며, 또 '다케시마' 경영에 대해 다케시마 어로회사원 나카이 요자부로 씨의 설득력 있는 '다케시마' 경영담을 듣고, 돌아오는 길에 마쓰에(松江) 도서관의 옛날 책과 기록을 섭렵하였으며, 작년 이래의 신문·잡지에 나타난 여러 사람의 말을 참조하여 본 논문을 집필하였다.

② a. '다케시마'의 명칭에 관해서는 울릉도와 혼동하는 사람이 적

56) 奧原福市, 1907, 앞의 책, 99∼112쪽

지 않은데, 우리나라의 옛 기록에 보이는 다케시마란 모두 지금의 울릉도를 말하는 것으로 종래 이즈모(出雲)·이와미(石見)·호키(伯耆)·오키(隱岐) 지방(지금의 시마네 현·돗토리 현 지역, 역자 주) 사람들이 도항했던 다케시마는 바로 울릉도이다. 그러나 작년 2월 시마네 현의 영토로 편입되고, 일본해 대해전에 의해 전 세계에 알려진 신(新) '다케시마'는 옛 기록에 보이는 마쓰시마로서, 오키 사람이 량코도(리앙코루 암의 방언)라고 칭하는 나무가 자라지 않는 무인(無人)의 소암초이다. 그런데 「조선수로지(朝鮮水路誌)」가 한 번 이 명칭을 바꿔서, 울릉도 일명 마쓰시마라고 칭하였으므로, 이번에 리앙코루 열암을 '다케시마'라고 명명하여 신영토로 편입하자, 실제로 그 땅을 답사하지 않은 사람들은 즉시 옛 기록에 보이는 '다케시마'로 간주하여 큰 오류를 확산시키기에 이르렀다.

③ 그 지학잡지 200호에서 202호에 걸쳐, 연재된 다나카 아카마로(田中阿歌麿) 씨의 「오키국 다케시마에 관한 옛 기록」과 같은 것은 b.울릉도 기사로서, 리앙코루 암의 신 '다케시마'와는 전혀 관계 없는 것 등이 그 일례이다.

④ 다음으로 사학계의 엔도 만센(遠藤萬川) 씨는 요미우리 신문 수로지를 인용하고 여기에 부기하여, 무라오카 료스케(村岡良弼) 씨의 일본지리자료(日本地理資料), 요시다 도고(吉田東伍) 씨의 대일본지명사전(大日本地名辭書)에서 c. 울릉도의 별명을 다케시마라고 한 것은 의문이라고 했고, 더욱이 소요신보(松陽新報) 지면에서 신 '다케시마'란 우리나라 구 막부시대에는 일찍부터 이것을 다케시마라고 칭했으며, 이즈모번(出雲藩)에 속한 것이라 하였고, 유배자를 두는 곳이라 하였는데, 그 후 내정 혼란과 함께, 이 섬이 소속이 없는 것처럼 되었다. 운운이라고 기록하였고, 또 동 지면에 '그 후 고문서를 보면, 울릉도의 다른 이름은 다케시마였다고 기록하였다. d. 그러나 울릉도는 마쓰시마라고는 했을지언정, 다케시마라고도 한다는 소리를 들은 바 없으므로, 현 내의 식자의 답변을 기다린다' 운운이라고 기록하여, 의문이 있음을 나타내었다.

⑤ e. 이것들은 필경 신 '다케시마'를, 사람이 주거할 수 있는 큰 섬으로 오인하여, 옛 기록에 보이는 다케시마에 대한 기사를 여기에 갖다 붙인 것으로서, 한 번 실제로 그 땅을 답사해 보면, 의문은 즉시 풀릴 것이다. 또, 요시다 도고 씨의 대일본지명사전은 신 '다케시마'에 관해 직접 기재하지는 않고 있으나, 구 다케

시마에 관해 여러 문헌을 인용한 매우 해박한 내용이므로 필히 참조해야 할 것이다.[57] <부록 1-83>

여기서 a는 동 논문이 집필된 목적을 서술하고 있는 부분인데, 그 목적이 "'다케시마(독도)'가 어디인가에 대해 사람들에게 알려주기 위함"이었음을 알 수 있다. 즉 "많은 사람들이 새로 편입한 '다케시마(독도)'를 울릉도로 알고 있으나, 이 섬은 옛 기록에서 보이는 마쓰시마(독도)이며, 오키도 사람이 량코도라고 부르는 섬이라는 것"을 말하기 위함이었다.

또 마쓰시마가 '다케시마(독도)'로 명명되어 편입된 이유에 대한 설명이 있다. 「조선수로지」가 울릉도를 마쓰시마라고 한 것이 원인이 되어 리앙코르 열암에 '다케시마(독도)'라는 이름을 붙이게 되었다는 것이다. 그리고 이 섬이 '다케시마(독도)'로 명명되자 가보지 않은 사람들이 이름만으로 즉시 이 섬을 옛 기록에서 보이는 다케시마(울릉도)로 간주하였고 그 오류가 확산되었다고 한다.

그리고 ③ 및 ④에서는 '다케시마(독도)'를 옛날의 다케시마(울릉도)로 인식하고 있는 예를 들고, ⑤에서 이러한 일이 발생하는 것은 사람들이 새로 편입한 신영토 "'다케시마(독도)'를 사람이 살 수 있는 큰 섬이라고 착각하여 옛 기록의 다케시마(울릉도)와 무리하게 연결지었기" 때문이라고 하였다. 따라서 "'다케시마(독도)'를 한 번 실제 답사를 하면 의문이 금방 풀릴 것이다"라고 결론짓는다.

위의 ③ 및 ④에서 언급하고 있는 '다케시마(독도)'를 다케시마(울릉도)로 오인하고 있는 예를 알기 쉽게 표로 정리해 보면

---

57) 奧原碧雲, 1906, 앞의 논문, 7~8쪽

다음과 같다.

[표 16] 오쿠하라 헤키운과 엔도 만센의 '다케시마(독도)' 인식

오쿠하라의 지적	엔도 만센의 지적	지적 대상 자료
"울릉도 기사로서 리앙코루 암의 신 '다케시마(독도)'와는 전혀 관계없는 것(b)"		다나카 아카마로(田中阿歌麿)「오키국 다케시마(울릉도)에 관한 옛 기록」『지학잡지(地學雜誌)』 200~202호58)
(엔도 만센은 울릉도의 별명을 마쓰시마로 인식하고 있었다)	"울릉도의 별명을 다케시마라고 한 것은 의문(c)"	무라오카 료스케(村岡良弼)『일본지리자료(日本地理資料)』59)
		요시다 도고(吉田東伍)『대일본지명사서(大日本地名辞書)』60)
	"울릉도는 마쓰시마라고는 했을지언정, 다케시마라고도 한다는 소리를 들은 바 없음(d)"	「소요 신보(松陽新報)」 지면

출처: 奥原碧雲, 1906年6月 "竹島沿革考", 歷史地理 第8卷 第6号(1990年, 歷史地理一卷~8卷, 日本歷史地理学会編, 復刻版), 日本歷史地理硏究会編, 7~8쪽

위의 오쿠하라의 지적을 역(逆)으로 생각해보면, 당시 많은 사람들이 '다케시마(독도)'를 에도시대의 다케시마(울릉도)로 알고 있었거나, 울릉도의 별명(別名)을 마쓰시마(울릉도)로 인식하고 있었던 것을 알 수 있다.

---

58) 田中阿歌麻呂, 1905a, "隱岐国竹島に関する旧記", 地学雜誌 第17集 第200号(1965.8), 594~597쪽; 田中阿歌麻呂, 1905b, "隱岐国竹島に関する旧記(承前)", 地学雜誌 第17集 第201号(1905.9.15), 660~663쪽; 田中阿歌麻呂, 1905c, "隱岐国竹島に関する旧記(元結)", 地学雜誌 第17集 第202号(1905.10.15), 741~743쪽

59) 전15책 중 제10책 「산음도(山陰道)」에서 기술하고 있다(村岡良弼, 1902, 日本地理志料, 東陽堂).

60) 1900년(明治 33)에 초판 발행된 지리 사전, 전8권. 이 중 「중국·서국(中國·西國)」편 「북방(北方)」 항목에 "이소다케시마는 또한 다케시마라고 하며, 한국인은 이것을 울릉도라고 한다(磯竹島は又竹島と云ひ, 韓人之を欝陵島と号す)"라고 되어 있다(吉田東伍, 1970, 増補 大日本地名辞書, 冨山房, 434쪽).

다나카 아카마로의 논문은 동경지학협회 간행 『지학잡지(地學雜誌)』에 1905년 8월부터 10월까지 실린 논문이다. 동경지학협회[61]는 유럽각국에서의 왕립지리학협회의 역할을 본 따서 1879년 4월 12일 창립되었다. 그리고 1883년에 설립된 「지학회」와 1893년 합병하여 1899년부터 학회지로서 『지학잡지』를 발행하였다. 이 잡지는 지금까지 발간되고 있다. 이러한 정평이 있는 잡지에서 다나카 아카마로는 오쿠하라가 지적한 것처럼 '다케시마(독도)'를 울릉도로 기술하고 있으며, 이 점은 그다음 해인 1906년 6월호에 가서야 정정된다.[62]

또 '다케시마(독도)'가 지금의 댓섬이라는 것은 조선총독부의 지시에 의한 울릉도 실지 조사의 결과에서 나온 말이다. 나카이 다케노신의 울릉도 조사보란 정확히는 1919년 조선총독부가 간행한 『울릉도식물조사서(鬱陵島植物調査書)』[63]이다. 이 조사서 맨 앞에는 "본편은 본 총독부 촉탁 이학박사 나카이 다케노신의 울릉도 식물조사보고서로서 학술상 산업상 참고가 될 만한 것이 있으므로 인쇄하였다. 다이쇼 8년(1919) 조선총독부[64]"라는 서문이 있다.

즉 당시의 주류 인식은 마쓰시마는 울릉도의 별명(別名)이며 '다케시마(독도)'는 에도시대의 다케시마, 즉 조선의 울릉도라는 것이었다. 오쿠하라의 연구는 이 인식을 '바로 잡기 위한 것'이었다.

---

61) 東京地學協會 홈페이지(http://www.geog.or.jp/index.html)

62) 田中阿歌麻呂, 1906, "隱岐国竹島に関する地理学上の知識", 地学雜誌 第18集 第210号(1906.6.15), 415~419쪽, 그는 이 논문에서 '다케시마(독도)'에 대해 다시 쓰고 부기(419쪽)에서 전년도 200~202호 기사는 울릉도에 대한 것이었음을 밝히고 정정하고 있다.

63) 朝鮮総督府編, 1919, 鬱陵島植物調査書, 三秀舍

64) 위의 책"本編ハ本府嘱託理学博士中井猛之進ノ鬱陵島植物調査報告書ニシテ学術並産業上参考ニ資スヘキモノアルヲ以テ印刷ニ附ス 大正八年四月 朝鮮総督府"

한편 오쿠하라가 그 원인제공자를 해군 발행의 「조선수로지(朝鮮水路誌)」로 보고 있었던 것도 알 수 있다. 오쿠하라는 동문헌의 「리앙코루토 열암(リアンコ-ルト 列岩)」 항목을 인용[65]하고 있는데 몇 년도 판인지는 기술되어 있지 않으나 이후의 기술로 보아 1894년 또는 1899년판을 말하고 있는 듯하다.

일본 해군 수로지의 울릉도·독도 기술을 검토하여 일본 해군이 두 섬을 1900년 이전까지 조선 영토로 인식했다고 처음 밝힌 연구자는 일본의 호리 가즈오(堀和生)이다. 이하 호리 가즈오의 분석을 요약해 보면 다음과 같다.[66]

'일본 해군은 1880년 3월부터 전 세계를 대상으로 한 『환몽수로지(寰瀛水路誌)』를 발간하였다. 그리고 1889년 3월에는 동 수로지를 폐간하고 일본을 중심으로 한 동북아시아 해역을 중시하는 방침으로 전환하여 일본영해를 다른 곳과 구별한 『일본수로지(日本水路誌)』를 발간하였다. 이들 수로지에서 『환몽수로지』제2권 제2판(1886) 「러한편(露韓編)」에 울릉도와 함께 리앙코루토 암이 기재되었으며 『일본수로지(日本水路誌)』 1897년판은 울릉도·리앙코루토 암에 대한 언급이 없는 반면 『조선수로지』 1894년 및 1899년판에 양 섬이 기재되어 있는 것을 봐서 일본 해군 수로국이 독도가 일본에 편입되는 1900년 시점에 독도를 한국영토로 취급했다'는 것이다.[67]

---

65) 奧原碧雲, 1906, 앞의 논문, 11쪽

66) 堀和生, 1987, 앞의 논문, 105쪽

67) 호리보다 앞서 일본 해군 수로지를 검토한 것은 한국 정부이다. 「한국 정부 견해 ①」 (부록 2 no.12)에서 『조선수로지(朝鮮水路誌)』 제3권(1933년) 「조선동해안도(朝鮮東海岸圖)」에 독도가 그려져 있음을 지적하고 독도는 한국영토임을 논증하였다.

[표 17] 호리 가즈오의 일본 해군 수로지 분석

연대	수로지명	판권	개요	울릉도와 독도 기술
1886-· 1889년 3월 편집 중지	『환영수로지』	제2권 제2판	세계를 대상으로 한 수로지 1880년 3월부터 편찬 울릉 도와 리앙코르토 열암 기재	"그러나 이것은 세계의 수 로지였으므로 그 소속에 대 한 확정적인 근거는 될 수 없다."(105쪽)
1892년	『일본수로지』		일본을 중심으로 한 동북아 시아 해역 중시 방향으로 전환 『日本水路誌』로 독립, 일본의 영토·영해에 한정 된 수로지 95년의 시모노세 키 조약에 의한 일본의 신 영토 대만 및 팽호도, 그 위 에 지시마 열도 최북단 점 수지까지 게재, 마주보는 대 만 연안과 캄챠카 반도는 제외	"1905년 시점에서 일본의 해 군수로부 리앙쿠르 섬에 관 한 언급 없음 → 당국은 명 백히 동 섬을 일본영토에서 제외"(106쪽)
1894년	『조선수로지』			울릉도와 함께 리앙쿠르 열 암 기재
1897	『일본수로지』			리앙쿠르 섬에 관한 언급 없음 → 일본영토에서 제외
1899	『조선수로지』			울릉도와 함께 리앙쿠르 열 암 기재
1907	『일본수로지』			리앙쿠르 섬 일본에 편입

출처: 堀和生, 1987, "一九○五年日本の竹島領土編入", 朝鮮史研究会論文集, 通号24(1987.3), 朝鮮史研究
会, 97~125쪽

오쿠하라는 『조선수로지』의 기술에 대한 문제의식에 의거하여 다
음과 같이 기술해 간다. 즉, '일본해 대해전에 의해 세계 역사에 혁혁
한 광채를 비춘 '다케시마(독도)'[68)의 현황에 대해 기록하고, 이 섬이

---

68) 奧原碧雲, 1906, 앞의 논문, 8쪽 "日本海大海戦争によりて、世界の歴史に赫炮たる光彩
をとどめし竹島は…"

근년에 원양어업자가 발견한 곳이며, 1904년경(明治36)부터, 바다사
자 포획자가 속속 도항하여 남획하였는데 지금은 다케시마(독도) 어
렵회사가 독점한 어획지가 되었다'[69]고 한다. 그리고 원래 이 섬이
알려진 것은 1667년 이후로서 울릉도는 다케시마로 新 '다케시마(독
도)'는 마쓰시마(독도)로 알려졌었으나, "그런데 수로지에서는 이것을
바꾸어, 울릉도 일명 마쓰시마라고 하고 '新 다케시마'를 리앙코루토
암이라고 하여 프랑스 함선의 발견이라고 하였다."[70] "그러나 新 '다
케시마'는 프랑스 배「리앙코루토」의 발견보다 183년 앞선 1667년의
우리 기록『은주시청합기』에 보이므로 적어도 이 암초가 일본인에게
발견된 것은 그보다 더욱 이전일 터이며, 또 프랑스 배의 발견보다 41
년 앞선, 1808년의「변요분계도고(邊要分界図考)」에 명기되었고, 더
욱 同 선(船)의 발견보다 27년 앞선 1823년의『고기집(古記集)』에 상
세히 기재되어 있음에도 불구하고, 수로지는 이 도서 발견을 외국 배
에 맡겨놓고 재고하지 않았고, 더우이 일한 양국연안에서의 거리가,
일본 쪽으로 10해리 가까운 거리임에도, 해도에는 조선의 부에 편입
시킨 것 같아, 극히 유감이라고 하지 않을 수 없다"[71]고 하였다.

---

69) 奧原碧雲, 1906, 위의 논문, 9쪽, "…近年遠洋漁業者の発見する所となり、明治三十六
年の頃より、海驢猟者続々渡航して濫獲をはじめしが、今は竹島漁猟会社の独占猟漁地
となればなり。"

70) 奧原碧雲, 1906, 위의 논문, 11쪽 "然るに水路誌にはこれを転倒して、鬱陵島とし、 新竹
島をリアンコールト列岩とし、 佛国船の発見となせり。"

71) 奧原碧雲, 1906, 위의 논문, 12쪽, "されど、新竹島は佛船「リアンコール」の発見に先立つ
こと百八十三年、寛文七年の我記録に見えたれば、少なくともこの岩嶼の日本人に発見
せられしは、なほ以前なるべく、また佛船の発見に先立つこと四十一年、文化六年の邊要
分界図考に明記せられ、なほ、同船の発見に先立つこと廿七年、文政六年の古記集に詳
記せられしに拘らず、水路誌は、この島嶼発見を外国船に委して顧みず、剰へ、日韓両
国沿岸よりの距離は、日本の方十浬の近接距なるに、海図には、朝鮮の部に編入せられ
しが如き、遺憾の極といはざるべからず。"

또 오쿠하라는 「조선수로지」의 「울릉도 일명 마쓰시마(鬱陵島一名松島)」항목 및 자신의 울릉도 시찰 결과 그리고 에도시대의 관련 문헌 기사 등을 들어, 신 '다케시마'가 다케시마(울릉도)가 아님을 논증한다. 그리고 1837년 하치에몬 사건 결과 "에도 막부에 의한 도항 금지령에 의해 다케시마(울릉도)가 일본 서해안 주민들 기억에서 잊혀졌을 때 일본 해군 수로부가 조선수로지 및 해도에 울릉도 일명 마쓰시마(鬱陵島一名松島)로서 발표하였기에 리앙코루토 암은 자연히 예전 기록의 다케시마(울릉도)에 해당된다고 오인되었고, 이리하여 다케시마는 이미 겐로쿠 중기(울릉도 쟁계, 역자 주)부터 조선 판도라고 인정되었기 때문에 리앙코루토 암까지도 조선의 판도라고 인정하게 되었다"[72]고 한다. 오쿠하라는 왜 일본 해군이 울릉도를 마쓰시마라고 했는지에 대해 강한 의문을 제시하고 있다.

이후 그는 1903년 리앙코 도에서의 강치 어획업을 계획한 나카이 요자부로가 이 섬이 조선영토라고 하여 조선 정부에 임대 청원을 하고자 상경한 것에서 농상무성 수산국원 및 수산국장 면담을 거쳐 해군 수로부 부장과 면담하는 과정에서 독도가 일본영토라는 말을 듣고 량코도 편입 및 임대 신청을 하기까지의 과정을 기술하였다. 그리고 "'다케시마(독도)'의 영토편입, '다케시마(독도)'의 명명에 관한 사정은 상술한 바와 같고, 이처럼 영토편입은 지리적으로 볼 때도 경영적으로 볼 때도 또 역사적으로 논할 때도 공공연하게 우리 영토에 편

---

72) 奧原碧雲, 1906, 위의 논문, 19쪽, "爾来、石州沿海の人、又渡航を企てしも、幕府の禁制にあひ、天保以来数十年間竹島は殆んど本邦人に忘却せられ、海軍水路部の朝鮮水路誌及び海図に鬱陵島一名松島として発表せられしより、リアンコール岩は、自然旧記の竹島にあたるものと誤認せられ、而して竹島は既に元禄中より朝鮮の版図と認められし故、リアンコール岩をも朝鮮の版図と認むるに至れるなり。"

입되어야 할 것으로서 한 점의 비난도 받을 여지가 없는 것은 분명하다. 다음으로 명명에 관해서도 오키도청에서는 수로지 및 해도에 의해 이미 울릉도를 마쓰시마라고 명명한 이상에는 '다케시마'에 해당하는 도서는 리앙코도 외에는 없으므로 이것을 '다케시마'라고 명명한 이유이다. 단 여기서 내가 의문을 품는 것은 수로부에서 어떤 사료를 근거로 울릉도 일명 마쓰시마라고 명명했는지가 근본적인 의문이다. 이 의문만 풀리면, '다케시마(독도)'의 명명에 대한 것은 어려움 없이 풀릴 것이다, 이것이 내가 세간의 식자에 대하여 절실히 가르침을 청하는 바이다"[73]로 끝을 맺고 있다.

2. 1931년 다보하시 기요시의 연구

오쿠하라는 해군 수로지에서의 마쓰시마(울릉도) 기재로 인해 에도시대의 마쓰시마(독도)가 '다케시마(독도)'로 편입된 것과 동시에 동시대인이 이 새로운 '다케시마(독도)'를 에도시대의 다케시마(울릉도)로 오인하고 있는 것에 대해 지적하고 있다.

한편 일제식민지 때의 다보하시 기요시(田保橋潔)의 연구는 다케시마·마쓰시마가 모두 울릉도의 명칭이며, 이 울릉도의 명칭들이 울릉

---

73) 奧原碧雲, 1906, 위의 논문, 23쪽, "竹島の領土編入、竹島の命名につきての事情は上述の如く위의 논문, 而して、"領土編入は地理上より見るも、経営上より見るも、はたまた歴史上より論ずるも、公然わが領土に編入すべきものにして、一点の非議を挟むべき余地を有せざるや明らかなり、次に命名につきても、隠岐島庁にに於ては、水路誌及び海図によりて、既に鬱陵島を松島と命名せられし以上は、竹島に当るべき島嶼は、リヤンコ島を措きて外に求むべからず、これ竹島と命名せられし所以なり、ただ、ここに吾人の疑を挟むべきは、水路部に於て、如何なる史料によりて、鬱陵島一名松島と命名せられしか、これ根本的疑問也、この疑問だに氷解せんか、竹島の命名は刃を迎へずして直ちに解決せらるべきなり、此れ吾人の世の識者に向って切に指教を請はんとする処なり。"

도와 리앙쿠우루 암의 명칭으로 혼동되어 사용되었다고 보고 있다. 그는 1931년 2월 『청구학총(靑丘學叢)』제3호[74]에서 다음과 같이 말하고 있다.

즉, '울릉도는 이소다케시마 또는 다케시마 또는 마쓰시마라는 명칭으로 일본에 알려졌으며 요즘 들어 리앙쿠루 암의 존재가 잘 알려짐에 따라 다케시마·마쓰시마 명칭이 울릉도와 리앙쿠르 암 명칭과 혼동되게 되었다.[75] 또 울릉도가 이소다케시마라고 알려진 것은 에도시대 초기 또는 무로마치 시대로 거슬러 올라가며, 에도시대 중기에는 다케시마라는 명칭으로 불렸고, 마쓰시마라고 불린 것은 에도막부 말기 시대인데 그 이유는 전혀 알려져 있지 않다. 이 섬을 멀리서 본 모양에서 생긴 명칭이라고 볼 수도 있다. 이리하여 요즘에 들어서는 그 리앙쿠루 암의 존재도 잘 알려져 있었기 때문에 이 두 섬은 점점 혼동되기 시작했다'[76]는 것이다.

또 그는 오늘날 울릉도를 마쓰시마, 리앙쿠우루 암을 다케시마라고 하는 것은 영국해군의 관용에 따른다고 하고, 영국해군 수로지상의 다줄레섬의 일본명이 Matu-Sima(마쓰시마)로 기재된 것에서부터

---

74) 田保橋潔, 1931a, 앞의 논문, 1~30쪽

75) 田保橋潔, 1931a, 위의 논문, 2쪽, "鬱陵島即ちダジュレ島は武陵、羽陵、芋陵、或は于山島の名を以て知られ、国史に於ても芋陵島として伝へられて居ることは周知の事実である。然るに近代に至り、本邦人特に山陰地方の漁民、同島に渡航するものあるに及んで、日本名が附せられた。朝鮮通行大紀に見える礒竹島を初めとし、後に竹島、或いは松島として知られて居る。後鬱陵島の東南に、巨岩の海中に屹立するもの(現行海図上のリヤンクル島 Liancourt)あること知られるに及び、松島、竹島の名称は、鬱陵島とリヤンクル島間に混同せられる傾向が生じた。"

76) 田保橋潔, 1931a, 위의 논문, 2~3쪽, "鬱陵島が松島と称せられたのは幕末時代にあり、その理由は全く不明である。或は同島の遠望より生じた名称かと思われる。而して此頃に至っては、かのリヤンクル島の存在も知悉せられて居たので、此両島は次第に混同せらるに至った。"

시작하여, 프랑스 항해가 라·페루즈가 1787년 5월 28일 울릉도를 '발견'하고 다줄레 섬으로 명명하게 되는 과정을 기술하고 있다.[77]

그리고 '다케시마'에 대해서는 "리앙쿠우루 암에 관해서는 (영국해군 수로지 등이) 그 일본명을 언급하고 있지는 않으나 이미 울릉도의 다른 이름이 마쓰시마로 규정된 이상에는 '다케시마(독도)'가 리앙쿠우루 암의 다른 이름으로 간주된 것은 자연스럽다. 이리하여 울릉도의 일본명은 마쓰시마로 확정되고, 그 본래의 별칭인 다케시마는 의외로 작은 섬 리앙쿠우루 섬으로 넘어갔다"[78]고 하였다.

즉, 다보하시는 오쿠하라와는 달리 다케시마도 마쓰시마도 모두 울릉도라고 인식하고 있었으며, 울릉도의 명칭이 마쓰시마로 확정됨에 따라 또 다른 이름인 다케시마는 '의외로' 새로 발견된 작은 섬 리앙쿠우루 섬의 명칭으로 넘어갔다는 해석을 하는 것이다. 이것은 에도시대의 다케시마(울릉도)·마쓰시마(독도)가 조선수로지 때문에 명칭이서로 뒤바뀌었다고 하는 오쿠하라의 설명과는 많은 차이가 있다.

한편 이와는 달리, 그의 같은 해의 다른 논고에 의하면, 동시대의 학자들은 '다케시마(독도)'를 '다마고 섬(卵島)'으로, 다케시마는 지금의 댓섬(竹嶼)으로 인식하고 있었다는 것이 확인된다. 이 점은 후쿠하라의 1906년 원고에서도 보이는 바이다.

『청구학총』제4호[79] 연구는 1931년 3월 23일자로 동경제국대학교

---

77) 田保橋潔, 1931a, 위의 논문, 1~12쪽

78) 田保橋潔, 1931a, 위의 논문, 3쪽, "リヤンクウル島ついてはその日本名を挙げて居ないが, 既に鬱陵島の別名が松島と規定せられた以上は, 松島がリヤンクウル島の別名とせられたのも自然の数である。かくして鬱陵島の日本名は松島と確定せられ, その本来の別名竹島は意外なる小島リヤンクウルに移されたものである。"

79) 田保橋潔, 1931b, "鬱陵島の名称に就いて(補) — 坪井博士の示教に答ふ—", 青丘学叢第4号(1931.5), 青丘学会編, 103~109쪽

명예교수이며 문학박사인 쓰보이 구메조(坪井 九馬三)가 다보하시의 제3호 연구 내용 중 마쓰시마·다케시마 명칭과 관련하여 반론한 것에 대해 재반론한 내용으로 되어 있다.

쓰보이 구메조의 반론은 1931년 조선총독부 촉탁으로 울릉도 식물 조사에 종사한 나카이 다케노신(中井猛之進)의 보고서에 의거하면 '다케시마'는 원래 다마고 섬(卵島)이고 다케시마는 댓섬이라는 것이다.[80] 여기에 대해 다보하시는 쓰보이가 나카이 다케노신의 의견에 완전히 동조하여 다른 문헌 자료에 기술된 내용을 무시하고 있다는 식의 재반론을 한다.

이 내용을 구체적으로 보면 다음과 같다.

> (전략) 나카이 교수는 竹島을 일본명 다케시마라 하고, 竹島는 혹은 武島(다케시마)라고 기재하기도 하는 점을 들어 어느 쪽이 맞는지 밝히고자 울릉도 개척자의 한 사람인 가타오카 요시베(片岡吉兵衛)에게 물은 결과 竹島가 맞다고 하고, 더욱 마쓰시마·다케시마라고 명명한 이유에 대해 "이것이 소나무(松)가 울창하고, 대나무(竹)이 울창하기 때문이 아니라, 송죽(松竹)이라고 하여 경사스럽다는 의미로 사용했다고 한다, 일러전쟁 당시 해군 보고서에 (울릉도) 마쓰시마라고 한 이유는 그것이다"라고 주장했다. 쓰보이 교수는 이 의견에 완전히 동의하여 『동국여지승람』, 『지봉유설』 등의 기사를 완전히 상상의 산물이라고 하여 배제시킨 것이다. (후략)[81] <부록 1-84>

---

80) 田保橋潔, 1931b, 위의 논문, 104쪽 "数年前、朝鮮総督府の命を奉じて、中井猛之進君 鬱陵に赴き、其植物を精査あり候節、松島竹島の由来をも調査せられ候、是れは隠岐より の移民が、植民地の前途を祝福して、本島を松島、その東方の沖にある附属の岩嶼を 竹島と呼び申候次第之由、又隠岐の東北沖にあり、アシカの繁殖地として知られ、普通 海図にLiancourt と申しあるは、隠岐人が夙く、タマゴ島―卵島―と申来りしことにて、 之れを竹島としたのは、固より「自然の数で」はありませんとの由、中井君の説に御座候。"

81) 田保橋潔, 1931b, 위의 논문, 106쪽

이 부분은 매우 흥미롭다. 앞서 언급했듯이(제3장 제1절) 1878년 일본 해군 아마기함의 울릉도 조사 결과 에도시대의 다케시마(울릉도)・마쓰시마(독도)의 실체는 울릉도・독도에서 댓섬・울릉도・리앙쿠르 록스로 바뀌었다. 일본 외무성 와타나베 기록국장이 아르고노트를 에도시대의 다케시마(울릉도)에 비정하면서 발생한 일이다. 나카이 다케노신이나 쓰보이 구메조는 이 일본 해군이 보급한 울릉도・독도 명칭(또는 인식)을 그대로 계승하고 있는 것이다.

필자는 위의 인용문에서 '卵島'에 다마고 섬이란 번역어를 사용했다. 일본어에서 '卵'은 일반적으로 다마고(알을 지칭하는 말, 玉子라고 쓰는 것이 더 보편적이긴 하다)라고 발음한다. 그리고 또 '란(らん)'으로도 발음한다. 이 '卵島'란 아마 리앙쿠루 록스 또는 이것을 일본어로 발음한 량코지마(りゃんこ島)를 일본 한자로 표기한 단어이었을 것이다. 즉 'りゃん'을 'らん'의 음가(音價)를 갖는 '卵'으로 표기한 것이다. 그러나 명확한 발음을 모르기 때문에 여기에서는 편의상 다마고 섬이란 번역어를 사용했다.

이와 같이 해석해보면 나카이나 쓰보이는 댓섬(다케시마), 마쓰시마(울릉도), 리앙쿠르 록스(卵島/독도)를 말하고 있는 것이다. 이러한 섬의 실체와 명칭과의 비정은 일본 해군에서부터 시작되는 것이다.

한편 다보하시는 나카이 교수가 오키 지방 노인의 말만 듣고 주장하는 다마고 섬(卵島)이란 명칭은 고기록에 보이지 않으며,[82] 울릉도의 일본명은 의심할 나위 없이 마쓰시마라고 한다.[83] 그리고 댓섬(竹

---

82) 田保橋潔, 1931b, 위의 논문, 105쪽 "中井教授は、卵島の名を以て称せられ、坪井教授も之に従はれて居るが、卵島の名称は中井教授の報告に初めて見えるもので、古記録には一切所見がない。同教授の説は後段に述べる隠岐国故老の言に基いたものであるが、更に確実なる文献上の所拠を示されるやう希望する。"

嶼)이 다케시마라는 것에 대해서는 다음과 같이 반론한다.

다보하시는 먼저, 나카이 교수가 말하는 다마고 섬(卵島)·마쓰시마(松島)·다케시마(竹嶼: 댓섬)를 당시 해도에서의 Liancourt 암=제1島, Dagelet 도=제2島, Boussole 도=제3島로 비정한 표를 제시한다. 그리고 이 표를 통해 다마고 섬(卵島) 및 댓섬(竹島)은 문헌상 확인되지 않고 울릉도만이 하나의 섬으로서 마쓰시마·다케시마라는 두 개의 이름을 가진다[84]는 것을 입증한다.

[표 18] 쓰보이·나카이의 '다케시마(독도)' 인식

서양 명칭	조선 명칭	조선명칭	해도	쓰보이·나카이
Liancourt			竹島	卵島
Dagelet	鬱陵島	울릉도	鬱陵島 (松島)	鬱陵島 (松島)
Boussole	竹島?	대섬?	竹嶼	竹島

일본← →한국

출처: 田保橋潔, 1931b, "鬱陵島の名称に就いて(補)－坪井博士の示教に答ふ－", 靑丘学叢, 第4号(1931.5), 靑丘学会編, 104쪽.

그리고 Boussole 도에 관해서는,

(전략) 제3島를 竹島라고 칭하는 것은 가장 곤란한 문제이다. 竹島는 일본명 다케시마(タケシマ) 인지, 조선명 대섬(훈독하여)인지, 혹은 죽도(음독하여)인지 조차 판명되지 않는다. (중략) 竹島에 武島라는 한자를 붙이는 것에 대해 나카이 교수는 오키(隠岐)와 이즈모

---

83) 田保橋潔, 1931b, 위의 논문, 105쪽 "鬱陵島の日本名を松島と称する事は、筆者の述べたところで、何人も之に疑義を有するものはない。"

84) 田保橋潔, 1931b, 위의 논문, 106쪽, "以上論ずるところによって第一島洋名リヤンクゥル岩、第三島洋名ブソゥル岩の名称は、文献上猶確むるを得ず、但第二島鬱陵島のみ一島にして、松島, 竹島の二名を有する事を論証することを得た。"

(出雲) 지역 주민의 관용(慣用)이라고 하나, 이것도 근거가 되는 문헌자료를 제시해 주면 좋겠다. 단, 가장 주의할 점은『지봉유설』,『조선통교대기』,『죽도기사』『죽도문담』 등에서 보이는 이소다케시마(磯竹島) 혹은 다케시마(竹島)는 제2도, 즉 울릉도를 가리키는 것이지 그 부속된 암초를 가리키는 것이 아니다. (후략)[85] <부록 1-85>

즉, 다보하시는 주로 다케시마라는 명칭이 고문헌상에서 울릉도를 가리켰다는 것에 의거하여 이것이 댓섬(竹嶼)은 아닐 것이라는 추정을 하는데, 그의 이 추정은 역사적 사실에 부합한다. 그러나 나카이나 쓰보이의 인식의 뿌리는 일본 해군에 있는 것이다. 그리고 이 일본 해군이 울릉도・독도에 대한 인식의 뿌리는 서양 수로지에 있다.

한편 다보하시의 다음과 같은 지적은 더욱 흥미롭다.

(전략) 이와 같이 리앙쿠우루와 제2도 다줄레는 에도시대부터 메이지 초기에 걸쳐 늘 혼동되었고, 그와 동시에 마쓰시마・다케시마 명칭은 보통 두 섬 간에 혼용되었다. 따라서 최근 제2도의 명칭이 마쓰시마로 확정된 이상, 그 다른 이름인 다케시마가 제1도로 옮겨 간 것도 결코 부자연스럽지 않다. (후략)[86] <부록 1-86>

여기에서 다보하시는 에도 시대부터 리앙쿠우루와 다줄레가 늘 혼동되었다고 한다. 이 말을 지리적 실체로서의 두 섬이 늘 혼동되었다는 의미로 해석 할 수 있다. 그리고 마쓰시마・다케시마 명칭은 두 섬 간에 혼용되었다고 한다. 이 점은 본 논문의 제2장 제2절에서 검토한 바이다. 한편 이 앞에서는 마쓰시마・다케시마를 둘 다 울릉도의 명칭이라고 하였다. 즉 독도는 지리적 실체는 인정되나 명칭은 없

---

85) 田保橋潔, 1931b, 위의 논문, 106쪽
86) 田保橋潔, 1931b, 위의 논문, 108쪽

는 섬이라는 의미로 해석될 수 있는 것이다.

만일 이 해석이 정확하다면 본 논문이 논증하고 있는 바가 과히 틀린 것이 아니다. 결국 근대 이전 일본인의 마쓰시마(독도)에 대한 독립된 인식은 없었다, 마쓰시마(독도)는 다케시마(울릉도)에 대한 지식과 인식의 한 구성 요소일 뿐이며, 다케시마(울릉도) 도해가 좌절되는 시점에서 이 섬에 대한 인식이 마쓰시마(독도)에 전이(轉移)되면서 명칭은 마쓰시마(독도)이나 지리적 실체는 다케시마(울릉도)인 마쓰시마(울릉도)가 만들어져 온 것이다.

한편 다보하시 연구에서 보이는 "섬의 명칭 혼란'에 대한 연구'는 그 자신이 다음과 같이 지적하듯, 17세기의 울릉도 쟁계를 기술한 것이었지 울릉도 명칭에 대한 연구는 아니었다.

> (전략) 원래 졸고 「울릉도 그 발견과 영유」는 일본해중의 고도(孤島)인 울릉도가 유럽 항해가에게 발견되었던 사실을 말하고, 이 위에 이 섬에 대한 주권이 일본과 조선 양국 간의 곤란한 교섭 문제가 되었고, 결국 일본국 정부의 평화적 양보에 의해 원만한 해결을 본 전말을 논증하고자 한 것이지, 울릉도의 명칭에 관해 고증하고, 그 타당성 또는 부당성을 가지고 다투는 것이 본뜻은 아니다. (후략)[87] <부록 1-87>

그런데 이 "일본해중의 고도(孤島)인 울릉도가 유럽 항해가에게 발견되었던 사실"과 연관지어 "울릉도의 명칭에 관해" 고증한 방법, 즉 마쓰시마(울릉도) 명칭 유래를 시볼트 지도와 연관시켜 설명한 방법이 한일 독도 영유권 논쟁기에 리앙쿠르 록스에 대한 일본의 영유권 주장과 결탁하여 '섬의 명칭 혼란'으로 정착된다.

---

87) 田保橋潔, 1931b, 위의 논문, 103쪽

이소다케시마, 혹은 다케시마라는 명칭은 이미 에도시대 이전부터 있었고, 그 섬에서 대나무가 난다고 하여 그 이름이 되었다. (중략) 마쓰시마라는 명칭의 유래는 명확하지 않으나, 저 닥터 필립·본·시볼트가 라·페루즈의 항적(航跡)을 연구하여 다줄레 섬을 den Japanern längst bekannte Inselchen Matsusima(일본인들에게는 오래전부터 잘 알려진 작은 섬 마쓰시마, 역자 주)라고 한 것에서 생각해 보면, 적어도 19세기 초기에는 이 명칭이 널리 알려져 있었다고 해석해야 한다. 88) <부록 1-88>

그런데 이때의 취지는 다케시마·마쓰시마가 울릉도의 일도이명(一島二名)이며, 다케시마는 대나무가 나는 섬이라는 의미에서, 마쓰시마는 시볼트가 원인이 되어 붙은 이름이라는 것을 말하는데 있었다. 그런데 1950~1960년대 한일 논쟁기에 들어서면 에도시대의 다케시마(울릉도)가 마쓰시마(울릉도)가 된 원인으로써 시볼트의 지도가 언급되는 기술이 형성되는 것이다.

그리고 또 하나 <부록 1-86>에서 보이는 바와 같이 하나의 섬에 두 개의 명칭이 공존하다가 하나의 명칭으로 확정되면 나머지 하나가 다른 섬의 명칭으로 전이된다는 기술 방식은 「한국 정부 견해 ②」 우산도·울릉도 이도이명(二島二名)론에 영향을 주었다. 즉, "일본이 바로 명치 초기에 있어서도 울릉도 일도를 송도와 죽도라는 이명(二名)으로 혼칭하다가 그 후에야 울릉도와 독도(일본 소위 현재의 죽도)를 각각 지칭하게 되었다는 실질적인 진실을 일본인 학자의 학구적인 논증을 빌어서 제시하기까지 하였던 것이다89)"고 하여, 울릉도의

---

88) 田保橋潔, 1931b, 위의 논문, 108쪽

89) 1954.9.25 「한국 정부 견해 ②」(부록 2 no.24)
"于山島와 鬱陵島가 두 개의 別島라는 것을 區區히 說明할 必要가 없다…『世宗實錄 地理志』와『新增東國輿地勝覽』이 編纂된 當時 二島二名으로 確認된 事實에 결코 影響을 미치게 하지는 못한다. 더욱이 地理的 知識이 發達되지 않았던 時代에 있어서는

명칭의 하나였던 우산도가 독도 명칭으로 전이된 것을 기술하는 것
이다.

제3절 한일 독도 영유권 논쟁기의 연구

1. 1950년 아키오카 다케지로의 연구

시볼트 지도를 매개로 에도시대의 마쓰시마(독도)가 '다케시마(독
도)'가 되었다는 인식은 다보하시 기요시의 언급을 단초로, 1950~
1960년대 한일 영유권 논쟁기 이전에 일본 고지도 학자 아키오카 다
케지로(秋岡武次郎)의 일본 고지도 연구에서 정리된 것으로 보인다.

아키오카는 동경대 지리학과를 졸업하였고, 제2차 세계대전 이전
까지 육군사관학교·법정대학교 교수 등을 역임하였으며 고지도 수
집·연구자로서 많은 업적을 평가 받고 있는 지리학자이다.

同一地域에 異稱이 生기고 이것이 原名과 混用하여 오다가 二島二名으로 分析되는
實例는 一히 每擧기 어려우나 特히 日本學者 田保僑(원문대로)潔氏의 松島竹島에
關한 學究的인 論症에서도 그 좋은 實例를 찾아볼 수 있는 바이다. 卽 田保僑潔氏는
日本이 該地域에 關하야 地理的 知識이 缺乏되어 있던 明治初期에 있어서 松島, 竹島
라는 名稱이 鬱陵島一島를 指稱하였고 그것이 다시 鬱陵島와 獨島(日本 所謂 現在의
竹島)를 各各 指稱하게 되었다. 同時에 鬱陵島를 기리키든 竹島라는 名稱이 獨島(鬱陵
島의 附屬島)의 名稱으로 指稱되엇다는 事實을 學究的으로 論症한 바 있었다."
1959.1.7「한국 정부 견해 ③」<부록3 no.43>
"대한민국 정부는 한국이 이미 이조 초기부터 우산도와 울릉도가 각기 별칭의 이도
(二島)임을 인지하고 있었으며… 특히 지리적 지식이 발달되지 않았던 시대에 있어
서는 일도(一島)에 이명(二名)이 혼용되다가 정확한 지식의 획득과 더불어 이도이명
(二島二名)으로 분리 지칭 되어지는 경위를 설명하고 일본이 바로 "명치" 초기에 있
어서도 울릉도 일도를 "송도(마쓰시마)", "죽도(다케시마)라는 이명으로 혼칭하다가
그 후에야 울릉도와 독도[일본 소위 현재의 죽도('다케시마']를 각각 지칭하게 되었
다는 실질적인 진실을 일본인 학자의 학구적인 논증을 빌어서 제시하기까지 하였던
것이다."

그가 1950년에 발표한 논문 「일본해 서남의 마쓰시마와 다케시마」[90] 및 1971년에 간행된 고지도집 『일본고지도집성(日本古地圖集成)』[91]에서 다케시마(울릉도)・마쓰시마(독도) 명칭 전도에 대해 서양과 일본 고지도・고문헌을 예로 들어가며 설명하고 있다. 그 내용을 다시 정리한 것이 「일본 정부 견해 ①」의 섬의 명칭 관련 부분 및 가와카미 겐조의 '섬의 명칭 혼란'이라는 것은 확연하다. 그 내용을 간단히 보면 다음과 같다.

아키오카는 먼저 에도시대 막부 말기 관찬 지도 제작자인 이노 다다타카(伊能忠敬)의 실측일본도를 필사해 간 시볼트의 「일본도(日本圖)」가 일본 오키와 조선 동남부 사이에 두 섬을 그리고 여기에 각각 일본명과 서양명, 경위도선과 유럽인 발견자를 기록한 것을 말하고, 이것이 "섬의 수 및 일본지명, 유럽지명, 조선지명이 지금까지 매우 혼잡하게 섞여 온 문제[92]"의 원인이 되었다고 한다.

90) 秋岡武次郎, "日本海西南の松島と竹島", 社会地理, 通号27(1950.8), 日本社会地理協会 編集, 7∼10쪽

91) 秋岡武次郎, 1971a, 日本古地図集成, 鹿島研究出版会(일본 및 서양지도 104점이 수록); 秋岡武次郎, 1971b, 日本古地図集成 併録 日本地図作成史, 鹿島研究所出版会, 107∼111쪽

92) 秋岡武次郎, 1950, 위의 논문, 7쪽 "これに関しては島の数及び日本地名、欧地名、朝鮮地名とが混淆し、錯雑を極めて今に及んでいる問題がある。"

[표 19] 시볼트 「일본도」의 울릉도·독도 관련 기재 사항

다카시마(竹島)	마쓰시마(松島)
Takasima	Matsusima
I.Argonaute	I.Dagelet
위도 37°25'	위도 37°52'
경도 130°56'	경도 129°50'

조선 ← （다카시마 열） （마쓰시마 열） → 일본

출처: 秋岡武次郎, 1950, "日本海西南の松島と竹島", 社会地理, 通号27(1950.8), 日本社会地理協会編集, 7쪽

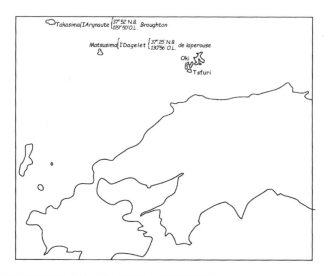

출처: 秋岡武次郎, 1971a, 日本古地図集成, 鹿島研究出版会

〈그림 15〉 시볼트 「日本圖」(간략도)

이후 본문의 1. 「구미 측(歐美側)」에서는 라페루즈와 부루톤[93]이 이 각각 울릉도를 발견하고 서로 다른 이름을 붙인 경위를 기술하였다. 그리고 "시볼트도 위 탐험자의 보고서와 제 지도를 신뢰하여 그의 지도에 아르고노트와 다줄레를 그렸고… 그가 옛날부터 오키와 조선 사이에 두 개의 섬이 있는 것을 알고 있었기 때문에 위와 같이 표기하였다… 시볼트가 귀국할 때 소지한 도서 목록에 「개정일본여지로정전도(改正日本輿地路程全図)」, 「대일본세견지장전도(大日本細見指掌全図)」「개정일본도(改正日本圖)」가 있는 것을 보면 이 지도들에 의거했을 것이다… 그는 마쓰시마·다케시마에 대해 알고, 서양인과 일본인이 그린 지도를 비교하여 다줄레 섬을 마쓰시마라고 하고 아르고노트 섬을 다케시마라고 하였다… 그러나 다줄레 섬 및 아르고노트 섬은 실은 하나의 섬으로서 다케시마에 해당되는 것이었기 때문에, 다줄레 섬에 마쓰시마라는 이름을 부여한 것은 나중에 큰 사실 혼란을 야기시키게 되었다. 여기에 더해 조선명인 울릉도라는 이름이 더해짐으로써 혼란은 더욱 심해지게 되었다"[94]고 한다.

또 1849년, 1854년, 1855년에 각각 독도가 서로 다른 이름을 부여받으며 '발견'된 것과 1856년 간행 미국 페리제독의 『일본래항기(日本

---

93) 이 발견자는 영국의 코넷이다. 아키오카는 그의 1971b의 글에서 코넷으로 수정하고 있다(秋岡武次郎, 1971b, 앞의 책, 107쪽).

94) 秋岡武次郎, 1950, 앞의 논문, 7쪽 "シーボルトも右二探検者の報告書や諸地図を信憑して右二島を描くと共に…一方我が国では古くから隠岐と朝鮮との中間に二つの島があることが知られ、…シーボルトの持帰った書籍の目録には改正日本輿地路程全図、第日本細見指掌全図、改正日本図が載せられているからこれらの地図によったのだろう。彼はこの松島・竹島の実在を知り、欧人側と日本側との地図を比定してダジュレー島に松島を当て、アルゴノート島に竹島を当てたのである。しかしながらダジュレー島及びアルゴノート島は実は同一嶋であり、竹島に該当すべきものであったから、ダジュレー島に松島の名を与えたことは後に大きな事実の混乱を惹起することとなった。加之後に朝鮮の名の鬱陵島の名が之に加わるに及び混乱は一層甚だしくなった。"

來港記)』관찬 3권 및 1856년 간행 제1권 부속도[95])에 시볼트 지도에
의거한 다음과 같은 기술이 있음을 언급한다.

[표 20] 『일본래항기』 울릉도 기재 사항

	제1섬	제2섬	제3섬	
조선 ←	아르고노트	다줄레 섬	-	→ 일본
	※ 실재하지 않음	마쓰 섬	1855년 영국 군함 호넷 발견	

출처: 秋岡武次郎, 1950, "日本海西南の松島と竹島", 社会地理, 通号27(1950.8), 日
本社会地理協会編集, 8쪽

　그리고 "그리하여 이 후의 구미제 지도에는 점차 아르고노트 섬이
란 이름이 사라지고, 현실을 반영한 2개의 섬만이 기재되게 되었다.
그리고 조선에 가까운 다줄레 섬, 즉 울릉도에 일본의 마쓰시마를 비
정한 것은 시볼트로서 이것이 이후의 구미제 지도에 답습되어 지금
에 이르는 것이다"[96]라고 한다.

　다음으로 본문 「일본 측 및 한국 측(日本側及韓國側)」에서는 다줄
레가 조선의 우산국에서 무릉·우릉·울릉·울릉도 등의 명칭을 갖
는 섬이며, 일본에서는 이소다케 또는 다케시마라는 명칭을 갖는 섬
이라는 것을 조선과 일본 고지도를 들어 증명하고, "이리하여 구미에

---

95) 다음 두 권의 책으로 추정된다. Hawks, Francis L. (ed.), 1856, *Narrative of the Expedition of an American Squadron to the China Seas and Japan* 3 vols, Washington (D.C.); HEINE, Wilhelm, 1856, *Reise um die Erde nach Japan: an Bord der Expeditions-Escadre unter Commodore M.C. Perry in den Jahren 1853, 1854, 1855*, Leipzig
　전자는 미합중국 해군 페리 제독이 합중국 정부 명령에 의해 1851년 및 1853~1854년 실시한 중국 해역 및 일본 원정 기록 보고서를 전3권으로 편찬한 책이며, 후자는 페리 제독 함대에 동승했던 독일인 화가 윌리엄 하이네가 집필한 책이다.

96) 秋岡武次郎, 1950, 앞의 논문, 8쪽 "かくてその後の欧米製地図には次第にアルゴノート島の名が消え、現実通りの二島のみが記されることとなった。そして朝鮮島に近いダジュレー島即ち鬱陵島に日本の松島を当てたのはシーボルトであつて、これが以後の欧米製地図に踏襲されて今日に及んでいるのである。"

서 말하는 다줄레 섬은 예전부터 일본에서 말하는 다케시마이며, 또 조선의 울릉도로서, 리앙쿠루 섬 별명(別名) 호넷 섬은 예전부터 말하는 일본의 마쓰시마였다. 그러나 앞서 말한 사정에서 시볼트가 「일본도(日本圖)」 이래 다줄레 섬, 즉 울릉도(다케시마)를 마쓰시마라고 기록하기에 이르렀다"97)고 한다.

이런 이유로 「메이지 이후의 일본(明治以後の日本)」에서는 에도 시대 지도에는 정확히 기록된 마쓰시마(독도)·다케시마(울릉도)가 "메이지 후반에는 구미 지도상의 마쓰시마의 잘못된 이름의 영향을 받았는지 아니면 우리나라에서 자연적으로 발생한 오류인지 혹은 그 양쪽 이유가 하나가 된 것인지 알 수 없으나, 울릉도를 마쓰시마라는 명칭으로 부르는 자도 생겼다… 한편 여기에 대해 우리나라의 옛날부터의 마쓰시마는 조선 스스로 전혀 관여한 바 없고, 또 조선인에 의해 그려진 여러 지도에도 이 섬에 대해 기록하고 있는 것은 하나도 없는 순전한 일본의 도서였다. 단지 기술한 바와 같이 유럽인이 이 섬을 망견하고 그들 지도에 리앙쿠루 또는 호넷 섬으로 기재한 것이었다. 그런데 구미제 및 일본제 지도에서 울릉도를 마쓰시마라고 기록하게 됨으로써 이 섬의 존재가 우리나라에서 조차 무시되어 지금의 일본제 대소 여러 지도에도 그 존재를 기록하고 있는 것이 적다"98)고 하였다.

---

97) 秋岡武次郎, 1950, 위의 논문, 9쪽 "かくして欧米でいうダジュレー島は古くから日本で称せられている竹島であり、又朝鮮の鬱陵島のことであって、リヤンクール島別名ホーネット島はふるくからいう日本の松島であった。而も既に述べたような事情からシーボルト日本図以来ダジュレー島即ち鬱陵島(竹島)を欧米側では松島と記すに至った。"

98) 秋岡武次郎, 1950, 위의 논문, 9쪽 "一方明治後半には欧米地図上の松島の誤った名の影響を受けたためか或いは我が国に於ける自然の間違いからか若しくはその双方の理由が一緒になったためか知らぬが、鬱陵島を松島の名を以て呼ぶものも生じて居り…一方これに

위를 보면, 그가 독도 소유를 둘러싼 한일 갈등에 대비하고 있었다는 것을 느낄 수 있다. 물론 이 논문이 발표된 것은 1950년이며 연구 시기는 그보다 더 앞설 것이다.

일본 외무성 조약국은 1953년 10월부터 1954년 1월까지 독도 문제에 관한 식견을 가진 국제법학자와 역사학자들을 모아 연구회를 열어 연구 성과와 학문적 의견을 들었다. 참여 역사학자로는 다가와 고죠(田川孝三)・스에마쓰 야스카즈(末松保和)・나카무라 히데다카(中村榮孝)・나카무라 히라쿠(中村拓)・나카무라 에이코(中村榮孝)[99]・아이바 기요시(相場淸) 등이 있었다.[100] 따라서 아키오카가 독도 영유권 논쟁기의 일본 정부 견해 작성에 직접 관여했다고 볼 수는 없으나 그의 연구의 내용이 「일본 정부 견해 ④」와 같은 것은 확연하다.

그리고 당시 외무성 조약국 제1과장이었으며 일본 정부 견해 작성에 직접 관여했던 가와카미 겐조(川上健三)가 1953년에 작성한 '다케시마' 영유권에 관한 보고서[101] 및 동 내용을 보완하여 발간한 1966년의 문헌[102]은 내용상, 또는 그가 직접적으로 아키오카와의 관련성을 언급하고 있다.[103]

対して我が国としての昔からの松島は朝鮮自身としては全然これを関知せず、又朝鮮側の手になる諸種の地図にもこの島を記しているものは一つも見当たらない純然たる日本の島嶼であった。唯既述のようにヨーロッパ人がこの島を望見し、彼らの地図にリヤンクール又はホーネット島と挙げるものであった。然るに欧米製並びに邦製諸地図に於いて鬱陵島を松島と記すに至ったためこの島の存在が我が国自身に於いてすら無視され、現今の邦製の大小種々の地図にもその存在を記されているものが少ない。"

99) 이 사람은 나카무라 히데타카(中村榮孝)와 같은 사람이거나 나카무라 에이코라는 이름의 일본어 표기(英子?의 오류인가)에 오류가 있는 듯하다.

100) 이형식, 2011, "패전 후 일본학계의 독도문제 대응(1945-1954)", 영토해양연구 창간호 Vol1(2011.9), 동북아역사재단, 20쪽, 26쪽

101) 川上健三, 1953, 앞의 책

102) 川上健三, 1966, 앞의 책

한편 아키오카는 다보하시 기요시가 추정하여 간단히 언급한 울릉도 명칭 혼란과 시볼트와의 관계(<부록 1-88>)를 구체적으로 「일본도(日本圖)」라는 근거를 제시하며 확정시키기에 이른다. 그러나 사실 시볼트의 「일본도」가 명확히 울릉도 명칭 혼란의 원인이었다고 단정할 수는 없다.

이 점에 대해 이미 한국 학자들이 문제점으로서 지적한 바 있다. 1985년 신지현[104]은 구레 쇼조(吳秀三)의 시볼트 연구[105]를 인용하여, 시볼트가 하야시 시헤이(林子平)·모가미 도쿠나이(最上德內)·마미야 린조(間宮林藏)·이노 다다타카(伊能忠敬), 다카하시 가게야스(高橋景保) 등의 저술과 지도에 대한 지식이 있음을 꼽고, "아르고노트를 竹島(울릉도)에 比定하였던 것은 자신의 창작이라기보다는 日本側의 전술한 사람들의 地圖에서 영향을 받았으리라고 생각할 수 있다"고 한다.[106] 그러나 상기 언급한 자료들의 어떤 부분이 시볼트의 지도에 영향을 주었는지에 대한 논증은 없다.

또한 1985년 최석우[107] 역시 시볼트의 지도에 "日本人의 原圖와 天文學的 觀察"에 의거하여 저작된 것이 기록되어 있는 점을 들어 신지현과 같은 지적[108]을 하고 있다. 그리고 역시 이에 대한 객관적인 논증은 결여되어 있다.[109]

---

103) 川上健三, 1966, 위의 책, 10쪽
104) 申芝鉉, 1985, 앞의 논문, 91~145쪽
105) 吳秀三, 1926, シーボルト先生其生涯及功業
106) 申芝鉉, 1985, 앞의 논문, 112쪽
107) 崔奭祐, 1985, 앞의 논문, 335~360쪽
108) 崔奭祐, 1985, 위의 논문, 336쪽
109) 한국 측 연구는 '섬의 명칭 혼란'에 있어서의 '시볼트 원인론'을 잘못 이해하고 있는 듯 보인다. 한국 측 연구의 논박 대상은 가와카미의 연구인데 이는 앞서 언급한

시볼트가 자신의 지도에 왜 아르고노트를 다케시마로, 다줄레를 마쓰시마로 비정하였는지에 대해서는 명확히 알 수 없다. 결국 이것은 시볼트에게 직접 물어보지 않으면 안 되는 사항일지도 모른다.

한편 아키오카는 1950년 논문과 같은 내용을 수록하고 있는 1971년의 글에서는 시볼트가 다카하시 가게야스로부터 전달받은 이노 다다타카의 지도를 베껴서 가져갔다는 서두 부분을 뺀다. 에도시대의 관찬 지도 제작자인 이노의 지도들에 다케시마(울릉도)와 마쓰시마(독도)가 없는 것은 이미 잘 알려져 있는 사실이다. 따라서 시볼트가 에도시대의 다케시마(울릉도)·마쓰시마(독도) 인식에 대한 근거로 이노의 지도를 언급하는 것은 부적절하다. 이 점을 인식한 것일까. 1971년 글에서는 그 부분이 빠지게 된다.

그리고 1950년 글의 앞서 인용된 부분 "그러나 구미제 및 일본제 지도에서 울릉도를 마쓰시마라고 기록하게 됨으로써 이 섬(옛날부터의 마쓰시마)의 존재가 우리나라에서 조차 무시되어 지금의 일본제 대소 여러 지도에도 그 존재를 기록하고 있는 것이 적다"는 부분은, "그러나 구미제 및 우리나라 여러 지도에서 울릉도를 마쓰시마라고 기록하게 되었으므로 이 섬이 결국 우리나라에서 조차 전자(前者)의 섬(마쓰시마=울릉도)과 자주 혼동되는 경향을 띄었다"110)로 바뀐다.

바와 같이 아키오카의 연구를 계승한 것이다. 그리고 두 사람의 시볼트 원인론은 시볼트가 일본 고지도상의 다케시마(울릉도)·마쓰시마(독도)에 대한 인식이 있어 이를 서양지도의 아르고노트와 다줄레에 비정했다는 것인데 이는 시볼트가 일본 사람의 연구를 참조했다고 하는 한국 측 지적과 같은 것이다. 또 최석우는 "歐美의 海圖들, 특히 英國의 「中國水路誌」가 이른바 「시볼트」의 誤謬를 답습하였다는 日本側 주장은 어디까지나 억지에 지나지 않는다"(337쪽)고 하였는데, 가와카미(1966, 13쪽)도 아키오카(1950, 8쪽)도 시볼트 지도를 답습한 서양지도의 예로서 1856년간 페리 제독의 『일본원정기(日本遠征記)』 삽입도 등을 들고 있는 것이다. 아마 일본어 텍스트 해독에 있어 혼동이 있었던 것 같다.

아키오카의 연구는 시볼트 지도를 매개로 한 다보하시의 다케시마·마쓰시마=울릉도라는 이명일도(二名一島) 기술을, 역시 시볼트 지도를 매개로 하여 '다케시마'(독도)·마쓰시마(울릉도)라는 이명이도(二名二島) 논리로 바꾸는데 큰 기여를 하였다.

그러나 이것보다 더 중요한 것은, 이러한 명칭 전이 과정이 단순히 '섬의 명칭 혼란'이라는 단어로 정리되어 간다는 것이다. 그러나 지금까지 보아왔듯 일본에서 울릉도·독도의 명칭이 생기거나 전이되는 배경에는 반드시 두 섬의 영유권에 대한 집단적 조작 가능성이 깔려 있다.

아키오카의 다케시마·마쓰시마 명칭 혼란 논리는 1950~1960년대의 일본 정부 견해에 일본의 '다케시마(독도)' 인식 또는 인지에 대한 자료와 논리를 제공하였고, 1966년 간행된 가와카미의 문헌으로 계승되었다.

그리고 이후 등장하는 일본의 독도관련 연구에서 일본의 '다케시마' 인식 또는 인지에 대한 부분은 위의 아키오카·가와카미 설명이 무비판적으로 전재된다. 한국 연구에서 역시 아키오카가 제공한 설명자료와 틀, 방식이 문제시된 적은 없다. 오히려 이에 의거하여 일본의 '다케시마' 영유권 주장에 대해 반박하는 것은 흔히 볼 수 있다.

---

110) 秋岡武次郎, 1971b, 앞의 책, 111쪽 "一方之に対して我国としての昔からの松島は朝鮮自らとしては之に関与せず…しかるに欧米製並びに邦製諸地図において鬱陵島を松島と記すに至ったためこの島がついわが国自身においてすら前者の島と混同されがちであった。"

2. 1966년 가와카미 겐조의 연구

일본이 '다케시마'로 명명하여 새로 편입한 섬 리앙쿠르 록스와 에도 시대의 마쓰시마(독도)를 역사적 인과 관계하에서 설명하려는 노력-'섬의 명칭 혼란'-에도 불구하고, 리앙쿠르 록스라는 명칭은 1950년대까지 일본 정부에 남아있었다.

이 명칭은 1952.1.28 일본 측 구술서 및 1952.4.25자 일본 측 구술서에서까지 Take-Shima의 다른 이름으로 병기되다가, 1953.7.13 「일본 정부 견해 ①」에 와서야 삭제된다.[111] 이후 일본 측 구술서에서는 Take-Shima라는 이름만 남는다.

한일회담 종료 후 가와카미는 1966년에 간행된 그의 저서 제1장 제1절을 '섬의 명칭 혼란(島名ノ混亂)'[112]으로 구성한다. 앞서의 아키오카의 연구를 더 체계화시킨 것이다.[113]

여기서 그는 아키오카가 제시한 자료 외에도 더 많은 자료(주로 지도)를 예로 들어, 서양함선의 울릉도 발견과 측량오류, 독도 발견, 이에 따른 여러 명칭의 발생, 시볼트의 명칭 비정 오류로 인해 일본에서 울릉도가 다줄레=마쓰시마로 독도가 '다케시마'로 명명되게 된 과정을 설명했다.

즉 "…라페루즈 이래의 구미인에 의한 이들 두 섬의 발견과 그 지

---

111) "The Ministry of Foreign Affairs presents its compliments to the Korean Mission in Japan and with reference to the Latter's note of June 26, 1953, concerning the unlawful landing on the Take-shima, a Japanese possession…"

112) 川上健三, 1966, 앞의 책, 9~31쪽(第1章 第1節 "島名の混乱")

113) 川上健三, 1966, 위의 책 9~10쪽, "この竹島の島名の混乱の事実については…この問題に決定的な解答を与えたのは秋岡武次郎氏で、同氏の論文「日本海西南の松島と竹島」…ではシーボルトがダジュレー島を「松島」にあて、アルゴノート島を「竹島」にあてたことから、島名が混乱するに至った経緯がきわめて明解に説明されている。"

리적 지견의 변천, 특히 다줄레 섬을 마쓰시마에 비정한 시볼트 이래
의 잘못된 지식이 충분히 음미되거나 정리되는 일 없이 우리나라에
전달되자, 그때까지 아무런 오해도 혼란도 없었던 울릉도, 마쓰시마,
'다케시마'의 3자 관계의 명확성이 결여되게 되었다"[114]는 것이다.

그리고 이 점을 입증하기 위해 일본지도를 ① 전통적 마쓰시마·
다케시마 계통의 지도 ② 구미제 지도의 영향을 받은 계통의 지도로
나누어 분류하여 제시한다.[115]

분류 ①은 '에도시대 중기 이후의 일본지도의 계통을 답습한 지도
리스트'[116]이며, '구미의 지리적 지견이 들어온 후에도 계속해서 상
당한 기간 나중에까지 발견 되는 지도들[117]'인데, 이를 통해 '1894년
경에도 산인 지방 사람들은 일반적으로 울릉도를 여전히 다케시마라
고 불렀던 것을 알 수 있다'[118]고 한다.

한편 '다케시마'는, "동 지방에서는 마쓰시마가 아닌 리앙쿠르의
방언 '리랑코 섬' 또는 '량코 섬'으로 부르는게 보통이었으나" 예전부
터 내려오는 호칭인 「마쓰시마」가 완전히 잊힌 것은 아니었고 1903
년까지 마쓰시마로 기록된 자료도 있다고 하였다.[119]

---

114) 川上健三, 1966, 위의 책, 19쪽, "ラーペルウズ以来の欧米人によるこれら両島の発見と
　　その地理的知見の変遷、ことにダジュレー島を松島に比定したシーボルト以来の欧米人
　　によるこれら両島の発見とその地理的知見の変遷、ことにダジュレー島を松島に比定し
　　たシーボルトの誤った知識が、十分に吟味、整理されることなくわが国に伝えられる
　　や、それまでなんら誤解も混乱もなかった鬱陵島、松島、竹島の三者の関係が明確を欠
　　くようになるのである。"

115) 川上健三, 1966, 위의 책, 29〜39쪽「마쓰시마·다케시마의 지리적 지식의 변천」(표)]

116) 川上健三, 1966, 위의 책, 19쪽

117) 川上健三, 1966, 위의 책, 20쪽

118) 川上健三, 1966, 위의 책, 21쪽

119) 川上健三, 1966, 위의 책, 21〜22쪽

분류 ②는 최신의 구미의 지리적 지식을 받아들인 일본지도를 나타낸다. 그중 오래된 것은 1861년의 네덜란드 지도를 번역한 「신간여지전도(新刊輿地全圖)」인데, 이 지도는 시볼트의 영향을 받지 않고 다줄레를 다케시마로 표기했다는 점이 지적되고 있다.[120]

또한, 시볼트 지도의 영향을 받은 1856년 페리제독『일본원정기(日本遠征記)』부속도 및 1859년, 1866년 제임스 와일드의 지도를 답습한 1867년 가쓰 가이슈(勝海州)의 「대일본연해약도(大日本國沿海略圖)」 계열의 번역 지도[121]가 아르고노트·다줄레·리앙쿠르(또는 호넷)의 세 섬을 기록하였다고 한다.[122]

그 외에 다른 서양지도를 답습하여, 울릉도를 다줄레로 표기하였으나 독도를 올리부차·메넬라이로 기록한 지도[123] 및 지도상 다케시마와 마쓰시마가 표기되어 있으나 그 형태·위치로 보아 명백히 아르고노트와 다줄레인 지도 등이 있음을 언급하고 있다.[124]

가와카미의 이 분석에는 서양지도의 영향으로 인한 결과만 언급하였을 뿐 그 과정 기술과 결과의 의미에 대한 언급은 없다는 약간의 맹점(盲点)이 있다. 이 점을 다음에 제시하는 표를 통해 검토해 보고자 한다. [표 21] 및 [표 22]는 앞서 제시한 가와카미의 지도 분류표에, 아키오카의 논문 및 지도집[125], 1950~1960년대 일본 정부 견해 작성

---

120) 川上健三, 1966, 위의 책, 22쪽

121) 橋本玉蘭, 1870, 「大日本四神全図」; 樫原義長, 1886, 「大日本地図」; 前川善兵衛, 1893, 「詳密日本新地図」; 加川千義, 1906, 「明治三十七, 八年戦役紀念地図」 등

122) 川上健三, 1966, 위의 책, 24쪽

123) 川上健三, 1966, 위의 책, 26~27쪽

124) 川上健三, 1966, 위의 책, 27쪽

125) 秋岡武次郎, 1971a, 앞의 책

에 참여했던 나카무라 히라쿠의 지도집,126) 이노 타다타카의 지도
집127) 등 간행 고지도집에 수록된 290여 점의 고지도 중 울릉도·독
도가 기재되어 있는 지도를 모두 조사하여 그 기재 사항을 추가한 것
이다.

[표 21] 전통적 다케시마·마쓰시마 계열 지도

연도	저자	지도명	울릉도 표기	독도 표기	출처
桃山時代		福井市淨得寺所蔵「日本図 及び世界図屛風」	磯竹		秋岡, 1971b, 109쪽 秋岡, 1950, 9쪽
		東京都小林中 所蔵 「日本図及び世界図」	磯竹		秋岡, 1971b, 109쪽 秋岡, 1950, 9쪽
		若狭小浜市川村平右衛門所蔵 「日本図及び世界図屛風」	磯竹		秋岡, 1971b, 109쪽 秋岡, 1950, 9쪽
		大和某寺旧蔵東京都南波 所蔵 「日本図」	磯竹島		秋岡, 1971b, 109쪽 秋岡, 1950, 9쪽
江戸時代 初期		県立長崎図書館蔵盧 艸拙旧蔵 「東亜ポルトラーノ型海図」	竹島		秋岡, 1971b, 109쪽 秋岡, 1950, 9쪽
1667年 (寛文7年 10月序)	藤(斉藤) 弗緩著	『隠州視聴合記』 写本四巻四冊 (南波氏蔵)巻一	竹島	松島	秋岡, 1971b, 109쪽
江戸時代 中期		手書き日本図 * 此沖戌亥ノ方=竹嶋有四 拾里余 又沖=松嶋有三拾里余 朝鮮國ヨリ百里斗有竹嶋松嶋 共=家無隠岐国ヨリ漁ニ参 候由	竹嶋	松嶋	秋岡, 1971b, 107쪽 秋岡, 1950, 7쪽
1705 (宝永2年)		『朝鮮軍記大全』 (20冊)第一巻 「朝鮮渡海之図」	竹島		秋岡, 1971b, 109쪽 秋岡, 1950, 9쪽

---

126) 中村拓, 1972, 日本古地図大成, 講談社(총 133점의 일본 고지도가 수록되어 있다)

127) 鈴木純子·渡辺一郎編, 最終上程版 伊能図集成(大図)(小図), 柏書房, 1999(총 51점의
일본 고지도가 수록되어 있다)

연도	저자	지도명	울릉도 표기	독도 표기	출처
1736 (元文)	伊藤東涯	『輶軒小録』 * 板本の東海帝国記の図には竹島は見えない。	磯竹島		秋岡, 1971b, 109쪽 秋岡, 1950, 9쪽
1775 (安永4年)	長久保赤水	「日本輿地路程全図」	竹島	松島	川上, 1966
1779 (安永8年刊)	長久保赤水 作	「改正日本輿地路程全図」 * 竹島一曰磯竹島見高麗猶雲州望隠州	竹島	松島	秋岡, 1971a, 54쪽 中村, 1972, 70-71쪽 (No.33) 秋岡, 1971b, 107쪽 秋岡, 1950, 7쪽
1783 (天明3年)		「重鐫日本輿地全図」	竹島	松島	秋岡, 1971a, 59쪽 秋岡, 1971b, 109쪽 秋岡, 1950, 7쪽
1785	林子平	「三国接境地図」 「三国通覧輿地路程全図」 * 朝鮮之持也	竹島	松島	中村, 1972, 64(쪽) (No.30)
1785	林子平	「大日本図」	竹島	松島	
1791 (寛政3年)	長久保赤水	「改正日本輿地路程全図」 * 竹島一曰磯竹島見高麗猶雲州望隠州	竹島	松島	秋岡, 1971b, 109쪽 秋岡, 1950, 7쪽
18世紀 後半		「総絵図」	竹島	松島	
1808 (文化5年)	浪華篠応道撰	「大日本細見指掌全図」 * 竹島一曰磯竹島見高麗猶雲州望隠州	竹島	松島	秋岡, 1971a, 56쪽 秋岡, 1971b, 109쪽 秋岡, 1950, 7쪽
1809 (文化6年)	高橋景保	「日本辺界略図」 * 朝鮮海			中村, 1972, 69쪽 (No.32)
1811 (文化8年)	浅野弥兵衛	「日本国図」	竹島	松島	川上, 1966 秋岡, 1971b, 107쪽 秋岡, 1950, 7쪽
1811 (文化8年)		「改正日本図」	竹島	松島	秋岡, 1971b, 109쪽 秋岡, 1950, 7쪽
1811 (文化8年刊)	浅野弥兵衛	「浅野弥兵衛版改正日本図」	竹島	松島	秋岡, 1971a, 55쪽
1811 (文化8年)	三木光斎作	「大日本改正全図」	竹島	松島	秋岡, 1971a, 57쪽

연도	저자	지도명	울릉도 표기	독도 표기	출처
1811 (文化8年)	長久保赤水	「改正日本輿地路程全図」 * 竹島一曰磯竹島見高麗猶 雲州望隠州	竹島	松島	
1816 (文化13)		「大日本接攘三国之図」			秋岡, 1971a, 58쪽
1821 (文政4)	伊能忠敬	「大日本沿海輿地全図」(全8枚 の中中部・近畿)			中村, 1972, 74-75쪽 (No.35)
1828 (文政11)		「国郡全図」	竹島	松島	秋岡, 1971b, 109쪽 秋岡, 1950, 7쪽
1854 (嘉永7年)	菊屋幸三郎 版	「校正大日本輿地全図」			秋岡, 1971a, 60쪽
1864 (文久4年)	恵比須屋 庄七梓	「大日本海陸全図」	竹島	松島	川上, 1966
1864 (嘉永7年)	工藤東平昨	「大日本沿海要彊全図」	竹島	松島	秋岡, 1971a, 64쪽
1865 (慶応1年)	橋本玉蘭	「大日本輿地全図」*官許			秋岡, 1971a, 61쪽
1867 (慶応3年刊)	佐藤政養	「銅板大日本製図」			秋岡, 1971a, 62쪽
1867 (慶応3年刊)	勝海舟蔵	「改正日本輿地路程全図」			秋岡, 1971a, 63쪽
1869 (明治2年)	葎□貞雅補丁	「大日本海陸全図」	竹島	松島	川上, 1966
1870 (明治10年)	文部省刊	「日本全図」			秋岡, 1971a, 70쪽 (2枚)
1872 (明治2年)	中島彭	「日本輿地全図」	竹島	松島	川上, 1966
1872 (明治5年)	橋本玉蘭刊	「校正大日本輿地図」* 官許			秋岡, 1971a, 66쪽
1878 (明治11)	塚本明毅	『日本地誌提要』 「隠岐の部」	竹島	松島	川上, 1966
1882 (明治15年)	木村文造	「銅版朝鮮國全図」	竹島	松島	川上, 1966
1882年 (明治15年)	鈴木敬作	「朝鮮國全図」	竹島	松島	川上, 1966
1882 (明治15年)	伊能忠敬	「(小図)山陰道, 山陽道, 南海島, 西海道, 全体図(部分図1)」			鈴木・渡辺, 1999, 50쪽(No.50)

연도	저자	지도명	울릉도 표기	독도 표기	출처
1886年 (明治19年)	森琴石	「大日本海陸全図」	竹島	松島	川上, 1966
1894 (明治27年 1月14日)		「山陰新聞」 漁船改良丸の欝陵島渡航記事	竹島		川上, 1966
1894 (明治27年 2月18日)		「山陰新聞」 松江佐藤狂水投 「朝鮮竹島探検」	竹島	リランコ島	川上, 1966
1894 (明治27年)	宗孟寛	「日清韓三国輿地全図」	竹島	松島	川上, 1966
1900 明治33年	青木恒三郎	日清韓三国大地図	竹島	松島	川上, 1966
1903 (明治36年)	小泉憲貞著	『隠岐誌 後編』第49綴	竹島	松島	川上, 1966
1904年 (明治37年 9月29日)	中井養三郎	「りゃんこ島領土編入 並びに貸下願」		リャンコ島	川上, 1966

출처: 川上健三, 1966, 竹島の歴史地理学的研究, 古今書院; 秋岡武次郎, 1950, "日本海西南の松島と竹島", 社会地理, 通号27(8月), 日本社会地理協会編集, 7-10쪽; 秋岡武次郎, 1971a, 日本古地図集成, 鹿島研究出版会; 秋岡武次郎, 1971b, 日本古地図集成 併録 日本地図作成史, 鹿島研究所出版会; 中村拓, 1972, 日本古地図大成, 講談社; 鈴木純子・渡辺一郎編, 最終上程版 伊能図集成[大図][小図], 柏書房, 1999

[표 22] 구미의 최신 지식을 받아들인 일본제 지도

연대	저자	지도명	울릉도 표기	독도 표기
1867年 (慶応3年)	勝海舟	大日本国沿海略図	▽ 竹島 ◎ 松島 [호우리루 록크(ホウリルロック)]	리엔코라루 록크 (リエンコラルロック)
1870年 (明治3年)	橋本玉蘭齋	大日本四神全図完	▽ 竹+時陵島[한린토, 란칸토(ハンリントウ, ランカントウ)] 竹シマ ◎ 松シマ[호우리루 록크, 세유르 사키(ホウリルロック, セユル崎)]	리엔코오루토 록크(リエンコヲルトロック)
1874年 (明治4年)	沖冠嶺	大日本及支那朝鮮図	▽ 竹島 ◎ 松島	리엔코오루토 록크(リエンコヲルトロック)

1880年 (明治13年)	해군수로국 (海軍水路局)	군함 「아마기」가 마쓰시마=울릉도 확인 (軍艦「天城」 * 松島=鬱陵島を確認	◎ 松島	리엔코루토 암 (リアンコールト岩)
1886年 (明治19年)	樫原義長	「大日本地図」	◎ 松島[호우리루 록크, 세우르 사키(ホウリルロック, セユル崎)]	리엔코루토 록크 (リエンコールトロック)
1896年 明治29年	水路部	「朝鮮」	鬱陵島·松島	리앙코루토 암 (リアンコールト岩)
1906年 明治39年	加川千義	明治三十七, 八年戰役記念地図	鬱陵島(松島)	竹島[리앙코쿠토(リアンコルト)]

출처: [표 21]과 같음.
▽ 竹島는 가공의 섬 아르고노트 표시, ◎ 松島는 실제의 울릉도=다줄레 표시

위 표를 통해 알 수 있는 것은 「전통적 다케시마·마쓰시마 계열
지도」나 「구미의 최신 지식을 받아들인 일본제 지도」나 동해상에 다
케시마와 마쓰시마 두 섬을 표기하고 있는 것은 마찬가지라는 점이
다. 그 위에 서양 명칭으로 표기된 낯선 섬이 하나 더 있을 뿐이다.

「전통적 다케시마·마쓰시마 계열 지도」가 가리키는 것은 물론 울
릉도·독도이다. 그 점은 그 두 섬이 그려진 위치에서 알 수 있다. 물
론 에도 시대 지도이기 때문에 명확한 경위도 표시가 있는 것은 아니
지만 대체적으로 지리적 실체로서의 울릉도와 독도가 있는 지점에
두 섬의 형태를 그리고 섬의 명칭을 표기한 것이 「전통적 다케시마·
마쓰시마 계열 지도」이다.

한편 「구미의 최신 지식을 받아들인 일본제 지도」에도 다케시마와
마쓰시마가 있다. 그러나 그 위치는 경위도상 아르고노트와 다줄레의
위치이다. 지도에서 보면 두 섬은 조선 쪽에 붙여 그려져 있다. 그래
도 독자가 굳이 위치 대조를 하지 않는다면, 다시 말해 얼핏 본다면,

「전통적 다케시마·마쓰시마 계열 지도」에나 「구미의 최신 지식을 받아들인 일본제 지도」에나 동해 안(內)에 조선 쪽으로 다케시마 일본 쪽으로 마쓰시마가 그려져 있는 것은 마찬가지이다.

서양지도의 아르고노트·다줄레가 일본지도로 번역될 때, 위치는 아르고노트·다줄레의 위치에 그려지지만 명칭은 <u>다케시마(竹島)</u>와 <u>마쓰시마(松島)</u>라는 일본어로 번역되어 기재된다. 그리고 독자가 이 지도를 통해 얻는 일차적인 정보는 서양지도상의 '가공의 울릉도인 아르고노트와 실제의 울릉도인 다줄레'라는 것이 아니다. 그 번역어인 다케시마와 마쓰시마인 것이다. 그리고 동해상에 여전히 에도시대와 같이 다케시마는 조선쪽에 마쓰시마는 일본 쪽에 그려져 있다는 정보를 얻는 것이다.

메이지 시대에 들어 많은 아르고노트·다줄레 계열의 지도가 민간 지도 제작사를 통해 제작되어 일본 내에 보급되었다. 지금 남아있는 대부분의 다케시마·마쓰시마 지도가 이 아르고노트·다줄레 계열의 지도, 즉 울릉도가 두 개로 그려진 지도이다. 가령 현대송은 "1590년대부터 1905년 2월 22일 독도가 '일본영토로 편입'되기까지 일본(인)이 제작한 지도로서 조선전도, 일본전도, 그 축적과 판도로 보아 독도가 기록 가능한 아시아지도, 세계지도, 오키 섬, 시마네 현 산인 지방도 등의 지방도를 포함한 일본고지도 화상 653점을 분석[128]"하였는데, 그 대부분이 아르고노트·다줄레의 위치에 그려진 다케시마·마쓰시마라는 명칭의 두 개의 섬이 그려진 지도였다.[129]

---

128) 현대송, 2009, 앞의 논문, 1쪽(「초록」)
129) 현대송, 2009, 위의 논문, 4~9쪽
　　현대송은 「Ⅳ 일본제작 지도상에 나타나는 독도의 위치관계와 소속」(30쪽~)에서 울릉도와 독도가 같이 게재된 지도로서 두 섬의 상호위치 관계가 판별 가능한 189

메이지 시대 많은 다케시마·마쓰시마로 번역된 아르고노트·다 줄레 계열의 지도가 민간 출판사에 의해 제작되어 보급되었다. 이 지 도들은 에도 시대 지도와 마찬가지로 동해에 조선쪽으로 다케시마, 일본 쪽으로 마쓰시마가 있는 지도이다.[130] 오쿠하라의 1906년 논문 에서처럼 왜 당시 사람들이 새로 편입한 '다케시마(독도)'를 에도시대 의 다케시마(울릉도)라고 인식하였는지에 대한 이유가 여기에 있을 것이다.

종(표 6, 30쪽)의 지도를 검토 후 "한편 독도를 다케시마로 표시한 지도들은 90% 이상(전체 55종 중 50종)이 다케시마의 위치를 울릉도에서 보아 시계 10시 방향, 즉 북서쪽에 표시하고 있는데, 이들 모두는 인식상으로는 한국의 영토로 보아 무방한 것이지만, 한편으로는 독도의 실제 위치와는 정반대 방향인 북위 38도, 동경 130도 부근의 실제로는 존재하지 않았던 '아르고노트'의 위치에 그리고 있다는 것이 난점이다"(31~32쪽)라고 기술하였다. 이 기술에서 '울릉도와 독도가 같이 게재된 지도'라는 것은 한국어 번역인데 일본지도상으로는 '다케시마와 마쓰시마'가 같이 기술된 지도를 의미하는 것이라고 본다. 이 다케시마와 마쓰시마가 같이 기술된 지도에는 에도시대의 다케시마(울릉도), 마쓰시마(독도) 계통의 지도와 근대이후 다케시마(가공의 섬 울릉도), 마쓰시마(실제 울릉도)로 표기된 지도가 포함되어 있는 것으로 보인다. 집필자가 검토한 지도 대부분이 '다케시마가… 아르고노트의 위치'에 그려져 있다고 지적한 점에서 알 수 있다. 이 점에서 생각할 때 근대 이후 서양지도의 영향을 받아 울릉도를 마쓰시마로 표기한 일본지도='섬의 명칭 혼란'을 입증할 만한 지도가 대량 유포된 것은 인정할 만하나, 본문에서 언급한 바와 같이 그 지도상의 명칭은 어디까지나 조선쪽에 다케시마, 일본쪽으로 마쓰시마를 기록함으로써 이 두개의 명칭 관계가 사람들의 인식상 혼란을 빚을 여지는 없는 것으로 추정된다.

130) 현재 한일 간 독도 영유권과 관련하여, 특정 고지도들을 제시하며 그 고지도상의 울릉도·독도에 관한 기재사항을 가지고 한국영토이니 일본영토이니 주장하는데 이는 무의미한 일이다. 고지도는 지금의 지도와 같은 정확한 실측에 의한 정확한 지리정보를 전달해 주는 지도가 아니다. 어떤 특정 지리에 대해 실질적인 조사를 통해 지도가 제작되는 경우도 있으나, 여러 사람이 그린 지도를 참고로 제작자가 판단하여 일부 지리정보를 발췌·편집하여 만들어 내는 지도가 대부분이다. 따라서 고지도는 그 지리정보의 계통에 따르는 계통적 분류를 필요로 한다. 또, 실측을 동반하지 않는 경우가 많기 때문에 실측이 결여된 부분은 작자의 상상이나 생각이 채워나간다. 그 작자의 상상이나 생각은 그가 속해있던 시대의 상상이나 생각에 구속된다. 고지도는 관념적인 성질의 것이다. 즉 고지도는 보는 지도가 아니라 읽는 지도인 것이다. 따라서 어떤 특정 고지도를 그러한 맥락에서 떼어내서 본다는 것은 무의미한 일이다.

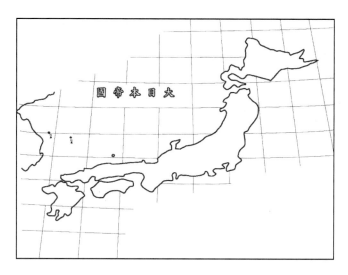

출처: 오노 에이노스케(小野英之助), 「大日本帝國」, 1892, 동북아역사재단 소장

〈그림 16〉 다케시마·마쓰시마로 번역된
아르고노트·다줄레 지도 간략도

　한편 이 지도의 수요자가 대부분 항해와 관련 없는 민간 일본인이
라는 것을 명확히 해야 한다. 당시는 사람들이 실제로 동해를 항해하
던 시대였고 그 사람들이 필요로 하는 것은 하는 실측 지도였다. 그
리고 당시 그러한 지도를 제공할 수 있었던 것은 서양지도나 아니면
일본 해군지도일 수밖에 없다. 1904년에 독도 강치잡이를 위해 바다
를 건넌 나카이 요자부로나, 그 이전에 1882년 이규원이 울릉도를 조
사했을 때 이미 그곳에 와 있던 산인 지방 사람들이 실지로 사용했던
지도는 정확한 거리와 위치, 방위 등이 표시되어 있어 먼 항해를 가
능하게 하는 그런 지도였을 것이다. 이들은 울릉도를 마쓰시마, 독도
를 리앙쿠르 록스로 인식한다. 나카이 요자부로가 독도를 '량코도'라

고 하여 편입 신청서를 냈으며, 나카이 다케노신이 지적하듯 산인 지방 사람들이 독도를 다마고 섬이라고 불렀던 이유가 여기에 있다.

가와카미가 말한 "그때까지 아무런 오해도 혼란도 없었던 울릉도, 마쓰시마, '다케시마'의 3자 관계의 명확성이 결여"되게 된 과정의 배경에 단순히 서양지도의 영향만이 있는 것은 아니다. 그 지도를 누가, 왜 또는 어떻게 사용하게 되었는지에 대한 고려가 필요하다.

메이지 시대에 들어 에도시대 이래 닫혔던 동해가 열렸고 서양 배들이 항해하게 되었다. 그리고 블라디보스토크 항 개항에 따라 일본 나가사키에서 동해를 종단하는 무역업자들이 생기면서 울릉도가 재발견되었다. 한편으로는 조선의 개항장으로 원산만을 지목한 일본 해군이 동해를 횡단하여 이루어진 조사를 통해서도 재발견되게 된다. 이들에게 울릉도가 마쓰시마라는 정보를 준 것은 물론 서양지도이나 이들이 울릉도를 마쓰시마라고 간주한 배경에는 조선을 강제로 개국시킨 그 목적과 연동한 무엇이 있는 것이다.

한편 일본에서 울릉도가 마쓰시마가 되면서 독도는 지도상 리앙쿠르 록스라는 서양 명칭의 무주지로 남게 되었다. 일본 내각이 독도를 무주지로 간주하여 편입할 수 있었던 근거는 여기에 있다. 그러나 이 지도상의 실체와 명칭은 현실 속의 실체 및 명칭과는 일치하지 않는 것이다. 즉 일본이 편입한 이 섬은 독도와는 다른 섬이었다.

일본이 편입한 이 섬의 명칭의 유래를 에도시대의 다케시마(울릉도)·마쓰시마(독도)에서는 찾을 수 없다. '섬의 명칭 혼란'을 통해 서양지도의 영향으로 인한 울릉도 명칭 혼란에 대해 검토한 가와카미도 결론에서 다음과 같은 지적을 하고 있다.

(전략) 이와 같이 우리나라 고래의 마쓰시마, 다케시마에 관한 지식과 그 후 구미에서 전해진 여러 계통의 지리적 지식이 명확히 정리되지 않은 채 상당히 나중에 이르기까지 혼재하게 되는데, 단지 이것들을 통람하고 여기서 확실히 말할 수 있는 것은 지금의 '다케시마'는 옛날에는 「마쓰시마」, 구미의 지식이 들어오고 나서는 「리엔코루토 록크」 또는 「메넬라이 섬 및 올리부차 섬」 등으로 불리고는 있었으나, 아직 한 번도 '다케시마'라고 불린 적은 없었다고 하는 것이다. 그것이 「다케시마」라는 명칭이 부여되게 된 것은 동섬을 시마네 현의 소관으로 편입한 후의 일에 속한다.[131]

또한 설사 그 유래를 에도시대의 다케시마(울릉도)·마쓰시마(독도)에서 찾을 수 있다고 해도 그 다케시마(울릉도)·마쓰시마(독도) 명칭과 인식이 명백히 조선의 영토인 울릉도를 넘보는 과정에서 발생한 것이므로 인식의 유래 또는 명칭의 유래가 독도 편입의 정당성을 부여하는 것은 아니다. 그리고 지리적 실체로서의 이 섬에 대해 알고 있던 많은 서양지도들이 이 섬을 조선의 섬으로 기재했다. 그리고 나카이 요자부로 역시 이 섬을 조선의 섬으로 인식하고 있었다.

1905년 일본이 편입한 섬은 명칭과 실체 두 면에서 서양의 지도에서 유래한 새로운 섬일 뿐이다. 이 새로운 섬을 지리적 실체로서의 독도와 그 역사에 일치시켜 가는 과정이 '섬의 명칭 혼란'에 대한 연구' 과정이었던 것이다.

---

131) 川上健三, 1966, 앞의 책, 28쪽 "このように、わが国古来の松島、竹島に関する知識と、その後欧米から伝えられたいろいろの系統の地理的知識とが、明確に整理されないままに相当後世に至るまで混在するようになるのであるが、ただこれらを通覧してここにはっきりいえることは、今日の竹島は、古くは「松島」、欧米の知識が入ってきてからは「リエンコヲルトロック」または「メネライ瀬およびヲリウツ瀬」などと呼ばれてはいたが、いまだかつて「竹島」といわれたことはなかったということである。それが「竹島」の名が与えられるようになったのは、同島を島根県の所管に編入してから後のことに属している。"

〈부록 1〉 본문 인용 자료 원문

〈부록 1-1〉

『權記』第三 行成卿記 長保六年(1004) 十三

権記 第三 長保六年(寛弘元年)三月七日、辛卯、参内(中略)

因幡国(藤原惟憲)言上烏于陵嶋(うるま)人十一人事等

권기 제3 조호 6년(長保, 1004/寛弘1) 3월 7일 신묘, 입궁(중략)

이나바노쿠니(因幡國) (후지와라노코레노리)에서 우릉도(于陵嶋) (우르마) 사람 11명 등에 대한 보고가 올라왔다.

(続群書類従完成会編, 1996, 史料纂集 権記 第三, 会報 第106号 (1996.5), 平文社, 9쪽)

〈부록 1-2〉

『三國史記』卷四 新羅本記 第四 智證麻立干 十三年(512) 夏六月

于山國 歸服歲以土宜 爲貢 于山國 在 溟州 正東海島或名 鬱陵島

13년 여름 6월에 우산국(于山國)이 항복하여 해마다 토산물을 바쳤다. 우산국은 명주(溟州)의 정동 쪽 바다에 있는 섬으로 혹은 울릉도(鬱陵島)라고도 하였다.

(국사편찬위원회 한국사 데이터 베이스 http://db.history.go.kr)

〈부록1-3〉

『三國遺事』卷一 紀異 第一 智哲老王(512)

又 阿瑟羅州 水 溟州 東海中便風二日程有 亏陵島 今作 羽陵

또 아슬라주(阿瑟羅州)의 동쪽 바다 가운데에 순풍으로 이틀 걸리는 거리에 울릉도(亏陵島) 지금은 우릉(羽陵)이라 한다.

(국사편찬위원회 한국사 데이터 베이스 http://db.history.go.kr)

〈부록1-4〉

『高麗史』卷一 世家一 太祖 十三年(930) (八月) 丙午

丙午 芋陵島遣白吉土豆貢方物拜白吉爲正位土豆爲正朝

병오일에 우릉도(芋陵島)에서 백길(白吉)과 토두(土豆)를 보내 토산물을 바쳤다. 백길에게 정위, 토두에게 정조 품계를 각각 주었다.

(한국의 지식 콘텐츠 http://www.krpia.co.kr)

〈부록1-5〉

『高麗史』卷 十七 世家 第十七 仁宗十九年(1141) 秋七月 己亥

秋七月 己亥 溟州道監倉使李陽實遣人入蔚陵島取菓核木葉異常者以獻

가을 7월 기해일에 명주도(溟州道) 감창사(監倉使) 이양실(李陽實)이 울릉도(蔚陵島)에 사람을 보내 이상한 과실 종자와 나뭇잎을 가져다가 왕에게 바쳤다.

(한국의 지식 콘텐츠 http://www.krpia.co.kr)

〈부록 1-6〉

『高麗史』卷百三十四 列傳 第四十七 辛禑五年(1379) 七月

七月 倭寇樂安郡 (중략) 倭入武陵島留半月而去

7월에 왜적이 낙안군에 침입하였다. (중략) 왜적이 무릉도(武陵島)에 침입하여 반달이나 머물러 있었다.

(한국의 지식 콘텐츠 http://www.krpia.co.kr)

〈부록1-7〉

『太宗實錄』卷十三 太宗七年(1407) 三月 庚午

庚午 對馬島守護宗貞茂, 遣平道全, 來獻土物, 發還俘虜。 貞茂請茂陵島欲率其衆落徙居 (후략)

대마도 수호(對馬島守護) 종정무(宗貞茂)가 평도전(平道全)을 보내와 토물(土物)을 바치고, 잡혀 갔던 사람들을 돌려보냈다. 정무(貞茂)가 무릉도(武陵島)를 청(請) 여러 부락(部落)을 거느리고 가서 옮겨 살고자 하므로 (후략)

(국사편찬위원회 한국사 데이터 베이스 http://db.history.go.kr)

〈부록 1-8〉

『太宗實錄』卷三十三 太宗十七年(1417) 二月 壬戌

按撫使金麟雨還自于山島, 獻土産大竹, 水牛皮, 生苧, 綿子, 檢樸木等物, 且率居人三名以來

안무사(按撫使) 김인우(金麟雨)가 우산도(于山島)에서 돌아와 토산물(土産物)인 대죽(大竹)·수우피(水牛皮)·생저(生苧)·면자(綿子)·검박목(檢樸木) 등을 바쳤다.

(국사편찬위원회 한국사 데이터베이스 http://db.history.go.kr)

〈부록 1-9〉

『高麗史』卷五 世家 第五 德宗一年(1032) 十一月 丙子

十一月 丙子 羽陵城主遣子夫於仍多郎來獻土物

11월 병자일에 우릉성주(羽陵城主)가 자기의 아들 부어잉다랑(夫於仍多郎)을 파견하여 토산물을 바쳤다.

(한국의 지식 콘텐츠 http://www.krpia.co.kr)

〈부록1-10〉

『高麗史』卷四 世家 第四 顯宗九年(1018) 十一月 未詳

以于山國被東北女眞所寇廢農業遣李元龜賜農器

우산국(于山國: 울릉도)이 동북 여진의 침략을 받아 농사를 짓지 못하였으므로 이원구(李元龜)를 그곳에 파견하여 농기구를 주었다.

(한국의 지식 콘텐츠 http://www.krpia.co.kr)

〈부록 1-11〉

『太宗實錄』卷二十三 太宗十二年(1412) 四月 己巳

命議政府議處流山國島人。 江原道觀察使報云: "流山國島人白加勿等十二名, 來泊高城於羅津, 言曰: '予等生長武陵, 其島內人戶十一, 男女共六十餘, 今移居本島。 是島自東至西自南至北, 皆二息, 周回八息。 無牛馬水田, 唯種豆一斗出二十石或三十石, 麥一石出五十餘石; 竹如大椽; 海錯果木皆在焉。' 竊慮此人等逃還, 姑分置于通州、高城、杆城。"

의정부(議政府)에 명하여 유산국도(流山國島) 사람을 처치하는 방법을 의논하였다. 강원도 관찰사가 보고하였다.

"유산국도(流山國島) 사람 백가물(白加勿) 등 12명이 고성(高城) 어라진(於羅津)에 와서 정박하여 말하기를, '우리들은 무릉도(武陵島)에서 생장하였는데, 그 섬 안의 인호(人戶)가 11호이고, 남녀가 모두 60여 명인데, 지금은 본도(本島)로 옮겨 와 살고 있습니다. 이 섬이 동에서 서까지 남에서 북까지가 모두 2식(息) 거리이고, 둘레가 8식(息) 거리입니다. 우마(牛馬)와 논이 없으나, 오직 콩 한 말만 심으면 20석 혹은 30석이 나고, 보리 1석을 심으면 50여 석이 납니다. 대[竹]가 큰 서까래 같고, 해착(海錯)과 과목(果木)이 모두 있습니다'고 하였습니다. 이 사람들이 도망하여 갈까 염려하여, 아직 통주(通州)·고성(高城)·간성(杆城)에 나누어 두었습니다."

(국사편찬위원회 한국사 데이터 베이스 http://db.history.go.kr)

〈부록1-12〉

『高麗史』卷五十八 地理志 第十二 地理 / 東界 / 蔚珍縣(1451)

毅宗十一年 王聞鬱陵地廣土肥舊有州縣可以居民遣溟州道監倉金柔立往視 柔立回奏云 有大山從山頂向東行至海一萬余步向西行一萬三千余步向南行一萬五千余步向北行八千余步有村落基址七所有石佛鐵鍾石塔多生柴胡蒿本石南草 然多岩石民不可居…

의종 11년에 왕이 울릉도는 면적이 넓고 땅이 비옥하며 옛날에는 주현을 설치한 일도 있으므로 능히 백성들이 살 수 있다는 말을 듣고 명주도 감창(溟州道監倉)인 김유립(金柔立)을 파견하여 시찰하게 하였다. 유립이 돌아 와서 보고하기를 "섬에는 큰 산이 있으며 이 산마

루로부터 바다까지의 거리는 동쪽으로는 1만여 보(步)이며 서쪽으로는 1만 3천여 보, 남쪽으로는 1만 5천여 보, 북쪽으로는 8천여 보인데 마을이 있던 옛 터가 7개소 있고 돌부처, 철로 만든 종, 돌탑 등이 있었으며 시호(柴胡) 고본(藁本), 석남초(石南草) 등이 많이 자라고 있었습니다. 그러나 바위와 돌들이 많아서 사람이 살 곳이 못됩니다"라고 하였으므로…

(한국의 지식 콘텐츠 http://www.krpia.co.kr)

〈부록1-13〉

『高麗史』卷四 世家 第四 顯宗十年(1019) 七月 己卯

己卯 于山國民戶曾被女眞虜掠來奔者悉令歸之

기묘일에 우산국(于山國) 백성들로서 일찍이 여진의 침략을 받고 망명하여 왔던 자들을 모두 고향으로 돌아가게 하였다.

(한국의 지식 콘텐츠 http://www.krpia.co.kr)

〈부록1-14〉

『高麗史』卷四, 世家 第四, 顯宗十三年(1022) 秋七月 丙子

秋七月 丙子 都兵馬使奏 于山國民被女眞虜掠逃來者處之禮州官給資糧永爲編戶 從之

가을 7월 병자일에 도병마사가 여진에게서 약탈을 당하고 도망하여 온 우산국 백성들을 예주(禮州: 경북 영해)에 배치하고 관가에서 그들에게 식량을 주어 영구히 그 지방 편호(編戶)로 할 것을 청하니 왕이 이 제의를 좇았다.

(한국의 지식 콘텐츠 http://www.krpia.co.kr)

〈부록1-15〉

『高麗史』卷十八 世家 第十八, 毅宗十一年(1157) 五月 丙子

王聞 東海中有羽陵島地廣土肥舊有州縣可以居民 遣溟州道監倉殿中
內給事金柔立往視 柔立回奏 土多嚴石民不可居 遂寢其議

왕이 동해 가운데 있는 우릉도(羽陵島: 현재 울릉도)는 지역이 넓고
땅이 비옥하며 옛날에는 주(州), 현(縣)을 두었던 적이 있어서 백성들
이 살 만하다는 말을 듣고 명주도(溟州道) 감창(監倉) 전중 내급사(殿
中內給事) 김유립(金柔立)을 시켜 가 보게 하였더니 유립이 돌아와서
그곳에는 암석들이 많아서 백성들이 살 수 없다고 하였으므로 그 의
논이 그만 잠잠하여졌다.

(한국의 지식 콘텐츠 http://www.krpia.co.kr)

〈부록1-16〉

『高麗史』卷二十五 世家 第二十五 元宗卽位年(1219) 七月 庚午

蔚珍縣令朴淳 船載妻孥臧獲幷家財 將適蔚陵 城中人知之會 淳入城,
被拘留 舟人 以其所載 遁去

울진 현령 박순(朴淳)이 처자와 노비 및 가산을 배에 싣고 울릉도
(蔚陵島)에 가려고 하였다. 성 안 사람들이 이것을 알고 마침 성 안에
들어 온 박순을 붙잡아 두었는데 뱃사람들은 배에 실은 가산을 가지
고 도망하여 갔다.

(한국의 지식 콘텐츠 http://www.krpia.co.kr)

〈부록1-17〉

　『高麗史』卷二十七 世家 第二十七 元宗十四年(1273) 二月 癸丑

　以簽書樞密院事許珙 爲蔚陵島斫木使 伴李樞以行

　첨서 추밀원사 허공(許珙)을 울릉도 작목사(斫木使)로 임명하여 이
추와 함께 가게 하였다.

　(한국의 지식 콘텐츠 http://www.krpia.co.kr)

〈부록1-18〉

　『高麗史』卷三十七 世家 三十七 忠穆王二年(1346) 三月 戊申

　戊申 東界芋陵島人來朝

　무신일에 동계(東界)의 우릉도(芋陵島) 사람이 내조(來朝)하였다.

　(한국의 지식 콘텐츠 http://www.krpia.co.kr)

〈부록1-19〉

　『權記』第三 行成卿記 長保六年(1004) 十三

　所充文を申す。陳定を行ひ諸国申請の雜事を定む。安房等八箇国。
季御読経定諸寺別堂を補し受領功過を定。諸卿行成の意見に同調
す。内文。

　소충문(所充文)에 대해 말씀 올리다. 진정(陳定)을 행하고 제국(諸
國: 당시의 지방행정 단위)에서 올라온 잡사(雜事)를 정하다. 아와(安
房: 지방행정 단위) 등 8개국 계어독경정제사별당(季御讀經定諸寺別
當)을 보충하고 수령공과(受領功過)를 정하다. 경(卿)들이 유키나리의
의견에 동조하다.

　(續群書類從完成会編, 1996, 史料纂集 權記 第三, 会報 第106号

(1996.5), 平文社, 9쪽)

〈부록1-20〉

李睟光『芝峯類說』卷二 地理部 島(1614)

欝陵島一名武陵。一名羽陵 (중략) 近聞倭奴占據礒竹島。或謂礒竹。
卽蔚陵島也。

울릉도 무릉이라고도 우릉이라고도 한다. (중략) 최근 왜노(倭奴)가
의죽도(礒竹島)를 점거했다고 한다. 의죽도는 기죽(礒竹)이라고도 한다.

(한국고전종합 DB http://db.itkc.or.kr/)

〈부록1-21〉

李景稷『扶桑錄』(1617) 十月 初五日丙寅

且言昔年秀吉在時 有一倭自願入蟻竹島 伐取材木及蘆葦而來 或有
大者如篁 秀吉大喜 仍名曰蟻竹彌左衛門 仍令彌左 資爲生活 定爲歲
入 未久 秀吉死而彌左繼斃 更無往來之人 (후략)

또 말하기를, "예전 수길(秀吉)이 있을 때입니다. 왜인 하나가 의죽
도(蟻竹島)에 들어가서 재목(材木)과 갈대[蘆葦]를 베어 오기를 자원
(自願)했는데, 혹은 참대[篁]처럼 큰 것이 있으므로 수길이 크게 기뻐
하고 이어 '의죽미좌위문(蟻竹彌左衛門)'이라고 이름해 주고 따라서
미좌에게 그것으로 생활하게 하고 해마다 바치도록 정했습니다. 얼마
되지 않아서 수길이 죽고 미좌도 잇따라 죽으므로 다시는 왕래하는
사람이 없었는데… (후략)"

(한국고전종합 DB http://db.itkc.or.kr/)

〈부록1-22〉

『太宗實錄』卷十三 太宗七年(1407) 三月 庚午

庚午 對馬島守護宗貞茂, 遣平道全, 來獻土物, 發還俘虜。 貞茂請茂
陵島欲率其衆落徙居, 上曰: "若許之, 則日本國王謂我爲招納叛人, 無
乃生隙歟?" 南在對曰: "倭俗叛則必從他人, 習以爲常, 莫之能禁, 誰敢
出此計乎?" 上曰: "在其境內, 常事也, 若越境而來, 則彼必有辭矣。"

대마도 수호(對馬島守護) 종정무(宗貞茂)가 평도전(平道全)을 보내
와 토물(土物)을 바치고, 잡혀 갔던 사람들을 돌려보냈다. 정무(貞茂)
가 무릉도(武陵島)를 청(請)하여 여러 부락(部落)을 거느리고 가서 옮
겨 살고자 하므로, 임금이 말하기를, "만일 이를 허락한다면, 일본 국
왕(日本國王)이 나더러 반인(叛人)을 불러들였다 하여 틈이 생기지 않
을까?" 하니, 남재(南在)가 대답하기를, "왜인의 풍속은 반(叛)하면 반
드시 다른 사람을 따릅니다. 이것이 습관이 되어 상사(常事)로 여기므
로 금(禁)할 수가 없습니다. 누가 감히 그런 계책을 내겠습니까?" 하
였다. 임금이 말하였다. "그 경내(境內)에서는 상사(常事)로 여기지만,
만일 월경(越境)해 오게 되면 저쪽에서 반드시 말이 있을 것이다."

(국사편찬위원회 한국사 데이터 베이스 http://db.history.go.kr)

〈부록1-23〉

『太宗實錄』卷三十四, 太宗十七年(1417) 八月 己丑

倭寇于山武陵

왜적이 우산도·무릉도 등지에서 도둑질하다.

(국사편찬위원회 한국사 데이터 베이스 http://db.history.go.kr)

〈부록1-24〉

『肅宗實錄』卷二十七 肅宗二十年(1694) 八月 己酉

東萊府所藏, 有光海甲寅, 倭有送使探視礒竹島之言。 朝廷不答, 使
東萊峻斥之之文 (후략)

동래부(東萊府)에 간직한 문서에는 광해(光海) 갑인년에 왜(倭)가
사자(使者)를 보내 의죽도(礒竹島)를 탐시(探視)하겠다고 말했으나 조
정에서 답하지 않고, 동래부로 하여금 준엄하게 배척하도록 했다는
기록이 있으니 (후략)

(국사편찬위원회 한국사 데이터 베이스 http://db.history.go.kr)

〈부록1-25〉

『竹島考證』下(1881)

又慶長十九年甲寅ノ歳宋氏ヨリ竹島ノ事ニヨリ使者ヲ朝鮮ニ遣ハシ
申入シ事アリ。朝鮮以為ラク我所謂竹島ハ朝鮮ノ蔚陵島ナリト東萊府
使尹守謙ヲシテ答ヘシム。其書載テ善隣通書及ヒ朝鮮通交大紀ニア
リ。其略ニ曰ク書中有看審礒竹島之説、深窃驚訝、不知是計出於誰某
耶、来使口祢、本島介慶尚江原両道海洋之中云。即我国所謂欝陵島
者也云々。尋テ府使朴慶業ノ書アリ。曰ク礒竹島之事想貴島□見覚察
而猶復執迷深切、怪愕足下非不知 此島属於我国非不知貴島不可横占、
而尚欲搀越窺覘誠何心、恐非終好之道也。所謂礒竹島者実我国之欝
陵島也。又明ノ翰林侍講董越ノ所撰朝鮮賦ノ前ニ八道ノ総図アリ。江
原道蔚珍浦ノ東海中ニ一島アリ。隆山ト称ス。即欝陵島ナリ。

또 게쵸(慶長) 19년(1614)에 소(宋: 宗의 오기, 역자 주) 씨가 다케시

마(竹島)에 관해 요청할 일이 있어 사자를 보낸 적이 있다. 조선은 동래부사 윤수겸으로 하여금 우리가 말하는 다케시마가 조선의 울릉도라고 대답하게 하였다. 그때의 글이 『선린통서(善隣通書)』나 『조선통교대기(朝鮮通交大紀)』에 실려 있다. 대략 '글 속에 이소다케시마(磯竹島)를 자세히 조사하자는 말이 있으니 심히 놀랍고도 의아합니다. 이 계획이 과연 누구에게서 나온 것인지 알지 못하겠습니다. 사신이 와서 말하기를, 이 섬이 경상과 강원 두 도(道)의 바다 가운데 있다고 이르니 이는 곧 우리나라에서 말하는 울릉도라는 곳입니다'라는 말이 적혀 있다. 부사 박경업의 서신에서 보면 '귀도(貴島)가 이소다케시마에 대해 조사하고자 하는데 아직도 집착하고 있으니 심히 이상합니다. 이 섬이 우리나라에 속한다는 것을 족하(足下)가 알지 못하는 바도 아니고 귀도가 가로챌 수 없음을 알지 못하는 바도 아니면서 앞질러 엿보려 하니 이는 실로 무슨 마음에서입니까. 아마 좋게 끝날 일이 아닌 것 같습니다. 소위 이소다케시마라고 하는 것은 실로 우리나라의 울릉도입니다. 또 명나라의 한림시강(翰林侍講) 동월(董越)이 편찬한 『조선부(朝鮮賦)』의 앞 장에 조선팔도 총도가 그려져 있는데, 여기에서 보면 "강원도 울진포의 동쪽 바다에 섬 하나가 그려져 있고 능산(陵山)이라 적혀있으니 그것이 즉 울릉도입니다"라고 되어 있다.

[北澤正誠, 1881, 竹島考證 下(정영미 역, 2006, 독도자료집 II 竹島考證, 동북아의 평화를 위한 바른역사기획단, 다다미디어, 34∼39쪽)]

〈부록1-26〉

『朝鮮通行大紀』(1725)

万暦四十二年 (중략)

此比竹嶋を以て日本の境なりとせし也、此年七月彼国東莱府使伊守謙公に復せし書有、其いハゆる磯竹嶋ハ彼国の鬱陵嶋也といふをもって答へし也。(後略)

만력(萬暦42, 1614) (중략)

이때 이소다케시마가 일본의 경계가 된다고 하였다. 이해 7월 조선 동래부사 윤수겸이 쓰시마 태수 앞으로 서신을 보냈다. 그 소위 이소다케시마란 우리나라의 울릉도라고 하였다. (후략)

(田中健夫・田代和夫校訂, 1978, 朝鮮通行大紀, 名著出版, 197쪽)

〈부록1-27〉

「竹島渡海禁止并渡海沿革」(1858)

元和三年(大谷)甚吉越後より帰帆の時漂流して竹島に至る (中略)

時に幕臣 阿部四郎五郎正之検使として米子に在り。甚吉即ち村川市兵衛と共に竹島渡海の許可を周旋せむ事を請ふ。四年両人江戸へ下り、安部氏の紹介に因って請願の事幕府の議に上り、五月十六日渡海の免状を下附せらる。之を竹嶋渡海の濫觴とす。

「다케시마 도해 금지 및 도해 연혁」(1858)

겐나 3년(1618)에 (오야) 진키치가 에치고(越後: 지금의 니가타 현, 역자 주)에서 돌아올 때 표류하여 다케시마(竹島)에 이르렀다. (중략)

당시 막부의 신하였던 아베 시로고로 마사유키가 순견사(巡見史: 막부 장군의 교체기 막부에서 각 지역으로 파견하는 정무, 민정 시찰사, 역자 주)로서 요나고에 있었는데 진키치가 무라카와 이치베와 함께 다케시마 도해허가를 알선해 주도록 청원했다. 겐나 4년(1619)에 두 사람은 에도에 갔으며, 아베씨의 소개로 청원한 건이 막부 의제로 올라 5월 16일에 도해 면허장을 받았다. 이것을 다케시마 도해의 시작으로 한다.

(鳥取県編, 1971, 鳥取藩史 第6巻 殖産商工誌事変誌, 鳥取県, 466～467쪽)

⟨부록1-28⟩

「大谷九右衛門 竹島渡海由來記拔書控」(1818～1829)

甚吉与申者有之、米子灘江引越住居為致廻船業相営候処越後国ヨリ帰帆之砌与風(ママ)竹島江漂流、甚吉全ヶ島巡リ越方等熟思致所朝鮮国相隔事四拾里斗人家更ニ無之土産処務之品有之姿弥渡海之勝手相考同所より海上百五拾里斗日経漸添山下江帰…

진키치라는 자가 있었다. 요나고 포구로 이사와 살면서 회선업을 하고 있었는데 에치고에서 돌아올 때 바람을 만나 다케시마에 표류하여, 진키치가 섬을 전부 돌아보고 오는 방법을 깊이 생각하였는데 조선국에서 약 40리 정도 떨어져 있고 인가는 아예 없으며 장사할 만한 산물이 있어 보이므로 도해 방법을 생각하고 그곳에서 해상 150리 정도를 지나 돌아왔다…

(川上健三, 1966, 竹島の歴史地理学的研究, 古今書院, 82쪽)

⟨부록1-29⟩

『交隣知津録』「和漂民送来之礼」元和四(1618) 戊午年

元和四戊午年、馬多伊等七人欝陵島ニ漁し漂流するを送る、是御和好後之始り也。

겐나4 무오년, 마타자이 등 7명이 울릉도에서 고기를 잡다가 표류한 것을 돌려보낸다. 이것이 일본과의 우호관계의 시작이다.

(池内敏, 1999, "竹島渡海と鳥取藩―元禄竹島一件考・序説一", 鳥取地域史研究 第一号, 鳥取地域史研究会, 45쪽)

〈부록1-30〉

『善隣通書』十七 万暦46(1680)

倭人馬多三伊等七人 (中略)

則乃住居三尾関而征漁于欝陵島遇風漂到者也。

왜인 마타자이 등 7명 (중략)

즉 미오노세키에 사는 자이다. 울릉도에 고기를 잡으러 갔다가 바람을 만나 표류한 자이다.

(池内敏, 1999, "竹島渡海と鳥取藩-元禄竹島一件考・序説-", 鳥取地域史研究 第一号、鳥取地域史研究会, 45쪽)

〈부록1-31〉

『竹島考』「竹島通船發端」(1828)

元和中伯耆國ヨリ竹島ヘ渡海セル濫觴 {ヲ尋ルニ} ハ、慶長ノ比中村伯耆守殿當国ニ領 {主タリシ時代より} ゼラレシ比、米子ノ城下ニ大谷甚吉・村川市兵衛ト云ル船長アリ。或時船ヲ竹島ヘ寄ケルカ無人ノ廃島ニシテ殊ニ物産多キヲ視テ伺察シ其ノ海路ヲ詳ニシ、連々通舶セン事ヲ雖思ヒ企ツルト、 {何ナ一} 孤遠ノ絶島ニシ何様朝鮮國ヘ逼近セル

{ユヘ} 絶島ナレハ、自己ノ計 {ノミニテハ發起シ難ク} ニモ難相成時節モ有ント空敷ク年月ヲ過リ居ケル□テ不□キ (後略)

「다케시마에 배가 다니기 시작하다」

겐나 때 호키노쿠니에서 다케시마에 도해하게 된 경위를 물으니 게쵸(慶長) 때쯤 나카무라(中村) 호키노카미(伯耆守)님이 이나바노쿠니를 영유하고 있을 때에, 요나고 성하(城下)에 오야 진키치(大谷甚吉)·무라카와 이치베(村川市兵衛)라는 선장이 있었다. 어느 날 배가 다케시마 가까이 갔는데 사람이 살지 않는 폐도(廢島)로서 산물이 많음을 보고 그곳을 둘러본 후 그 섬으로 오는 바닷길을 상세히 알아내어 계속 배로 오갈 생각을 하였으나, 멀리 외떨어져 있는 섬이며 무엇보다도 조선국에 근접해 있는 외진 섬이기에 내 생각만으로는 안 되는 일이다 싶어서 그냥 시간을 보내고 있었는데 (후략)

[岡嶋正義, 1828, 竹島考 下(정영미 역, 2011 竹島考 上·下, 2011 경상북도 독도사료 연구회 성과물 Ⅰ, 경상북도·안용복 재단, 160~161쪽)]

〈부록1-32〉
『伯耆民談記』「大谷川村竹島渡海之事」(1742)

大谷、村川両氏は米子住居の者にて、代々名ある町人なり。子孫今も町の年寄役を勤む。 此両氏竹島渡海の免許を蒙ることは、元来彼嶋は日本の地を離るること幽遠にして、前々渡海する者もなかりしに、彼両人渡海の利潤を考察し、元和三年(1617)の比、国守光政公へ訴訟しけり。(後略)

「오야·무라카와 다케시마 도해사」

오야, 무라카와 양 씨(氏)는 요나고 거주자로서, 대대로 명망 있는 요나고 주민이다. 자손은 아직도 요나고 도시요리(年寄: 長老, 역자 주) 직(職)을 맡고 있다. 두 씨가 다케시마 도해 면허를 받게 된 것은 원래 그 섬이 일본에서 아주 멀리 떨어져 있어서, 이전 도해하는 사람이 없었는데, 그 두 사람이 도해시의 이윤을 보고, 겐나 3년경 돗토리 번 번주에게 요청하였다. (후략)

(萩原直正校註, 1960, 因伯文庫 伯耆民談記, 日本海新聞社, 19~20쪽)

〈부록1-33〉

『柚谷記』[対馬柚谷家文書/16世紀 후반(?)]

柚谷記に曰、磯竹島は昔鷲坂弥左衛門親子渡此島隠居、自公儀以御朱印、対馬侍府中田舎者小船二艘以行捕之来也、是自日本行事禁法故也。

유곡기(柚谷記)가 말하길, 이소타케시마는 옛날 와시자카 야자에몬 부자가 이 섬에 건너가서 은거하였던 섬이다. 막부로부터 받은 주인장을 가지고 쓰시마의 무사와 쓰시마 부중(府中) 사람이 작은 배 두 척을 타고 가서 이들을 잡았다. 이는 일본 밖으로 나가는 것을 금하고 있었기 때문이다.

[池内敏, 1999, 앞의 논문, 45쪽(中村栄孝『日鮮交通史』「附釜山史」)]

〈부록1-34〉

『竹島考』上 「或門」(1828)

或問テ曰ク、朝鮮国ノ人竹島ヘ通舶セルハ伯耆国ヨリ渡海セル比ト

ハ時節_{ジセツ}ノ遅早_{サウチ}(ママ)アリシユヘ彼国ノ人是ヲ諭ズシテ多年_{タネン}ヲ歴_ヘタリト
云。又中比、伯耆国ノ属島_{ゾクタウ}タリトト云ル_{イヘ}ニ明證_{メイショウ}アリヤ、如何。

答云、伯耆国ヨリ数拾年来_{スウジウネンライ}竹島ヘ渡海セルヲ朝鮮国ヘハ曽テ_{カツ}不知リ
シト云ルハ無稽_{ブケイ}ノ盲談_{マウダン}ナリ。又、伯州ノ属嶋_{ゾクタウ}タリトト云ニモ據_{ヨリコヨ}ナキニ
非。今一二ノ説ヲ舉_{アゲ}テ左ニ證_{ショウ}トセン(中略)

又、明ノ王鳴鶴ガ著セル登壇必究ニ圖書編ヲ引テ曰、(上略)"為備中
ト右ヲ、亦為因幡ト右之西ヲ、為伯耆ト(沿海倶ニ白砂無シ隝ノ可キ泊
ス。其ノ鎮ヲ為阿家殺記ニ為倭子介ト為他奴賀知ト、其ノ北ヲ為竹島
懸海三十里ニ)" (中略)

又、武備志巻之二百三十一日本考嶋名之部ニ、"薩州ノ種ヶ嶋・肥
前ノ平戸_{ヒラド}・藪州ノ宮嶋_{ゲイ}"ナドナド同ク伯耆國ニ竹島_{タケシマ}ヲ附_{フジク}シ其譯語_{ヤクゴ}ヲ
他計什麼_{タケシマ}トス。(中略)

ノ既ニ 筆載_{ヒツサイ}セル処歴然_{レキゼン}トシ分明_{ブンミャウ}ナレバ竹島ハ古ヨリ本邦ノ伯耆国ノ
属島_{ゾクタウ}タリシ事何ノ疑_{ウタガヒ}カ是アラン。

혹자는 물어 말하길, 조선국 사람의 배가 다케시마에 왕래한 시기는
호키노쿠니에서 도해한 시기와는 차이가 있었기 때문에 그 나라 사람이
그 일을 눈치채지 못한 채 많은 해가 지났다고 한다, 또 에도 중기 경에
는, 호키노쿠니의 속지였다고도 하는데 확실한 증거가 있는 것인가?

답하여 말하길, 호키노쿠니에서 다케시마에 수십 년간 도해한 것
을 조선국이 모르고 있었다니 이는 근거 없는 망언이다. 또, 호키 주
의 속도(屬島)였다는 말도 근거가 없지는 않다. 지금 그에 대한 한 두
가지 설(說)을 들어 증거로 삼겠다. (중략)

『등단필구(登壇必究)』는 「도서편」을 인용하여 말하길, "(윗부분 생

락) 이를 빗츄(備中)라 한다. 이 서쪽에 있는 것을 이나바(因幡)와 호키(伯耆)라 한다. 바닷가가 모두 배를 댈 만한 백사장이 없다. 그곳의 진(鎭)을 아카사키(阿家殺記)와 와코케(倭子介), 다노구치(他奴賀知)라 한다. 그 북쪽에 있는 것을 다케시마(竹島)라 하는데 바닷길 30리이고…"라 하였다. (중략)

또 『무비지』권 231, 「일본고(日本考) 도명(嶋名)의 부」에, "사쓰(薩)주의 다네가시마', '히젠(肥前)의 히라토(平戶)', '게이(藝)주의 미야지마(宮嶋)"라고 한 것과 같이 다케시마(竹島)를 호키노쿠니에 부속시키고 그 번역어를 '다케시마(多計什麼)'라 하였다. (중략)

이미 명나라 사람도 그렇게 쓴 것이 역력하니 다케시마가 옛날부터 우리나라 호키노쿠니의 속도(屬島)였다는 것에 어떤 의심이 있을 수 있을까.

[岡嶋正義, 1828, 竹島考 下(정영미 역, 2011 竹島考 上·下, 2011 경상북도 독도사료 연구회 성과물 Ⅰ, 경상북도·안용복 재단, 54~71쪽)]

⟨부록1-35⟩
　『竹島考』「或門」

サテ、"其地ヲ為竹島ト懸海三十里"ト云云。クハ十八千ノ闕画ナル可。ノ里法ヲ以テスル時ハ彼ガ三千里ハ大概吾三百里ニ値レリ。伯耆国ヨリ竹島ヘノ海路凡百五六拾里ナレバ一チ倍ノ差錯ナリ。是ノミナラズ異邦ヨリ本邦ノ事ヲ挙タル書ヲ見ルニ里程ノ誤少々ノ事ニ非。ニ一ッ証ヲ引用スルニ、同書曰、(上略) "出雲之南境云云、其地ヲ為隱岐、懸

海三百五十里ト云云” 特書ニ泥ンテ論スル時ハ、竹島ハ伯耆国ヨリ海
上僅ニ三里隠岐ノ国ハ出雲國ヨリ水路三拾五里ナリ。竹島ノ憶岐ノ國
ヨリ此方ノ海中ニ無之事ハ三才ノ童モ知レル処ナリ。

　그러면, "그 땅을 다케시마라 하는데 바닷길 30리"라고 하였다. 아
마 1,800리의 오류일터이다. 우리나라의 거리표시법(里法)으로 하면
그 나라의 3,000리는 대략 우리나라의 300리에 해당한다. 호키노쿠니
에서 다케시마까지 대략 150~160리의 바닷길이므로 그보다 한 배나
더 많은 오류이다. 이뿐만이 아니라 다른 나라에서 우리나라에 대해
기술한 책을 보자면 거리표시가 잘못된 것이 적지 않다. 이에 증거
하나를 들어보면, 같은 책에서 말하기를, "(윗부분 생략) 이즈모(出雲)
의 남쪽 경계라고 하였으며, 그 땅을 오키라 한다. 바닷길 350리이다"
라고 하였다. 책에서 말한대로만 하자면, 다케시마는 호키노쿠니에서
불과 3리의 바닷길이고 오키노쿠니는 이즈모노쿠니에서 바닷길 35리
가 된다. 다케시마가 오키 노쿠니 안쪽의 우리 쪽 바다에 있지 않은
것은 세살배기 어린아이도 알고 있는 바이다.

　[岡嶋正義, 1828, 竹島考 上 或門(정영미 역, 2011 竹島考 上・下,
2011 경상북도 독도사료 연구회 성과물 Ⅰ, 경상북도・안용복 재단,
66~69쪽)]

〈부록1-36〉
　『陰州視聴合紀』「國代記」(1667)
　戌亥間往二日一夜有松嶋、又一日程有竹嶋(俗言磯竹嶋多竹魚海
鹿)。此二嶋無人之地、見高麗如自雲州望隠州。然則日本之乾地以此

州為限矣。

　서북 방향으로 이틀 낮과 하루 밤을 가면 마쓰시마(松島)가 있다. 그곳에서 다시 한 나절 정도에 다케시마(竹島: 울릉도)가 있다. [세간에서는 이소다케시마(磯竹島)라고 한다. 대나무나 물고기 강치가 많다] 이 두 섬은 사람이 없는 땅이다. 고려를 보는 것이 운슈(雲州)에서 인슈(隱州: 오키 섬을 말함)를 바라보는 것과 같다. <u>그런즉 일본의 서북쪽 한계는 이 주(州)로 한다.</u>

　[齊藤勘介(豊仙), 1667, 隱州視聽合記]

〈부록1-37〉

　『隱州視聽合紀』「知夫郡燒火山緣起」

　又伯耆國之大賈村川民自宮賜朱印、致大舶於磯竹島。遇颶風、落高勾麗。日暮不知津。船隻念燒火山。忽有漁火、得入其津。帰帆之後盆尊崇焉。聞者驚懼。

　또 호키노쿠니의 오야 무라카와가 미야(宮)로부터 주인(朱印)을 하사받아 큰 배로 이소다케시마에 갔다. 풍랑을 만나 고구려(조선) 쪽으로 흘러갔다. 해가 졌으나 포구를 알 수 없었다. 배는 다쿠비야마(燒火山)를 마음속에 떠올렸다. 즉시 이사리비(漁火)가 보여 포구로 들어갈 수 있었다. 귀항한 후 그 산을 받들었다. (이 일에 대해) 듣는 자 모두 경악하였다.

　[齊藤勘介(豊仙), 1667, 隱州視聽合記]

〈부록1-38〉

『肅宗實錄』卷三十 肅宗二十二年(1694) 九月 戊寅條

渠倡言: ‘鬱島本我境, 倭人何敢越境侵犯? 汝等可共縛之。’ 仍進船頭大喝, 倭言: ‘吾等本住松島, 偶因漁採出來。 今當還往本所。’ 松島卽子山島, 此亦我國地, 汝敢住此耶?’ 遂以翌曉, 拕舟入子山島, 倭等方列釜鬵煮魚膏。

倭言吾等子山島 倭等方列釜鬵煮魚膏 渠以杖撞破 大言叱之 倭等收聚載船, 擧帆回去, 渠仍乘船追趁,

제가 앞장 서서 말하기를, ‘울릉도는 본디 우리 지경인데, 왜인이 어찌하여 감히 지경을 넘어 침범하였는가? 너희들을 모두 포박하여야 하겠다’ 하고, 이어서 뱃머리에 나아가 큰소리로 꾸짖었더니, 왜인이 말하기를, ‘우리들은 본디 송도(松島)에 사는데 우연히 고기잡이하러 나왔다. 이제 본소(本所)로 돌아갈 것이다’ 하므로, ‘송도는 자산도(子山島)로서, 그것도 우리 나라 땅인데 너희들이 감히 거기에 사는가?’ 하였습니다. 드디어 이튿날 새벽에 배를 몰아 자산도에 갔는데, 왜인들이 막 가마솥을 벌여 놓고 고기 기름을 다리고 있었습니다. 제가 막대기로 쳐서 깨뜨리고 큰 소리로 꾸짖었더니, 왜인들이 거두어 배에 싣고서 돛을 올리고 돌아가므로, 제가 곧 배를 타고 뒤쫓았습니다.

(국사편찬위원회 한국사 데이터베이스 http://db.history.go.kr/)

〈부록1-39〉

『竹島紀事』(1693년 6월자 쓰시마번 스기무라 우네메가 왜관 나카야마 게베에게 보내는 서신)(1726)

竹嶋之儀朝鮮＝而ハブルンセミと申候由被申越候、竹嶋与書候而朝

鮮読ニブルンセミト申候哉。ブルンセミとハ如何様ニ書申候哉、欝陵嶋
与申嶋有之候。是を下々之詞ニブルンセミとハ不申候哉。日本ニ而者
欝陵島之儀を磯竹と申候、欝陵嶋とブルンセミハ別之嶋ニ而有之候
哉、ブルンセミを日本人ハ竹嶋と申候与申儀者誰之咄ニ而被承候哉。

　다케시마(竹嶋)를 조선에서는 부룬새미(한국어 소리 무릉섬에 해당
하는 일본어 음역, 역자 주)라고 한다고 하였는데, '竹嶋'라고 쓰고 조
선어로 부룬새미라고 읽는 것인가, 부룬새미라고는 어떻게 쓰는가?
欝陵嶋라는 섬이 있는데 백성들이 이 섬을 부룬새미라고 부르고 있
는 것은 아닌가. 일본에서는 欝陵嶋를 이소다케(磯竹)라고 한다. 欝陵
嶋는 부룬새미와는 다른 섬인가, 누가 일본인은 부룬새미를 다케시마
(竹嶋)라고 한다고 했는가.

　[越常右衛門・大浦陸右衛門, 1726, 竹島記事 一巻(정영미, 2012a,
"『다케시마 기사(竹島紀事)』에서의 1693년 안용복 일행의 행적에 대
한 심층 조사・보고", 2011 경상북도 독도사료 연구회 연구보고서,
경상북도・안용복 재단, 29쪽, 54쪽)]

〈부록1-40〉
　『竹島紀事』(1693년 6월 13일자 왜관 나카야마 게베에가 쓰시마번
에 보내는 서신)
　ブルンセミ之儀嶋違ニ而御座候。具承届候処ウルチントウト申嶋ニ而
御座候。ブルンセミ之儀者ウルチントウト申嶋ニ而御座候。ブルンセミ
之儀者ウルチントウより北東ニ当かすかに相見申由承候事。

　부룬새미는 다른 섬이다. 자세히 조사해 보니 우르친토(한국어 소
리 울릉도를 일본어로 음역한 것, 역자 주)라는 섬이다. 부룬새미란

우르친토에서 북동쪽으로 아스라이 보이는 섬이라고 들었다.

[越常右衛門・大浦陸右衛門, 1726, 竹島記事 一卷(정영미, 2012a, "『다케시마 기사(竹島紀事)』에서의 1693년 안용복 일행의 행적에 대한 심층 조사・보고", 2011 경상북도 독도사료 연구회 연구보고서, 경상북도・안용복 재단, 30쪽, 56쪽)]

〈부록1-41〉

「竹島渡海禁止令」(1818~1829)

1696年 1月 25日 老中奉書

先年松平新太郎因州・伯州領知之節伯州米子の町人村川市兵衛・大屋甚吉竹島江渡海、至于今雖致漁候、向後竹島江渡海之儀制禁可申付旨被仰出候間、可被存其趣候、恐々謹言

正月廿八日

土屋相模守 正直

戸田山城守 忠昌

安部豊後守 正武

大久保加賀守 忠朝

松平伯耆守殿

「다케시마 도해 금지령」

1696년 1월 25일 노중 (老中) 봉서

예전에 마쓰다이라 신타로가 인주(因州: 이나바노쿠니, 역자 주)와 백주(伯州: 호키노쿠니, 역자 주)의 영주였을 때 (장군님에게) 말씀드려서 백주 요나고 주민 무라카와 이치베와 오야 진키치가 다케시마에 도해하였고 지금까지도 어로를 하고 있다. 앞으로는 다케시마에 도해하는 것을 금하라는 명이 계셨으므로 그 뜻을 받들도록 하라.

정월 28일

쓰치야 사가미노카미 마사나오

도다 야마시로노카미 다다마사

아베 붕고노카미 마사타케

오쿠보 가가노카미 다다아사

마쓰다이라 호키노카미님에게

(池内敏, 1999, "竹島渡海と鳥取藩-元禄竹島一件考·序説-", 鳥取地域史研究 第一号、鳥取地域史研究会, 34쪽)

〈부록1-42〉

『竹島考』「幕府禁遏渡海于竹嶋」

(前略) 國俗ノ口碑ニ云ク、此時竹嶋ニ於テ朝鮮人共此方ノ船ト見ルヨリ大銃ヲ裏シ海岸近ク寄付ザリシト云リ。去程ニ大谷・村川ハ不慮モ一所懸命ノ地ニ離レ八拾年来ノ生業ヲ失ヒ、且ハ配下ノ船人等ガ困窮ヲ傷ミ當惑至極セリ。依テ之村川市兵衛義ハ同十一年ヨリ出府シ愁訴ヲ捧ケ、同十六年迄六箇年ガ間種々手ヲ竭シテ 幕府ノ恩評ヲ仰キヌレ共事渋滞シ徒ニ年月ヲ累ル而已ナレバ永々ノ在府ニ家貲ヲ傾ク遂ニ困シテ今ハ力ニ及カタケレハ、其段 因邸ヘ上達シテ空シク退府セシト也。其レヨリ後ハサシモ世ニ穩ナキ豪家ナリシカ共家運稍ク衰ヘ頓テ逼迫ニ及ケレバ、太守家ヘモ是ヲ不便ノ事ニ被思召、米子町ニテ綿問屋ヲ免許セラル。ノ栄ニハ似モヤウザレ共、僅ニ家名ヲ存シ世ヲ渡リケルガ、此程ノ改制ニ御両國ノ諸問屋ト均シク是ヲモ召放レヌ。両家ハ格別ナル由ヲ歎訴ニ及シカ共事不叶、當時村川市兵衛ハタテ町

ニ居テ塩ヲ取扱ヒ、大谷藤之丞ハ灘町ニ居テ魚鳥ノ販賣ヲ成シ、各僅ノ口ヲ利シ是ヲ活計トセリ。今ヲ以テ前世ニ比スレバ、浅カリシ有ナリ。ル由アル家筋ノ事共モ年歳ヲ歴ニ從ヒ聞傳ル者ハ稀ニシ自然ト同開ノ人ノ崇敬モ薄ク成リ行キ、昨日マデモ負擔ヲ業トセシ鄙夫ニテモ今日ノ勢ニ乗シ奢麗ヲ極ル者ヲ見テハ却テ人コレヲ貴重セリ。ハノ人事ノトハ申ナガラカリケル事共也。

(전략) 이 근방에서 전해져 오는 말로는 그때 다케시마에서 조선인들이 이쪽 배를 보기만 하면 총통을 쏘아 해안 근처로 못 오게 하였다고 한다. 그래서 오야와 무라카와는 뜻하지 않게 열심히 일했던 땅으로부터 멀어져 80년래의 생업을 잃었고, 또 수하에 있던 선원들이 곤궁해진 것에 마음이 아파 매우 당혹스러워했다. 이에 따라 무라카와 이치베는 겐로쿠 11년(1698)부터 에도를 다니며 탄원하였고, 겐로쿠 16년(1703)까지 6년간 막부의 재고를 바라며 온갖 수를 다 써 보았지만, 일은 안 되고 시간만 허무하게 흐를 뿐이었으므로, 장시간의 에도 체류에 가산은 기울고 결국 곤궁해져서 그런 것을 돗토리 번에게 보고하고는 에도를 떠났다. 그 이후 그렇게도 세상에 알려진 부호였었는데도 가운이 다 기울어 곧 생활에 쪼들리게끔 되자 이를 불쌍히 여긴 번주가 요나고초에서 면직물 도매상을 하는 것을 허가해 주었다. 이전의 영화에는 비할 바가 없었으나 간신히 가명(家名)을 유지하며 살아갈 수 있었는데, 얼마 전에 제도가 바뀌어 호키와 이나바의 다른 도매상과 같이 그것에서도 손을 놓아야 했다. 그 두 집안은 각별한 집안이니 봐 달라고 탄원하였으나 들어주지 않았고, 지금 무라카와 이치베는 다테초에서 소금 파는 일을 하고, 오야 후지노죠는 나다초에서 물고기와 날짐승을 파는 일을 하는데, 두 집안 다 약간의

구전을 받아 살아가는 방편으로 삼고 있다.

[岡嶋正義, 1828, 竹島考 下(정영미 역, 2011, 앞의 책 238~241쪽)]

〈부록1-43〉

「竹嶋渡海一件記 全(1837)」

朝鮮持地竹嶋渡海一件大略

私儀朝鮮持地竹嶋江渡海仕候始末御吟味御坐候。(中略)

松原浦ニおゐて今津屋八右衛門ト家号名前差出廻船壱艘所持直乗船
頭渡世いたし罷在右竹嶋最寄之海上之松前表江渡海之船請ニ而私儀も
先年より度々松前渡海仕其度毎及悲讒候儀ニ而、元来右嶋者石見国海
岸より亥子之方ニ當り海上百里余も相隔一名欝陵島とも相唱候空嶋ニ
而草木致繁茂地先ニ者鮑其外魚類夥敷寄集居候様子ニ見請候付、右
嶋江渡海之上草木伐出漁業ニ而もいたし候ハヽ(ママ)自己之徳用者不及
申莫太之御国益にも可相成ト心附け渡海願取方之儀寄ニ致勘弁罷在候
折柄七年以前寅七月 (中略)

竹嶋渡海志願之次第相咄 (中略)

内存書取調文面之儀者、兼而致悲讒候次第ニ而者竹嶋之外ニ松嶋と
唱石見国海岸よりより(ママ)子之方ニ當り海上七八拾里斗相隔候小嶋有
之、右松竹両嶋とも全空嶋ト相見其侭被差置候も残念之至ニ付草木伐
出漁業をもいたし候ハヽ(ママ)自己之徳用而巳ニ無之莫太之御国益ニも
可有之ト見込、右ニ付周防守様へ冥加銀差出方之儀者稼試候上歩合取
極可申旨両嶋渡海之儀内願仕候事之良自筆下を以相認同八月日不覚
荻右衛門方へ持来いたし候処 (中略)

同月十八日江戸詰荻右衛門より私へ向書状致来文面之趣意者、竹嶋

之儀者日出之地共難差極候付渡海目論見相止可申段申来候付 (中略)

其後様子尋ニ罷越候処、右様江戸表より申来候上者竹嶋之方相止松嶋之方渡海いたし試可申分被仰聞候趣三兵衛申聞候付、松嶋之儀者小嶋ニ而見込無之候得共江戸表ヘ〻右嶋之名目残以竹嶋ヘ渡海いたし試萬一外ニより相洩候時ハ漂着之姿ニ申唱候ハ〻(ママ)子細有之間敷ト存候旨三兵衛ヘ申聞置候処 (中略)

私共都合八人神東丸江乗組、同十五日濱田表出帆直様竹嶋ヘ乗廻可申心組之処天気合見横風強吹出一旦長州三嶋地先ヘ流寄候付再度日和を見定乗出隠岐国福浦ヘ着、夫より順風ニ随子之方ヘ沖走いたし松嶋地先をも罷通り候節船中より見受候処、果而小嶋ニ而樹木等も無数更ニ見込無之場所ニ付態々上陸不致其ママ乾之方ヘ乗廻、同七月廿一日竹嶋ヘ着 (中略)

右天保丙申歳御吟味口上

竹嶋方角図

前書申口招合を以試尓図かく

「죽도도해 일건(竹嶋渡海一件)에 관한 기록 全」

조선 영토인 다케시마(竹嶋)에 도해(渡海)한 일건(一件)에 관한 대략(大略)

내가 조선의 땅인 다케시마에 도해하게 된 경위에 대한 취조가 있으셨습니다. (중략)

마쓰바라우라에서 이마즈야 하치에몬이라는 가호와 이름으로 회선(廻船) 한 척을 소유해서 직접 배를 타고 선장을 하며 살고 있었는데 위의 다케시마와는 가장 가까운 마쓰마에(松前: 홋카이도, 역자 주)로 짐을 실어 나르는 일을 하였습니다. 나는 그 이전부터 자주 마쓰마에로 도해하였고 그때마다 마음이 슬프고 상하였습니다. 원래 이 섬은 이와미(石見國)의 해안의 북서쪽(亥子)으로 100여 리나 떨어져 있는 일명 울릉도라고도 하는 빈 섬으로 초목이 무성하고 섬 주변에 는 전복 외에도 수많은 물고기들이 떼 지어 모여 있는 것처럼 보이는 섬입니다. 이에 이 섬에 도해하여 초목을 베어내고 물고기를 잡는 일 을 한다면 자기 자신에게 유익이 됨은 말할 것도 없고 막대한 국익이 될 것이라고 생각하고 도해 청원서를 어떻게 내는지를 조사하여 알 아냈을 때인 7년 전 寅 해(1830년, 역자 주) 7월 (중략)

(에도 근무 하마다 번 관료에게) 다케시마 도해를 하고 싶다는 말 을 하였습니다. (중략)

내원서(內願書)의 내용은 (다음과 같습니다), 이전부터 (다케시마를 생각하고) 마음이 슬프고 상했는데 (이 이유는 다음과 같습니다) 다케 시마 외에 마쓰시마라고 하는 이와미국 바닷가에서 북쪽(子)으로 70~ 80여 리 떨어진 곳에 작은 섬이 있습니다. 이 마쓰시마와 다케시마는 모두 전혀 사람이 살고 있지 않은 빈 섬인 것 같으며 그대로 그냥 두 는 것도 매우 애석한 일이므로 초목을 베어내고 물고기들을 잡으면 자기 자신의 유익이 될 뿐만이 아니라 막대한 국익이 될 수도 있을 것으로 보입니다. 그러므로 스오우노카미님(하마다 번주)에게 세금으 로 내는 은(銀)은 시험적으로 일단 한 번 가서 일을 해 본 후에 어느 정도 낼지 정하고 싶다는 내용의 다케시마·마쓰시마 도해 내원서(內 願書)를 직접 써서 작성하여 같은 해 8월 -몇 일인지는 모르겠음- 오 기우에몬에게 가져갔습니다. (중략)

그랬더니 같은 달(1832년 1월, 역자 주) 18일 에도의 오기우에몬으 로부터 나에게 편지가 왔습니다. 그 내용은 (다음과 같습니다), 다케시마가 일출(日出)의 땅(일본 땅, 역자 주)인지 어떤지 알기 어려우니 도해 계획을 정지하라고 한 것이었습니다. (중략)

그 후 상황을 물어보러 갔더니 (오카다 다노모가) 에도에서 그렇게 말해 온 이상에는 다케시마에 도해하는 것은 그만두고 마쓰시마에 도해하여 시험적으로 일을 해 보라는 말을 하셨다고 산베에가 말해서 마쓰시마는 작은 섬으로 가능성 없는 곳이나 에도에는 마쓰시마에 간다는 말을 하여 두고 다케시마에 도해하여 시험적으로 일을 해보고 만일 이 일이 외부로 새어나가면 (마쓰시마에 갔다가) 풍랑을 만나 다케시마에 표류했다는 듯이 말해 두면 지장 없을 것이라고 산베에에게 말하여 두었습니다. (중략)

합해서 8명이 신도마루를 타고 같은 달 15일 하마다를 떠나 곧장 다케시마로 향하고자 하였으나 날씨를 보니 횡풍(橫風)이 강하게 불어서 일단 조슈의 미시마(三嶋) 근처로 갔다가 다시 날씨를 보아 출선하여 오키노쿠니(隱岐國)의 후쿠우라(福浦)에 도착하였습니다. 거기에서 순풍을 만나 북쪽(子)으로 가서 마쓰시마 근처도 지나게 되었습니다. 그때 배 안에서 본 바로는 과연 작은 섬으로 나무 같은 것도 없고 쓸모없는 곳이었으므로 상륙하지 않고 그대로 북서쪽(乾)으로 가서 같은 해 7월 21일 다케시마에 도착하였습니다. (중략)

1836년 취조에 대한 답변

죽도 방각도(竹島方角圖)

앞서 말한 진술에 따라 시험적으로 그린 그림

(浜田市教育委員会編, 2002, 八右衛門とその時代－今津屋八右衛門の竹嶋一件と近世海運－, 浜田市教育委員会, 자료 3~8쪽)

〈부록 1-44〉

天保八年(一八三七/1837)島根県浜田郷土資料館蔵

「高札」

今度 松平周防守元領分 石州浜田松原浦 に罷り在り候無宿八右衛門

竹嶋え渡海致し候一件 吟味の上右八右衛門の外夫々厳科行はれ候。

右嶋往古は伯州米子のもの共渡魚漁等致し候といえども元禄の度朝鮮

国え御度しに相成り候以来渡海停止仰せ出され候場所にこれ有り。都て

異国渡海の儀は重き御制禁に候条、向後右嶋の儀も同様相心得渡海致

すまじく候。勿論国々の廻船等海上においても異国船に出会わざる様乗

り筋等心がけ申すべき旨先年も相触れ候通り弥々相守り、以来は(可)成

たけ遠い沖乗り致さざる様乗廻り申すべく候。右の趣御料は御代官私領

は領主地頭より浦方村町とも洩れざる様触れ知らすべく候。尤触書きの

趣板札に認め高札場等に掛置き申すべきもの也。

二月

右の通り 公儀従り仰せ出され候間御領分の者共堅く相守るべきもの也

浦奉行

덴포(天保) 8年 1837 시마네 현 하마다 향토자료관 소장

「고찰(高札: 방)」

이번에 스오우노카미(周防守)인 마쓰다이라의 전 영지였던 세키슈
(石州: 시마네 현, 역자 주)의 하마다(의) 마쓰바라우라에 있던 낭인
하치에몬이 다케시마에 도해한 사건에 관해, 취조를 한 후 위의 하치
에몬과 그 외 각각에게 엄한 형벌을 내렸다. 위의 섬은 예전에는 호
키(의) 요나고 주민들이 도해하여 어업 등을 행한 곳이었으나, 겐로쿠
시대에 (막부가) 조선국에게 건네주셨다. 그 이후 도해를 금하는 명령

이 내려진 곳이다. 모든 외국으로의 도해는 엄히 금하셨으므로 향후 위의 섬에 대해서도 똑같이 명심하여 도해하지 않아야 한다. 물론 국내 각각의 구니(國: 지역, 역자 주)의 배 등도 바다에서 외국배와 마주치지 않도록 뱃길을 정하는 것에 마음을 써야 한다고 이전에도 모두에게 알리신 것 같이 그 말씀을 지켜서 앞으로는 가능한 먼 바다로는 나가지 않도록 배를 몰아야 한다. 위의 뜻을 어령(御領: 도쿠가와 가의 영지, 역자 주)에 있어서는 다이칸(代官)이, 사령(私領: 도쿠가와 가외 다이묘(大名)의 영지, 역자 주)에 있어서는 영주의 지토우(地頭) 가해안가의 무라(村)와 마치(町)에 빠짐없이 알려야 한다. 위의 뜻을 판자에 적어 고찰장(高札場)에 걸어두어야 한다.

2월

위와 같이 장군님 뜻에 따른 지시가 내려졌으므로 어령에 속한 사람들은 반드시 지킬 것

우라부교(浦奉行)

(시마네현 하마다[濱田]시 소재 하마다 향토 사료관 소장 액자)

〈부록1-45〉

『伯耆民談記』「大谷・村川竹島渡海事」

(前略) 朝鮮国よりも使を以て、彼島の事種々訴訟しける故、遂に彼島をば朝鮮国に付けさせられ、大谷村川へは渡海停止之儀仰だせれり、是より退転して今に至りて島渡りの者無し。この竹島といふは、日本を離るゝ事遠くして、朝鮮へは近し(中略)

(同島には)種々の産物ありて、因伯両国はいふに及はず、普く日本の利潤なりしに、渡航絶たるは惜みても余り有り。

「오야·무라카와 다케시마 도해사」

(전략) 조선국에서도 사신을 보내 그 섬에 대해 이런저런 소송을 하였기에 결국엔 그 섬을 조선국에 붙이시고 오야와 무라카와에게 도해 정지 명을 내리셨다. 이때부터 (다케시마 도해가) 쇠퇴하여 지금에 이르기까지 섬에 도해하는 자가 없다. 이 다케시마로 말하면 일본에서 멀리 떨어져 있고 조선에서는 가깝다. (중략)

(이 섬에는) 여러 가지 산물이 나서 인하쿠(因伯: 이나바와 호키노쿠니, 역자 주) 양국은 물론 널리 일본의 이익이 되는 곳이니 도항이 중단된 것을 아무리 애석해해도 한이 없다.

(萩原直正校註, 1960, 因伯文庫 伯耆民談記, 日本海新聞社, 19～20쪽)

〈부록1-46〉

『竹島考』上「或問」

1. "或ハ問テ曰ク、竹島ハ水路絶遠ニシ朝鮮國ニ逼近シ、殊ニ物産多キ海嶼ナリト聞リ。然ニ、古ヨリ居ヲトル人民モ無ク、又、彼国ヨリ通舶セザリシ事 如何。"

◀ "(前略) 夫レ竹島ハ沃饒ニシ彼国ヲ去事相遠カラズト雖、吾船隻ノ往セル海中ニ在ル孤島ナレバ怯殺セラレン事ヲ懼テ往昔ヨリ彼ガ人民居ヲ結ズ、又、快ク渡海スル事ヲモ不得シ、唯廃ニテアリタル事ト知レタリ(後略)"

2. "或ハ問テ曰ク、竹島ハ往昔ヨリ廃ニシ何ノ国ノ所轄ト云フモ無ク、又人民ノ住居セズト云ルニ、現證アリヤ、 如何。"

◀ "尤、元亀·天正ノ際、寇難ノ止タル比ニハ此嶋ヲ朝鮮国ノ所轄ノ如ク思ヒ居タリシ事ニヤ。(中略) サテ、豊太閤ノ威伐ヲ被リシ後ハ唯

日本勢ノ引拂タルヲ幸トシ竹島ナドヘ念慮ヲカクル迄モ無リシ内、大谷・村川ハ渡海ヲ企ケル間、其レヨリ後ハ伯耆国ノ属ノ如ニ相成タル故 (後略)"

3. "或問テ曰ク、朝鮮国ノ人竹島ヘ通舶セルハ伯耆国ヨリ渡海セル比トハ時節ノ遅アリシユヘ彼国ノ人是ヲ論ズシテ多年ヲ歴タリト云。又中比、伯耆国ノ属タリシト云ルニ明證アリヤ、如何。"

◀ "伯耆国ヨリ数竹島ヘ渡海セルヲ朝鮮国ヘハ曽テ不知リシト云ルハ無稽ノ盲談ナリ。又、伯州ノ属嶋タリシト云ニモ據ナキニ非。今一二ノ説ヲ擧テ左ニ證トセン (後略)"

4. "或ハ問テ曰ク、今竹島ノ事蹟ヲ論談セル者、伯耆民談記 (前出ノ書ト後人ノ増補セルモノトニ書アリ併可見ル) ニ載ル処ニ不泄、ソノ實否如何。"

◀ "此書ニハ伯耆一州ノ事ヲ編集シテ竹島ヲ以テ主要トセス。是ヲ以テ其説精密ト云ザル処アリ (後略)"

◀ "(前略) 若シ此時術者アリテ此方ヨリ (早ク開島シ、村屋ヲ建テ) 人民ヲ移シ早ク是ヲ開嶋シ{村落}村屋ヲ建置ル時ハ、後年ノ患ハ生ズマジキ事成ニ、其事ノ無リシ故朝鮮人(共大谷・村川ガ)帰舶ノ隙ヲ伺ヒ、遂ニ吾ヲ奪セシ事尤可キ惜ニ非ヤ (後略)"

5.　或問テ云ク、"近代編著セル安部氏ノ因幡志ニ欝日本ニテ是ヲ竹島ト称シ、子山島コレヲ松島ト呼ト記セルハ精實ナリヤ、如何。"

◀ "答曰、① 竹島ノ名ハ唐山及朝鮮ノ書籍ニ往々コレヲ載レバ本邦ノミニテ竹島ト称スルニ無之事照然タレバ強テ論ズルニ不足。サレ共、此謬ノ起源ヲ察スルニ三國通覧輿地路程之図ニ朝鮮国江原道ノ海上ニ一ツノ島ヲ描キ、又隠岐ト朝鮮国トノ平分ノ洋中ニ竹島ヲ載テ朝鮮国

ノ持ナリ、此島ヨリ隠州ヲ望ミ又朝鮮國ヲモ見ルト傍註シテ此ノ島ノ東
ニ一小嶋ヲ附ス。若クハ松島ナルベキ弥。又同書ノ朝鮮國ノ全圖ヲ見ル
ニ、ヤハリ江原道ノ海中ニ島アリテ欝　・千山國ト記シ、其内ニ山ヲ模
シ其名ヲ弓嶽トス。、輿地路程之圖ニ載ル江原道ノ海中ニアル小嶋是
ナリ。三國通ノ圖ハ地球ノ緯度ニ依テ模セル処ナレバ 圖ノ方幅限リア
リテ全圖ニハ隠岐国並ニ竹嶋ヲモ闕タリ。尤、是圖ハ朝鮮一国ノミナレ
バ地取モ稍廣マリテ欝陵地方ヲ離レテ遥ノ洋中ニ在レハ、恰モ竹嶋ニ
髣髴タリ。然ルヲ惟親 (安陪氏) 昏迷シテコノ島ノ傍ニ一小島ノ無キヲ
バ林子カ脱ナリト思ヒ、又欝陵島ノ内ニ千山国ト記セルヲバ一島ニ誤テ
両ノ名ヲ挙タルモノト妄推シ、因幡志ニ欝陵島日本ニテハ是ヲ竹島ト
称シ子山島コレヲ松嶋ト云ト載タルモノナラシ。子トハ字ノ形相似タ
レバ傳ノ誤ナル可シ。 本圖ニ質ス時ハ其差謬タリ。② (前略) 予ガ臆推
ノ如ナル時ハ元来其ノ嶋ハ竹島ニ非バ、ソノ傍ニ松島ノ有ベキ道理ナ
シ。又、千山国ト云ルハ欝陵島ノ古名ナレバ、別島ノ名ニハ非、斯ニ
支ヲ挙ルニ (中略) ③ 又案 (中略)、③ 溟州ハ江原道ニ統属セル地ナル
ニ欝陵島ハ其正東ニ在時ハ竹島トハ隔遠ナル事疑ヲ可容無シ。(後略)"

6. 或問テ曰ク、"今ニモ従　幕府竹島渡海免許アリナバ往世ノ如ク
通舶スベキノ術アリヤ、如何。"

◀ "(前略) 如此法制嚴重ニ行レテ遠キ海外ノ国々迄モ善政ノ徳ニ浴
シ初テ倭賊ノ患害ヲ免レ備禦ヲ不設シテ、邊民枕ヲ泰山ノ安キニ置
リ。バ朝鮮國ナドハ弥悦服帰スベキ事ナルニ、倩事ノ様ヲ案ルニ彼國ノ
人性柔懦ニシテ威ヲ以テ駆スル時ハ戦スル事甚シケレ共、徳恵ノ化ニ
ハ感ル事薄シ。ニ中國ニモ世背叛シ討ゼラレシ事毎度ノ事ナリ。豊太

閣朝鮮ノ役後モ大ノ威伐ヲ蒙リ両マデ王都ヲ去テ江華ト云ル海島ヘ奔竄シ、本邦ノ寛文ノ比清ト歳ノ約ヲ定テ、今ニ於テ臣服セリ。其ヨリ以後ハウシロニ大ノ強ヲ負ンテ稍々悖慢ノ心ヲ生シ、東海中ノ清ナル時ニ乗シ先載ノ廃ヲ曽テ吾邦ヨリ開島ヲ成シ多年ノ間渡海シ莫太ノ利潤ヲ得ル事ヲ羡ミ、元禄中種々ノ奸ヲ構ヘテ吾船隻ヲ拒ミ、遂ニ竹島ヲ奪シ、永ク己ガ属ト成シタリ。(中略) 彼ガ驕慢斯ニ及ルモ、一朝一夕ノ謂ニアラザル事ヲ可シ察ス。 背ノ甚シキ、尤モ可キ憎モノニアラズヤ。ト雖國難ノ生ゼン事ヲ人トシ可異ニハアラネ共、時運ハ難シ計リ。彼国モシ内乱起テ三韓時代ノ如ク分剖スル弥、或ハ敵ヲ生シテ勢危窮ニ及ナト時ハ必シモ往世ノ如ク本邦ニ膝ヲ屈ン事必然ナリ。モ其機ノ見ル、時ハ元来竹島ハ伯耆國ノ属ナ {ルバ} ナレバ速ニ是ヲ收スルノ計議アル可事ナリ(後略)"

1. "다케시마는 아주 먼 바다에 있어 조선국에 가깝고 특히 산물이 많은 섬이라고 들었다. 그런데 옛날부터 집 짓고 사는 사람도 없고, 또 그 나라에서 배로 왕래하지 않는다던데 그런가?"

◀ "(전략) 그 다케시마는 풍요한 땅으로 그 나라에서 멀리 떨어져 있지 않다고는 하나, 우리나라 배가 왕래하는 바다에 있는 고도(孤島)이므로 그 나라 사람이 오래 전부터 살해당할 것을 두려워하여 살지 않았고, 또 마음 편하게 도해할 수도 없었기에 폐도(廢島)라고만 알려져 있었다. (후략)"

2. "다케시마는 옛날부터 폐도(廢島)로서 어느 나라의 관할에 속한다는 것도 없고 또 사람도 살지 않는다고 하는데 증거가 있는가"

◀ "원래 겐키(元龜)와 덴쇼(天正) 때, 왜구의 난이 그쳤을 때에는

이 섬을 조선국의 관할지라고 생각하고 있었던 것 같다. (중략)

그런데 호타이코의 위벌(威伐)을 당한 후에는 오직 일본군대를 떨쳐버린 것을 다행으로 여겨 다케시마 같은 것에는 마음을 쓰지 않고 있을 동안에 오야와 무라카와가 도해를 하였고 그 이후에는 호키노쿠니의 속지처럼 되어 (후략)"

3. "조선국 사람의 배가 다케시마에 왕래한 시기는 호키노쿠니에서 도해한 시기와는 차이가 있었기 때문에 그 나라 사람이 그 일을 눈치채지 못한 채 많은 해가 지났다고 한다. 또 에도 중기경에는 호키노쿠니의 속지였다고도 하는데 확실한 증거가 있는 것인가"

◀ "호키노쿠니에서 다케시마에 수십 년간 도해한 것을 조선국이 모르고 있었다니 이는 근거 없는 망언이다. 또 (다케시마가) 호키주의 속도였다는 말도 근거가 없지는 않다. 지금 그에 대한 한두 가지 설(設)을 들어 증거로 삼겠다. (후략)"

4. "지금 한 다케시마의 사적에 관한 말은 『백기민담기』에는 빠져 있다. 어느 쪽이 맞는가?"

◀ "그 책은 호키에 대한 것만 편찬한 책으로 다케시마에 관해서는 중요시 하고 있지 않다. 따라서 그 책에서 말하고 있는 바 세밀치 않은 곳이 있다. (후략)"

◀ "(전략) 만일 그때 재주 있는 자가 있어서 이쪽에서 빨리 섬을 열고, 집을 지어 사람을 이주시켰으면 이후의 우환은 생기지 않았을 터인데 그런 일이 없었으므로 조선인들이 오야와 무라카와의 배가 돌아가고 없는 틈을 타서 결국 우리 땅을 탈취하였으니 이는 실로 애석한 일이 아닐 수가 없다. (후략)"

5. "최근에 편찬된 아베(安部) 씨의 『인번지(因幡誌)』에 '울릉도 이

를 다케시마라 하고 자산도 이를 마쓰시마라 한다'고 기록되어 있는데 맞는 말인가?"

◀ "① 다케시마라는 이름은 중국 및 조선국 서적에서도 종종 언급되므로 우리나라만 다케시마라고 하는 것이 아님이 명백하니 일부러 논할 필요는 없다. 그러나 그 잘못된 말이 어디서 비롯되었는지 살펴보면, 『삼국통람(三國通覽)』의 「여지로정지도(輿地路程之圖)」에 조선국 강원도 해상에 섬 하나가 있고, 또 오키와 조선국 간의 바다 한 가운데에 다케시마가 있는데 옆에 "조선국 것이다. 이 섬에서 은주(隱州: 오키 섬, 역자 주)가 보이고 또 조선국도 보인다"는 주(注)가 있고 그 섬의 동쪽에 작은 섬 하나가 그려져 있다. 아마 마쓰시마일 것이다. 또 그 책에 수록되어 있는 「조선국전도」를 보면, 역시 강원도 바다 가운데 섬이 있는데 울릉도, 천산국(千山國)이라고 쓰여 있고, 그 안에 산을 그리고 그 이름을 이소타케라 하고 있다. 이는 즉 「여지로정지도」에 그려져 있는 강원도 바다에 있는 작은 섬이다. 『삼국통람』의 모든 지도는 지구 위도에 따라 그렸는데 지도 폭에 한계가 있으므로 전도(全圖)에는 오키국의 다케시마도 그려져 있지 않다. 원래 그 지도는 조선 한 나라만 그린 것이므로 실제보다 약간 크게 그려져 있고 울릉도 강원도에서 아주 멀리 떨어진 바다 가운데 그려놓았으니, 이는 마치 다케시마를 방불케 하는 것이다. 그런 것을 고레치카(惟親: 아베 교안, 역자 주)가 이 섬 옆에 있어야 할 작은 섬 하나가 없는 것은 하야시 씨가 빠트렸기 때문이라고 착각하였고, 또, 울릉도 안에 천산국이라고 기록한 것을 하나의 섬에 두 개의 섬 이름을 쓴 것이라고 잘못 추측하여 『인번지』에 "울릉도 일본에서는 이를 다케시마라 하고 자산도 이를 마쓰시마라 한다"라고 기술한 것이다. '센

(千)'과 '시(子)'는 글자 모양이 비슷하여 잘못 옮겨 쓴 것일 것이다. 또 그 지도를 하나하나 따져보면 잘못된 것이 역력하다.

(전략) 나의 억측이 맞다면, 원래 그 섬이 다케시마가 아니면 그 옆에 마쓰시마가 있을 이유가 없다. 또 천산국이라고 하는 것은 울릉도의 옛날 이름으로써 다른 섬의 이름은 아닌데, 여기에 증거 하나를 들으면 (중략) 또 생각해 보면 (중략),

③ 명주란 강원도에 속한 땅이므로 울릉도가 그 정동 쪽에 있다면 다케시마와 멀리 떨어져 있다는 것은 의심할 여지가 없다.

6. 혹자는 물어 말하길, "지금이라도 막부의 다케시마 도해 면허가 있으면 예전과 같이 왕래할 방법이 있는가?"

◀ "(전략) 이와 같이 엄한 법제가 행해져서 바다 멀리에 있는 나라들까지도 그 선정을 덕택으로 왜적의 피해를 겨우 면하고 방어하지 않아도 되게 되었으며, 변방 주민들은 베개를 높이 베고 편한 잠을 잘 수 있게 되었다. 그러면 조선국 등은 곧 복종하고 귀순했어야만 했는데, 그 받아들이는 모양을 보면, 그 나라 사람의 성품이 우유부단하여 위(威)로써 다스릴 때에는 심히 두려워하지만, 베푸는 덕과 은혜에 대해서는 느끼는 바가 적다. 따라서 중국에 대해서도 대대로 배반을 하여 매번 정벌을 당하였다. 그 이후 청나라를 등에 업고 거만해지고 동해가 평화로운 것을 빌미로, 이전에 우리나라가 오랫동안 폐도(廢島)였던 섬을 열고 다년간 도해하여 막대한 이윤을 얻고 있는 것을 시기하여 겐로쿠(元祿) 때 이런저런 간계를 부려 우리 배를 막았고 결국에는 다케시마를 빼앗아 오랫동안 자기 속지로 만들었다. (중략) 그 나라의 거만이 하루아침에 이에 이른 것이 아니라는 것을 깨달아야 한다. 은혜를 잊고 덕을 배신함이 심하니 미워할만하지 아니한가?

다른 나라의 일이라고 할지라도 사람으로서 국난이 일어나기를 바래서는 않으나 시대의 운은 예측하기 어려운 것이다. 그 나라에 혹시 내란이라도 일어나서 삼한시대와 같이 분열되던가, 혹 적국이 일어나 국세가 위기에 처하게 되면 반드시 예전과 같이 우리나라에 무릎을 꿇을 것이다. 혹 그러한 조짐이 보이면 원래 다케시마는 호키노쿠니의 속도(屬島)였으므로 재빨리 이를 다시 찾을 계획을 세워야 할 것이다. (후략)"

[岡嶋正義, 1828, 竹島考 上 或問(정영미 역, 2011, 앞의 책, 38～103쪽)]

〈부록1-47〉

『因藩誌』(1795)

朝欝両島ハ欝陵嶋―日本ニテ是ヲ竹嶋ト称ス―子山嶋(ウサンスム)―日本ニテ 松嶋ト呼―是ナリ

조울양도(朝蔚兩島)란 울릉도-일본에서는 이것을 다케시마(竹島)라고 칭한다. 자산도[이 표기 위에 우산섬(ウサンスム)이라는 후리가나가 붙어있다, 역자 주]-일본에서는 마쓰시마(松島)이라고 부른다-가 이것이다.

(시마네현 홈페이지「웹죽도문제연구소」http://www.pref.shimane.lg.jp/soumu/web-takeshima/ takeshima04/ takeshima04_01/takeshima04c.html)

〈부록1-48〉

『因府年表』元禄2年 3月小(1830～1843)

(前略) 廿六日 米子の船長村川市兵衛は、例年の通り船を竹島へ渡海

せしめ候処、今年は其れより先朝鮮国の人渡来して漁業を営み、剰へ此方より囲ひ置たる海獵の調度どもをも、縦に取出して用候體に相見候間、村川が船人ども大に憤りを起し、其の内の異客二人を拿して此方の船へ乗らしめ、さて申聞候様は、元来当島は銘々家へ日本の将軍より拝領して数十年来致通舶候処、今年濫りに汝儕渡来して及狼藉ぬる条奇怪の翔ひなりとて、強く彼等を呵責せし上にて揚陸せしめ、後日の証拠の為にとて、異客等が乾居ける串鮑少々、並、笠一蓋・細頭巾一箇・味噌麹一塊を取て、頓て海洋して今日米子へ帰船し、事の子細備に鳥府へ報告せしとなり。案、竹島へ海程大略隠岐国より松島へ七拾里、松島より竹島へ四拾里、竹島より朝鮮国へは四拾里と申伝へ候へども、常に其地形相見へ候由。されども往借より無人の廃島なりし故、元和年間、大谷・村川幕府へ相願、渡海を企候也。右等朝鮮国へ逼近せる海島へ、是迄人の住居せざりしことは、全く日本の威光を振恐せるが故なる可き歟。此度の挙を其儘に御捨置に相成候ことは、本邦を軽蔑の基にして、痛哭の至なり。

　이십육일 요나고의 선장 무라카와 이치베에는 다른 때와 같이 배를 타고 다케시마에 갔는데, 올해는 그보다 앞서 조선국 사람이 도해하여 어로를 하고 더더욱이 이쪽이 둔 바다사자잡이 도구도 마음대로 꺼내 쓴 것처럼 보여, 무라카와가 선원들과 함께 분노하여, 그 중 이객 두 사람을 잡아 이쪽 배에 태우고, 말하길, 이 섬은 우리에게 일본 장군이 내려 주어서 수십 년간 도해한 곳인데, 올해 마음대로 다시 와서 횡포를 부리니 이상하기 짝이 없다 하고, 심히 그들을 혼낸 후에 뭍으로 올려보내고 후일 증거를 삼기 위해 이객 등이 말리고 있던 꼬지 전복 조금과 갓 하나, 두건 하나, 메주 하나를 취하고 바다를 건너 오늘 요나고로 귀선하였고, 상세한 것을 돗토리에 보고하게 되었다. 생각해 보면 다케시마에는 바닷길 대략 오키국에서 마쓰시마에 70리, 마쓰시마에서 다케시마에 40리, 다케시마에서 조선국에는 40리라고 한다고 하지만 늘 그 지형이 보인다고 한다. 그렇다고 해도 옛날부터 사람이 살지 않는 폐도(廢島)가 되었기 때문에 겐나(元和) 때에 오야와 무라카와가 막부에 원하여 도해하고자 한 것이다. 위의 조선국에 아주 가까운 그 섬에 지금까지 사람이 살지 않는 것은 완전히 일본이 위광을 떨치고 있기 때문이 아닐까. 그때의 일을 그대로 방치해 두는 것은 우리나라를 멸시하는 근본이 되니 통곡할 따름이다.

(鳥取県編, 1976, 鳥取藩史, 第七巻, 近世資料, 鳥取県, 154～155쪽)

〈부록1-49〉

『因府年表』 元禄9年 1月 正月大

十八日 今度、從幕府米子の船長大谷・村川が漁船を竹島へ通ずることを停止せらる。 案、先年米子表より船を竹島へ遣し候へども、それより先、朝鮮国の漁夫等通 舶して、年々船隻を増し、吾船の帆影を望見するときは海岸へ備を張り、或は 大銃を轟し、拒撃の體を示しぬるに依て、無詮方退船して事の由を備に幕府へ上啓して恩評を仰ぎ候処、思の外此度永く渡海せることを禁逼せられ候間、大谷・村川は俄に活計を失ひ、甚当惑に及び、猶も出府して恩裁を請ひ候へども、遂に事不叶して止ぬ。元和四年始めて渡海せしより至于斯八拾一年なり。

겐로쿠(元禄) 9년 1월 정월 大 18일

이번에 막부의 명에 따라 요나고의 선장인 오야와 무라카와가 어선을 다케시마에 보내는 것을 정지당했다. 생각해보면, 예전에 요나

고에서 배를 다케시마에 보냈으나 그보다 앞서 <u>조선국 어부 등이 도</u>
<u>해하여 매년 배를 늘려 멀리서 우리 배의 돛대 그림자만 보아도 해안</u>
<u>에 진을 치고 혹은 대통을 울리고 공격하는 태도를 보임으로</u> 별 수
없이 배를 뒤로 물려 일의 진상을 모두 막부에 알리고 좋은 처분을
바랐는데 생각지도 않게 이번에 영원히 도해하는 것을 금하셨으므로
오야와 무라카와는 갑자기 생계를 잃어 매우 당혹한 상황에 이르렀
으므로 또 출부하여 좋게 처단해 주기를 원했으나 결국 뜻을 이루지
못하고 끝났다. 겐나(元和 4년) 들어 도해하기 시작하여 81년 지나 이
에 이르렀다.

(鳥取県編, 1976, 鳥取藩史, 第七巻, 近世資料, 鳥取県, 187쪽)

〈부록1-50〉
　『因伯記要』「朝鮮鬱陵島占領事業」(1907)
　大谷村川両家の<u>朝鮮鬱陵島占領事業</u>の若きは、蓋し米子あって以
来、もっとも快活にして趣味ある実歴史なり (中略)
　幕府対馬守宗氏をして朝鮮に談判せしむ。朝鮮屈せず、自国の属地
なるを主張して已まず。<u>幕府遂に姑息政策を執り、該島をば以後朝鮮に</u>
<u>預くとの名義を以て、我れの占領権を放棄し</u> (中略)
　幕府一片の禁令は、此の如く鬱陵島占領事業をして全然水泡に帰せ
しむ。

　오야와 무라카와 양가의 <u>조선 울릉도 점령사업</u>의 초창기는 요나고
가 생긴 이래 가장 활발하고 정취있는 실제 역사였다. (중략)

　막부가 쓰시마의 소씨로 하여금 조선과 담판하게 하였다. 조선이
굴하지 않고 자국의 속지라는 주장을 꺾지 않았다. <u>막부가 결국 고식</u>

(姑息)적인 정책을 취해, 그 섬을 이후 조선에 맡긴다는 명분으로 우리의 점령권을 포기하고 (중략)

막부의 하나의 금령이 이와 같은 울릉도 점령사업을 완전히 물거품을 만들었다.

(鳥取県編, 1907, 因伯紀要, 鳥取県, 196쪽)

〈부록1-51〉

『鳥取県郷土史』(1932)

(前略) 御奉書一下、一朝にして鮮人の手に委して顧みず、退嬰を惟れ事とした幕府元禄時代の処置は遺憾であった。元禄時代昇平の極、文弱退嬰の政策を執り、遠島漁権の為、外国と事を構ふるの不利なるを慮り、遂に漁権を放棄し、両家の特権を制禁せしものであろうが、国家の為のみならず、我が国の為にも惜むべきことであった。

(전략) 봉서 하나를 내려 하루아침에 조선인의 손에 맡기곤 돌아보지 않고 뒤로 후퇴한 막부의 겐로쿠 시대의 조치는 유감이었다. 겐로쿠 시대 평화가 지속된 결과 문약하고 후퇴한 정책을 취해 원도(遠島)어권(漁權)을 위해 외국과 맞서는 것이 불리하다고 생각하여 결국 어권을 포기하고, 양가의 특권을 금지하였을 것이나, (이는) 국가뿐만 아니라 우리나라를 위해서도 애석한 일이었다

(鳥取県編, 1932, 鳥取県郷土史, 鳥取県, 444쪽, 446쪽)

〈부록1-52〉

『隠岐古記集』(1823)

(前略) 島の総廻リ十六里(注、島後を指す) (中略) 亥ノ方四十余里に

して松嶋あり回り凡壱里程にして生木なき岩嶋という　又酉ノ方七十里余
に竹嶋といひ伝ふ竹木繁茂して大島の由　是より朝鮮を望めば隠州より雲
州を見るより尚近しと云　今は朝鮮人往来すと云と愚諸国の船人に問尋
するに方角誠に然り秋晴天北風の日に大満寺山の頂上より望み見は松島
は遥に見へんという　竹島は朝鮮の池山に懐かれ遠く望めは朝鮮地と見ゆ
る由　愚按当国にて古より磯竹島と云伝ありー視聴合記に見へたり

　(전략) 섬 둘레는 16리[주 도고(島後: 오키섬의 도고)] (중략) 북북서
쪽으로 40여 리에 마쓰시마가 있다. 둘레는 약 1리 정도로서 산(生)
나무가 없는 돌섬이라고 한다. 또 서쪽으로 70여 리에 있는 섬은 다
케시마라고 불려져 왔다. 대나무가 무성한 큰 섬이라고 한다. 여기에
서 조선을 보면 인슈에서 운슈를 보는 것보다 더 가깝다고 한다. 지
금은 조선인이 왕래한다고 한다. 내가 다른 지역의 선원에게 물어보
았는데 방향은 맞다고 한다. 가을에 하늘이 개고 북풍이 부는 날에는
다이만지(大滿寺) 산의 정상에서 보면 멀리 마쓰시마가 보인다고 한
다. 다케시마는 조선의 지산(池山)에 둘려있어 조선의 섬으로 보인다
고 한다. 내가 생각해볼 때 우리나라(오키)에서는 옛날부터 이소다케
시마라고 불려져왔다ー시청합기에서 보인다ー

　(川上健三, 1966, 竹島の歴史地理学的研究, 古今書院, 51～56쪽)

〈부록1-53〉
　延宝九年(1681) 三代目九右衛門勝信の「請書」
　(幕府巡検使に提出)
　一、竹嶋江隠岐国嶋後福浦より海路百里余も可有御座候由 海上之儀
＝御座候へは慥ニハ知レ不申御事

一、厳有院様御代竹嶋之道筋＝弐十町廻り申小嶋御座候　草木茂無御
座岩嶋＝而御座候　廿五年以前阿部四郎五郎様御取持を以拝領船渡渡
海仕候　此小嶋＝而茂みち之魚之油小宛所務仕候　右之小嶋江隠岐国嶋
後福浦より海上六十里余茂御座候御事(後略)

오야 가 3대 당주 가쓰노부(勝信)의 「청원서(請書)」(1681) (에도 막
부 순검사 앞 제출)

一, 다케시마는 오키국 도고(嶋後)의 후쿠우라(福浦)에서 해상 100
여 리 정도 될 것이라고 합니다. 바다에서의 거리기 때문에 확실한
것은 모릅니다.

一, 겐유인(厳有院: 도쿠가와 4대 장군) 때, 다케시마로 가는 길에
둘레 20정 정도라는 작은 섬이 있습니다. 초목이 없는 돌섬입니다. 25
년 이전 아베 시로고로님의 주선으로 배령(拝領) 받아 도해하고 있습
니다. 작은 섬이라 해도 바다사자(를 잡을 수 있기 때문에) 기름 짜는
일을 조금 하고 있습니다. 이 작은 섬은 오키국 도고의 후쿠우라에서
해상 60여 리나 됩니다.

(川上健三, 1966, 竹島の歴史地理学的研究, 古今書院, 51~56쪽)

〈부록1-54〉

元文五年(1740) 四代目九右衛門勝房「御公儀江御訴訟之御請」(寺社
奉行)

一, 竹嶋江渡海仕候道法之内隠岐国嶋後福浦より七八十里程渡り候
而松嶋と申小嶋御座候＝付此嶋江茂渡海仕度旨

一, 台徳院様御代御願申上候処願之通被　仰附竹嶋同事＝年々渡海
仕候　最再度奉差上候竹嶋渡海之絵図＝書顕候御事

오야 가 4대 당주 규에몬 가쓰후사(勝房)「장군님께 올리는 청원서(御公儀江御訴訟之御請)」(1740.4)

[에도 막부 지샤 부교(寺社奉行) 앞 제출]

一, 다케시마로 도해하는 길에, 오키국 도고의 후쿠우라에서 70~80리(里) 정도 가면 마쓰시마라고 하는 작은 섬이 있기 때문에 그 섬에도 도해하고자 하는 뜻을

一, 다이토쿠인(台德院: 도쿠가와 2대 장군) 때 청원하였더니 들어주셔서 다케시마와 같이 매년 도해하였습니다. 다시 올린 '죽도도해회도(竹嶋渡海之絵図)'에 써 두었습니다.

(川上健三, 1966, 竹島の歴史地理学的研究, 古今書院, 51~56쪽)

〈부록1-55〉

寬保元年(1741) 四代目九右衛門勝房「御公儀江御訴訟之御請」(長崎奉行)

(前略) 大猷院樣御代竹島之海道=而又松嶋と申嶋を見出し御注進奉申上候得共竹島之通支配御預ヶ被為遊右両島へ渡海仕来重々難有仕合奉存候 (後略)

오야 가 4대 당주 가쓰후사「장군님께 올리는 청원서(御公儀江御訴訟之御請)」(長崎奉行)(1741.6.10)

[에도 막부 나가사키 부교쇼(長崎奉行所) 앞 제출]

(전략) 다이유인(大猷院: 도쿠가와 3대 장군, 역자 주) 때 다케시마로 가는 길에 역시 마쓰시마라고 하는 섬을 발견하고 보고드렸더니 다케시마와 같이 지배하게 하셨으므로 두 섬에 도해하였으니 매우 감사하게 생각합니다. (후략)

(川上健三, 1966, 竹島の歴史地理学的研究, 古今書院, 51~56쪽)

〈부록1-56〉

1696年 1月 23日 幕府の質問に対する鳥取藩主の答え

一, 松島江猟ニ参候儀竹嶋へ渡海之節通筋にて御座候故立寄猟仕候
他領より猟に参候儀は不承候 尤出雲国隠岐国之者ハ米子之者共と同船
にて参候

一, 福浦より松嶋まで八拾里程

一, 松嶋より竹嶋へ四拾里程

1696.1.23 에도 막부의 질문에 대한 돗토리 번주의 답변

一, 마쓰시마에 물고기를 잡으러 가는 것에 대해서는 다케시마에
도해하는 길에 있기 때문에 들려서 물고기를 잡습니다. 다른 지역에
서 물고기를 잡으러 온다는 말은 듣지 못했습니다. 이즈모노쿠니 및
오키노쿠니 사람들은 요나고 사람들과 같은 배를 타고 갑니다.

一, 후쿠우라에서 마쓰시마까지 80리(里)

一, 마쓰시마에서 다케시마까지 40리(里) 정도임.

(川上健三, 1966, 竹島の歴史地理学的研究, 古今書院, 51~56쪽)

〈부록1-57〉

『竹嶋図説』(1751~1763)

(前略) 隠岐国松島ノ西島ヨリ海上道規凡四十里許り北方ニ一島アリ
名テ竹島ト曰フ 此島日本ニ接シ朝鮮ニ隣シ地形三角ニシテ周囲凡ソ十
五里許リ (中略)

伯州米子ヨリ竹島マテ海上道規百六十里許ナリ米子ヨリ出雲へ出隠

岐ノ松島ヲ歴テ竹島ニ至ルナリ但隠岐ノ福島——一謂福浦ヨリ松島マテ海
上道規六十里許松島ヨリ竹島マテ四十里許ト云也

以上ノ諸説ハ享保九甲辰年官府——江府ノ叩問ニ依テ米子ノ市人大谷
九右ヱ門村川市兵衛カ貴答ノ上書ニ原ケリ (後略)

— 松島ノ一小属島ナリ土俗呼テ次島ト做スー

— 竹島ヨリ海上道規四十里許ト云此説ハ享保九年昔屢渡島セルー老
叟ニ諮問セラレシ時其答ニ伯州今見郡濱野目三神村ヨリ隠岐ノ後島ヘ
三十五六里アリ是遠見ノ考ヲ以テ竹島ヨリ朝鮮山ヲ見ハ少ク遠ク見エレ
ハ凡四五里許カト云リ

(전략) 오키국 마쓰시마의 서도(西島)에서 바닷길 약 40리 정도 북
쪽으로 섬 하나가 있다. 이름하여 다케시마라 한다. 이 섬은 일본에
접해있고 조선 근처에 있으며 지형은 삼각형이고 둘레는 약 15리(里)
정도이다. (중략)

하쿠슈(伯州: 호키국) 요나고에서 다케시마까지 바닷길 160리(里)
정도이다. 요나고에서 이즈모로 가서 오키의 마쓰시마를 거쳐 다케시
마에 도달한다. 단 오키의 후쿠시마에서 마쓰시마까지 바닷길 60리
(里) 정도 마쓰시마에서 다케시마까지 40리(里) 정도라고 한다. 이상
의 말들은 교호 9년(1724)에도 막부의 조사에 대해 요나고 사람 오야
규에몬·무라카와 이치베가 상신한 문서에 있다.

一, 마쓰시마에 속한 하나의 작은 섬이다. 지역 사람들은 차도(次
島)라 부른다.

一, 다케시마에서 조선은 바닷길 40리 정도라고 한다. 이 말은 교호
9년(享保, 1724)에, 그 이전에 섬을 수 차례 드나들었던 노인 한 사람
을 조사하였는데, 그때 그의 말인즉, "하쿠슈(伯州) 아이미군(会見郡)

하마노메(濱野目) 산류무라(三柳村)에서 오키(隱岐)의 고토(後島)까지 35~36리 되는데, 그 눈짐작으로 다케시마에서 조선의 산을 보면 (조선의 산이) 조금 더 멀리 보이니 약 40리 정도일 것"이라고 했다.

[川上健三, 1966, 竹島の歷史地理學的研究, 古今書院, 51~56쪽/ 경상북도 독도사료 연구회 편(정영미 역), 2014, 『독도관계 일본 고문서1』, 경상북도, 4쪽]

〈부록1-58〉

『長生竹島記』(1801)

(前略) されは隱岐島後より松島は方角申酉の沖に当る卯方より吹出風二日二夜舟＋風り道法三十六丁一里として海上行程百七十里程の考なり 山なり險岨形りと云 土地之里数五里三里にあらんと云ふ <u>古語のことく十八公の粧ひ万里に影を移し風景他に何らす 乍去如何なる故歟炎天の刻用水不自由なるとかや 竹島渡海之砌竹島丸行通ひにはかならす此島江津掛りをなしたると云</u> 当時も千石余の廻船夷そ松前行に不量大風に被吹出時はこれそ<u>聞伝ふ松島哉と園見す 本朝西海のはて也</u> (後略)

(전략) 그러면 오키의 도고에서 마쓰시마의 방향은 남서서쪽 바다에 해당한다. 동쪽에서 불어오는 바람을 타고 두 낮과 두 밤을 간다. 거리는 36정(丁) 1리(里)로써 바닷길 170리(里) 정도로 생각한다. 산세가 험하다고 한다. 토지는 5리(里)·3리(里) 정도 된다고 한다. <u>옛날 말처럼 소나무(十八公)로 단장하고 멀리까지 그림자를 드리운 풍경은 어디에 비할 바 없다. 그런데 왠일인지 염천에는 쓸 물이 부족하다고 한다.</u> 당시에도 천 석(千石)짜리 회선(廻船)이 홋카이도로 가다가 예기치 않은 큰 바람을 만나 떠밀려서 (마쓰시마를 보게 되고) <u>이게 바</u>

로 말로만 듣던 마쓰시마구나 하며 멀리서 보았다. 일본 서해의 끝이다. (후략)

(川上健三, 1966, 竹島の歴史地理学的研究, 古今書院, 51~56쪽)

〈부록1-59〉

『竹島考』(1828)

松島ハ隱岐国ト竹島トノ間ニ有小嶋ナリ 其島一条ノ海水ヲ隔テテ二ツ連レリ此瀬戸ノ長サ弐町幅五拾間程アリト云 此島ノ広サ竪八拾間余アリト或図に見エタリ両島ノ大サハ均シキニヤ 未ソノ詳証ヲ得ず

마쓰시마는 오키국과 다케시마 사이에 있는 작은 섬이다. 그 섬은 한 줄기 해수(海水)를 사이에 두고 두 개의 섬이 이어져 있다. 이 해협의 길이는 2정(町) 폭은 15간(間) 정도 된다고 한다. 이 섬의 넓이와 높이는 80간(間) 정도 되는 것을 어떤 지도에서 보았다. 두 섬의 크기는 같을 것이다. 아직 구체적인 근거를 찾지 못하고 있다.

(川上健三, 1966, 竹島の歴史地理学的研究, 古今書院, 51~56쪽)

〈부록 1-60〉

石州八右衛門(1837) 「聴取書」

元来右嶋(注、竹島を指す)石見国海岸より亥子方に当海上百里余も相隔一名欝陵島とも相唱候も全空嶋と相見え候(中略)隱岐国福浦より順風に随子方へ沖走いたし松島地先を罷通候節船中より見請候処果而小嶋にて樹木等も無数更に見込無場所に付態々不致上陸其侭乾の方へ乗廻竹嶋へ着船仕候

원래 이 섬은 (주, 다케시마를 말함) 이와미국 해안에서 북서북쪽에 해당하고 바닷길 100여 리(里)가량 떨어져 있으며 일명 울릉도라고도 하는데 완전히 빈 섬으로 보입니다. (중략) 오키노쿠니 후쿠우라에서 순풍을 타고 북쪽 바다를 지나 마쓰시마 앞을 지날 때 배 안에서 본 바에 의하면 과연 작은 섬으로 나무도 하나도 없고 더욱이 쓸모없는 섬으로 보였기 때문에 일부러 상륙하지 않고 그대로 북쪽으로 배를 몰아 다케시마에 착선합니다.

(川上健三, 1966, 竹島の歴史地理学的研究, 古今書院, 51~56쪽)

〈부록1-61〉

『竹島考』下「幕府精ク鑿ス竹嶋之地理来歴ヲ」

享保九年四月ノ事也ケルガ、幕府 太守家ヘ仰テ、大谷・村川ヘ往歳通舶セル竹島ヘ朝鮮国ノ人竹島ヘ渡来シテ所務ヲ妨ケ、其後渡海停止ニ相成候始末並彼島ノ地理・物産等備ニ取糺言上致サス可ノ旨命令アリ。シカバ彼両家ノ者仰ノ旨奉畏、往年竹島ヘ渡海セシ船人ヲ捜索スルニ、僅三拾年ヲ隔ツル事ナレ共伯耆州ノ中ニ於テ僅七人ナラデハ存在セズ、其内モ又大方ハ衰老ニ及ンデ言談胡乱ニシ難キ採者多シ。或ハ近隣ノ内ニ歩行モ致シ難者アリ。其中ニ米子灘町ニ居ケル弥三兵衛ト云者當辰ノ七拾二歳ニテ四拾年以前一度彼島ヘ渡海セル者候得バ、漸々彼壹人ヲ伴ヒ本府ニ赴キ、今度従 幕府ヨリ御穿鑿ノ條件ヲレソレ言上ヲ遂サセケル。サテ其ノ、後御尋再三ニ及候処ガ、其内式町ニ居ケル長右エ門ト申者先ニ他所出シ居合ザリシガ共、此程帰来リヌ。又精シクコレヲ質スニ、此長右衛門未弱年ノ比渡海シケルハ、元禄五年ニテ即朝鮮人初テ竹島ヘ渡来セル年ナリ。其ヨリ引続キ三年往返セル者ニテ當年五拾三歳ニ相成ケル。ガ親シク見及タル巨歳追テ

324　일본은 어떻게 독도를 인식해 왔는가

上達セシト也。ノ要ハ上巻ニ載レバ斯ニ略ス。此時従 幕府竹島渡海再
免モアラン弥ト世評區々ナリシカ共遂ニ其ノ事無止シタリ。

교호 9년(1724) 4월의 일이었는데, 막부가 번주에게 지시하길, 오야와 무라카와에게 예전에 도해하였던 다케시마에 조선국 사람이 도래하여 일을 방해하고, 그 후 도해가 금지되게 된 경위 및 그 섬의 지리와 물산 등에 대해 자세히 조사하여 올리라고 하였다. 그래서 그 두 집안사람들이 막부의 명을 받들어 예전에 다케시마에 도해하였던 선원을 찾았더니, 겨우 30년 전의 일이었음에도 호키주 내에는 7명밖에 없었고 그들 또한 대부분이 말도 제대로 못 할 정도로 노쇠한 노인이었다. 혹은 가까운 이웃집에 가는 것조차 힘들어하는 자도 있었다. 그중에 요나고 나다초에 있는 야사베라는 자는 당시 72세로서 40년 전에 한 번 다케시마에 도해한 적이 있던 자였으므로 간신히 그 사람만 데리고 돗토리로 가서, 그때 막부에서 조사하는 건에 대해 답변하게 하였다. 그런데 그 후에도 막부의 조사가 거듭되었는데, 그중 시키초에 있는 조우에몬이라는 자는 조사 이전에 다른 곳으로 가고 없었으나 그때쯤 다시 돌아왔다. 역시 그에게 또 자세한 것을 물으니, 이 조우에몬은 아직 어린아이였을 적에 도해한 적이 있었는데, 그때는 겐로쿠 5년(1695)으로서 조선인이 처음 다케시마에 도래했던 해였다. 그때부터 3년간 계속해서 도해했던 자로서 당시 53세였다. 그가 친히 본 것을 이어서 말씀드렸다고 한다.

[岡嶋正義, 1828, 竹島考, 下 幕府精ク鑿ス竹嶋之地理来歴ヲ(정영미 역, 2011, 앞의 책, 257, 259쪽)]

岡嶋正義, 1828, 竹島考, 上 惑問

豊太閣ノ威伐ヲ被リシ後ハ唯日本勢ノ引拂タルヲ幸トシ竹島ナドヘ
念慮ヲカクル迄モ無リシ内、大谷・村川ハ渡海ヲ企ケル間、其レヨリ
後ハ伯耆国ノ属地ノ如ニ相成タル故、唐山ノ書ニモ其ノ如ク載タル事
ト知レタリ (事ハ末段ニ載レハ略之)。若シ此時術者アリテ 此方ヨリ (早
ク開島シ、村屋ヲ建テ) 人民ヲ移シ早ク是ヲ開嶋シ{村落}村屋ヲ建置ル
時ハ、後年ノ患ハ生ズマジキ事成ニ、其事ノ無リシ故朝鮮人(共大谷・
村川ガ)帰舶ノ隙ヲ伺ヒ、遂ニ吾属地ヲ奪壊セシ事尤可キ惜ニ非ヤ。
(中略)

竹島渡海ノ義幕府ヨリ禁断セラレシ時、朝議如何定リタル事ニヤ。
又、朝鮮國ヨリ使舶ヲ本藩ニ通セシ旨趣官庫ノ秘記ハ不知、世俗ノ
筆端ニ傳ル処紛々トシ一定ナラズ。如此事源正シカラズシ今其末ヲ
論説セン事諭張蘇ガ舌ヲ仮共誰ガ是ヲ容サンヤ。享保中従 幕府竹島
ノ事蹟並地理物産 等 {マデ}、精々御穿鑿アリシヲ以テ推量スルニ、恐
ラク通舶再興ノ企有シ事ナラン弥。其時如何ナル故アリテ空シク中途
ニ止ケル事ニヤ。其ノ仔細コソ聞マホシケレ (中略)

東海中ノ清平ナル時ニ乗シ先載ノ發島ヲ曽テ吾邦ヨリ開島ヲ成シ
多年ノ間渡海シ莫太ノ利潤ヲ得シ事ヲ羨ミ、元禄中種々奸盗ヲ構ヘ
テ吾船隻ヲ拒ミ、遂ニ竹島ヲ奪壊シ、永ク己ガ属地ト成シタリ。(中略)
ガ驕慢斯ニ及ルモ、一朝一夕ノ謂ニアラザル事ヲ可シ察ス。背徳ノ
甚シキ、尤モ可キ憎モノニアラズヤ。ト雖國難ノ生ゼン事ヲ人トシ可異

ニハアラネ共、時運ハ難シ計リ。彼国モシ内乱起テ三韓時代ノ如ク分剖スル弥、或ハ敵国ヲ生シテ勢危窮ニ及ナト時ハ必シモ往世ノ如ク本邦ニ膝ヲ屈シ事必然ナリ。

그러면, 호우타이코우의 위벌(威伐)을 당한 후에는, 오직 일본 세력을 떨쳐버린 것을 다행으로 여기고, 다케시마 같은 것에는 마음을 쓰지 않고 있을 동안에, 오오야와 무라카와가 (다케시마) 도해를 하던 동안에, 그보다 나중에는 호키국의 속지와 같이 되었으므로 중국의 책에도 그와 같은 말이 실렸다고 알려졌다. (이는 끝 부분에 실려있으므로 여기서는 약기한다) 만일 이 때 재주 있는 자가 있어서 이 쪽에서 (빨리 섬을 개척하고, 집을 지어) 사람을 이주시키고 빨리 이 섬을 개척하여, 집을 지어 두었으면, 후환이 안 생겼을 터인데, 그런 일을 하지 않았으므로, 조선인도 (오오야와 무라카와의) 배가 돌아가고 없는 틈을 타서 결국 우리나라 땅을 탈취하였는데 실로 애석한 일이 아닐 수가 없다. (중략)

다케시마 도해를 금지하였을 때 조정에서는 어떤 결정이 있었는지. 또 조선국에서 사자를 우리 번에 보낸 취지(문서)가 관의 창고의 비밀 기록이 되어 알려져 있지 않고, 민간 서적에 의해 전해져 오는 말은 그 내용이 분분하여 일정치 않다. 이와 같이 일의 처음이 어떠하였는지에 대한 정설이 없는데, 지금 그 일의 끝에 대하여 말하는 것은 설령 장소(張蘇)의 혀를 빌린다고 해도 누가 그 말에 납득하겠는가. 단지 교호 때 막부가 다케시마의 사적 및 지리, 물산 등에 대해 상세히 조사한 것으로써 추측해 보면, 어쩌면 다시 배로 왕래하고자 하는 움직임이 있을 수도 있지 않을까. 그때 어떤 이유로 허무하게도 (다케시

마 도해)가 중지되었는지. 그에 대한 상세한 것을 듣고 싶다. (중략)

동해가 평화로운 것을 빌미로 긴 시간 무인도였던 섬을 예전부터 우리나라가 점령하고 다년간 도하하여 막대한 이윤을 얻은 것을 시기하여, 겐로쿠(元祿) 때 이런저런 간계를 부려 우리 배가 가는 것을 막고 결국에는 죽도를 빼앗아 오랫동안 자기 속지로 만들었다. (중략)

그 나라의 거만이 이에 이르렀으나 간단히 끝낼 말이 아님을 깨달아야 한다. 은혜를 잊고 덕을 배신함이 심하니 미워할 만 것이 없지 않지 않은가. 다른 나라라고 할지라도 국난이 일어나려고 하는 것을 사람으로서 바래서는 되지 않지만, 시대의 운은 알 수 없는 일이니, 그 나라에 혹시 내란이라도 일어나서 삼한시대와 같이 나라가 나뉘어지던가, 혹 적국이 일어나 국세가 위궁에 처하게 되면 반드시 예전과 같이 우리나라에 무릎을 꿇을 것이다. 혹 그러한 조짐이 보이면 원래 다케시마는 호키노쿠니의 속도(屬島)였으므로 재빨리 이것을 다시 되돌릴 계획이 있어야 할 것이다. 나의 어리석은 생각을 다 말하고자 욕심을 내어 견식이 없고 완고함을 잊고 자신의 주제넘은 일을 한 것 같다. 따라서 잠시 나의 말을 멈추겠다.

[岡嶋正義, 1828, 竹島考, 上 惑問(정영미 역, 2011, 앞의 책, 51, 53, 87, 89, 101쪽)]

〈부록1-63〉

『竹島圖説』

隠岐國松島ノ西島 (松島ノ一小属島ナリ、土俗呼テ次島ト做ス) ヨリ海上道規凡四十里許リ北方ニ一島アリ。名テ竹島ト曰フ。此ノ島日本ニ接シ朝鮮 (竹島ヨリ朝鮮へ海上道規四十里許ト云。此説ハ享保九年昔

屢渡島セル一老叟ニ詰問セラレシ時、其答ニ"伯州会見郡濱野目三柳村
ヨリ隠岐ノ後島ヘ三十五六里アリ、是遠見ノ考ヲ以テ竹島ヨリ朝鮮山ヲ
見ハ少ク遠ク見エレハ凡四十里許カ"ト云リ。○ 謙按ニ、那朝鮮山ト云
ルハ恐ハ朝鮮ノ蔚陵山ナラン) ニ隣シ地形三角ニテ周囲凡ソ十五里許リ
(是十五里ト云モ只其大概ヲ云ノミ、撑夫ノ言ニ東西特ニ長衮果ノ甚広知
ヘカラス、且竹木最繁茂人ヲツ敢テ入可ラシメサルノ地往往少カラスト)

오키노쿠니(隱岐國) 마쓰시마(松島)의 서도[西島: 마쓰시마에 속한
하나의 작은 섬이다. 지역 사람들은 차도(次島)라 부른다)에서 바닷길
약 40리(里) 정도 북쪽에 섬 하나가 있다. 이름하여 다케시마(竹島)라
한다. 이 섬이 일본에 접해 있고 조선 (다케시마에서 조선은 바닷길
40리 정도라고 한다. 이 말은 교호 9년(享保, 1724)에, 그 이전에 섬을
수 차례 드나들었던 노인 한 사람을 조사하였는데, 그때 그의 말인즉,
"하쿠슈(伯州) 아이미군(会見郡) 하마노매(濱野目) 산류무라(三柳村)에
서 오키(隱岐)의 고토(後島)까지 35~36리 되는데, 그 눈짐작으로 다
케시마에서 조선의 산을 보면 (조선의 산이) 조금 더 멀리 보이니 약
40리 정도일 것"이라고 했다. ○ [내 생각에, 그 조선의 산이라는 것은
아마 조선의 울릉산(蔚陵山)일 것이다.] 옆에 있으며 지형은 삼각형으
로 둘레가 약 15리 정도(이 15리라 한 것도 단지 어림짐작일 뿐이다.
농부의 말로는 특히 동서로 긴데 남북으로는 얼마나 넓은지 알 수 없
다고 한다. 또 대나무가 무성하여 사람이 감히 들어갈 엄두를 내지
못하는 곳이 적지 않다고 한다)이다.

[경상북도 독도사료 연구회 편(정영미 역), 2014, 『독도관계 일본
고문서1』, 경상북도, 4쪽]

〈부록1-64〉

『竹島雜誌』(1871)

竹島は日本を離るること遠くして却て漢土に近く境内頗る廣活なる島
なり。(『伯耆民談』) 隠岐の國松島の西島 (松島の一小属島なり、土俗
呼て次島と云。) より海上道則凡四十里許北にあり。(『竹島図説』、此
説疑ふべけれども、他に拠るものなきゆへにしるしおけり。) 極高三十七
度五十分より三十八度におよぶ。(「日本興地路程図」、『大清一統図』)
里俗の説に隠岐より戌亥の間四十里斗にして、石見より亥子の方八十
里、長州より子丑に当りて凡九十里とおもはる。然れとも是は只凡の言
傳へなれは証とするにもあらず。 朝鮮元渡海に釜山浦の湊へ此間十八里、
夜に到れは彼国にて灯す民家の燈たしかにみゆるなりと、渡海せし船人
とも茗談ス。(『伯耆民談』)

按するに是は誤りなるへし。

また、"見高麗猶雲州望隠州(「[日本興地] 路程図」)等出たり。

다케시마는 일본에서 멀리 떨어져있어 오히려 조선에 가까우며 섬
안이 매우 넓은 섬이다. (『백기민담』) 오키노쿠니(隠岐国) 마쓰시마
(松島) 의 서도[西島: 마쓰시마에 속한 작은 섬이다. 지역 주민들은 차
도(次島) 라고 한다]에서 바닷 길 약 40리 정도의 북쪽에 있다. (『죽
도도설』, 이 설은 매우 의심스러우나 이 외 근거할만한 것이 없기 때
문에 적어 둔다.) 북위 37도 50분에서 38도에 걸쳐 있다「일본여지로
정도」, 『대청일통도』).

촌민들 말에 오키에서 북서(戌亥)쪽으로 40리(里) 정도에 있고, 이
와미(石見)에서 북북서쪽(亥子)으로 80리, 조슈(長州)에서는 북동쪽(子
丑)에 해당하며 약 90리 정도라고 생각한다. 그러나 이는 어림짐작한

말이 전해져 온 것이므로 정확하지 않다.

조선에서 가자면 부산포에서 이 섬까지는 80리, 밤이 되어 그 나라 민가에서 밝히는 불빛이 분명히 보인다고 한다. 도해했던 적이 있던 선원들이 한 말이다. (『백기민담』) 생각건대 이것은 잘못된 말이다.

또, "고려가 보이는 것이 운슈(雲州)에서 인슈(隱州)가 보이는 것과 같다(「[일본여지]로정도([日本輿]地路程図)」) 등의 말이 나온다.

[경상북도 독도사료 연구회 편(정영미 역), 2014, 위의 책, 20, 21쪽]

〈부록1-65〉

竹島考證』(1881)

(前略) 皇政維新ノ後明治十年ノ一月ニ及ヒ島根県士族戸田敬義竹島渡海ノ願書ヲ東京府ニ呈ス。六月ニ及ヒ難聞届旨指令アリ。此ヨリ後復タ竹島ノ事ヲ言フ者ナシ。其後奥州ノ人武藤一学下総ノ人斉藤七郎兵衛等浦塩斯德ニ往来シ竹島ノ外別ニ松島ナル者アリト唱ヒ瀬脇寿人ニヨリテ渡海ノ事ヲ請フ。於是竹島松島一島両名或ハ別ニ二島アルノ説紛紛決セス。遂ニ松島巡島ノ議起ル甲乙丙丁ノ設ノ如シ。重(ママ)然其事中止セリ。明治十三年天城艦ノ松島ニ廻航スルニ及ヒ其地ニ至リ測量シ始テ松島ハ欝陵島ニシテ其他竹島ナル者ハ一個ノ岩石タルニ過ギサルヲ知リ事始テ了然タリ。然ルトキハ今日ノ松島ハ即チ元禄十二年称スル所ノ竹島ニシテ古来我版図外ノ地タルヤシルヘシ。

…황정 유신 후인 메이지 10년(1877, 역자 주) 1월 시마네 현 사족(士族)인 도다 다카요시(戸田敬義)가 다케시마 도해 청원서를 동경부에 제출하였다. 6월에 이르러 허가할 수 없다는 지령이 있었으며, 이후 다시 다케시마에 대한 말을 하는 자가 없었다. 그 후 무쓰(陸奥) 사

람인 무토 이치가쿠(武藤一学)와 사이토 시치로베(斎藤七郎兵衛) 등이 블라디보스토크 항에 왕래하면서 다케시마 외에 따로 마쓰시마라는 섬이 있다고 주장하며 세와키 히사토(瀬脇寿人)를 통하여 도해허가 청원을 해왔다. 이에 다케시마와 마쓰시마가 일도이명(一島二名)인지, 아니면 두 개의 서로 다른 섬인지에 대해 많은 말이 있었으나 결론이 나지 않았다. 마침내 마쓰시마를 순시해 보자는 의견이 일어났으니 그것이 갑·을·병·정의 설이다. 그러나 그 일이 중지되었는데 1880년 아마기함이 돌아올 때 마쓰시마를 지나치게 되었으므로 상륙하여 측량한 후 처음으로 마쓰시마는 울릉도이며 그 밖의 다케시마라는 것은 하나의 암석에 지나지 않는다는 것을 알게 되어 그 일에 대한 것이 처음으로 분명해졌다. 오늘날 마쓰시마는, 즉 겐로쿠 12년(1699, 역자 주)에 다케시마라고 불렸던 섬으로 옛날부터 우리나라 영역 밖에 있었던 땅이었음을 알 수 있다…

[北澤正誠, 1881, 竹島考證 下(경상북도 독도사료 연구회 편(정영미 역), 2014, 『독도관계 일본 고문서1』, 508~515쪽)]

〈부록 1-66〉

　『竹島考證』下

　(前略) 鄙生両三年前ヨリ露領「ウラジワストック」ヘ三四度往返致シ候ニ付其毎度遠見セシニ一塊ノ小島ナレトモ向来皇国之裨益ニ成ヘキ島嶼ニシテ却テ南方ナル小笠原島ヨリモ一層事務之地ト乍卒忽被存候。然ルニ一宇之住民ナク一箇ノ耕地ナシ。自然外人之洪益ト成行可申哉モ難計遺憾不勘、既ニ外人自在ニ伐木致シ船舶ニテ持去事モ妻屢有之由承り候。(中略)

我カ隠州ノ北ニ在ル松島ハ南北凡ソ五六里東西二三里ノ一孤島ニシテ海上ヨリ一見スルニ一宇ノ人家ナシ。此松島ト竹島ハ共ニ日本ト朝鮮トノ間ニ在レドモ竹島ハ朝鮮ニ近ク松島ハ日本ニ近シ。松島ノ西北之海岸ハ岩石壁立シテ断崖数百百丈飛島ニ非サルヨリハ近ツクヘカラス。又其南ノ海濱ハ山勢海面ニ向テ漸次ニ平坦ニ属シ山頂ヨリ三四分ノ所ニ其幅数百間ナル瀑水アルハ平地ノ所ニ田畑ヲ設ヶ工作スルニ便ナルベシ。又海辺諸所ニ小湾アレハ船舶ヲ繫グヘシ加之本島ハ松樹欝々トシテ常ニ深緑ヲ呈シ鉱山モ有ト云ヘリ。 既ニ「ウラジオストック」ニ在留スル米人「コーペル」ノ説ニ日本ノ属島ニ松島ト称スル一島アリ、未タ日本ニテ着手セサルト聞ケリ (中略)

只希望スル処ハ彼島ノ大木ヲ伐リ其良材ヲ今盛大ニ開港スル「ウラジオストック」ニ輸出シ或ハ下ノ関ヘ送リテ売却シ其利益ヲ得シ、又果シテ鉱山アル時ハ鉱山ヲモ開キ漁農ヲ植ヘ開拓シテ往々皇国ノ所有トナサバ莫大ノ利益トナラン。既ニ朝鮮国ト条約ヲ結タル上ハ咸鏡道ニモ開港アリテ互ニ往復アルベケレバ必ス松島ハ其道路ニシテ要島ナリ (中略)

殊ニ昨明治八年十一月「ウラジヲストック」ニ渡海セシ時ハ彼島ノ以南ヨリ難風ニ逢ヒ夜ニ入リ松島ニ触ル事ヲ恐レ船中ノ衆人千辛萬苦スレトモ暗夜ニシテ且大風雨或ハ大雪トナリ。更ニ此島ヲ見事能ハス (後略)

(전략) 제가 2, 3년 전부터 러시아령 블라디보스토크에 서너 차례 왕복하였는데 그때마다 매번 멀리서 보였습니다. 하나의 작은 섬이긴 하나, 장차 황국에 도움이 될만한 섬으로서, 남쪽에 있는 오가사와라 섬보다도 한층 더 주의해야 할 땅이라는 생각이 문득 들었습니다. 그런데 집 한 채 없고 한 필지의 경작지도 없습니다. 자연히 외국인이 차지하게 될지도 모른다는 생각에 유감스러워 견딜 수 없었습니다.

이미 외국인들이 마음대로 벌목하여 선박에 싣고 간 일도 여러 차례 있었다고 들었습니다. (중략)

우리나라 오키의 북쪽에 있는 '마쓰시마'는 대략 남북으로 5~6리, 동서로 2~3리 정도가 되는 하나의 고도(孤島)로서 해상에서 본 바 한 채의 인가도 없는 섬입니다. 이 '마쓰시마'와 다케시마는 모두 일본과 조선 사이에 있는 섬들인데, 다케시마는 조선에 가깝고 '마쓰시마'는 일본에 가깝습니다. '마쓰시마'의 서북쪽 해안은 높은 암벽으로 되어 있어, 깎아지른 듯한 절벽이 즐비하므로 나는 새가 아니면 가까이 갈 수 없는 곳입니다. 또 그 남쪽 해안은 산맥이 바다 쪽으로 향할수록 점차 낮아져서 평탄한 곳을 이루었으며 산꼭대기 조금 밑에서부터 폭이 수백 간(間)이 되는 폭포수가 떨어지므로 평지에 전답을 만들어 경작하기에 편합니다. 또 해변 여기저기에 작은 만(灣)이 있으므로 배를 댈 수 있습니다. 이에 더하여 그 섬은 소나무가 울창하여 늘 검푸른 것을 볼 수 있습니다. 광산도 있다고 합니다. 예전부터 블라디보스토크에 머물고 있던 미국인 코펠은 "일본에 속한 섬 중에 마쓰시마라는 작은 섬 하나가 있는데 아직 일본이 손을 대지 않았다고 들었습니다. (중략)

단지 그 섬의 큰 나무를 벌목하여 좋은 재목을 지금 성대하게 개항된 블라디보스토크로 수출하거나 혹은 시모노세키로 보내 매각하여 그 이익을 얻게 되기를 희망할 뿐이며, 또 만일 광산이 있을 경우에는 광산도 역시 개발하고 어민과 농민을 이주시켜 그들이 개척하는 땅을 계속하여 황국의 소유로 해 간다면 막대한 이익이 될 것입니다. 이미 조선과 조약을 맺은 이상에는 함경도 부근도 개항되어 서로 왕복하게 될 터인데, 그러면 마쓰시마는 필히 그 뱃길에 있어서 중요한

섬이 될 것입니다. (중략)

특히 지난 메이지 8년 11월에 블라디보스토크에 도해했을 때, 그 섬의 남쪽에서 폭풍을 만났고, 밤이 되자 배가 마쓰시마와 충돌할지도 모른다는 두려움에 배에 있던 사람들이 천신만고 하였는데, 어두운 밤이었고 또 비바람이 심하게 치고 많은 눈이 내리기도 하여 더더욱 그 섬이 보이지 않았으므로 (후략)

[北澤正誠, 1881, 竹島考證 下(정영미 역, 2006, 앞의 책, 324-341쪽)]

〈부록1-67〉

『竹島考證』下

私儀今般露国浦潮港ハ為商業本年十一月中航海着港仕市中近在時々巡検仕、尚又両三年前ヨリ在留之日本人両三名ヘ露港之模様等委細承候所近年俄ニ開港之地ニテ家具諸器共相調不申候得共露国人ハ勿論各国商人トモ追日開店打続人家毎年貳百軒或ハ三百軒宛相増候故近林之立木不残尽シ当今ハ薪炭ニ仕候小材ヲ除候外大角物板類等ニ仕候大材ハ本国長崎又ハ数十里相隔居候蒙古地方ヨリ運送仕り候得ハ格外高値ニ有之 (中略)

皇国之属島之儀、当地ニ航海之砌一見仕候処至テ小島ニハ御座候得共東南ト覚キ方ニ相向ヒ大小之立木青々トシテ覆茂リ、且又魚類夥敷殊更鮑沢山ニ相見申候。此島之産物先魚類材木両種ニテ利益多分可有候得共鉱物モ御座候様承申候。尚又渡海致シ吟味仕候ハ、此外高品ニ相成候物吃度見出シ御国益ニ相成且商業ニモ相成可申候間 (中略)

右之通被 仰付被下置候上ハ本国ヘ立帰リ身元有之者トモ数名合併仕立木之儀ハ追々伐出シ鮑類ハ漁猟仕当浦潮港並ニ支那上海等ヘ右伐木

積送売裁申度尤諸職人等是又日本人数名相雇連行キ開島仕度志願ニ
御座候間不苦御儀ニ御坐候ハ、前件御許容被下度伏テ奉願上候。英佛
魯船等日本通行之砌折々此島ヲ乗廻シ候由 (中略)

其上ナラス漂流之日本人弥或ハ朝鮮人ニテモ御座候哉聢ト相分リ不
申候得共海岸ニ接シ藁屋ニテ人家貳軒程有之其外木影ヨリ煙相立居候
ヲ見受候者御坐候趣是又承候得共人家モ可有之ト愚察仕候。依之急速
御取締被遊度儀ト奉存候。殊ニ此島ハ魯朝両国之近海ニ有之且各国着
目仕居候様子ニ御座候得ハ彼等方ニテ着手不致内開島被 仰付候様仕度
(後略)

저는 이번에 사업차 러시아의 블라디보스토크 항에 왔는데, 올해
11월에 항구에 도착하여 때때로 시가지를 둘러보기도 하였습니다. 또
2, 3년 전부터 체류하는 일본인 두세 명에게 그 항구의 모양 등을 자
세히 물어보았는데, 요즘에 갑자기 개항이 되어 가구와 여러 기물 등
이 모두 갖추어지지는 않았으나 러시아인을 비롯하여 여러 나라 상
인들이 연달아 개점하고 있으며, 인가도 매년 2백 채, 혹은 3백 채씩
증가하고 있으므로 가까운 숲의 나무가 남김없이 다 베어져 지금은
땔감으로 쓰는 나뭇가지를 제외하고는 기둥이나 판자로 쓸 수 있는
큰 재목은 본국의 나가사키 또는 수십 리 떨어져 있는 몽고지방에서
운송해 오고 있으므로 가격이 비싸다고 합니다. (중략)

황국의 속도인 마쓰시마에 대해 생각해 보았습니다. 마쓰시마는
이곳으로 오는 도중에 살펴보았는데, 작은 섬이긴 하나 크고 작은 푸
른 나무들이 동남쪽이라고 생각되는 곳을 향해 서 있는 섬이었습니
다. 또 여러 종류의 물고기가 많고 특히 전복이 많이 보였습니다. 이
섬에서는 전복과 재목 두 종류의 산물이 나므로 많은 이익을 기대할

수 있고, 광물도 있다고 듣고 있습니다. 또한 도해해서 조사해 본다면 반드시 이 밖에도 상품이 될 만한 것이 있을 터이므로 그것을 찾아내어 국익에 보탬이 되는 사업의 기초로 삼고자 하오니, 황공합니다만 불초 소생이 개척할 수 있도록 분부해 주시길 바랍니다. (중략)

위와 같이 분부를 내려 주신다면 본국으로 돌아가 신원이 확실한 사람 몇 명과 함께 나무를 벌목하고 전복을 따서 이곳 블라디보스토크 및 중국의 상해 등에 위의 벌목한 것을 싣고 가서 판매하고자 하며, 여러 기술자 등과 관련해서는 일본인 몇 명을 고용하여 데리고 가서 개척하고 하오니 괜찮으시다면 위의 건에 대해 허용해 주실 것을 엎드려 바라는 바입니다. 영국과 러시아의 배가 일본을 왕래할 때 때때로 이 섬을 선회한다는 것에 대해 모두 알고 있습니다. (중략)

더욱이 일본인 표류자인지 어쩌면 조선인일지도 모르나 그 섬 해안에서 움막 두 채와 나뭇가지 사이로 연기가 나는 것을 본 사람이 있다는 말을 역시 들은 적이 있는데, 사람이 살고 있는 것 같아 걱정스럽습니다. 그러니 서둘러 단속하셔야 한다고 생각합니다. 특히 이 섬은 러시아와 조선 두 나라의 근해에 있고, 또 여러 나라가 주목하고 있는 듯하니, 그들 쪽에서 먼저 개척하기 전에 개척해 주셨으면 하고 (후략)

[北澤正誠, 1881, 竹島考證 下(정영미 역, 2006, 앞의 책, 378~387쪽)]

〈부록1-68〉

『竹島考證』「第十四号附 浦塩港日記抄」

(前略) 明治九年十二月十八日十二時斉藤来話ヲ云。昨夜但州人正助有田カ弟善蔵其他村次等両三人集会シ、商法ノ事件ヲ談セリ。其時正助カ談話ニ、今春本港ニ渡来ノ海上、松島ヲ一望セシニ陸地ニハ巨樹欝然トシ繁茂シ、海中ニハ魚類極メテ多ク、殊ニ鮑ノ多キ事、海底ニ至散敷セルカ如シ、此時嶋中ヨリ一條ノ黒烟高ク登リタレハ(後略)

「제14호 附 블라디보스토크항 일기(拔本)」

(전략) 메이지 9년(1876년, 역자 주) 12월 18일 12시에 사이토(斉藤)가 와서 "지난 밤 다지마 사람 쇼스케(正助)가 아리타(有田)의 아우 젠조(善蔵), 그 외 무라지(村次) 등 두세 명을 모아 '상법 사건'에 대한 이야기를 했습니다. 그때 쇼스케가 '올 봄에 이 항구로 오는 해상에서 마쓰시마를 보았는데, 육지에는 잎이 무성한 큰 나무가 빽빽이 서 있었으며 바다에는 물고기 등이 매우 많았고, 특히 전복은 콩을 흩뿌려 놓은 것 같이 많았다. 그때 섬 안에서 한 가닥의 검은 연기가 높이 피어올랐으므로 (후략)

[北澤正誠, 1881, 竹島考證 下(정영미 역, 2006, 앞의 책, 398∼399쪽)]

〈부록1-69〉

『竹島考證』「第拾四号附 浦塩港日記抄」

(前略) 明治十年三月二十二日、猪之吉来談シ、其談話、愚松嶋ノ事ニ及フ。昨年同人、長崎ヨリ渡来ノ時ハ松島ニ近接シ、僅ニ一里ノ海上ヨリ一見セシニ、山上ニ分餘ノ所に二、三十間方の白石アリ。周囲ハ緑色ノ巨木ヲ以テ圍繞シ、其白キ事雪ヲ欺ク。又渓間ヨリ一條ノ炊煙

ノ登ルヲ見タリ。然レ共渓間ナレハ、人家ヲ見事能ハス (後略)

(전략) 메이지 10년(1877년, 역자 주) 3월 22일 이노키치(猪之吉)가
와서 이야기할 때 우연히 마쓰시마에 대해 말하게 되었는데, 작년에
그가 나가사키에서 여기로 올 때 마쓰시마 곁을 지나게 되어 불과 1
리 정도밖에 떨어지지 않은 해상에서 보게 되었는데, 산꼭대기 부근
에 크기가 20~30간(間) 정도 되는 하양 돌이 있었다고 했다. 주위를
검푸른 나무들이 둘러싸고 있었는데 그 돌의 희기가 눈과 같았다고
했다. 또 계곡 사이에서 한 가닥의 취사 연기가 올라오는 것을 보았
다고 했다. 그러나 계곡 사이에서 인가를 발견할 수는 없었고 (후략)

[北澤正誠, 1881, 竹島考證 下(정영미 역, 2006, 앞의 책, 404~405쪽)]

〈부록1-70〉

『竹島考證』下

不肖敬義児タリシ時嘗テ聞ク隠岐国ヲ距ル殆ト七十里程ノ乾ニ当リ
洋中ニ荒蕪不毛ノ一孤島アリ之ヲ竹島ト称スト。敬義稍々人トナリ賎
家ニ昔在ヨリ貯フ処之一小冊其ノ題表竹島渡海記ト号スル者ヲ見タリ
キ。然レ共其ノ時ニ於テ未タ何ノ思慮スル所ナキカ故ニ之ヲ殆ト不用品
ニ属シ筐中之紙塵ニ過ズ維新以来北海之開拓諸々荒蕪之地ヲシテ続々
其宜シキヲ得ルヨリ少シク思食スルニ彼之竹島ナルモ我国之属嶼タルヲ
考ヒ深ク抱愛スル有ルヲ以テ三四歳以還(ママ)頗ル意ヲ加ニ種々探偵シ
該島ニ関スル之書冊或ハ伝言ヲ求ムルモ故ト徳川氏執権之時殊ニ厳禁
之海路タルガ故ニ其書冊ヲ蔵スル者曽テナシ。又嚮(ママ)キニ敬義東京
ヘ全戸移転之際不計モ彼之渡海記ナル者ヲ失シ尚其ノ踪跡ヲ尋ネ且ツ
他ニ該書ヲ周旋スルモ敢テ得ル能ハス至(中略)依之親友一二ト計リ頃日

二葉ノ絵図ヲ落手シ又隠岐古老ノ伝言ヲ探聞セリ (中略)

大概探求スル所斯クノ如シ実ニ確然トシテ聞見セザルガ故謬傳齟齬 (原本には歯＋舜の字になっている)之ナキモ計リ難ク実際ニ附テ事ヲ行ハス纔カニ傳言之信偽ヲ談スルヨリ寧ロ実地ヲ検スルニ如カズ (中略)

敬義竹島ノ事ニ意念ヲ寄テ一度事ヲ挙テ着手セント欲スルモ未ダ宜決ヲ取ラズ人シク(ママ)胸中ニ畳折シテ敢テ発セサリシニ客歳領事館ヲ小笠原島ニ派遣セラルヽヲ聞キ大躍相賀シ政府ノ開墾ニ厚ク注意之有ルヲ喜ビ此ニ於テ事少ナリト雖モ国家ノ利潤緩ニ為ス可カラズルヲ覚リ (中略)

但該島渡海ノ気候タルヤ仲春ヲ好気トナス故ニ隠岐国ニ渡ルノ始メ伯州米子同州境港等ニテ調度之日数ヲ費シ又渡海之期有ルカ故早々御指揮之程奉願候也(後略)

불초 제가 어렸을 때, 오키노쿠니에서 약 70리 정도 떨어진 서북쪽의 바다에 황막한 불모의 고도(孤島)가 하나 있어 이를 다케시마라고 부른다는 말을 들었습니다. 제가 조금 나이가 들어서 옛날부터 저희 집에서 모아두었던 책 중『죽도도해기(竹島渡海記)』라는 제목이 붙은 작은 책 한 권을 발견했습니다. 그런데 그 당시에는 아직 생각이 깊지 않았을 때였기 때문에 그것이 전혀 쓸모없는 것이며 광주리 안에 있던 먼지 쌓인 종이에 불과하다고 여겼는데, 메이지 유신 이래 홋카이도의 여러 황무지를 개척하여 계속해서 좋은 성과가 있자, 다케시마라는 것도 우리나라에 속한 작은 섬일 수 있을지도 모른다는 것에 조금 생각이 미쳐 깊은 애정을 가지게 되었으므로, 3, 4년간 그 섬에 관한 문헌 또는 설화를 얻고자 심혈을 기울여 찾아 헤맸으나, 그 섬은 도쿠가와(德川) 씨가 집권할 당시에 특히 엄하게 도해를 금했던 섬이었기 때문에 그에 관한 문헌을 가지고 있는 자가 하나도 없었습니다. 또 그 전에, 저와 저의 가족이 도쿄로 이사했을 때 실수로 그『죽도도해기』라는 것을 잃어버려 아직도 그 종적이 묘연합니다. 또 달리 그 책을 얻고자 했으나 전혀 얻을 수가 없었습니다. 나중에 안타깝게 여겼으나 소용없는 일이었기에 실로 탄식을 금치 못하였습니다. 그래서 친한 벗 한두 명과 계획을 세워 근자에 두 장의 지도를 입수하였고, 또 오키에 사는 노인에게 옛날부터 전해 내려오는 말이 있는지 물어보았습니다. (중략)

대체적으로 조사한 바도 그와 같습니다. 실로 확실히 보고 들은 것이 아니라서 잘못 전해졌거나 앞뒤가 맞지 않는 말이 없다고는 할 수 없으니, 실제로 그 곳에 가서 조사해 보는 편이 더 낫다고 생각합니다. (중략)

저는 다케시마에 뜻을 두고 큰일을 한번 해 보고는 싶었으나 그때까지는 결정을 못 내리고 한동안 마음속에 접어두곤 감히 발설하지 않고 있었는데, 작년 오가사와라 섬에 진사관을 파견한다는 말을 듣자 매우 기뻐하며 축하하였습니다. 정부가 개간사업에 매우 주의를 기울이고 있다는 것에 기뻤습니다. 그때 비록 대수롭지 않은 일이라 하더라도 국가의 이익이 되는 일을 나중으로 미루어서는 안 된다는 것을 깨달았습니다. (중략)

단 그 섬에 도해하는 계절로는 중춘(仲春)이 좋습니다. 오키로 가고자 하면 우선 호키의 요나고나 사카이 항 등지에서 준비하는데 시간이 걸리고 또 배를 띄울 수 있을 때까지 기다리는 시간도 있으므로 신속히 조치해 주시길 바랍니다. (후략)

[北澤正誠, 1881, 竹島考證 下(정영미 역, 2006, 앞의 책, 294~309쪽)]

〈부록 1-71〉

『竹島考證』下「第五号」

本年一月廿七日付ヲ以竹島渡海之願書至急御指揮被下度追願

島根県士族

戸田敬義 (中略)

本年一月廿七日付ヲ以竹島渡海之義奉願候処、于今御指揮無御坐、右ハ御府庁而巳ニテ御裁決トハ不奉存候得共、最早夫是渡海気候 モ差迫リ殊ニ発程迄之手順、且御 指揮之上ハ伺之事件モ有之 (後略)

금년 1월 27일자로 제출한 다케시마 도해 청원서에 대해 급히 조치해 주시기를 재차 청원합니다.

시마네 현 사족

도다 다카요시 (중략)

금년 1월 27일자로 다케시마 도해에 대해 청원하였는데 지금까지 아무런 조치가 없었습니다. 이에 대해 동경부청 단독으로 결정할 수 있는 일이 아니라고는 알고 있지만, 이미 도해할 계절도 임박하였고 특히 출발하기 위해 밟아야 하는 절차도 있고 또한 조치를 취해 받는 이상에는 여쭈어 보아야 할 일도 있습니다. (후략)

[北澤正誠, 1881, 竹島考證 下(정영미 역, 2006, 앞의 책, 310~313쪽)]

〈부록1-72〉

『竹島考證』下「第六号」

本年竹島渡海奉願置候処最早気候ヲ誤リ候ニ付明年ニ譲リ候段御届傍上申。

島根県士族

戸田敬義 (後略)

올해 다케시마에 도해하고자 청원을 해 두었으나 이미 도해 시기를 놓쳤으므로, 다음 해로 연기하는 것을 신고합니다.

시마네 현 사족

도다 다카요시 (후략)

[北澤正誠, 1881, 竹島考證 下(정영미 역, 2006, 앞의 책, 316~319쪽)]

〈부록 1-73〉

『竹島考證』下

① 松島ハ朝鮮ノ欝陵島ニテ我版図中ナラス斉藤某ノ願意ハ許可スルノ権なき旨答フベシ。

① 마쓰시마는 조선의 울릉도로 우리 영역에 속해있지 않으니 사이토 모(某)라는 자의 청원을 허락할 수 있는 권한이 없다고 답변하여라.

[北澤正誠, 1881, 竹島考證 下(정영미 역, 2006, 앞의 책, 396~397쪽)]

〈부록 1-74〉

『竹島考證』下

② 松島ハ朝鮮ノ欝陵島ニテ我版図中ノモノナラス。文化年間既ニ朝鮮政府ト往復ノ書アリト覚エ我ニテ開墾着手スルハ固ヨリアルマシキ事由ヲ答フル事然ルヘシ。且帰路上陸港等見分スヘキトノ旨ハ如何ナル船ヲ雇ヒ此事ヲ図ル積ナリヤ、海軍ノ一艦ヲ借ルカ三菱ノ汽船ヲ雇フカ其見込モ迂疎ニ近シ。況シヤ上海ヘ至リ直売ノ条約ヲナス如キニ至リテハ未タ出スマテニ至ラサル島ノ立木ヲ何等ノ算方アリテソノ約ヲナス迄ニ見込ノ附ヘキヤ。大切談夢ニ近キモノト被考候。

後事処分ハ伺ノ趣ニテモ差支アルマシ但未知平学ノ何人タルヲ。

③ 마쓰시마는 조선의 울릉도로서 우리나라의 영역에 있는 섬이 아니다. 분카 시대(1804~1817년, 역자 주)에 이미 그에 대한 서신을 조선정부와 주고받았다고 알고 있다. 우리나라가 개간에 착수하는 것은 근본적으로 안 되는 일이라고 대답하여야 한다. 또 돌아올 때 상륙하여 항구 등을 살펴본다고 하였는데 어떤 배를 고용하여 그렇게 한다는 것인가. 해군 선함을 고용하겠다고 하는 것인가 아니면 미쓰비시의 기선을 고용하겠다고 하는 것인가. 가능성 없는 일이다. 하물며 상해에 가서 직접 판매하는 계약을 한다고 하는데, 생각해 볼 때 섬에 나무가 있다고는 하나 잘라서 내 온 상황도 아닌데 어떻게 그 금액을 산정하여 계약을 할 수 있겠는가. 꿈같은 이야기라고 생각한다. 다음 일은 알아서 처리할 것. 헤가쿠(平學)라는 자는 어떤 자인가.

[北澤正誠, 1881, 竹島考證 下(정영미 역, 2006, 앞의 책, 452~455쪽)]

〈부록1-75〉

「竹島版図所属考」(1881)

竹島一名ハ磯竹島又松島ト称ス。韓名ハ欝陵島又芋陵島ト称スル者此ナリ。但其地本邦朝鮮ノ間ニ在ルヲ以テ (後略)

다케시마는 일명 이소다케시마라 하며 마쓰시마라고 칭한다. 한국 명칭 중 울릉도 또는 우릉도라 칭하는 것이 이것이다. 그런데 그 땅이 우리나라와 조선 사이에 있기에 (후략)

(エムティ出版編, 1996, 竹島関係文書集成, エムティ出版, 125~145쪽)

『竹島考證』「松島之儀 一」

① 昔者竹島之記事略説多クシテ松島ノ事説論スル者ナシ。而テ今者人松島ニ蝶々。然リ而テ、此二島或ハ一島両名或ハ二島也ト諸説紛々朝野其是非ヲ決スル者ヲ聞カス。彼竹島ナル者ハ朝鮮ノ欝陵島トシ幕府偸安ノ議遂ニ彼ニ委ス故ニ此所謂松島ナル者竹島ナレハ彼ニ属シ若竹島以外ニ在ル松島ナレハ我ニ属セサルヲ得サルモ之ヲ結論スル者ナシ。

② 然ルニ松島ナル者我国ト朝鮮トノ間ニ位シ長崎ヨリ浦潮港ニ至リ馬関其他石州因州伯州隠岐ヨリ彼要地タル「ラサレフ」港ヘノ道ニ当ルヲ以テ頗ル要地ト為シ連綿此近傍ニ英魯其戦艦ヲ出没ス。若シ夫我国ノ部分ナランニハ之ニ多少ノ注意無ル可ラス、彼国ナラン弥又保護ヲ加ヘサル可ラス、況ンヤ他国我ニ糺ス之ニ答フルニ決辞ナキヲ如何セン。然ラハ則無主ノ一島ノミ。

③ 諸書ニ就テ案スルニ、竹島洋名「アルゴナウト」島ナル者ハ全ク烏有ノ者ニシテ其松島「デラセ」島ナル者ハ本来ノ竹島即チ蔚陵島ニシテ、我松島ナル者ハ洋名「ホルネットロックス」ナルカ如シ。然ルヲ洋名竹島ヲ認テ竹島ト為シ更ニ竹島ナル者ヲ想起セシ者ノ如シ。而テ此「ホルネットロックス」ノ我国ニ属スルハ各国ノ地図皆然リ。他ノ二島ニ至リテハ各国其認ムル所ヲ同フセス我国論又確拠ナシ。

④ 是実ニ其地ノ形勢ヲ察シ其所属ノ地ヲ定メ而テ其責ニ任スル所ヲ両国間ニ定メサル可ラサル者タリ。因テ先ッ島根県ニ照会シ其従来ノ習例ヲ糺シ併テ戦艦ヲ派シテ其地勢ヲ見、若シ彼既ニ着手セハ其宰政ノ模様ヲ實査シ然ル後ニ其方略ヲ定メント要ス。請フ速ニ採リテ議スル者アラン事ヲ伏望ス。

記録局渡辺洪基立案

「마쓰시마에 대한 안건 1」

① 옛날에 다케시마에 대한 간략한 기록은 많으나 마쓰시마에 대해서 논술한 기록은 없습니다. 그러나 지금은 사람들이 많이 마쓰시마에 대한 이야기를 합니다. 또 이 두 섬이 일도양명(一島兩名)이라 하기도 하고 두 개의 섬이라고도 하며 말이 분분하나, 조정에서도 민간에서도 그 시비를 가린 사람이 있다는 말을 듣지 못했습니다. 그 다케시마라는 것은 조선의 울릉도로서 막부가 장래를 생각하지 않고 현재의 안일만을 도모하여 결국은 저들에게 주었습니다. 그러므로 소위 마쓰시마라는 것이 다케시마라면 저들에게 속하는 것이고 만일 다케시마 외에 마쓰시마라는 섬이 있는 것이라면 우리에게 속하지 않으면 안 되는데 이 일에 대해 결론을 내릴 수 있을 만한 사람이 없습니다.

② 그런데 마쓰시마라는 것이 우리나라와 조선 사이에 있어, 나가사키에서 블라디보스토크 항까지 가는 뱃길과 시모노세키에서 이와미, 이나바, 호키, 오키를 지나 저 중요한 원산항으로 가는 뱃길에 있으므로 매우 중요한 곳으로 간주되어, 이 근방에는 영국과 러시아 함선이 끊임없이 출몰하고 있습니다. 만약 그곳이 우리나라의 한 부분이라면 다소 주의하지 않으면 안 됩니다. 저들의 나라 것이라 해도 역시 보호해 주지 않으면 안 됩니다. 그런데 타국이 우리에게 물을 때 대답할 말이 없으니 이를 어찌하겠습니까. 그렇다면 주인 없는 섬 하나만 남을 뿐입니다.

③ 여러 문서를 살펴보건대, 다케시마의 서양 이름이라고 하는 「아르고노트」섬은 존재하지 않는 섬이고, 마쓰시마를 가리키는 「다줄레」

섬이라는 것은 본래의 다케시마, 즉 울릉도이며 우리나라의 마쓰시마라는 섬의 서양 이름은 「호넷 록스」가 된다고 합니다. 그런데 서양 사람들이 다케시마를 가리켜서 「마쓰시마」라고 하면서 머릿속에서는 다케시마를 떠올리고 있는 것 같습니다. 그리고 이 호넷 록스가 우리나라에 속해 있음은 각 나라 지도가 모두 같습니다. 그 밖의 두 섬에 대해서는 각 나라의 인식이 서로 다릅니다. 우리가 하는 말에도 역시 확실한 근거는 없습니다.

④ 따라서 실로 그 땅의 형세를 살펴 어디에 소속되는지를 정하고 어느 곳에 책임을 지울 것인지를 양국 간에 정하지 않으면 안 됩니다. 따라서 먼저 시마네 현에 조회하여 종래의 예를 조사하고 그와 함께 함선을 보내어 그 지세를 살피고 만약 저들이 이미 그 일에 착수했다고 하면 어떻게 하고 있는지 조사해 본 후에 그에 대한 방책을 정할 필요가 있습니다. 청컨대 신속히 이 건의에 대해 의논해 주시기를 엎드려 바랍니다.

기록국장 와타나베 히로모토 작성

[北澤正誠, 1881, 竹島考證 下(정영미 역, 2006, 앞의 책, 354~361쪽)]

〈부록1-77〉
『竹島考證』「松島之儀 二」

松島ト竹島即チ韓名欝陵島ハ聞ク所ニ寄ルニ一島二名アルカ如シト雖モ旧鳥取県令ニ聞クニ全ク二島ノ由ト認メ、又戸田敬義・加藤金森謙ナル人ノ書ニ隠岐国松島西島―松島ノ一小属ナリ。土俗呼ンテ次島ト云―島ヨリ海上道規凡四十里北方ニ一島アリ。名テ竹島ト云フ云々。又伯州米子ヨリ竹島迄海上道程百四十里許アリ。米子ヨリ伊豆

もニ出テ隠岐ノ松島ヲ経テ竹島ニ到ルナリ。但シ隠岐ノ福島――謂福浦―ヨリ松島迄海上道程六十里許松島ヨリ竹島迄四十里許ト云。此説ハ享保旧年昔屢渡海セル一老叟ニ詰問セラレシ時、其答ニ伯州会見郡濱野目三柳村ヨリ隠岐ノ後島江三十五六里アリ、此遠見ノ考ヲ以テ竹島ヨリ朝鮮山ヲ見レハ少シ遠ク見レハ凡ソ四十里許リト云フニ因ル云々。是ヲ以テ考フレハ二島アル事瞭然タルガ如シ。

洋書ニ就テ按スルニ英ノインペリヤールガセットルニダゲレット島―タゼラト音ス―即松島ハ日本海ノ一島ニシテ日本島と朝鮮半島ノ間ニアリ。其西北ノ点北緯百三十七度二十五分・東経―グリーンチイッチヨリノ算―百三十度五十六分一千七百八十七年ラペルーズノ名タル所周囲九里海岩ハ絶壁之ヲ境シ其最高所ニ至ルマテ樹木森々タリ。又リワピンコツット著「プロナヲンシング・ガゼッテル・ゼ・ツール・ド」ニダゼラハ日本海ノ小島ニシテ日本朝鮮ノ殆ント中間ニアリ。周囲八里北点北緯三十七度二十五分、東経百三十度五十六分トアリ。之ヲ地図ニ徴スルニ英海軍測量図載スル所ダゼラ即チ松島ト題セル者其地位二書ニ載スル所ノ如シ。

英ノロヤールアトラス、佛ブルーエノ大図、英女王地理家ゼイムス・ウィルドノ日本朝鮮図、日耳曼ヲーペルス亜細亜国、千八百七十五年ゴツタノスチールスノアトラス、ウワイマル地理局ノ図、皆ナ同地位ニダゼラ島ヲ置キ、英測量図ニハ点線ヲ以テ限ルモノヽ外ハ東経百二十九度五十七八分・北緯三十七度五十分ニアルゴナウト即竹島ト題シタル者ヲ置テ、魯西亜ノ地図局ノ図ニモ同所ニ之ヲ慢カニ置キテ、又金森謙ノ書ニ竹島周囲大凡十五里トアリ。又戸田敬義ノ図私船ノ測量ヲ総計スレハ二十三里餘トナルー尤曲屈出入ヲ合セ沿岸―去レハ彼松島即チ「ダゼ

ラ」島ノ周囲ト異ナル事少々ナラス、而シ図中南隅ニ一里半周囲ノ一島ヲ載ス。是于人島ナルベシ。真図ニ就テ測量スルニ隠岐嶋ト松島竹島朝鮮ノ距離凡ソ符号スサレハ松島竹島ノ二島ナルハ殆ント判然タリ。

唯我国ノ書ニ竹島之事ノミ多クシテ松島ノ事ナキハ大小貧富ノ差ヨリ竹島ニ往来スルノミニシテ且朝鮮トノ総論モ竹島ニノミ関係シタル故ト思ワル。此島ノ外国ノ認ムル処ヲ図ニ徴スレハ、英国ノ諸図ハ対馬島ト合セテ朝鮮ノ色トシ、佛モ亦同シ、日耳曼ゴタ・スチーレルスノ図ニハ対馬ト合セテ日本色トシ、唯ウアイマルノ地理曲図ノミ対州ヲ以テ日本色トシ松島竹島ヲ朝鮮色トシ、英佛ノ対州ヲ合セテ朝鮮色ニセシハ対州既ニ日本版図ニ相違ナケレハ随テ松島竹島モ其色ヲ変セン。即チスチーレルノ図ハ此結果ナルベシ。

況ン哉松島竹島ヲ以テ伝フ其語ハ日本語ナリ。因テ考フレハ此島ハ暗ニ日本所属ト見做シタルベシ。偖我国ト朝鮮トノ関係ヲ論スレハ旧幕府無事ヲ好ムヨリ竹島ヲ以テ唯彼地図ニ蔚陵島ト均シキト其地ノ遠近ヲ以テ朝鮮ニ譲与セリト雖モ、松島竹島二島アリ。松島ハ竹島ヨリ我近キ方ニアレハ日本ニ属シ朝鮮又異論アル能ハス。而シテ其緊要ニ論スレハ全島ハ殆ント日本ト朝鮮ノ中間ニ位シ、我山陰ヨリ朝鮮咸鏡道永興府即チ「ラサレヲ」港トノ航路当リ、長崎ヨリ「ウラシヲストック」港、航舶ノ日必近ック所其緊要ナル所謂竹島ニ数倍ス。故ニ今英魯等ノ頻リニ注目スル所トナレリ。而シテ各国ノ認所是ノ如シ。然ルニ我国ニテハ松島竹島二島一嶼ノ事判然ナラス。随テ朝鮮ニ属スル哉否ヲモ知ラスルナリ。若シ外国ノ問ニ逢フ、又答フル所ヲ知ラス。若我物トセン欤之ニ関スル義務ナカルベカラス。之ヲ朝鮮ニ帰セン欤又外国ニ注意セサルヲ得ス。是再考スル所以ナリ。

記録局長渡辺洪基述

「마쓰시마에 대한 안건 2」

마쓰시마와 다케시마, 즉 한국 명으로 울릉도라 부르는 다케시마는 들은 바에 의하면 일도이명(一島二名)이라 하는 것 같으나, 구 돗토리 현령에게 들으니 정말로 두 섬이라고 하고, 또 도다 다카요시, 가토, 가나모리 겐이라는 자가 쓴 책에 보면, 오키국 마쓰시마의 서도(마쓰시마에 속하는 한 작은 섬이며 섬사람들은 차도라고 한다)에서 바닷길로 40리쯤 되는 북쪽에 섬 하나가 있는데 이름이 다케시마라고 한다는 말이 있습니다. 그리고 호키의 요나고에서 다케시마까지는 바닷길로 약 140리 정도라고 합니다. 요나고에서 이즈모로 가서 오키의 마쓰시마를 지나면 다케시마에 이르게 된다고 합니다. 단 오키의 후쿠시마(일명 후쿠우라)에서 마쓰시마까지는 바닷길로 약 60리 정도이고 마쓰시마에서 다케시마까지는 40리 정도 된다고 쓰여 있습니다. 또 다케시마에서 조선까지는 40리 정도의 바닷길이라고 하였습니다. <u>이 설은 1724년(교호 9년) 당시의 설인데, 그 이전에 여러 차례 도해를 한 적이 있는 한 노인에게 물어보았을 때, "호키 에미군 하마노메 미야나기 촌에서 오키의 고토(後島)까지가 35리에서 36리입니다. 이 거리로써 다케시마에서 조선의 산까지의 거리를 짐작해 보면 약 40리쯤 됩니다"라고 한 대답에서 나온 설입니다.</u> 이로써 생각해 보면 두 개의 섬이 있다는 것은 분명한 것 같습니다.

서양 책에 찾아보면 영국의 『대영제국 지명사전』에 「다줄레」섬, 즉 마쓰시마는 일본해에 있는 하나의 섬으로서 일본열도와 조선반도 사이의 서북쪽 북위 137도 25분 동경(그리니치 천문대 기준) 130도 56분 지점에 있으며, 1787년 라페루즈가 명명한 섬으로 깍아지른 듯한 절벽으로 된 해안이 9리 정도 펼쳐져 있고, 가장 높은 곳에 이르기까지 수목이 우거져 있다고 되어있습니다. 또 리핑곳이 지은 『프로나운싱 지명사전』에는 「다줄레」가 일본해에 있는 작은 섬으로 일본과 조선의 정 가운데에 있으며 그 둘레는 8리이고 북위 137도 25분, 동경 130도 56분 지점에 있다고 되어 있습니다. 이를 지도에서 찾아보니, 영국 해군측량 지도에 있는 「다줄레」, 즉 마쓰시마라는 이름이 붙은 섬의 위치가 두 책에서 말하는 위치와 같습니다.

영국의 『로얄 아틀라스』, 프랑스 브리웨의 「대도(大圖)」, 영국 여왕 소속의 지리학자 제임스 와일드의 『일본열도』, 독일 오페르스의 『아세아국』, 1875년 곳타의 『스치르스 아틀라스』, 바이마르 지리국의 지도 모두 같은 위치에 「다줄레」섬이 표시되어 있으며, 영국의 측량도에는 섬을 실선으로 표시하였다고는 하나 동경 129도 57분에서 58분 사이 북위 37도 50분 지점에 아르고노트, 즉 다케시마라는 이름의 섬을 표시하였고, 러시아 지도국의 지도에도 같은 위치에 확실히 그 섬이 표시되어 있으며, 또 가나모리 겐 (『죽도도설』)의 책에 다케시마는 그 둘레가 15리라고 되어 있습니다. 또 도다 다카요시 지도에서의 개인이 측량한 측량치를 합산해 보면 23리 남짓 됩니다 (들어가거나 나온 곳을 합친 연안선.) 그 둘레는 마쓰시마, 즉 다줄레 섬의 둘레와 적지 않게 다르나, 지도 남쪽 귀퉁이에 둘레가 1리 반 정도인 섬 하나를 그려놓은 것이 있으니 그 섬은 유인도일 것입니다. 지도 측량법으로 측량해 보아도 오키도와 마쓰시마 다케시마, 조선의 거리가 대체로 부합하니 마쓰시마와 다케시마가 두 개의 섬이라는 것은 거의 분명합니다.

다만 우리나라 책에 다케시마에 대해서만 많이 쓰여 있고 마쓰시마에 대한 것은 없는데, 이것은 다케시마가 더 크고 산물이 더 많아서 다케시마에만 왕래하였기 때문이고, 역시 조선과의 논쟁도 다케시마 문제에 한정되어 있었기 때문이라고 생각합니다. 외국이 이 섬에 대해 어떻게 인식하고 있는지를 지도에서 확인해 보면, 영국 지도에는 쓰시마와 함께 조선을 나타내는 색으로 칠해져 있고 프랑스도 마찬가지이며, 독일 곳타의 「스치레르스의 지도」에는 쓰시마와 함께 일본을 나타내는 색으로 칠해져 있으며, 바이마르 공화국의 지리국 지도에만 쓰시마가 일본을 나타내는 색으로 마쓰시마와 다케시마가 조선을 나타내는 색으로 칠해져 있습니다. 영국과 프랑스가 마쓰시마와 다케시마를 쓰시마와 함께 조선을 나타내는 색으로 칠하였으나, 쓰시마가 일본 영역임이 틀림없는 이상 마쓰시마와 다케시마도 그 색을 바꾸어야 할 것인데, 「스치레르스의 지도」는 그렇게 바꾼 결과라고 할 수 있습니다.

더욱이 마쓰시마와 다케시마라고 전해져 오는 이름 역시 일본식 이름입니다. 그것을 보면 이 섬은 암암리에 일본에 소속된 섬으로 여겨져 왔다고 할 수 있습니다. 다음으로 우리나라와 조선의 관계를 말해본다면, 구 막부가 일이 시끄럽게 되는 것이 싫어서 단지 그 지리적 원근만을 따져서 그들의 지도에 있는 울릉도라 하여 다케시마를 조선에 주었으나, 마쓰시마와 다케시마는 두 섬이며 마쓰시마는 다케시마보다 우리나라에서 가까우므로 일본에 속한다는 것에 대해 역시 조선에 이론이 있을 수 없습니다. 그리고 그 섬의 긴요함을 논하자면, 그 섬은 거의 일본과 조선의 중간에 위치하고 있고, 우리나라 산인 지방에서 조선 함경도 영흥부, 즉 원산항까지 가는 항로에 있으며, 나가사키에서 블라디보스토크 항으로 항해할 때 반드시 지나쳐 가는 곳이니 그 긴요함이 다케시마 보다 몇 배 더하므로 지금 영국과 러시아 등이 자주 주목하는 곳이 되었습니다. 여러 나라가 알고 있는 바가 이와 같습니다. 그런데 우리나라에서는 마쓰시마와 다케시마가 두 개의 섬인지 하나의 섬인지도 알지 못하며, 따라서 조선에 속하는지 아닌지의 여부도 알지 못하고 있습니다. 혹 외국으로부터 이에 대한 질문을 받아도 역시 답할 바를 알지 못합니다. 만약 우리나라의 것이라고 한다면 그 섬에 대해 의무감을 가지지 않으면, 안 됩니다. 이것을 조선에 귀속시켜버리면 또 외국이 어떻게 할지 모르니 주의하지 않으면 안 됩니다. 이 점에 대해 재고해 보아야 할 것입니다.

기록국장 와타나베 히로모토 작성

[北澤正誠, 1881, 竹島考證 下(정영미 역, 2006, 앞의 책, 362~377쪽)]

〈부록 1-78〉

『竹島考證』「丁第二十三号 公信局長田辺太一」

聞ク松島ハ我邦人ノ命ゼル名ニシ其実ハ朝鮮蔚陵島ニ属スル于山ナリト。蔚陵島ノ朝鮮ニ属スルハ旧政府ノ時一葛藤ヲ生シ文書往復ノ末永ク認テ我有トセサルヲ約シ載テ両国ノ史ニ在リ。今故ナク人ヲ遣テコレヲ巡視セシム之レ他人ノ宝ヲ数フトイフ。況ンヤ隣境ヲ侵越スルニ類スルヲヤ。今我ト韓トノ交漸ク緒ニ就クトイヘトモ猜嫌猶未タ全ク除カサルニ際シ如此一挙ヨリシテ再ヒ一障ヲ聞カン事。尤モ交際家ノ忌ム所ナルベシ。今果シテ聞クノ如クナランニハ断然松島ヲ開クヘカラス。又、松島ノ未タ他邦ノ有ニ属セサルモノタル判然タラス、所属曖昧タルモノナレハ我ヨリ朝鮮ヘ使臣ヲ派スルニ際シ海軍省ヨリ一艘ノ艦ヲ出シ之レニ投シ測量製図家及生産関物ニ助カナルモノヲ誘ヒ弥無主地ナリヤモ認

〆利益ノ有無モ慮リ後チ任地ニ付漸ト機会ヲ計リ縦令一小島タリトモ我
北門ノ関放擲シ置クベカラサルヲ告ケテ之レヲ開クニシカザランカ故ニ瀬
脇氏ノ建言スル所採ル能ハサルナリ。

듣기에 마쓰시마는 우리나라 사람들이 붙인 이름이며 사실은 조선
의 울릉도에 속하는 우산이라고 합니다. 울릉도가 조선에 속한다는
것은 구정부 대에 한 차례 갈등을 일으켜 문서가 오고간 끝에 울릉도
가 영구히 조선의 땅이라고 인정하며 우리 것이 아니라고 약속한 기
록이 두 나라의 역사서에 실려 있습니다. 지금 아무 이유 없이 사람
을 보내어 조사하게 하는 것은 다른 사람의 보물을 넘보는 것이라고
할 수 있습니다. 이웃의 지경을 침범하는 것과도 같습니다. 이제 겨우
우리와 한국과의 교류가 시작되었지만 아직도 우리를 싫어하고 의심
하고 있는데 이처럼 일거에 다시 틈을 만드는 것을 외교관들은 꺼릴
것입니다. 지금 마쓰시마를 개척하고자 하나 마쓰시마를 개척해서는
절대 안 됩니다. 또 마쓰시마가 아직 다른 나라의 소유가 되지 않았
는지 분명하지 않고 그 소속이 애매하므로 우리가 조선에 사신을 파
견할 때 해군성이 배 한 척을 그곳으로 보내서 측량제도하는 사람,
생산과 개발에 대해 잘 아는 사람을 시켜, 주인 없는 땅임을 밝혀내
고 이익이 있을 것인지 없을 것인지도 고려해 본 후, 돌아와서 점차
기회를 보아 비록 하나의 작은 섬이라도 우리나라 북쪽 관문이 되는
곳을 그대로 방치해서는 안 됨을 보고한 후 그곳을 개척해도 되므로
세와키 씨의 건의안은 채택할 수 없습니다.

[北澤正誠, 1881, 竹島考證 下(정영미 역, 2006, 앞의 책, 497~501쪽)]

〈부록 1-79〉

『竹島考證』下

明治十三年九月ニ至リ天城艦乘員海軍少佐三浦重鄉等廻航ノ次松島
ニ至リ測量シ、其地即チ古来ノ欝陵島ニシテ其地方ノ小島竹島ト号スル
者アレ共一個ノ岩石ニ過サル旨ヲ知リ多年ノ疑議一朝氷解セリ。

메이지 13년(1880, 역자 주) 9월에 아마기함 승무원이며 해군소위
인 미우라 시게사토(三浦重鄉) 등이 회항할 때 마쓰시마에 가서 측량
하게 되었다. 그에 의하면 그 땅은 옛날부터 울릉도였고 그 섬의 북
쪽에 있는 작은 섬을 다케시마(댓섬, 역자 주)라고 하는 사람이 있었
지만 하나의 암석에 지나지 않는다는 것을 알게 되어 다년간의 의심
과 논의가 하루아침에 해결되었다

[北澤正誠, 1881, 竹島考證 下(정영미 역, 2006, 앞의 책, 500~503쪽)]

〈부록1-80〉

『水路雜誌』(1879) 「松島」

此島ハ洋中ノ一独島ニシテ我隠岐国沖島ヨリ北東二分一東一百三十
四里・長門国角島ヨリ北二分一東一百八十五里・釜山浦ヨリ北西四分
三北一百六十五里ノ処ニ在リ。全島岩石ヨリ成ルモノヽ如ク面シテ樹
木欝然周囲ハ絶壁多ク唯南東面ニ少シク平坦ナル処アリ一我輩ノ此ニ
到ルヤ土人ノ小舎ヲ構ヘ漁舟ヲ造ルヲ見タリ一他ノ濱岸ハ小船ト雖モ近
ツク可ラサルガ如シ。東方ニ一小嶋アリ。且奇石怪岩島ヲ環ラシテ星羅
セリ。我艦航走中此島頂ノ高度ヲ測リテ二千三百九十一尺ヲ得タリ…

… 右ノ記事ハ明治十一年海軍少佐松村安種天城艦ヲ以テ朝鮮海ヘ回
航ノ際其乘組員海軍大尉山澄直清・海軍少尉補小林春三・同福地邦

鼎ノ実験筆記スル所ニ係ル。今後此地ニ航スル者ハ宜シク此ニ一致スル
所ノ海図ヲ参看シ綿密ニ其状ヲ考察セン事ヲ要ス。

明治十二年三月　海軍水路局

「마쓰시마」

이 섬은 바다 가운데 홀로 있는 섬으로(獨島) 우리 오키국 오키노
시마(沖島)에서 북동 1 / 2동 134리, 나가토국 쓰노시마(角島)에서 북
1 / 2동 185리, 부산포에서 북서 3 / 4북 165리 지점에 있다. 섬 전체가
암석으로 이루어진 듯하며 수목이 울창하고 주위는 많은 절벽으로
둘러싸여 있으며 오직 남동면에 조금 평탄한 곳이 있다. 우리들이 이
곳에 이르러 원주민이 작은 집을 짓고 어선을 만들고 있는 것을 보았
다. 다른 해안은 작은 배라도 접근이 안 될 것 같다. 동쪽으로 작은
섬 하나가 있다. 또 무수한 기암 괴석으로 둘러싸여 있다. 항행 중 섬
의 고도를 재보니 2,391척(尺)이었다…

…위의 기사는 1878년 해군 소좌 마쓰무라 야스타네의 아마기 함
이 조선해로 회항할 때 승선원 해군대위 야마스미 나오기요, 해군소
위보 고바야시 슌조, 후쿠치 구니카네가 측량하여 기술한 것이다. 금
후 이 섬으로 항행하는 사람은 이곳과 잘 일치하는 해도를 참작하여
면밀히 그 지세를 살펴보아야 할 필요가 있다.

메이지 12년(1879) 3월 해군수로국

(日本国立公文書館 소장 『水路雑誌』第16号, 24～26쪽)

〈부록 1-81〉

　【日本における竹島の認知】

　1. 現在の竹島は、我が国ではかつて「松島」と呼ばれ、逆に鬱陵島が

「竹島」や「磯竹島」と呼ばれていました。竹島や鬱陵島の名称について
は、ヨーロッパの探検家等による鬱陵島の測位の誤りにより一時的な混
乱があったものの、我が国が「竹島」と「松島」の存在を古くから認知して
いたことは各種の地図や文献からも確認できます。例えば、経緯線を投
影した刊行日本図として最も代表的な長久保赤水(ながくぼせきすい)の「改
正日本輿地路程(よちろてい)全図」(1779年初版)のほか、鬱陵島と竹島を朝
鮮半島と隠岐諸島との間に的確に記載している地図は多数存在します。

　2. 1787年、フランスの航海家ラ・ペルーズが鬱陵島に至り、これを「ダ
ジュレー(Dagelet)島」と命名しました。続いて、1789年には、イギリスの
探検家コルネットも鬱陵島を発見しましたが、彼はこの島を「アルゴノー
ト(Argonaut)島」と名付けました。しかし、ラ・ペルーズとコルネットが測
定した鬱陵島の経緯度にはズレがあったことから、その後にヨーロッパで
作成された地図には、鬱陵島があたかも別の2島であるかのように記載さ
れることとなりました。

　3. 1840年、長崎出島の医師シーボルトは「日本図」を作成しました。彼
は、隠岐島と朝鮮半島の間には西から「竹島」(現在の鬱陵島)、「松島」
(現在の竹島)という2つの島があることを日本の諸文献や地図により知っ
ていました。その一方、ヨーロッパの地図には、西から「アルゴノート島」
「ダジュレー島」という2つの名称が並んでいることも知っていました。こ
のため、彼の地図では「アルゴノート島」が「タカシマ」、「ダジュレー島」
が「マツシマ」と記載されることになりました。これにより、それまで一貫
して「竹島」又は「磯竹島」と呼ばれてきた鬱陵島が、「松島」とも呼ばれる
混乱を招くこととなりました。

　4. このように、我が国内では、古来の「竹島」、「松島」に関する知識と、

その後に欧米から伝えられた島名が混在していましたが、その最中に「松島」を望見したとする日本人が、同島の開拓を政府に願い出ました。政府は、島名の関係を明らかにするため1880(明治13)年に現地調査を行い、同請願で「松島」と称されている島が鬱陵島であることを確認しました。

5. 以上の経緯を踏まえ、鬱陵島は「松島」と称されることとなったため、現在の竹島の名称をいかにするかが問題となりました。このため、政府は島根県の意見も聴取しつつ、1905(明治38)年、これまでの名称を入れ替える形で現在の竹島を正式に「竹島」と命名しました。(後略)

[일본에서의 '다케시마'의 인지]

1. '다케시마'의 인지

현재의 '다케시마'는, 우리나라에서는 예전에는 「마쓰시마(독도)」라고 불리었고, 반대로 울릉도가 「다케시마」나 「이소다케시마」로 불리고 있었습니다. 그리고 '다케시마'의 서북서 약 92km 앞에 있는 울릉도가 「다케시마(울릉도)」나 「이소다케시마(울릉도)」로 불리고 있었습니다. '다케시마'나 울릉도의 명칭에 관해서는, 유럽 탐험가 등에 의한 울릉도 위치 측정 오류로 인한 일시적 혼란이 있었기는 하였으나, 우리나라가 「다케시마(울릉도)」와 「마쓰시마(독도)」라는 존재를 오래전부터 알고 있었던 것은 각종 지도나 문헌에서도 확인할 수 있습니다. 예를 들면 경위선을 넣은 간행 일본지도로서 가장 대표적인 나가쿠보 세키스이[長久保赤水]의 「개정일본여지로정전도(改正日本輿地路程全圖)」(1779년 초판) 이 외, 울릉도와 '다케시마'를 조선반도와 오키제도(隱岐諸島)와의 사이에 적확히 기해하고 있는 지도는 다수 존재합니다.

2. 1787년, 프랑스 항해가 라페루즈가 울릉도에 이르러, 이것을 「다줄레(Dagelet) 섬」이라고 명명하였습니다. 계속해서, 1789년에는 영국 탐험가 코넷도 울릉도를 발견하였습니다만, 그는 이 섬을 「아르고노트(Argonaut) 섬」이라고 이름지었습니다. 그러나, 라페루즈와 코넷이 측정한 울릉도 경위도에 차이가 있었던 것에서, 그 후에 유럽에서 작성된 지도에는, 울릉도가 마치 2개의 다른 섬인 것처럼 기재되게 되었습니다.

3. 1840년, 나가사키 데지마의 의사 시볼트는 「일본도」를 작성하였습니다. 그는, 오키섬과 조선반도 사이에 서쪽부터 「다케시마」(현재의 울릉도), 「마쓰시마」(현재의 '다케시마')라는 2개의 섬이 있는 것을 일본의 여러 문헌과 지도를 통해 알고 있었습니다. 한편, 유럽의 지도에는 서쪽부터 「아르고노트 섬」 「다줄레 섬」이라는 2개의 명칭이 열거되어 있는 것도 알고 있었습니다. 그래서 그의 지도에서 「아르고노트 섬」이 「다카시마」, 「다줄레 섬」이 「마쓰시마」로 기재되게 되었습니다. 이에 의해, 그때까지 일관적으로 「다케시마」 또는 「이소다케시마」로 불리워 온 울릉도가, 「마쓰시마」라고도 불리우는 혼란을 만들게 되었습니다.

4. 이와 같이, 우리나라 안에서는, 고래의 「다케시마」, 「마쓰시마」에 관한 지식과, 그 후에 구미에서 전해진 섬 이름이 혼재하여 있었습니다만, 그 와중에 「마쓰시마」를 멀리서 보았다고 하는 일본인이, 그 섬의 개척을 정부에 청원했습니다. 정부는 섬 이름의 관계를 명백히 하기 위해 1880년(메이지 13)에 현지 조사를 하고, 동 청원으로서 「마쓰시마」라고 칭해지는 섬이 울릉도임을 확인했습니다.

5. 이상의 경위에 의거, 울릉도는 「마쓰시마」라고 칭해지게 되었기

때문에, 현재의 '다케시마'의 명칭을 어떻게 할까 라는 것이 문제가 되었습니다. 그래서, 정부는 시마네 현의 의견도 청취하면서, 1905년 (메이지 38), 그때까지의 명칭을 뒤바꾸는 형태로 현재의 '다케시마'를 정식으로 「다케시마」라고 명명했습니다. (후략)

(日本外務省ホームページ＞竹島＞竹島問題＞竹島問題の概要＞竹島の認知、http://www.mofa.go.jp/mofaj/area/takeshima/g_ninchi.html、2011.5.19 방문)

〈부록 1-82〉

날짜	外務省ホームページ＞竹島＞竹島問題＞竹島問題の概要＞竹島の認知
2006.7.18	日本は古くより竹島(当時の「松島」)を認知していた。このことは多くの文献、地図等により明白である。(注: 経緯線投影の刊行日本図として最も代表的な長久保赤水の「改正日本輿地路程全圖」(1779年)では現在の竹島を位置関係を正しく記載している。その他にも明治に至るまで多数の資料あり。)
2006.12.28 (改正版)	今日の竹島は、我が国では明治時代の初め頃までは「松島」の名前で呼ばれており、当時「竹島」(または「磯竹島」)と呼ばれていたのは、現在の鬱陵島のことでした。しかし、我が国が、古くから「竹島」や「松島」をよく認知していたことは多くの文献や地図等により明白です。(例えば、経緯線を投影した刊行日本図として最も代表的な長久保赤水の「改正日本輿地路程全圖」(1779年)ほか、鬱陵島と隠岐諸島との間に的確に記載している地図は多数存在します。
2007.5.20	上同
2008.2	上同
2011.5.19	現在の竹島は、我が国ではかつて「松島」と呼ばれていました。そして竹島の西北西約92キロメートル先にある鬱陵島が「竹島」や「磯竹島」と呼ばれていました。竹島や鬱陵島の名称については、ヨーロッパの探検家等による鬱陵島の測位の誤りにより一時的な混乱があったものの、我が国が「竹島」と「松島」の存在を古くから認知していたことは各種の地図や文献からも確認できます。例えば、経緯線を投影した刊行日本図として最も代表的な長久保赤水(ながくぼせきすい)の「改正日本輿地路程(よちろてい)全図」(1779年初版)のほか、竹島と鬱陵島を朝鮮半島と隠岐諸島との間に的確に記載している地図は多数存在します。これに対し、韓国が古くから竹島を認識していたという根拠はありません。

날짜	외무성 홈페이지>각국·지역정세>아시아>'다케시마'문제>>('다케시마'의 개요)/ 1.'다케시마'의 인지
2006.7.18	일본은 오래전부터 '다케시마' (당시의 「마쓰시마」)를 인지하고 있었다. 이 것은 많은 문헌·지도 등에 의해 명백한 것이다. (주: 경위선을 넣은 간행 일본지도로서 가장 대표적인 나가쿠보 세키수이(長久保赤水)의 「개정일본여지로정전도(改正日本輿地路程全圖)(1779년)에서는 현재의 '다케시마'의 위치관계를 바르게 기재하고 있다. 그 외에도 메이지 시대 까지 다수의 자료가 있다.)
2006.12.28 (개정판)	금일의 '다케시마'는, 우리나라에서는 메이지 시대 초기 경까지는 「마쓰시마」라는 이름으로 불리고 있었고, 당시 「다케시마(또는 「이소다케시마(磯竹島)」로 불리고 있었던 것은 현재의 울릉도였습니다. 그러나 우리나라가, 오래 전부터 「다케시마」나 「마쓰시마」를 잘 인지하고 있었던 것은 많은 문헌이나 지도 등에 의해 명백합니다. (예를 들면 경위선을 넣은 간행 일본지도로서 가장 대표적인 나가쿠보 세키수이(長久保赤水)의 「개정일본여지로정전도(改正日本輿地路程全圖)(1779년) 외, 울릉도와 '다케시마'를 조선반도와 오키 제도(隱岐諸島)와의 사이에 적확하게 기재하고 있는 지도는 다수 존재합니다.)
2007.5.20	상동
2008.2	상동
2011.5.19	현재의 '다케시마'는, 우리나라에서는 예전에는 「마쓰시마」라고 불리고 있었습니다. 그리고 '다케시마'의 서북서 약 92km 앞에 있는 울릉도가 「다케시마」나 「이소다케시마」로 불리고 있었습니다. '다케시마'나 울릉도의 명칭에 관해서는, 유럽 탐험가 등에 의한 울릉도 위치 측정 오류로 인한 일시적 혼란이 있었기는 하였으나, 우리나라가 「마쓰시마」와 「다케시마」라는 존재를 오래전부터 알고 있었던 것은 각종 지도나 문헌에서도 확인할 수 있습니다. 예를 들면 경위선을 넣은 간행 일본지도로서 가장 대표적인 나가쿠보 세키수이(長久保赤水)의 「개정일본여지로정전도(改正日本輿地路程全圖) (1779년 초판) 이 외, '다케시마'와 울릉도를 조선반도와 오키 제도(隱岐諸島)와의 사이에 적확히 기해하고 있는 지도는 다수 존재합니다. 이에 대해, 한국이 오래 전부터 다케시마'를 인식하고 있었다고 하는 근거는 없습니다.

2006~2011 「일본 외무성 홈페이지>각국 지역정세> 아시아 > '다케시마' 문제>'다케시마' 개요/1. '다케시마' 인지」

(http://www.mofa.go.jp/mofaj/area/takeshima/index.html)의 기술임. 개요적 설명으로 상세기술이 별첨되어 있다.)

奥原碧雲「竹島沿革考」(1906)

去る三月下旬、島根県第三部長神西事務官は、視察員四十余名ととも に、新領土竹島視察の途に上られたり、余幸にその一行に加はり、竹 島及び鬱陵島に上陸し、親しくその状況を視察し、東隠岐島司の厚意に よりて同廳の奮記並に竹島に関する文書を閲覧し、かつ、竹島経営につ き、與って力ありし竹島漁猟会社員中井養三郎氏の竹島経営談を聞 き、帰来松江図書館の旧書記記録を渉猟し、昨年以来新聞雑誌にあら はれたる諸家の説を参照して、本篇を起稿せり。

竹島の名称につきては、鬱陵島と混同せる人少なからず、本邦の旧記 に見えたる竹島は、すべて、今の鬱陵島のことにして、従来、出雲・石 見・伯耆・隠岐地方の人々が渡航せし竹島は即ち鬱陵島なり、而し て、昨年二月島根県の領土に編入せられ、日本海大海戦によりて、全 世界に宣伝せられし新竹島は、旧記に見えたる松島にして、隠岐国人の リヤンコ島(リアンコール岩の転訛)と称せし、生木なき無人の小岩嶼な り、然るに「朝鮮水路誌」一たびこの名称を転倒して、鬱陵島一名松島 と称せしより、今回リアンコール列岩を竹島と命名して、新領土に編入 せらるるや、実地を踏査せざる人は、直ちに旧記にみえたる竹島とな し、大なる誤謬を伝ふるに至れり。

かの地学雑誌二百号より二百二号に亘りて、連載せられたる田中阿 歌麿氏の「隠岐国竹島に関する旧記」の如き、鬱陵島の記事にしてリアン コール岩の新竹島とは、全然無関係なるが如きその一例なり。

次に、史学界の遠藤萬川氏は、読売新聞紙水路誌を引用しこれに附 記して、村岡良弼氏の日本地理資料、吉田東伍氏の大日本地名辞書

に、鬱陵島の別名竹島とせるは疑問なりとし、更に松陽新報紙上に於て、新竹島は、わが旧幕時代には、夙にこれを竹島と称し、出雲藩に属せしめ、流罪人を置く処とせしが、その後、内政の混乱とともに、この島は無所属同様となれり、云々と記し、また、同紙上に「その後、古文書を見れば、鬱陵島の別名竹島なりしことを記せり、されど、鬱陵島は松島とこそいへ、竹島といへるを聞かず、県下識者の解答をまつ」、云々と記して、疑点を挟まれたり。

　これ等は、畢竟新竹島を以って、人民の住居に堪ふべき大島と誤認し、旧記に見えたる竹島の記事をこれに附会したるものにして、一たび実地を踏査せんか、疑団(ママ、疑問)は忽にして氷解せられべきなり。なほ、吉田東伍氏の大日本地名辞書は、新竹島につきて直接に記する処なけれども、旧竹島につきて、諸書を引用すること頗る該博なれば、必ず参照すべきなり。

　지난 3월 하순, 시마네 현 제3부장 진자이 사무관은 시찰원 40여 명과 함께, 신영토 '다케시마' 시찰길에 올랐다. 나도 운 좋게 그 일행에 끼어, '다케시마' 및 울릉도에 상륙하여, 내 눈으로 직접 그 상황을 시찰하였고, 아즈마(東) 오키도사(隱岐島司)의 후의를 입어 동 관청의 옛날 기록 및 '다케시마'에 관한 문서를 열람하였으며, 또, '다케시마' 경영에 대해 '다케시마 어로회사원 나카이 요자부로씨의 설득력 있는 '다케시마' 경영담을 듣고, 돌아오는 길에 마쓰에(松江) 도서관의 옛날 책과 기록을 섭렵하였으며, 작년 이래의 신문·잡지에 나타난 여러 사람의 말을 참조하여 본 논문을 집필하였다.

　'다케시마'의 명칭에 관해서는 울릉도와 혼동하는 사람이 적지 않은데, 우리나라의 옛 기록에 보이는 다케시마란 모두, 지금의 울릉도를 말하는 것으로 종래 이즈모(出雲)·이와미(石見)·호키(伯耆)·오키(隱岐) 지방(지금의 시마네 현·돗토리 현 지역: 역자 주) 사람들이 도항했던 다케시마는 바로 울릉도이다. 그러나 작년 2월 시마네 현의 영토로 편입되고, 일본해 대해전에 의해, 전 세계에 알려진 신(新) '다케시마'는 옛 기록에 보이는 마쓰시마로서, 오키 사람이 량코도(리앙코루 암의 방언)라고 칭하는 나무가 자라지 않는 무인(無人)의 소암초이다, 그런데 「조선수로지(朝鮮水路誌)」가 한 번 이 명칭을 바꿔서, 울릉도 일명 마쓰시마라고 칭하였으므로, 이번에 리앙코루 열암을 '다케시마'라고 명명하여, 신영토로 편입하자, 실제로 그 땅을 답사하지 않은 사람들은 즉시 옛 기록에 보이는 '다케시마'로 간주하여, 큰 오류를 확산시키기에 이르렀다.

그 지학잡지 200호에서 202호에 걸쳐, 연재된 다나카 아카마로(田中阿歌麿) 씨의 「오키국 다케시마에 관한 옛 기록」과 같은 것은 울릉도 기사로서, 리앙코루 암의 신 '다케시마'와는 전혀 관계 없는 것 등이 그 일례이다.

다음으로 사학계의 엔도 만센(遠藤萬川) 씨는 요미우리 신문 수로지를 인용하고 여기에 부기하여, 무라오카 료스케(村岡良弼) 씨의 일본지리자료(日本地理資料), 요시다 도고(吉田東伍) 씨의 대일본지명사전(大日本地名辞書)에서 울릉도의 별명을 다케시마라고 한 것은 의문이라고 했고, 더욱이 소요신보(松陽新報) 지면에서 신 '다케시마'란 우리나라 구 막부시대에는 일찍부터 이것을 다케시마라고 칭했으며, 이즈모번(出雲藩)에 속한 것이라 하였고, 유배자를 두는 곳이라 하였는데, 「그 후, 내정 혼란과 함께, 이 섬이 소속이 없는 것처럼 되었다, 운운이라고 기록하였고, 또, 동 지면에 그 후, 고문서를 보면, 울릉도의 다른 이름은 다케시마였다고 기록하였다. d.그러나 울릉도는 마쓰시마라고는 했을지언정, 다케시마라고도 한다는 소리를 들은 바 없으므로, 현 내의 식자의 답변을 기다린다」 운운이라고 기록하여, 의문이 있음을 나타내었다.

이것들은 필경 신 '다케시마'를, 사람이 주거할 수 있는 큰 섬으로 오인하여, 옛 기록에 보이는 다케시마에 대한 기사를 여기에 가져다 붙인 것으로서, 한 번 실제로 그 땅을 답사해 보면, 의문은 즉시 풀릴 것이다. 또, 요시다 도고 씨의 대일본지명사전은 신 '다케시마'에 관해 직접 기재하지는 않고 있으나, 구 다케시마에 관해 여러 문헌을 인용한 매우 해박한 내용이므로, 필히 참조해야 할 것이다.

[奥原碧雲, 1906, "竹島沿革考", 歷史地理 第8卷 第6号(1906.6), 日本歷史地理硏究会(復刻版: 1990年, 歷史地理一巻~8巻, 日本歷史地理学会), 7~8쪽]

〈부록1-84〉

田保橋潔 「鬱陵島の名称に就いて(補)－坪井博士の示教に答ふ－」

(1931)

中井教授は、竹島を日本名タケシマなりとし、竹島は或は武島とも記載するものあるを以て、そのいづれを正しとすべきか、鬱陵島開拓者の一人なる道同居住片岡吉兵衛氏について正した結果、竹島を以て正しきものとせられ更に松島、竹島命名の由来として「これ松が繁茂し、竹が繁茂せる為めに非ずして、松竹と並称し、目出度き意に用ゐし由、日露戦争当時海軍の報告書に松島とある所為なり」と主張せられた。坪井教授は全く之に意見を同じうせられ、東国輿地勝覧、芝峰類説等の記事

を、全くの想像より出でたものとして抹殺せられものである。

나카이 교수는 竹島을 일본명 다케시마라 하고, 竹島는 혹은 武島(다케시마)라고 기재하기도 하는 점을 들어 어느 쪽이 맞는지 밝히고자 울릉도 개척자의 한 사람인 가타오카 요시베(片岡吉兵衛)에게 물은 결과 竹島가 맞다고 하고, 더욱 마쓰시마·다케시마라고 명명한 이유에 대해 "이것이 소나무(松)가 울창하고, 대나무(竹)이 울창하기 때문이 아니라, 송죽(松竹)이라고 하여 경사스럽다는 의미로 사용했다고 한다. 일러전쟁 당시 해군 보고서에 (울릉도) 마쓰시마라고 한 이유는 그것이다"라고 주장했다. 쓰보이 교수는 이 의견에 완전히 동의하여 동국여지승람, 지봉유설 등의 기사를 완전히 상상의 산물이라고 하여 배제시킨 것이다.

[田保橋潔, 1931ｂ, "鬱陵島の名称に就いて(補)－坪井博士の示教に答ふー", 青丘学叢 第4号(1931.5), 青丘学会編, 106쪽]

〈부록 1-85〉

(前略) 田保橋潔 「鬱陵島の名称に就いて(補)－坪井博士の示教に答ふー」

第三島を竹島と称する事は、最も困難なる問題である。竹島は日本名タケシマか、朝鮮名대섬(訓)か、或は죽도(音)であるかすらも判明しない(中略)

竹島に武島の漢字を宛てる事は、中井教授は隠岐、出雲辺の住民の慣用として居られるが、之も文献について引拠を示さるれば大幸である。但此に最も注意を要するのは、芝峰類説、朝鮮通行大紀、竹島紀事、竹島文談等に見える礒竹島或は竹島は、第二島即ち鬱陵島を指すものでその附属の岩礁を指すものでない。(後略)

(전략) 제3島를 竹島라고 칭하는 것은 가장 곤란한 문제이다. 竹島는 일본명 다케시마(タケシマ)인지, 조선명 대섬(훈독하여)인지, 혹은 죽도(음독하여)인지 조차 판명되지 않는다. (중략)

竹島에 武島라는 한자를 붙이는 것에 대해 나카이 교수는 오키(隱岐)와 이즈모(出雲) 지역 주민의 관용(慣用)이라고 하나, 이것도 근거가 되는 문헌자료를 제시해 주면 좋겠다. 단, 가장 주의할 점은 『지봉유설』, 『조선통교대기』, 『죽도기사』, 『죽도문담』 등에서 보이는 이소다케시마(礒竹島) 혹은 다케시마(竹島)는 제2도, 즉 울릉도를 가리키는 것이지 그 부속된 암초를 가리키는 것이 아니다…

[田保橋潔, 1931 b, "鬱陵島の名称に就いて(補)－坪井博士の示教に答ふ－", 青丘学叢 第4号(1931.5), 青丘学会編, 106쪽]

〈부록 1-86〉

田保橋潔「鬱陵島の名称に就いて(補)－坪井博士の示教に答ふ－」

(前略)　かくの如く第一リヤンクウルと第二島ダジュレエとは、江戸時代より明治初期に亘り、常に混同せられ、松島、竹島の名称は同時に両島の間に混用せられたのは寧ろ普通である。従うて最近第二島の名称が松島と確定した以上は、その一名竹島が第一島に移されたのも決して不自然とは考えられない。(後略)

(전략) 이와 같이 리앙쿠우루와 제2도 다줄레는 에도시대부터 메이지 초기에 걸쳐 늘 혼동되었고, 그와 동시에 마쓰시마·다케시마 명칭은 보통 두 섬 간에 혼용되었다. 따라서 최근 제2도의 명칭이 마쓰시마로 확정된 이상, 그 다른 이름인 다케시마가 제1도로 옮겨간 것도 결코 부자연스럽지 않다. (후략)

(田保橋潔, 1931 b, "鬱陵島の名称に就いて(補)－坪井博士の示教に答ふー", 青丘学叢 第4号(1931.5), 青丘学会編, 108쪽)

〈부록1-87〉

田保橋潔「鬱陵島の名称に就いて(補)－坪井博士の示教に答ふー」

(前略) もと拙稿「鬱陵島、その発見と領有」は、日本海中の孤島たる鬱陵島が、ヨーロッパの航海家に発見せられた事実を述べ、更に同島の主権が日本鮮両国間の困難なる交渉となり、遂に日本国政府の平和的譲歩によって円満な解決を告げた顛末を論証するにあり、鬱陵島の名称について考証し、その当否を争うのは本志ではない。(後略)

(전략) 원래 졸고 「울릉도 그 발견과 영유」는 일본해중의 고도(孤島)인 울릉도가 유럽 항해가에게 발견되었던 사실을 말하고, 이 위에 이 섬에 대한 주권이 일본과 조선 양국 간의 곤란한 교섭 문제가 되었고, 결국 일본국 정부의 평화적 양보에 의해 원만한 해결을 본 전말을 논증하고자 한 것이지, 울릉도의 명칭에 관해 고증하고, 그 타당성 또는 부당성을 가지고 다투는 것이 본 뜻은 아니다. (후략)

[田保橋潔, 1931 b, "鬱陵島の名称に就いて(補)－坪井博士の示教に答ふー", 青丘学叢 第4号(1931.5), 青丘学会編, 103쪽]

〈부록1-88〉

田保橋潔「鬱陵島の名称に就いて(補)－坪井博士の示教に答ふー」

磯竹島、或は竹島の名称は、既に江戸時代以前に存し、その竹を産するを以て名とした事実 (中略)

…松島の名称の由来は詳かでないが、かのドクトル・フイリップ・

フォン・シーボルトがド・ラ・ペルウズの航跡を研究して、ダジュレエ島を den Japanern längst bekannte Inselchen Matsusima と云つて居るのから考ふるに、尠くとも十九世紀初期には、広く此名を以て知られて居たと解すべきである。

이소다케시마, 혹은 다케시마라는 명칭은 이미 에도시대 이전부터 있었고, 그 섬에서 대나무가 난다고 하여 그 이름이 되었다. (중략)

마쓰시마라는 명칭의 유래는 명확하지 않으나, 저 닥터 필립·본·시볼트가 라·페루즈의 항적(航跡)을 연구하여 다줄레 섬을 'den Japanern längst bekannte Inselchen Matsusima'(일본인들에게는 오래전부터 잘 알려진 작은 섬 마쓰시마 : 역자 주)라고 한 것에서 생각해 보면, 적어도 19세기 초기에는 이 명칭이 널리 알려져 있었다고 해석해야 한다.

[田保橋潔, 1931 b, "鬱陵島の名称に就いて(補)－坪井博士の示教に答ふ－", 青丘学叢 第4号(1931.5), 青丘学会編, 103쪽]

〈부록 2〉 한일 독도 영유권 논쟁기 사진과 왕복 각서 목록

[표 2-1] 한일 독도 영유권 논쟁기 사건과 왕복 각서 목록

출전	날짜	(정보 출처) 이벤트	번호	날짜	발신	문서제목	내용(요약)	비고(『獨島 領有權 資料의 探求』 기술사항)
기능명칭: 독도문제, 1952-53 분류번호:743.11JA 1952-53 등록번호: 4565 생산과: 정무국제과 생산년: 1953 필름번호: K-0009 화일번호: 1 후레임번호: 0001-0368	1952.1.28	(한) 대한민국국립체양이 주권에 대한 대통령 선언 (평화선 선언)	1	1952.1.28	일본	NOTE VERBALE (1952.1.28字 日側口述書)	한국 영토 인접 바다 및 대륙붕에 대한 주권을 주장한 1952년 1월 28일자 대한민국 대통령 선언 관련 다음과 같은 진술을 대한민국정부에 전달해주길 요청	『日本의 獨島領有權論爭 시」자 口述書(1952.1.28)」平和線 선포에 항의, 獨島문제 (제기) 제3권 No.390(400~402쪽)
	1953.5.28	(일) 다케시마 근해 조사중 이랬던 시마네현 어업 시험장 조사선이 독도 에서 미역·전복을 채취하던 약 30여 명의 울릉도 어민 (배 10척)을 봄	2	1952.2.12	한국	/COPY/ (1952.2.12字 鮮側口述書)	1952.1.28 한국 대통령 선언 관련 1952.1.28 일본 정부의 관점에 대한 답변 구술서 사본을 일본정부에 전달 요청	『韓國政府의 반박 口述書 (1952.2.12)』(獨島領有權 지침판) 제3권 No.391(402~405쪽)

출전	날짜	(정보 출처) 이벤트	번호	날짜	발신	문서제목	내용(요약)	비고(『獨島 領有權 資料의 探求』 기술사항)
	1953.6.25 4:30 pm	(한) 일본 수산시험선 (백톤급 목선 1척) 이 독도 접안, 일본인이 9명이 상륙하여 독도에 체류하고 있는 울릉도민 6명에 대하여 제도 이유 등을 묻고 촬영, 어민병비문을 촬영하고 7:00 pm 경 퇴항.	3	1952.4.25	일본	/COPY/ (1952.4.25字 日側口述書)	1952.2.12 (한국측) 구술서에 대한 답변	『1952.4.25字 일본측 口述書』 (한국측 52.2.12자 口述書에 반박, 제3권 No.392(405~407쪽)
	1953.6.27 10:00 am	(한) 일본 어선 (60톤급 목선 1척) 이 독도 접안, 8명이 상륙하여 전 일본 동일한 접문 및 행동을 하고 3시1pm 경 퇴항.	4	1953.6.22	일본	NOTE VERBALE (No.167/A2)	일본 영해로의 한국 어선 침입과 동 해역 에서의 어로에 대해 일임 * 한글번역문 병행 수록 「日本 外務省으로부터의 抗議覺書」	『1953.6.22字 일본측 口述書 (No.167/A2)』(韓國漁民의 獨島 近海 조업에 항의) 제3권 No.393 (408~409쪽)
	1953.6.28 08:00 am	(한) 일본 해상보안청 선박 2척(요코마루/ 구주마루등)이 독도 접안, '시마네현 오키군 고카무라 다케시마'라고 쓴 표목 2개와 접근 금지 주의판을 설치하고 10:00 pm경 퇴항.	5	1953.6.26	한국	NOTE VERBALE 한글번역문 병행 수록 「日本外務省에 對한 駐日代表部 回翰原文英語」	소위 '일본 영해에의 한국 어선 침입'과 동 해역에서의 어로 관련 1953.6.22자 (일본측) 구술서에 대한 답변	『1953.6.26字 한국측 口述書 (일본측 1953.6.22자 口述書 에 대한 반박) 제3권 No.394 (409~410쪽)

<부록 2> 한일 독도 영유권 논쟁기 사건과 양국 각서 목록　371

출전	날짜	(정보 출처) 이벤트	번호	날짜	발신	문서제목	내용(요약)	비고(『獨島 領有權 資料의 探求』기술사항)
	1953.7.1	(한) 일본인이 독도 상륙	6	1953.7.13	일본	NOTE VERBALE (No.186/A2) (1953.7.13字 日側口述書	한국으로 보이는 사람들이 일본 소유 '다케시마' 에의 불법 상륙과 동 섬 주변 일본 영해에서의 불법 어로 활동 관련 1953.6.26자 (한국측 구술서에 대한 항의 및 「독도에 대한 일본 정부견해	『1953.7.13字 일본측 口述書 (No.186/A2)』(일본정부견해 ① 표명) 제3권 No.397(414~421쪽)
	1953.7.12	(일) 일본 정부 순시선이 '다케시마' 순시 중, 한국 관련 7명(경찰의 보호아래 어로 중인 한국 어민 30명 (배 3척)을 보고 퇴거를 요청하였으나 거부당함. 동 순시선이 '다케시마' 를 떠날 때 한국 관련 이 동 선에 대해 발포함	7	1953.7.13	일본	NOTE VERBALE (No.187/A2)	다케시마 수역에서의 한국어민 불법 조업 및 동지역에서의 일본 순시선에 대한 한국관헌의 불법 총격 관련 통고	

출전	날짜	(정보 출처) 이벤트	번호	날짜	발신	문서제목	내용(요약)	비고(『獨島 領有權 資料의 探求』 기술사항)
		(한) 한국 정찰은 대한민국 법 제65조에 바탕을 두고 한국 해역으로 침입한 일본인들을 조사하기 위해 응용도 정선서 까지 동행을 요구하였으나 도주하였으므로 경고 사격을 한 것임	8	1953.8.4	한국	NOTE VERBALE (1953.8.4字 我側口述書)	독도로 알려진 대한민국의 섬 독도에 대한 일본인의 반복적 불법 행위 및 침범 관련 통고	『1953.8.4字 한국측 口述書』 (日本 當憲의 勝議 건임에 抗議) 제3권 No.398(421~424쪽)
			9	1953.8.8	일본	NOTE VERBALE (No. 205/A2) (1953.8.8字 日側口述書)	1953.8.4字 (한국측) 구술서에 대한 답변	『1953.8.8字 일본측 口述書』 (한국측에 반박) 제3권 No.399(425~426쪽)
			10	1953.8.22	한국	NOTE VERBALE (1953.8.22字 我側口述書)	소위 한국인에 의한 불법 어로 및 한국 관헌의 불법 총격에 대한 1953.7.13字 일본측 구술서에 대한 항의	『1953.8.22字 한국측 口述書』 (일본 公船 영해침범에 항의) 제3권 No.400(426~428쪽)
			11	1953.8.31	일본	NOTE VERBALE (No. 216/A2) (1953.8.31字 日側口述書)	한국인의 불법 어업 행위 및 한국 관헌의 일본 선박에 대한 불법 사격 관련 1953.7.13字 (일본측 구술서에 대한 1953.8.22字 (한국측) 구술서에 대한 답변	『1953.8.31字 일본측 口述書』 (일본 巡視船 피격에 항의) 제3권 No.401(428쪽)

출전	날짜	(정보 출처) 이벤트	번호	날짜	발신	문서제목	내용(요약)	비고(『獨島 領有權 資料의 探求』 기술사항)
			12	1953.9.9	한국	NOTE VERBALE (1953.9.9字 我側口述書)	1953.6.26 (한국측 구술서 관련 / 1953.7.13 (일본측 구술서에 대한 답변 및 「독도」(다케시마)에 관련 일본 정부 견해에 대한 반박)	1953.9.9字 韓國政府見解Ⅰ』, 수록 口述書『韓國政府見解Ⅰ』, 표명) 제3권 No.402 (432~442쪽)
	1953.9.17 9:30:00 am	(한) 일본 어업 시험장 소속 일본 선박(62톤 급 무선)이 9:30 am 독도 근해 영해 침범 및 10:30 pm 아라이(쓰도지 마는 조사인) 1명을 포함한 일본 관헌들이 독도 상륙	13	1953.9.26	한국	NOTE VERBALE (1953.9.26字 我側 口述書)	일본정부관헌의 한국영토 독도에 대한 불법 상륙 관련 통고에 대한 항의	1953.9.26字 한국측 口述書 (日本公船 領海侵犯에 항의) 제3권 No.403(442~443쪽)
가능명칭: 독도문제, 1954 분류번호:743.11JA 1954 등록번호: 4565 생산과: 정무국제1과 생산년: 1954 필름번호: K-0009 화일번호: 2 후레임번호: 0001-0260	1954.5.18	(일) 약간의 한국 관련들이 '다케시마'에 가서 '한국 경상북도 울릉도 남면 독도' 라고 쓰고 그 옆에 태극기를 세겨 넣음 * 5.23자 한국 국제 시 보 보도 내용이 의거	14	1953.10.3	일본	1953.10.3字 日側口述書 (No. 243/A2))	1953.9.9자 (한국측 구술서에 대한 항의)	1953.10.3字 일본측 口述書 (No.243/A2) (『日本政府見解 ②』 통보예정) 제4권 No. 443(215쪽)

출전	날짜	(정보 출처) 이벤트	번호	날짜	발신	문서제목	내용(요약)	비고(『獨島 領有權 資料의 探求』 기술사항)
	1954.5.23 10:00 am	(일) '다케시마'에서 조사 중인 해상보안청 순시선 쓰가루 함이, 한국 어부 30여명 모터보트 3척이 '다케시마'에 불법상륙, 근해에서 어업 활동 하는 것과 일본정부가 세운 표주가 없어지고 대신 섬 정상면에 태극기와 한국어를 새겨 넣은 것을 보았음	15	1954.2.10	일본	NOTE VERBALE No.15/A2	다케시마-관련 1953.9.9자 (한국 측) 구술서에 대한 답변 및 「다케시마 영유권 관련 1953.9.9 한국 구술일 대표부 구술서에의 한국 정부 입장에서의 반박에 대한 일본 정부의 견해	1954.2.10 『일본정부견해②』 수록 口述書 No. 444(216~231쪽)
		(한) 일본군함(1,000톤) 이 독도 해안 250미터 지점에 닻을 내리고 2시간 동안 독도를 관찰했음	16	1954.6.14	일본	NOTE VERBALE (54.6.14字 日側口述書 No.95/A5)	한국인의 일본영토 '다케시마'에 불법상륙 및 어업활동, 한국관헌의 랜드마크 설치 관련 통고	1954.6.14字 일본측 口述書 (No.95/A5) (韓國船 舶 侵海 犯에 대한 항의) 제4권 No.445(236~238쪽)
	1954.5.28	(한) 450톤급 어선 선원 13명 중 한 명이 허가 없이 독도에 상륙하여 독도 랜드마크 사진 찍고 10분 후에 돌아감	17	1954.6.14	한국	NOTE VERBALE (54.6.14字 我側口述書)	한국영토인 독도주변 해역에 일 본순시선이 일본 어선 불법상륙 관련 진 入하여	1954.6.14字 한국측 口述書 (日本公船 舶 侵海 侵犯에 대한 抗議 제4권 No.446(239~240쪽)

출전		(정보 출처) 이벤트	번호	날짜	발신	문서제목	내용(요약)	비고(『獨島 領有權 資料의 探求』 기술사항)
날짜								
1954.5.29		(일) 돗토리현 어업조사장 시험선'다이센'이 어업 조사를 위해 '다케시마'에 상륙 했을 때 50여 명의 울릉도에서 온 듯한 어민 단체가 '다케시마'(수심토)와 3척의 바지(선)이 미역을 따고 있는 것을 보았음	18	1954.8.26	일본	NOTE VERBALE (1954.8.26) 日側口述書 (No. L40/A5))	한국 관헌의 해상보안청 순시선에 대한 불법 저리 및 일본 영토 '다케시마'침범에 대한 항의	1954.8.26字 일본측 口述書 (日本巡視船 拿捕에 대한 抗議) 제4권 No.447(240~241쪽)
1954.6.16		(일) 해상보안청 순시선 '쓰가루'가 조사를 위해 '다케시마'에 갔다가 각 5톤급 바지선 3척과 3척의 모터보트에 탄 한국 사람이 '다케시마'근처에서 어업활동을 하는 것을 보았음	19	1954.8.27	일본	NOTE VERBALE (1954.8.27) 日側口述書No.144/A5))	한국관헌과 한국인의 일본 영토 '다케시마' 침범, 일본 영해인 주변 해역에서의 어업, 랜드마크와 등대 설치에 대한 항의	1954.8.27字 일본측 口述書 (No.144/A5) (韓國國旗 게양 및 燈臺 건립에 항의) 제4권 No.448(242~243쪽)

출전	날짜	(정보 출처) 이벤트	번호	날짜	발신	문서제목	내용(요약)	비고(『獨島 領有權 資料의 探求』 기술사항)
	1954.6.26	(일) 일본 순시선 '나가라와·구즈류가·다케시마'에 갔다가 바지선 1척과 약 6명의 한국인을 봄 그들은 한국경비대와 관련 있어 보였음 등 시도 북서쪽에 있는 동굴앞에 텐트를 쳐서 놓았음 시도의 암초에 한 국기까지 보임	20	1954.8.30	한국	NOTE VERBALE (54.8.30字 我側口述書	소위 한국관헌의 '다케시마'에 해역 침범 이라는1954.8.26字 (일본측) 구술서 No.140/A5에 대한 항의	1954.8.30.字 韓國側 口述書 (일본공신 영해침범에 항의) 제4권 No.449(243~245쪽)
	1954.8.23 8:40	(일) 일본 해상보안청 순시선 '오키가 시도 북서쪽 700미터 지점을 항해시 시도 해안 동굴에서 약 10분간 600발을 발사함 총 하나가 갑판 우현 기관실을 스치고 감	21	1954.9.1	한국	NOTE VERBALE (1954.9.1字 我側口述書	소위 한국민과 한국관헌이 '다케시마' 주변 해역에서의 어업, 랜드마크 및 등대 설치 등 '다케시마'라는 1954.8.27 (일본측) 구술서 관련 답변	1954.9.1 한국측 口述書 (일본측 54.8.27字 口述書에 대한 반박) 제4권 No.450(245~247쪽)

출전	날짜	(정보 출처) 이벤트	번호	날짜	발신	문서제목	내용(요약)	비고(『獨島 領有權 資料의 探求』 기술사항)
		(한) 일본 철선이 2정의 대포를 장치하고 감판에 30명이 타고 독도에 접근, 한국해양경찰이 파견한 관헌이 독도 해역 500미터 이내 접근하였기에 정지 요청 함 일본인은 그것을 무시하고 독도에 상륙할 명백한 태도로 접근하였기에 경고사격을 함	22	1954.9.15	한국			1954.9.15字 한국측 口述書 (燈臺 설치 사실 日本政府에 通告 제4권 No.451(247쪽
1954.9.25		(한)일본이 독도문제를 국제사법재판소에 탁의 하자는 제의를 해옴	23	1954.9.24	일본	NOTE VERBALE (1954.9.24字 日側口述書	일본영토 「다케시마에 등대를 설치한다고 알린 1954.9.15자 (한국측 구술서에 대한 항의	1954.9.24字 일본측 口述書 (No.157/A5) 제4권 No. 452 (247~248쪽)

출전	날짜	(정보 출처) 이벤트	번호	날짜	발신	문서제목	내용(요약)	비고「獨島 領有權 資料의 探求」기술사항)
	1954.10.2	(일) 해상보안청 순시선 '오키'와 '나가라'가 독도 등도 남서쪽 1.5마일 지점에서 7명의 한국 관련으로 부터 총격 위협을 받았음 동도 정상에 40미터 거리를 두고 2개의 무선 방송을 위한 앞 10미터의9미터가 세워져 있는 것을 봄. 그 옆에 집 두채가 있음	24	1954.9.25	한국	NOTE VERBALE (1954.9.35字 我側口述書	독도 영유(다케시마)영유권 관련 1954.2.10.자 일본측 구술서 No.15/A2에 대한 답변 및 『獨島(竹島)에 關한 一九五四年 二月 十五號 日本外務省 日자 亞二第十五號 日本政府가 取한 見 의 覺書로서 反駁하는 大韓民國政府의 見解(韓國政府見解2)』	1954.9.25 『韓國政府見解2』수록 口述書 (『韓國政府見解2』표명) 제4권 No. 453 (249~290쪽)
	1954.10.28	(한) 독도영유권분쟁을 국제사법 재판소에 탁 임하자는 일본정부측의 을 거절하는 공한을 일 본 외무성에 전달 및 성 명서 발표	25	1954.9.25	일본		다케시마 소유에 관한 문제에 대한 답변	1954.9.25 일본측 口述書 (한국측제기에 대한 항의 및 國際司法裁判所 提訴를 提議 제4권 No.454(300~302쪽
	1954	한국 독도 우표 발행	26	1954.10.21	일본	NOTE VERBALE (1954.10.21字 日側 口述書	한국 관련의 일본영토 '다케시마' 상주 및 일본 정부 선박 위험 및 제 시설 설치 관련 건	1954.10.21 일본측 口述書 (No.185/A5) (大砲설치에 대한 항의)제4권 No.455(302~304쪽

출전	날짜	(정보 출처) 이벤트	번호	날짜	발신	문서제목	내용(요약)	비고(「獨島 領有權 資料의 探求」 기술사항)
	1954.11.20	독도 우표 발행에 관한 일본 정부 내각회의 개최, 22일자로 한국에 항의	27	1954.10.28	한국	NOTE VERBALE (1954.10.28字 我側口述書)	독도 소유에 관한 문제 관련 1954.9.25.자 (일본측구술서에 대한 주일대표부 전해와 한국정부의 결정 전달	1954.10.28 한구측 일본측 國際司法裁判所行에 의한 분쟁지화 시도 거부 口述書 (일본측의 國際司法裁判所 提訴 提議 一蹴) 제4권 No.456(304~306쪽)
	1954.11.21 6:58 am~7:00 am	(일) 일본 해상보안청 순시선 '오가'와 '헤쿠라' 에 대해 독도 상주 조선 관헌이 박격포 위협 발사	28	1954.11.29	일본	NOTE VERBALE No.214/A5	다케시마가 그려진 한구정부 발행 우표에 대한 항의	1954.11.29. 일본측 口述書 (No.214/A5) (韓國獨島郵票發行에 항의) 제4권 No.457(308~309쪽)
	1955.7.8	(한) 독도 등대 개축	29	1954.11.30	한국	NOTE VERBALE No.215/45	다케시마를 불법 점거한 한구 관헌의 일본 행상보안청 순시선에 대한 포격에 대한 항의	1954.11.30 일본측 口述書 (No.215/A5) 日本巡視艦 被擊에 항의 제4권 No.458(310~311쪽)
	1955.7.19 6:00 am	(한) 일본 순시선(헤쿠라)가 독도 남동쪽 1,500미터 수역 까지 침범	30	1954.12.13	한국	NOTE VERBALE (1954.12.13字 我側口述書)	독도가 그려진 우표 발행 관련 1954.9.29자 일측 구술서에 대한 답변	1954.11.30.한구측 口述書(獨島誤認, 郵票발행의 合法性 천명) 제4권 No.459(311~313쪽)
			31	1954.12.30	한국	NOTE VERBALE (1954.12.30字 我側口述書)	한구 관헌에 의한 일본순시선 폭격 관련 1954.11.30일측 구술서에 대한 항의	1954.12.30 한구측 口述書 (日本漁船 誤認侵犯에 항의) 제4권 No.460(313~316쪽)

출전	날짜	(정보 출처) 이벤트	번호	날짜	발신	문서제목	내용(요약)	비고(『獨島 領有權 資料의 探求』 기술사항)
기능명칭: 독도문제, 1955-59 분류번호:743.11JA 1955-59 등록번호: 4567 생산과: 아주과 생산년: 1959 필름번호: K-0009 화일인호: 3 후레임번호: 0001-0295			32	1955.8.8	한국	NOTE VERBALE (1955.8.8字 我側口述書③	경상북도 독도의 등대를 최근 개축한 것을 알림	1955.8.8 한국측 口述書 (新燈臺 설치 통보) 제4권 No.461(6311~6317쪽)
			33	1955.8.16	일본	NOTE VERBALE 1955.8.16字 日側口述書	일본영토 '다께시마'에 대한 한국 정부의 불법 점거 관련 건	1955.8.16 일본측구술서 (No.126/A5) (한국의 등대, 장고 설치에 항의) 제4권 No.462(317~318쪽)
			34	1955.8.24	일본		일본영토 '다께시마'에 대한 한국 정부의 불법 점거 관련 건	1955.8.24 일본측口述書 (燈臺設置通告 不人정) 제4권 No.463(319쪽) *본국 생략
			35	1955.8.31	한국	NOTE VERBALE (1955.8.31字 我側口述書	한국정부관한의 독도 접거 관련 1955.8.16자 (일본측 구술서에 대한 항의	1955.8.31. 한국측口述書 (燈臺 등 설치 合法性 재천명) 제4권 No.464(319~321쪽)

출전	날짜	(정보 출처) 이벤트	번호	날짜	발신	문서제목	내용(요약)	비고(『獨島 領有權 資料의 探求』기술사항)
			36	1956.9.20	일본	NOTE VERBALE No.102/A1	다케시마·영유유권 관련 1954.9.25자 (한국측구술서에 대한 항의 및 「1954.9.25자 다케시마문제 관련 한국 정부 견해에 대한 일본 정부 관점」	1956.9.20 『日本政府見解 ③』 수록 일본측 口述書 (『日本政府見解③』 3표 명) 제4권 No.465(322~363쪽)
	1957.4.9	(일) 일본해상보안청 순시선 쓰가루가 등도에서 한국인 및 관련, 등대 발견	37	1957.5.8	일본	1957.5.8字 日側口述書 (No.63/A1)	일본영토 다케시마에 대한 한국 정부의 불법 점거에 대한 항의	1957.5.8字 일본측 口述書 (No.63/A1) (韓國官民常住 및 燈臺 尙存에 항의) 제4권 No.466(36~3364쪽)
	1957.8.11	(일) 일본해상보안청 순시선이 독도 접근, 등대, wireless poles, 그밖의 설치물 상존함을 보고 항의	38	1957.6.4	한국		독도 관련 1957.5.8. (일본측 구술서 No.63/A1에 대한 항의	1957.6.4 한국측 口述書 (PKM-12_일본측 口述書에 반박) 제4권 No.467(364~365쪽)
	1957.10.20	(일) 일본해상보안청 순시선이 독도 접근 등대, wireless poles, 그밖의 설치물 상존함의 보고 항의	39	1957.10.6	일본		*1957.5.8.1957.5.8字 日側口述書 (No.63/A1)와 동일	1957.10.6 일본측 口述書 1957.5.8 일본측 口述書와 同一 제4권 No.468(366쪽) *본문생략
			40	1957.12.25	일본	NOTE VERBALE (1957.12.25字 日側口述書(No.199/A1))	일본영토 다케시마에 대한 한국 정부의 불법 점거 관련 건	1957.12.25 일본측口述書 (No.199/A1 上同) 제4권 No.469(366~367쪽)

출전	날짜	(정보 출처) 이벤트	번호	날짜	발신	문서제목	내용(요약)	비고(『獨島 領有權 資料의 探求』 기술사항)
			41	1957.1.7	일본	1957.1.7字 日側口述書 (No.63/A1)	1957.5.8~1957.5.8字 (No.63/A1)와 동일	1957.1.7. 일본측 口述書 上同 제4권 No.470(367쪽) *본문 생략
	1958.9.10	(일) 일본해상보안청 순시 ‘헤쿠라가’ 독도 접근, 한국 관헌 및 한국인 상주, 등대, 건물, 다른 설치물이 상존하는 것을 보고 항의	42	1958.10.6	일본	NOTE VERBALE (1958.10.6字 日側口述書 (No.175/ASN))	한국정부의 ‘다케시마’ 불법 점거에 대한 항의	1958.10.6 일본측 口述書 (No.175/ASN) 上同 제4권 No.471(367~368쪽)
	1959.9.15	(한) 일본해상보안청 순시선 헤쿠라 600톤, PM-14 type이500미터 밖 독도 주변 선회	43	1959.1.7	한국	NOTE VERBALE	독도 주권 관련 (일본측) 구술서 1956.9.20 자 No.102/A1 및1957.9.25 No.199/A1, 1958.10.6 No.175/ASN 에 대한 건 및 「一九五六年九月 二十日字 獨島에 관한 日本政府 의 見解를 反駁하는 大韓民國政 府의 見解韓國政府見解」)	『1959.1.7 韓國政府見解 3』 수록 韓國側 口述書(PKM-1) (韓國政府見解③ 표명) 제4권 No.472(371~407쪽)
			44	1959.9.18	한국	NOTE VERBALE (1959.9.18字 我側口述書 (PKM-20))	일본 정부 순시선헤쿠라의 독도 주변 한국 영해 침범 관련 건	1959.9.18 한국측 口述書 (PMK-20) (日本巡視船 領海 侵犯에 抗議 제4권 No.473(410~412쪽)

출전	날짜	(정보 출처) 이벤트	번호	날짜	발신	문서제목	내용(요약)	비고(『獨島 領有權 資料의 探求』기술사항)
			45	1959.9.23	일본	NOTE VERBALE 1959.9.23字 日側口述書 No.156/ASN	최근의 일본정부 순시선에 의한 '다케시마' 상황 점검 관련 1959.9.18 (한국측) 구술서 PKM-20에 대한 항의	1959.9.23 일본측 口述書 (No.156/ASN) (한국측 59.9.18 口述書에 반박) 제4권 No.474(412~413쪽)
			46	1959.9.23	한국			1959.12.3 한국측 口述書 (日本巡視船 領海侵犯에 抗議 제4권 No.475(414쪽) *본문 생략
(일) 일본해상보안청 순시선 해러다가 한국정부에 의한 등대 및 다른 건조물이 상존하는 것을 보고	1960.12.8		47	1960.12.22	일본	NOTE VERBALE (1960.12.22字 日側口述書 (No.371/ASN))	한국 정부의 일본영토 '다케시마' 불법점거에 대한 항의	1960.12.22 일본측 口述書 (No.371/ASN) (燈臺, 建物 尙存하며) 제4권 No.476(414~415쪽)
기능명칭: 독도문제, 1960-64 분류번호:743.11JA 1960-64 등록번호: 4568 생산과: 동북아주과 생산년: 1964 필름번호: K-0009 화일번호: 4 후레임번호: 0001-0206			48	1961.1.5	한국	NOTE VERBALE (1961.1.5.字 我側口述書 (PKM1))	독도(다케시마)에 관련 1960.12.22. (일본측) 구술서 No.371/ASN에 대한 답변	1961.1.5 한국측 口述書(PKM-1) (일본측 口述書에 반박) 제4권 No.477(415~416쪽)

출전	날짜	(정보 출처) 이벤트	번호	날짜	발신	문서제목	내용(요약)	비고(「獨島 領有權 資料의 探求」 기술사항)
	1961.12.3	(일) 일본해상보안청 시선 헤쿠라가 독도에서 한국 정부에 의한 등대 및 다른 건조물이 상존하는 것을 보고	49	1961.12.25	일본	NOTE VERBALE (1961.12.25字 日側口述書 (No.375/ASN))	한국 정부 관헌들의 일본영토 '다케시마' 불법점거에 대한 항의	1961.12.25 日側口述書 (No.375/ASN) 제4권 No.478(416~417쪽)
		(한) 일본해상보안청 시선'P.N.14 헤쿠라'가 8:20 am 독도 500m 앞 독도를 9:30 통과근했다가 9:30 돌아감	50	1961.12.27	한국	NOTE VERBALE 1961.12.27字 我側口述書No.PKM-80)	독도 주권 관련 1961.12.25 일측 구술서 No.375/ASN 에 대한 답변	1961.12.27 한국측 口述書 (No.PKM-80) (日本側 口述書에 반박) 제4권 No.479(418~419쪽)
	1962.2.2	(일) 5명의 한국인 아마추어 무선연맹원과 한국일보 기자 두 명이 1주간 예정으로 독도 상륙. 제4국에 대해 독도가 한국영이라는 무선통신을 함 (2.3 한국일보 기사에 의함)	51	1962.2.10	일본	NOTE VERBALE (1962.2.10字 日側口述書 (No.375/ASN))	한국인의 일본영토 '다케시마' 불법 상륙과 불법 통신 활동에 대한 항의	1961.2.10 일본측口述書 (No.34/ASN) (韓國아마추어 通信員 獨島上 活動에 항의) 제4권 No.480(419~420쪽)
	1962.12.2 2	(일) 일본해상보안청 시선 '오키가 독도 주조물이 계속 있는 것을 발견	52	1962.7.13	일본	NOTE VERBALE (1962.7.13字 日側口述書 (No.228/ASN))	다케시마 영토 문제 관련 항의 및 '竹島에 關한 1959년 1월 7일부 韓國政府 見解에 對한 日本政府의 見解(日本政府見解④)』	1962.7.13. 『日本政府見解④』 수록 日側 口述書(No.228/ASN)(『日本政府見解④』표명) 제4권 No.481(422~459쪽)

출전	날짜	(정보 출처) 이벤트	번호	날짜	발신	문서제목	내용(요약)	비고「獨島 領有權 資料의 探求」기술사항
	1963.1.8	(일) 한구 경상북도 정 찰구의 옹릉경찰서 소 속 순시선 '화랑호'가 독 도 거주 한구 관헌에게 반입할 물자를 싣고 1 월 4일 옹릉도를 출발 하였으나 풍랑으로 점 안 못하고 1월 5일 귀 도 중에 시마네현 지부 군 니시노시마초 우라 고 항에 표착	53	1963.2.5	일본	NOTE VERBALE (1963.2.5字 日側口述書 (No.41/ASN))	한구 관련의 일본영토 '다케시마' 불법 상륙과 불법 점거에 대한 항의	1963.2.5. 日本側口述書(No.41/ASN) (韓國警備艇征武器搬入에 항의) 제4권 No.482(459~461쪽)
			54	1963.2.25	한국	NOTE VERBALE (1963.2.25字 我側口述書 (No.PKM-12))	1963.2.5 (일본측 구술서 No.41/ASN에 대한 답변	1963.2.25. 韓國側口述書 (No.PKM-12)(일본측 63.2.5 口述書에 반박) 제4권 No.483(461~462쪽)
	1964.1.31	(일) 일본해상보안청 순 시선 해루란가 독도 순 시, 한구 관헌 및 구조 물이 계속 있는 것을 발 견 보고	55	1964.3.3	일본	NOTE VERBALE 1964.3.3字 日側口述書 No.72/ASN	한구 관련의 일본영토 '다케시마' 불법 상륙과 불법 점거에 대한 항의	1964.3.3 일본측口述書 (No.72/ASN) (韓國警察때時退去요구) 제4권 No.484(468~469쪽)

출전	날짜	(정보 출처) 이벤트	번호	날짜	발신	문서제목	내용(요약)	비고『獨島 領有權 資料의 探求』기술사항
	1964년	(韓) 일본 외무성 쳭차 「오늘의 일본」 중 독도 항의 부분에 대해 한국 항의	56	1964.3.18	한국	1964.3.18字 我側口述書(No.PKM-3)	1964.3.3 구술서 No.72/ASN에 대한 답변	1964.3.18. 한국측口述書 (No.PKM-3)(일본측 64.3.3 구술서에 반박) 제4권 No.485(470~471쪽)
		5	57	1964.11.2	한국			1964.11.2 한국측口述書日本外務省『오늘의 일본』내용에 항의 *본문 생략 No.486(471쪽)
			58	1964.11.12	일본	1964.11.12字 日側口述書(No.476/ASN)	일본 외무성 소식지 "오늘의 일본"에 '대계시'마 방시 관련 한국측 64.11.2 구술서 PKM-12에 대한 답변	1964.11.12 일본측口述書한국측 64.11.2 口述書에 반박 제4권 No.487(471~472쪽)

출전: 외교통상부문서, 독도문제, 1952-53, 문류번호 743.11JA, 등록번호 4565
외교통상부문서, 독도문제, 1954, 문류번호 743.11JA, 등록번호 4566
외교통상부문서, 독도문제, 1955-59, 문류번호 743.11JA, 등록번호 4567
외교통상부문서, 독도문제, 1960-64, 문류번호 743.11JA, 등록번호 4568
외교통상부문서, 독도문제, 1965-71, 문류번호 743.11JA
외무부 정부무 편 1955, 독도문제개론, 외무부
외교통상부 국제법률국(편), 2012, 전면 개정판 독도 문제 개론, 외교통상부
신용하, 2000, 독도연구총서 7 독도영유권 자료의 탐구 제3권, 독도연구보전협회, 서울
신용하, 2001, 독도연구총서 8 독도영유권 자료의 탐구 제4권, 독도연구보전협회, 2001, 서울.

<부록 2> 한일 독도 영유권 사건과 왕복 각서 목록　387

〈부록 3〉 동해를 표류한 사람들

[표 3-1] 동해를 표류한 사람들

No.	출전	일시	표류민 거주지	표류민	표착지
1	丁卯 鉢浦漂民	1627년 (天啓7년) 2월	全羅道 興陽 鉢浦	崔愛正 등 19명	馬島
2	己巳 慶州漂民	1629년 4월	慶州	金友山 등 7명 * 2명 병사	日本加羅沙只
3	辛巳 固城漂民	1641년 12월	固城	金山伊 등 4명	馬島
				여인 1명	
4	乙酉 慶州漂民 長鬐漂民	1645년 5월	慶州	李召石 등 7명 · 1명 사망/현지매장	日本筑前州
			長鬐	徐來山 등 27명 * 9명 사망/현지매장	長門州
5	丙戌 順天漂民 馬島■ (酉+豆)里浦	1646년 3월	順天	私奴 凡行 등 11명	馬島■(酉+豆)里浦

No.	출전	일시	표류인 거주지	표류인	표착지
6	戊子 統營漂民 長興漂民	1648년 3월 6월	統營 長興	姜己特 등 3명, 奴卜男 등 6명	長崎州 * 漂失船隻 馬島
8	己丑 蔚山漂民	1649년 4월	蔚山	金順奉, 奴金己 등 19명	筑前州 * 奴金己所乘船隻破碎
9	庚寅 長鬐漂民	1650년 6월	長鬐	私奴 文玉 등 8명 * 2월 출해	長門州
10	壬辰 濟州漂民 統營漂民 晋州漂民 海美漂民	1652년 6월 11월	濟州 統營 晋州 海美	奴石干 등 11명 · 奴山卜 등 10명 奴奉上 등 9명 奴金伊福 등 14명	筑前肥前等州
11					
12	丁酉 寶城漂民	1657년 5월	全羅道 寶城	奴呂男 · 奴欣玉 등	五島
13	戊戌 東萊漂民 長鬐漂民	1658년 3월	東萊 長鬐	金九世 金莫福	馬島

등 24명

No.	출전		일시	표류민 거주지	표류민	표착지
12	庚子 康津漂民 淸河漂人 東萊漂民日本黑夜音島	14	1660년 1월	康津	金大行등 男女 총 68명	日本皮羅島及九羅島
				淸河	金分立 등 7명 *1659년 9월 출해	
		15	1월	東萊	金乙玉 등 8명	日本聖夜音島
13	壬寅 蔚山漂民 務安漂民 黃角採取	16	1662년 2월	蔚山	金淡沙里 등 2명	馬島
		17	7월	全羅道 務安	私奴闕同 등 男女 총 18명	琉球國
14	癸卯 蔚山漂民 東萊漂民 海南漂民 漂著琉球國	18	1663년 1월	東萊	金順乃	馬島 등 3명
				蔚山	朴玉生	
		19	3월	蔚山	奴汗同 등 5명	日本五時馬島
		20	7월	全羅道 海南	金汝輝 등 32명 *4명 굶어죽음,	琉球國
15	甲辰 興陽漂民 濟州誕日方物進上 金元祥	21	1664년 5월	全羅道 興陽	毛注叱卜 등 19명	日本玉只彔只
		22	7월	全羅道 濟州	47명	五島

No.	출전	번호	일시	표류민 거주지	표류민		표착지
16	己酉 蔚山 靈巖漂民 海南漂民 薩摩州漂民 海南漂到 琉球漂到	23	1669년 5월	晉州·蔚山·靈巖	40여 명		日本
		24	9월	全羅道 海南	金有男 등 남녀 14명		薩摩州
		25	10월	全羅道 海南	奴劜吒同 등 남녀 중 21명		琉球國
17	辛亥 金海漂民	26	1671년 1월	金海	金希如山 등 8명		利泉浦
18	癸丑 梁山漂民木花貿易	27	1673년 12월	梁山 / 金海	姜以望 / 奴允悪	男女 총 16명	馬島
19	甲寅 釜山漂民	28	1647년 5월	釜山	文以輝 등 5명		馬島
20	乙卯 蔚山漂民	29	1675년 윤5월	蔚山	奴山立 등		馬島
21	丙辰 統營漂民	30	1676년 4월	統營	奴卜立 등 13명		馬島

No.	출전	일시	표류인 거주지	표류인		표류지
22	丁巳 金海漂民 長鬐漂民	1677년 3월	金海	李哲伊	등 7명	石見州及馬島
			熊川	金日成		
		4월	長鬐	奴今出 등 4명 *3명 굶어죽음		出雲州
23	戊午 固城漂民	1678년 3월	固城	薛莫立 등 19명 *1명 익사		馬島
24	己未 蔚山漂民 靈巖漂民	1679년 1월	蔚山	金玉亂 등 5명		馬島
		5월	靈巖	私奴莚用 등 18명		長門州 *船隻破碎
25	庚申 昌原漂民 鶴進上 康津漂民 東萊漂民 長鬐漂民 順天漂民 釜山漂民	1680년 2월	昌原	朴承祿	등 49명	馬島
			康津	金雨達		
		2월	康津	崔卜男 田雨 등 41명		馬島
		3월	東萊	崔卜男	등 28명	馬島
			長鬐	奴五十伊		
		4월	順天	宣卜	등 19명	日本室津浦及長州向津浦
			釜山	崔成立		
26	甲子 昌原漂民	1684년 7월	昌原	李日年 등 3명		日本長州

No.	출전	일시	표류민 거주지	표류민		표착지
		1686년 1월	蔚山	金業伊 등 8명		馬島
41						
	丙寅 蔚山漂民 蔚山漂民 寧海漂民 固城漂民 平海漂民 蔚山漂民 慶州漂民 蔚山漂民 固城漂民	4월	蔚山	沙工 私奴 姜山	各率格軍	長門州
			寧海	沙工 金元男		
42			固城	沙工 金三月		
27			江原道平海	沙工 金計非		
		4월	蔚山	沙工 奴 起山 등 12명 ·		日本筑前州
43			慶州	沙工 朴仁金 등 4명		
		4월	蔚山	沙工 崔日金	11명	一岐島
44			固城	格軍 奴 成信		
28	戊辰 熊川漂民 小匣草丹木	1688년 4월	熊川	黃土龍 등 5명		石見州
45						

No.		일시	출전	표류민 거주지	표류민	표착지
29	46	1689년 3월	己巳 康津漂民	康津	沙工 奴 汲連 私婢 奉香 등 남녀 중 4口(四口)	日本五島
	47	4월	樂安漂民	樂安居/仝島	金自孝 등 2명	日本長門州
	48	1691년 2월	珍島漂民	珍島	幼學 金南村 3명	日本國薩摩州
30	49	4월	辛未 珍島漂民 慶州 · 蔚山 · 迎日漂民	慶州	沙工 奴 加夫山 蔚山 沙工 奴末立 迎日 沙工 辛惡只 등	對馬島
	50	1692년 3월	東萊 · 長木浦漂民 三陟漂民	東萊居人 長木浦居	金命哲 金土龍等	對馬島
	51	4월		三陟	沙工奴聖國 등 4명	石見州
31	52	1693년 6월	癸酉 慶州漂民 慶州漂民 鄕海漂民	慶州	沙工 金玉先 등 8명	日本筑前州
	53	6월		慶州	兪正月金 등 9명	日本長門州
	54	11월		鄕海	奴石山 등 5명	對馬島
32	55	1694년 3월	甲戌 統營漂民 金山漂民 長鬐漂民 丹木 · 草苞 東萊漂民	統營	金汝成 등 6명,	馬島
	56	윤5월		釜山	朴玉上 등 8명	日本長門州
	57	7월		長鬐	姜華立 등 12명	日本大州

394 일본은 어떻게 독도를 인식해 왔는가

No.	출전		일시	표류민 거주지	표류민	표착지
33	乙亥	58	1695년 3월	興陽	金水迎 등 11명	對馬島
	興陽漂民 寧海漂民	59	5월	寧海	金諾承 등 9명	日本長門州
	慶州漂民 慶州漂民	60	6월	慶州	沙工 李江床 등 10명	日本筑前州
	蔚珍漂民	61	8월	慶州	金立伊 등 29명	長門州
	長鬐漂民 漂人死屍	62	8월	長鬐	金承山 등 9명	日本石見州
	漂風尻埋置 漂風尻埋置	63	9월	江原道 蔚珍	金乭學 등 7명	日本出雲州 * 金玉福身死, 埋置其處
34	丙子	64	1696년 1월	釜山	鄭五夫 등 7명 運炭軍 崔合男 등 7명	馬島
	金山漂民 東萊漂民	65	5월	東萊	沙工 崔俊元 등 5명	日本長門州
	興陽漂民 機張漂民	66	6월	全羅道 興陽	孫自良 등 23명	日本筑前州
	漂民屍身 仙艦闌出倭驕示 差倭巧飾	67	7월	機張	沙工 李儉山 등 3명	日本長門州

No.	출전	일시	표류민 거주지	표류민	표착지
35	丁丑 順天漂民 竹島事 關白致疑馬島 鬱陵島 東萊漂民 黃衣男女 日本松前地 李枝行 蔚山漂民 裁判差委 長興漂民生鰒進上 蔚山漂民 蔚山漂民 興陽漂民 興海格軍淨死 熊川漂民				
68		1697년 1월	順天	海夫 金正日 등 3명	馬島
36	戊寅 蝦夷國漂人 寧海漂民				
69			寧海	李謂立 金 등 8명	日本長州

No.	출전		일시	표류민 거주지	표류민	표착지
37	己卯 濟州漂民 柑子領去 日本屋久島 倭人濟州人打殺 長興漂民 濟州漂民屍 熊川漂民 長興漂民 濟州漂人破船板 濟州漂民 靈巖漂民	70	1699년 5월	濟州	濟州牧使軍官出身梁聖遇・濟州色吏安訓檀・大靜色吏李時宗等格軍 五十四名	日本屋久島 * 人物二名身故, 而故者二人, 乃埋其處
		71	7월	長興	朴厚里 등 15명	日本長門州
		72	7월	濟州 熊川	屍身 2명 彭武益 등 12명	對馬島
		73	8월	長興	金生悅 등 9명	日本出雲州
		74	8월	濟州	俞順男 등 4명	日本五島
		75	11월	靈巖	高五天 등 15명	對馬島
38	庚辰 盈德漂民 濟州漂民 興海漂民	76	1700년 4월	盈德	沙工 柳春山 등 10명	長門州
		77	7월	濟州	洪太漢 등 44명	日本薩州
		78	7월	興海	李□道+乙無致 등 5명	出雲州
39	辛巳 統營漂民 長興漂民 蔚山漂民 長鬐漂民 昌原漂民	79	1701년 4월	統營居	朴成成 등 10명	日本筑前州
		80	5월	長興居 蔚山居 長鬐	黃代侖 등 27명 金戌生 등 4명 田甫山 등 6명	日本長州 對馬島
		81	5월	昌原	李得昌 등 8명	日本長州

No.	출전		일시	표류민 거주지	표류민	표착지
40	壬午 慶州漂民 慶州漂民 靈巖漂民 濟州漂民 倭濟州人殺說	82	1702년 1월	慶州	朴介不伊 등 19명	日本筑前州
		83	2월	慶州	金日金 등 8명	長崎前州
		84	7월	靈巖	崔伴里金 등 6명	馬島
		85	7월	濟州	吳世相 등 42명	日本國薩州
41	癸未 康津漂民 靈巖漂民	86	1703년 1월	康津	朴萬石 등 11명	五島
		87	1월	靈巖	崔白只 등 17명	日本生屬島(生月島)
42	甲申 樂安漂民 濟州漂民 進上及柑橘領去	88	1704년 4월	樂安全남	金命信 등 10명	日本石州
		89	6월	濟州	色吏 安世好 등 39명	日本薩州
43	乙酉 慶州漂民 濟州漂民 進上及柑橘全數	90	1705년 4월	慶州	車無迪 등 6명	馬島
		91	윤4월	濟州	高萬軏 등 37명 (其中李壽男)	日本肥前州
44	丙戌 順天漂民 濟州漂民 機張漂民	92	?년 2월	順天	李俊伊 등 12명	日本長州
		93	6월	濟州	金以雲 등 7명	肥前州
		94	12월	機張	李吾音同 등 7명	馬島

No.	출전	일시	표류민 거주지	표류민	표착지
95		1707년 1월	南海 / 河東	李芫 등 7명 / 五名	對馬島
96	丁亥 南海漂民 河東漂民 寧海漂民 濟州漂民 金山漂民 熊川漂民	4월	寧海	金己立 등 11명	日本長門州
97		4월	濟州	金就澄 등 11명	平戶島
98		5월	金山	奴愛先 등 6명	日本長州
99		5월	熊川	李守白 등 6명	石見州
100		12월	蔚山	奴末乃 등 8명	馬島
101	戊子 濟州漂民 寧海漂民 濟州漂民 東萊漂民倭供米數來事	1708년 윤3월	濟州	高世覆 등 21명	日本肥前州
102		윤3월	寧海	申漢祚 등 17명	長州
103		윤3월	濟州	金以云女人 並 28명	五島
104		10월	東萊	朴日龍 등 12명	馬島
105	己丑 昌原漂民 蔚山漂民 寧海漂民 機張漂民	1709년 4월	昌原 / 蔚山	韓得奉 등 7명 / 金邑從 등 9명	石見州 / 馬島
106		6월	寧海	奴自老未 등 6명	日本筑前州
107		12월	機張	李以寬 등 8명	對馬島
108	辛卯 南海漂民 順天漂民	1711년 3월	南海	金漢玉 등 19명	馬島
109		5월	順天	金大山 등 6명/女人一口	日本肥州

No.	출전	일시	표류민 거주지	표류민	표착지
49	壬辰 蔚山漂民 順天漂民 慶州漂民 順天漂民 蔚山漂民	1712년 4월	蔚山	尹斗應 등 10명	筑前州
		6월	順天	李生伊 등 九名	長門州
		6월	慶州	奴求還 등 23명	長門州
		7월	順天	金尙伊 등 8명	石州
		7월	蔚山	李德春 등 10명	長州
50	癸巳 慶州漂民 長鬐漂民 蔚山漂民 蔚山漂民 長鬐漂民 蔚山漂民 蔚山漂民 蔚山漂民	1713년 2월	慶州 / 長鬐	沙工 金呂伊 등 8명	對馬島
		3월	蔚山	李無應失 등 11명	筑前州
		5월	蔚山	金厚邑尙 등 11명	對馬島
		6월	長鬐	李德春 등 10명	長門州
		6월	蔚山	徐己遠 등 11명	日本長門州
		6월	蔚山	奴成男 등 8명	長門州
		6월	蔚山	鄭厚男 등 8명 / 奴金男 등 2명,	長門州
51	甲午 蔚山漂民 慶州漂民 金海漂民 珍島漂民進上生鰒裁判差倭	1714년 3월 / 3월	慶州 / 蔚山 / 金海	金守明 / 金莫貴 등 22명 / 李次立 등 5명	對馬島 / 日本肥前州

No.	출전		일시	표류민 거주지	표류민		표착지
52	乙未 濟州漂民	123	1715년 6월	濟州	李福 등 22명		日本五島
53	丙申 曰濟漂民 屯畓秡米 蔚山漂民文魚進上 蠶海漂民 蠶海漂民 慶州漂民 曰濟漂民 慶州漂民 蔚山漂民 東萊漂民 迎日漂民 南海漂民 慶州漂民	124	1716년 윤3월	曰濟	夫愛必 등 12명		馬島
				蔚山	金柱奉 등 21명		馬島
		125	3월	蠶海	奴 金男 등 6명		日本長門州
				慶州	鄭山立	등 19명	馬島
				蔚山	金貴石		
		126	4월	蠶海	朴龍伊 등 10명		長門州
				慶州	金音首山 등 10명		馬島
				曰濟	千時男 등 9명		長門州
		127	4월	慶州	金德達 등 11명		馬島
				蔚山	金業相 등 2명		
				東萊	白雪還 등 2명		
		128	5월	迎日	崔每男등 6명		馬島
				南海	李萬伊 등 計내 총 5명		馬島
		129	5월	慶州	金凩立 등 6명		筑前州

No.		출전	일시	표류인 거주지	표류인	표착지
54		丁酉				
	130	長興漂民 泗川漂民	1717년 3월	長興	奴黃連 등 13명	對馬島
				·泗川	金自祥 등 12명	
	131	東萊漂民	5월	東萊	黃守男 등 5명	日本長門州
	132	蔚山漂民生鰒採取	7월	蔚山	金莫立 등 7명	石見州
				蔚山	金於屯 등 7명	日本肥前州
	133	濟州漂民 樂安漂民	7월	濟州	金伊 등	
				樂安(순천)	金遇男 등 13명	日本長門州
	134	康津漂民 長興漂民 慶尚	8월	康津	金善白 등 22명	日本筑前州
				長興	朴漢金 등 17명	
	135	全羅道漂民長崎郡聚	8월			

No.	출전		일시	표류민 거주지	표류민	표착지
55	戊戌 長鬐漂民 慶州漂民 江陵漂民 順天漂民 濟州漂民 長鬐漂民 紅紬賜花 羽二重紬龍眼等賜物	136	1718년 3월	長鬐	曹戎生 등 8명	對馬島 *一名病死
		137	4월	長鬐	李奉男 등 8명	日本長門州
		138	4월	慶州	金士尙 등 5명	日本長門州
		139	5월	順天	韓貴同 등 10명	石見州
		140	5월	江陵	金善伊 등 6명	日本石見州
		141	6월	長鬐	金白老未 등 8명	肥前州
		142	8월	濟州	李今年金 등 24명 假注書鄭嶒遷 등	*船人五名病故, 而生還者救急, 死者入槨,
56	辛丑 濟州漂民 漂民致死	143	1721년 5월	濟州	玄致星 등 28명	日本筑前州新宮浦
57	壬寅 東萊 金山漂民	144	1722년 5월	東萊 金山	安時奉 등 5명	對馬島 *定差价出來是如可, 又爲逢風漂入日本長門州 轉到對馬島

No.		출전		일시	표류민 거주지	표류민	표착지
58	145	癸卯 江陵漂民		1723년 (雍正元年) 5월	江陵	方福龍 등 10명	日本長門州
	146	濟州漂民進上雜物 濟州漂民進上雜物		7월	濟州	高世完 등 26명	日本五島
59	147	甲辰		1724년 2월	蔚山	金靑龍 등 9명	日本長門州田萬浦
	148	蔚山漂民 長只漂民		윤4월	長只/장기	李秦男 등 10명	日本筑前州大島
	149	船隻出洋定式及用不 得 江陵漂民 江陵漂民		5월	江陵	李貴召伊 등 6명	長門州
	150			6월	江陵	李元伊 등 9명	日本石州津聞浦
60	151	乙巳 蔚山漂民 平海漂民		1725년 3월	蔚山	金玉先 등 2명·	日本石州松原村
	152	濟州漂民		4월	濟州	金萬男 등 11명	日本五島

No.	출전		일시	표류인 거주지	표류인	표착지
61	丙午 慶州漂民 三陟漂民 巨濟漂民 梁山漂民 長興漂民 蔚山漂民	153	1726년 5월	慶州	金貴山 등 9명 ·	日本長門州
				三陟	姜英龍 등 9명	
		154	6월	巨濟	朴召男 등 23명	日本筑前州
				梁山	金仁好 등 9명	
		155	6월	長興	金大九 등 18명 ·	日本筑前州
				蔚山	李𠃵金 등 6명	
62	丁未 差倭接待費 漂人國情漏通密航沙 工與示說 漂船沙格刑追定式 順天漂民 長興漂民	156	1727년 총3월	順天人	李以昌 등 5명	對馬島豆酸村
		157	5월	長興居人	南信明 등 7명	
63	戊申 盈德漂民 迎日漂民 迎日漂民 對馬島鰐浦 禁徒次知公作米	158	1728년 4월	盈德居人	金善 등 13명	日本長門州尻浦
		159	5월	迎日	崔先伊 등 10명	日本長門州
		160	11월	迎日	金自隱山 등 7명	對馬島鰐浦
64	己酉 長鬐漂民大口進上	161	1729년 4월	長鬐	金添立 등 9명	

No.	출전		일시	표류민 거주지	표류민	표착지
65	庚戌 濟州漂民 盈德漂民	162	1730년 3월	濟州	姜以萬 등 20명	日本肥前州
		163	10월	盈德	海夫 劉於屯 등 11명	對馬島
66	辛亥 高城漂民	164	1731년 5월	江原道高城 咸鏡道慶興	尹正民 등 8명 丑민 2명	
67	壬子 海雲臺漂民 機張漂民 長鬐漂民 昆陽漂民 泗川漂民 長鬐漂民 機張 蔚山漂民	165	1732년 2월	海雲臺	朴元立 등 11명	對馬島湊浦
		166	3월	機張	徐險連 등 13명	馬島
		167	6월	長鬐	姜自隱立 등	
		168	6월	昆陽 泗川	白三萬 등 8명・ 丑민 등 8명	日本筑前州
		169	6월	長鬐	河於屯 등 4명	石見州
		170	12월	機張 蔚山	13명 15명	對馬島
68	癸丑 釜山漂民 蔚山漂民 康津漂民 靈岩漂民進上甘藿 濟州漂民	171	1733년 3월	釜山	發船漂民金仁里男	馬島
		172	3월	釜山	金斗弼 등 7명	馬島
		173	5월	蔚山	金奉啓 등 16명	日本筑前州

No.		출전	일시	표류민 거주지	표류민	표착지
69	174	甲寅 蔚山漂民 京畿 益山 濟州 康津漂民 濟州漂民柑子進上	1734년 1월	蔚山	海夫 兪賁天 등 3명	馬島佐須浦
	175		10월	京畿·濟州·益山, 康津	金世俊 등 14명	日本薩州
70	176	乙卯 興陽漂民進上海衣	1735년 4월	全羅道興陽	徐永才 등 7명	日本五島
71	177	丙辰 濟州漂民等柑子進上 淸河漂民 外洋鹽行罪 順天漂民全鐵進上 東萊 沙川漂民 釜山漂民 勘罪安徐例	1736년(乾隆元年) 5월	濟州漂民	姜萬雄 등 37명	日本肥前州
				淸河	李元鶴 등 2명	日本肥前州
				德源	安召孝 등 13명	
	178		8월	順天	金三月金 등 14명	
	179		12월	沙川漂民	田元石 등 8명	馬島鰐浦
72	180	丁巳 興陽漂民海蔘進上 東萊舊館·草梁漂民	1737년 3월	興陽	林貴才 등 5명	日本肥前州
	181		3월	東萊舊館草	田日男 등 7명	
					甘川元石 등 10명	馬島鰐浦

No.	출전	일시	표류인 거주지	표류인	표착지
73	戊午 熊川 安骨浦漂民 濟州漂民	182	1738년 3월	熊川安骨浦	朴正發 등 13명	日本長門州見島
		183	6월	濟州	朴時元 등 13명	是如可, 漂到日本五島
74	己未 平海漂民	184	1739년 6월	江原道平海	崔龍伊 등 8명	日本石見州
75	庚申 盈德 鄭黃伊漂民 盈德漂民大口漁進上 長門州佐須浦 康津漂民 生鰒進上	185	1740년 4월	盈德	崔萬杰 등 13명	日本石見州, * 船隻觸碎, 鄭萬伊·崔莫乭伊·李德卜等三名溺死, 終爲拯得
		186	5월	盈德	金今男 등 8명	日本長門州佐須浦
		187	5월	全羅道康津	金萬 등 男女 총 10명	日本五島
76	辛酉 清河漂民大口魚進上 浦河漂民 固城栗船 北關移栗船 戊午條三特送船	188	1741년 4월	清河/포항	金東善 등 10명	日本長門州見島
		189	4월	清河/포항	李白男 등 14명	日本長門州野波瀨浦
		190	12월	固城	金必才 등 15명	馬島泉浦

No.	출전	일시	표류민 거주지	표류민	표착지
77	壬戌 昌原漂民 京畿漂民 北關移栗 昆陽漂民 珍島漂民進上生鰒 密陽漂民 固城民移栗事件	1742년 1월	昌原 京畿	黃鍾晉 林召興 등	日本肥前州五島
191					
192		4월	昆陽 珍島	安益泰 등 15명 韓大金 등 19명	日本長門州六連島 日本薩摩州琉黃島
193		5월	密陽	崔俊杓 등 13명	日本長門州長崎城下山島
78	癸亥 慶州漂民 高城漂民 南海漂民 庚申條第十三船	1743년 4월	慶州	柳男伊 등 5명	日本石見州濱田浦
194					
195		6월	江原道高城	尹興達 등 15명	日本石見州大浦
196		12월	南海	趙太石 등 13명 및 老女金次玉一口	馬島府中
79	乙丑 溫州漂民白蠟進上 襄陽漂民 瀋行外洋定式 新頒事目 釜山漂民 公一代信倭船 賚來書契別幅	1745년 5월	逆峰瀟州	漂民 등 20명	日本肥前州五島
197					
198		12월	江原道襄陽 釜山	徐彷叱山 등 6명 申泰迪 등 7명	日本石州鹽田浦 對馬島湊浦

No.	출전		일시	표류민 거주지	표류민	표착지
80	丙寅	羅州漂民	199	1746년 5월	全羅道羅州	全㑀寬 등 12명	日本一岐島
		濟州漂民	200	5월	濟州	金俊三 등 11명	日本肥前州
81	戊辰	蔚山漂民	201	1748년 5월	蔚山	李福只 등 14명	日本長門州靑海島
		濟州漂民	202	5월	全羅道濟州	河仁道 4명	日本肥前州五島
82	庚午	靈巖漂民	203	1750년 9월	靈巖	尹德賛 등 11명	日本薩摩州
83	辛未	機張漂民	204	1751년 5월	機張	韓貴才 등 11명	日本筑前州
			205	5월	江原道三陟	朱奉伊 등 6명	日本長門州
		長鬐漂民	206	윤 5월	長鬐	文分上 등 4명	日本隱岐州
			207	윤 5월	長鬐	張召男 등 4명	日本石見州
84	壬申	統營漂民	208	1752년 9월	統營	金乭萬 등 13명	日本薩摩州
		金海漂民	209	10월	金海	李召伊 등 8명	日本石見州
85	癸酉	鄒海漂民 平海漂民	210	1753년 4월	鄒海	李奉伊 등 8명	日本長門州
					平海	金石只 등 14명	
		鎭海漂民固城漂民	211	5월	鎭海	金世中	日本石見州
					固城	金貴坦	등 6명
					昌原	洪世雄	

No.	출전		일시	표류민 거주지	표류민		표착지
86	甲戌 機張漂民濟州漂民	212	1754년 5월	機張	金相中 등 8명		石見州
				濟州	金億世 등 11명		肥前州
87	乙亥 順天漂民	213	1755년 7월	順天	河德章 등 10명		石見州
88	丙子 慶州漂民大口進上	214	1756년 4월	慶州	趙召昔 등 9명		對馬島鰐浦
89	丁丑 長鬐漂民	215	1757년 8월	長鬐	李汝於里 등		日本國出雲州
90	己卯 濟州漂民 金海漂民	216	1759년 5월	濟州	李貴春共妻並三名		日本國肥前州 州
		217	9월	金海	金元雄 등 6명		日本國雲州川下村
91	庚辰 濟州漂民 京畿漂民	218	1760년 6월	濟州	張遂昌 등 18명		是如可, 漂入日本國肥前州
				京畿	李春彬 등 3명	
93	丙戌 濟州 北浦漂民 魚登浦漂民	219	1766년 4월	濟州北浦	李成隆 등 11명		日本國肥前州
				魚登浦居民	高敬助 등 7명		壹岐島
94	丁亥 慶州 東萊左水營	220	1767년 2월	慶州	金雪峯 (등) 11명		
		221	5월	東萊左水營	張太石 등 9명		

No.	출전		일시	표류민 거주지	표류인	표착지
95	戊子 蔚山漂民 機張漂民 長鬐漂民 濟州·珍島·康津漂民 濟州漂民 濟州監眼御史陪行使令	222	1768년 3월	蔚山	南小斤老未 등 6명	馬島
		223	4월	機張	南貴大 등 9명/崔初禮 등 9명/李信才 등 10명	
				長鬐	李九萬 등 4명	
				濟州·珍島·康津	漂民 8명	
		224	7월	濟州	姜再必 등 8명	
96	庚寅 漂死人設壇致祭 濟州漂民 倭船18騎	225	1770년 4월	(제주)	濟州牧使賬眼御史陪行令金石三	日本國五島
		226	8월	(제주)	濟州大靜縣監李憎仅赴任行所騎船	船中十三名, 生漂日本國駿州
97	辛卯 順天 興陽漂民 順天漂民	227	1771년 1월	濟州	李慶良 등 합計 총 9명	馬島
		228	6월	全羅道順天	金元福 등 30명	日本國石見州
		229	6월	興陽	金順守 등 2명	日本國石見州
				全羅道順天	池善伊 등 18명	日本國石見州
98	癸卯 三陟漂民凍死 寧海漂民病死	230	1783년 8월	原春道三陟	林順伊 등 7명 *李奉得凍死院身軀	日本國石見州
		231	9월	慶尙道寧海	方應進 등 5명	日本國石見州

No.	출전		일시	표류민 거주지	표류민	표착지
99	甲辰 陽城漂民 漆原漂民 金海漂民 蔚珍漂民 漂民作擊의 別情契 雜物換來罪 孫古男馬首 許日成嚴刑遠配 豆毛浦漂民	232	1784년 7월	京畿道陽城	沙工 許日成格軍 許申再・李大成・高尋得・崔彷叱金・金得覽	長門州玉江浦
				漆原	安貴太・鄭正才・姜分阿只・林彷叱金 등 11명	
				蔚珍	金毛老金	
				慶尙道 金海	沙工 崔大同・船主 申者石・格軍 孫古男・梁賓自・金順男・沈次傑・裵尙采・金正左・羅正右・朴普才・李己里金・金彷叱金 등 13명	長門州中島
		233	12월	臣府豆毛浦居民무ㄷ	朴福伊 등 7명	馬島泉浦,
100	乙巳 都禁徒倭 旋義高永文 肥前州五島・宇久島	234	1785년 3월	濟州旋義縣	漁民 高永文 등 10명	日本國肥前州五島・宇久島,
101	丁未	235	1787년 3월	釜山	崔甘突 등 9명	長門州矢玉浦
102	戊申 慶州漂民	236	1788년 5월	慶州居民	全呂伊・俞彦男・崔突男・全呂巖 등 4명 *内, 俞・崔二名凍死船中, 二全生還	
103	己酉 濟州漂民	237	1789년 5월	濟州居民	鄭重喬 등 7명	肥前州斑島

No.	출전		일시	표류민 거주지	표류민	표착지
104	庚戌 珍島漂民	238	1790년 3월	全羅道珍島居民	邵致奉 등 9명	日本國肥前州五島田浦
105	辛亥 興陽三島漂民等 賀竹里	239	1791년 4월	全羅道興陽三島德興里	海民 秋化根 등 10명	肥前州小値
				賀竹里	海民 金得先 등 9명 * 一名溺死	五島玉浦村
106	壬子 珍島漂民	240	1792년 2월	全羅道 珍島	申貴得	對馬島左護郵湊浦
107	乙卯 慶州漂民 濟州漂民	241	1795년 윤2월	慶州	金聖大 등 6명	對馬島
				濟州	朴守仁 등 6명	五島玉江浦
108	丁巳 機張漂民 漁採進上	242	1797년 (嘉慶2年) 3월	機張	漁民 權已里同 등	對馬島
109	戊午 濟州漂民	243	1798년 5월	濟州	李元甲·金應世 등 8명	肥前州
110	己未 旌義民漂	244	1799년 7월	濟州旌義縣	漁民 鄭弘喬 등 10명	日本國五島貝津村
				機張	魚商 方包占 등 10명	長門州大津郡瀬戸崎浦

No.	출전		일시	표류민 거주지	표류민	표착지
111	庚申 蔚珍民漂	245	1800년 6월	蔚珍	行商 鄭卜太 등 5명	日本國長門州黃波戶浦
				蔚山居民	1명	
				同騎	一船	
112	辛酉 東萊西漂民 格軍朴化奉渰死 壬戌約條 島主呈書定約 乙未蔚山漂民失屍	246	1810년 1월	本府舊西平/ 동래	漁民 孫太尙 등 6명	馬島泉浦
113	丙寅 濟州漂民	247	1806년 9월	濟州	漂民中, 陪持軍官朴師殷	

[표 3-2] 동해 표류민 표착지별 거주지

지역 구분	표착지	표착 건수	표류민 거주지*
규슈[九州] 후쿠오카[福岡]	치구젠[筑前]	19건	康津·長興·興陽·熊川·濟州 / 昆陽·泗川·統營·巨濟·梁山·長只(장기)(2)·蔚山(6)·慶州(5)·鬱海
나가사키[長崎]	쓰시마[對馬]	62건	珍島·靈巖(2)·康津·長興·興陽(3)·順天(3)·河東·南海(3)·泗川·沙川·固城(3)·統營(2) / 昌原·金海(2)·梁山·東萊(9)·海雲臺·長木浦·長鬐(10)·蔚山(11)·慶州(4)·迎日(2)·蔚海·盈德
	고토[五島]	3건	統營·密陽 / 慶州
	이키노시마[壹岐島]	16건	珍島·康津·興陽·寶城·濟州(11) / 蔚山 / 京畿
	히라도시마[平戸島]	2건	羅州 / 固城 / 蔚山
	이키쓰키시마[生月島]	1건	濟州
	히젠슈[肥前州]**	1건	靈巖
		13건	順天·興陽·濟州(10) / 昌原·淸河(포항) / 濟州(3) / 統營 / 京畿
가고시마[鹿兒島]	사쓰마[薩摩]	8건	珍島·海南·靈巖·濟州(3) / 統營 / 京畿
	오즈미[大隅]	2건	濟州 / 長鬐
오키나와[沖繩]	류큐[琉球]	3건	務安·海南(2)
산인[山陰] 야마구치[山口]	나가토[長門]	46건	靈巖·長興·順天(4)·熊川·漆原·固城·昌原(2)·金海·東萊·金山(4)·長鬐(8) / 慶州 (6)·淸河(포항)(2)·迎日·南海(6)·盈德(3)·蔚珍(2)·平海(2)·同騎·三陟(2)·江陵(2)·京畿 / 蔚珍
시마네[島根]	이즈모[出雲]	6건	長興 / 金海·長鬐(2) / 興海 / 蔚珍

지역 구분		표착지	표착 건수	표류민 거주지*
도카이 [東海]	시즈오카 [駿河]	이와미[石見]	23건	興陽·順天(5)·熊川(2) / 金海·昌原·固城·鎭海·長鬐(4) / 蔚山(2) / 慶州·盈德·寧海·三陟(2)·江陵(2)·高城
		오키[隱岐]섬	1건	長鬐
		수루가[駿河]	1건	濟州
다지역에 걸쳐 표착 (17건)		日本筑前州·長門州	1건	長鬐·慶州
		筑前·肥前	1건	濟州·晉州·統營
		石見·馬島	2건	熊川·昌原·金海·蔚山
		長門···馬島	4건	長興·蔚山·長鬐 / 濟州·慶州 / 蔚山 / 南海·慶州·巨濟 / 慶州·蔚山·東萊
		肥前·長門	1건	濟州·順天
		長門·薩州	1건	昆陽·珍島
		五島·石州	1건	濟州·襄陽
		石州·肥前	1건	長鬐·濟州 / 濟州·襄陽
		肥前·壹岐	1건	濟州·漁登浦
		肥前·五島	1건	興陽三島德興里·賀竹里
		対馬·五島	1건	慶州·濟州
		五島·長門	1건	濟州·長興
		対馬·肥前	1건	慶州·蔚山·金海

지역 구분		표측지	표측 건수	표류인 거주지*
기타	구분지 확인 안 됨	5건	興陽 / 金海 · 東萊 / 康津(을산) · 慶州 · 淸河 ·
	기재 없음	16건	海美 / 珍島 · 靈巖 · 康津 · 長興 · 順天(2) · 濟州(3) / 晋州 · 東萊 · 金山 · 長鬐(3) / 蔚山 · 慶州 · 平海 · 高城 / 慶興

출전: 한국사데이터베이스/한국사료총서/변례집요(http://db.history.go.kr/url.jsp?ID=sa_016)

에필로그 -결론에 대신하여-

　주변에서 '독도 문제'라는 말을 많이 보고 듣는다. 필자도 가끔 실수로 이 용어를 사용할 때가 있다. 말을 해 놓고는 '아차' 한다. 한국 정부의 입장은 '독도에 아무 문제가 없다'는 것이기 때문이다. 정부 관련 기관에서 일하는 사람으로서는 적절하지 못한 표현이다.

　이 '독도 문제'라는 말이 어디서 왔는지 그 연원을 살펴보니 일본에서 사용하는 "다케시마' 몬다이(竹島問題)'의 번역어 같다. 독도와 관련하여 일본과 논쟁이 있다보니 많은 일본 문헌, 기사, 논문 등이 번역되어 참조되었고, 그 과정에서 일본어 "다케시마' 몬다이'의 번역어인 '독도 문제'가 한국의 독도 관련 상황을 표현하는 어휘로 정착한 듯싶다.

　물론 같은 어휘라도 내포하고 있는 의미는 천양지차이다. 일본의 "다케시마' 몬다이'는 '한국이 일본의 영토인 '다케시마'를 불법으로 점령하고 있는 문제'와 같은 의미로 쓰인다. 그런데 한국에서의 '독도 문제'는 '한국의 독도 영유권에 일본이 클레임을 제기하고 있는 문제'와 같이 받아들여지고 있다고 본다. 그건 그렇다고 하더라고 '독도 문제'라고 하면 이 말을 듣는 제3자는 '한국의 독도에 문제가 있구나'라는 생각을 할 것이다.

　독도 관련 일을 하다보면 이런 경우가 허다하게 많은 것을 알 수 있다. 다시 말해 일본이 제시한 논리적 틀 안에서 구축된 한국의 논리가 많다는 점이다. 가장 현저한 예가 본문에서 들었던 '섬의 명칭 혼란'이다. 여기서 말하는 모든 사실 관계는 다시 세밀하게 검토되어야 할 필요성이 있는 것들이다. 예를 들어 정말 오야·무라카와가 '표류'해서 울릉도에 간 건지 아닌지, 정말 시볼트의 지도가 일본에서 만들어진 지도에 영향을 미쳤는지, 미친 것이 확실하다면 어느 정도 어떻게 미쳤는지 등에 대해 정말 많은 관련 자료를 모아서 세밀한 검증을 하지 않으면 안 된다. 물론 관련 자료가 없어 더 이상 검토가 되지 않는 부분도 많으나 최선을 다해야 할 부분은 이와 같은 사실 관계의 치밀한 검증이다.

그런데 지금까지는 그런 사실관계는 일본이 말한 그대로 수용하고 그 위에서 총론적으로 자신의 논지(독도는 한국영토다)를 발전시키는 경우가 많았다. 그럼으로써 사실관계들이 말하고 있는 방향은 '독도는 일본영토다'인데 결론만 '독도는 한국영토다'라고 고 주장하는 그런 글들이 많이 양상 되어 있는 것을 볼 수 있다.

필자가 더 이상하다고 생각하는 것은 한국이 스스로 자기 논리를 부정하고 있는 것과 같은 현상이다. 예를 들어 울릉도가 6세기 이래 한국의 영토였고 울릉도에서 보이는 독도는 울릉도의 부속섬이었다고 주장하면서 한편으로는 그때 일본인이 독도를 한국영토로 인식했는지 일본영토로 인식했는지를 독도 영유권 판단의 기준으로 삼고 있는 것처럼 보이는 점이다. 이런 인식이 기록되어 있는 것이 대부분 사찬 문서, 사찬 지도임에도 불구하고 말이다.

17~20세기 일본 문서에 설사 마쓰시마(독도)라는 명칭이 나온다고 한들 그것은 섬들의 소속과는 상관없는 일이다. 울릉도와 독도가 일본과의 사이에 위치해 있기 때문에 일본인이 이 섬들에 대해 알 수도 있고 이름을 붙일 수도 있다. 자기 나라 땅이라고 생각할 수도 있다.

그 당시 일반 민중이 국가 간의 영토 경계에 대해서 어떻게 알 수 있었겠는가. 그래서 마쓰시마가 자기 나라 땅이라고 썼고, 그중 일부가 남아 지금 일본 정부의 독도 영유권 근거자료로 사용되고 있을 뿐이다. 그러나 이것은 어디까지고 옛날 일본 서해안 지역에 살던 어민들의 자의적이고 일방적인 해석일 뿐이다.

그럼에도, 예를 들어 일본이 『은주시청합기』나 「개정일본여지로정전도」 같은 것을 제시하면서 옛날의 일본인이 울릉도·독도를 인식했다고 주장하면, 한국은 이에 반론하기 위해, 일본인은 두 섬을 인식하지 않았다고 재해석하거나 또는 두 섬을 조선 영토로 색깔을 칠했으니 조선 영토로 인식했다는 하는 등의 대응을 한다.

그런데 이 중 『은주시청합기』는 당시 마쓰에 번이 대신 관할했던 에도 막부의 영토인 오키 섬에 대해 쓴 것이라 내용 중의 나타난 영토 인식은 중요한 것일지도 모른다. 그러나 당시의 조선과 일본의 국가차원의 교섭은 쓰시마 번이 대행했으며 쓰시마 번은 울릉도가 조선 영토라는 것을 알고 있었고 독도는 아예 알지도 못했다.

또한 「개정일본여지로정전도」는 당시 일본인에게 많은 영향을 준 지도이기는 하나 개인이 만든 사찬지도이다. 한편 에도 막부는 구니에즈(國繪圖)라는 일본 전국도를 정기적으로 제작하였는데(덴쇼, 간에이, 쇼호, 겐로쿠, 교호 구니에즈 및 이노 다다타가 지도 등 17~20세기의 관찬 지도) 여기에 울릉도와 독도는 없다. 그럼에도 일본이 「개정일본여지로정전도」 등의 사찬 지도를 근거로 일본인의 독도 인식을 거론하자 여기에 한국의 모든 이목이 집중되어 버렸고, 더 주요한 근거 자료인 구니에즈, 이노 다다타카 지도 등의 관찬 지도는 아예 없는 것처럼 되어버렸다.

결국 이러 대응은 명확히 조선의 영토인 두 섬을 주인 없는 무주지로 만들어 버리는 대응이다. 만일 이 두 섬이 정말 무주지였다면 당시 일본인이 이 섬들의 소속 국가를 어느 나라로 생각했는지가 중요해질 것이다. 그런데 그렇지 않은 게 아닌가. 일본인이 어떻게 생각했든 또는 어떻게 기록했든 그것과 전근대 시대에 있어서의 울릉도·독도가 조선의 영토였다는 것과는 관계가 없는 것이다. 그런데 일본이 제시한 각각의 고문서·고지도가 어떤 형태의 인식을 했는지를 따짐으로써 오히려 역으로 그 인식의 존재는 인정해 버리는 결과를 만들어 버렸다. 즉 논리상 전근대기의 울릉도·독도를 무인도로 만들어 버린 것이다.

매년 2월 22일에 일본 시마네 현에서 개최하는 소위 '다케시마의 날' 관련 기사나 일본 문부성이 교과서에 독도를 표기했다는 등의 소식이 알려지면 어김없이 여기저기에서 일본이 독도를 한국영토로 인식했다는 근거 지도를 언론에 발표하는 사람이 많다. 대부분 19세기 이후에 나온 다케시마·마쓰시마인데 이 시기에 이 명칭들이 가리키는 지리적 실체는 대부분[아르고노트·다줄레(가공의 울릉도와 실제 울릉도)]이다. 그럼에도 무조건 마쓰시마라는 표기가 조선 지도에 있거나 일본지도에 있되 섬의 모양에 아무 색깔을 넣지 않았으면 무작정 일본이 한국영토로 인식했다는 근거라며 언론에 발표해 버리는 것이다.

그런데 일본이 독도를 한국영토로 인식해 주어야만 독도는 한국영토가 되는가? 왜 일본의 인식이 중요한가? 일본이 독도를 한국영토로 인식해 줌으로써 이 섬이 한국영토가 된다면, 만일 일본이 이 섬을 일본영토로 인식했다면 일본영토가 되는 것인가? 일본이 어떻게 인식했는지에 포커스가 맞추어지면서 은연중에 일본의 인식 그 자체를 독도 소속에 대한 판단 기준으로 받아들이고 되고 그럼으로써 논리상 전근 대기의 울릉도·독도가 무인도가 되는 것인데도 말이다. 이렇게 발표 되는 지도가 제대로 된 지도인지 아닌지는 나중 문제일 것이다.

한국은 독도에 대해서 말하는 주체가 너무 많고, 이들이 모두 미시 적 차원에서 각론적으로 말하기 때문에 말과 말 사이에서의 논리적 정합성이 없다. 더 나아가 같은 사실관계조차도 서로 다르게 이야기 할 때가 많다. 그럼으로써 오히려 독도는 한국영토라는 거시적 차원 에서의 총론을 자기도 모르게 무너뜨리는 경우가 허다한 것이다.

독도에 대해서는 한국 정부만 이야기하면 된다고 생각한다. 결국 독도 논쟁에 있어서의 일본의 카운터 파트너는 한국 정부이지 어떤 지방자치단체나 연구소도, 시민단체도 될 수 없다. 그런데 이야기 주 체가 개별 분산화되면서 사적인 오해 또는 감정, 아니면 이해관계가 반영되어 서로 다른 톤의 이야기를 하게 되었고 여기에서 스스로가 스스로를 좀먹는 것 같은 논리가 생겨나 버린 것 같다.

본 문헌은 이런 문제의식하에서 집필된 것이다. 필자가 본문 전편 을 통해 기술한 '일본의 독도 인식의 역사'는 옛날의 일본인의 독도 인식이 어떤 형태였는지를 밝히는 것에 주안점을 두지 않았다. 지금 의 일본인의 독도 인식이 왜, 어떻게 만들어져 왔는지를 구조적으로 파악하는 것에 주안점을 두었다. 전자와 후자는 접근 방법이 완전히 다르다. 전자는 일본인의 독도 인식을 당연한 역사적 실체로서 파악 하고 있는 것이고 후자는 일본인의 독도 인식이 역사적 실체로서 만 들어져 온 것으로 파악하기 때문이다. 그것과 실제 역사적 실체는 또 다른 것이다. 이것이 이 문헌에서 말하는 요지이다.

참고문헌

1. 문헌

1) 한국어

김병렬, 2001, 독도논쟁, 다다미디어

대한지적공사, 2005, 한국지적 백년사: 자료편

동북아역사재단 편, 2009, 동북아역사 자료총서 24 譯註 中國 正史 外國傳 4 三
　　國志·晉書 外國傳 譯註, 동북아역사재단

법제처 편, 1976, 법제자료 제85집 春官志, 법제처

송병기, 2005, 고쳐 쓴 울릉도와 독도, 단국대학교 출판부

송병기, 2007, 재정판 울릉도와 독도, 단국대학교 출판부

申奭鎬 외, 1965, 獨島, 大韓公論社

愼鏞廈, 2000, 독도연구총서 7 獨島領有權資料의 探求 제3권, 독도연구보전협회

愼鏞廈, 2001, 독도연구총서 8 獨島領有權資料의 探求 제4권, 독도연구보전협회

외무부 정무국 편, 1955, 독도문제개론, 외무부

외교통상부 국제법률국(편), 2012, 전면 개정판 독도 문제 개론, 외교통상부

이진명, 1998, 독도, 지리상의 재발견, 삼인

정영미 역, 2006, 독도자료집 II 竹島考證, 동북아의 평화를 위한 바른역사기획
　　단, 다다미디어

정영미 역, 2011, 竹島考 上·下, 2010 경상북도 독도사료 연구회 성과물 I, 경
　　상북도·안용복 재단, 경상북도

정영미 외 지음, 2012, 근대 이행기의 한일 경계와 인식에 대한 연구-독섬(石
　　島)과 Liancourt Rocks를 중심으로-, 동북아역사재단

정영미 역, 2014, 독도관계 일본 고문서1, 경상북도 독도사료 연구회

崔文衡, 1990, 제국주의 시대의 列强과 韓國, 民音社

한국해양수산개발원 편, 2011, 독도사전, 한국해양수산개발원

韓相夏 發行, 三國通覽圖說, 1986, 景仁文化社

호사카 유지, 2010, 대한민국 독도, BM성안당

2) 일본어

吉田東伍, 1970, 增補 大日本地名辭書, 冨山房

內藤正中, 2000, 竹島(鬱陵島)をめぐる日朝関係史, 多賀出版

大谷文子編, 1978, 大谷家古文書, 大谷文子

大熊良一, 1969年, 竹島史考, 原書房

続群書類従完成会編, 1978, 史料纂集 権記 第一, 会報第57号(1978.12), 平文社

続群書類従完成会編, 1987, 史料纂集 権記 第二, 会報第82号(1987.9), 平文社

続群書類従完成会編, 1996, 史料纂集 権記 第三, 会報第106号(1996.5), 平文社

鈴木純子・渡辺一郎編, 1999, 最終上程版 伊能図集成(大図)(小図), 柏書房

蘆田文庫編纂委員会編, 2004.3, 明治大学人文科学研究所創設40周年記念 蘆田文庫目
　　　　　録 古地図編, 明治大学人文科学研究所

木村正光発行, 1988年9月復刻版第1刷, 官報(明治編)12巻～(13) 明治38年5月(下) / 第
　　　　　6565号～第6573号, 龍渓書舎

木村正光発行, 1988年9月復刻版第1刷, 官報(明治編)12巻～(14) 明治38年6月(上) / 第
　　　　　6574号～第6582号, 龍渓書舎

浜田市教育委員会編, 2002, 八右衛門とその時代ー今津屋八右衛門の竹嶋一件と近世
　　　　　海運ー, 浜田市教育委員会

浜田市観光協会・浜田市文化財保存会, 竹島事件史, (浜田市発行パンフレット, 刊行
　　　　　日未詳)

上田雄, 2002, 渤海史の研究 ー日本海を渡った使節たちの軌跡ー, 明石書店

石見史談会 編, 1935, 浜田町史全, 一誠社

成瀬恭刊行, 1967, 海軍歴史 勝海舟著, 原書房

松浦武四郎, 1975, 松浦武四郎紀行集, 冨山房

呉秀三, 1926, シーボルト先生其生涯及功業

奥原碧雲, 1907, 竹島及鬱陵島, 報光社

日本史広辞典編集委員会編, 1997, 日本史広辞典, 山川出版社

長谷川和泉, 1973, "明治以前に作られた海図", 月刊 古地図研究 第3巻 第12号
　　　　　(1973.2.1), 日本地図資料協会

田中健夫・田代和夫校訂, 1978, 朝鮮通行大紀, 名著出版

朝鮮総督府編, 1933, 欝陵島植物調査書, 三秀舎

鳥取県編, 1907, 因伯紀要, 鳥取県

鳥取県編, 1932, 鳥取県郷土史, 鳥取県

鳥取県編, 1969, 鳥取藩史 第一巻 世家・藩士列伝, 鳥取県

鳥取県編, 1971, 鳥取藩史 第六巻 殖産商工誌事変誌, 鳥取県

鳥取県編, 1972, 鳥取県史 第一巻 原始古代, 鳥取県

鳥取県編, 1976, 鳥取藩史 第七巻 近世資料, 鳥取県

鳥取県編, 1981, 鳥取県史 第四巻 近世社会経済, 鳥取県

鳥取県編, 1982, 鳥取藩史 第五巻 近世文化産業, 鳥取県

鳥取県編, 2010, 江戸時代の鳥取と朝鮮, 鳥取県

佐伯元吉編, 1972, 因伯叢書 4, 名著出版

中村栄孝, 1969, 日朝関係史の研究 下, 吉川弘文館

中村拓, 1972, 日本古地図大成, 講談社

池内敏, 2006, 大君外交と「武威」, 名古屋大学出版会

川上健三, 1953, 竹島の領有, 外務省条約局

川上健三, 1966, 竹島の歴史地理学的研究, 古今書院

村岡良弼, 1902, 日本地理志料, 東陽堂

村井章介, 2006, 日本史リブレット28 境界をまたぐ人びと, 山川出版社

秋岡武次郎, 1971a, 日本古地図集成, 鹿島研究出版会

秋岡武次郎, 1971b, 日本古地図集成 併録 日本地図作成史, 鹿島研究所出版会

萩原直正校註, 1960, 因伯文庫 伯耆民談記, 日本海新聞社

3) 기타

丙寅 [晉] 陳壽 撰 [宋] 裴松之 注『三國志』中華書國

Hawks, Francis L. (ed.), 1856, *Narrative of the Expedition of an American Squadron to the China Seas and Japan* 3 vols, Washington(D.C.)

HEINE, Wilhelm, 1856, *Reise um die Erde nach Japan: an Bord der Expeditions-Escadre unter Commodore M.C. Perry in den Jahren* 1853, 1854, 1855, Leipzig

2. 논문

1) 한국어

金炳吾, 1997, 獨島의 名稱에 대한 歷史的 考察, 한양대학교 교육대학원 석사학위 논문

김영수, 2009, "근대 독도・울릉도 명칭을 둘러싼 한국과 일본의 시각", 역사

와 현실 통권 73호(2009.9), 한국역사연구회

김호동, 2009, "『죽도고증』의 사료 왜곡 -'한국 측 인용서'를 중심으로", 일본 문화학보 제 40집, 2009.2

김호동, 2010, "메이지 시대의 일본의 울릉도・독도 정책", 일본 문화학보 제46집, 2010.8

朴觀淑, 1965, "獨島의 法的地位", 獨島, 大韓公論社

朴大錬, 1965, "獨島는 韓國의 領土", 獨島, 大韓公論社

朴庚來, 1965, "울릉도 영유권의 사・법적인 연구", 獨島, 大韓公論社

申奭鎬, 1965, "獨島의 來歷", 獨島, 大韓公論社

申芝鉉, 1985, "鬱陵島・獨島의 認知와 領有", 獨島硏究, 文光社

송병기, 2006, "안용복의 활동과 울릉도 쟁계", 역사학보 제192집(2006.12)

柳洪烈, 1965, "독도는 울릉도의 속도-영유권을 중심으로-", 獨島, 大韓公論社

李炳燾, 1965, "獨島의 名稱에 대한 史的考察-于山・竹島 名稱考-", 獨島

李崇寧, 1965, "내가 본 獨島", 獨島, 大韓公論社

李瑄根, 1965, "鬱陵島 및 獨島探險小考-近世史를 중심으로-", 獨島, 大韓公論社

이형식, 2011년 9월, "패전 후 일본학계의 독도문제 대응(1945-1954)", 영토해양연구, 창간호 Vol.1(2011.9), 동북아역사재단

임영정, 1996, "일본인의 독도에 대한 호칭의 변화와 그 성격", 殉國 70(1996.11), 殉國先烈遺族會

정영미, 2009, "일본 서해안 지역과 울릉도의 표상", 배진수 외, 독도문제의 학제적 연구, 동북아역사재단

정영미, 2012a, "『다케시마 기사(竹島紀事)』에서의 1693년 안용복 일행의 행적에 대한 심층 조사・보고", 2011 경상북도 독도사료 연구회 연구보고서, 경상북도・안용복 재단

정영미, 2012b, "일본의 '섬의 명칭 혼란에 대한 연구'와 Liancourt Rocks", 근대 이행기의 한일 경계와 인식에 대한 연구-독섬(石島)과 Liancourt Rocks 를 중심으로-, 정영미 외 지음, 동북아역사재단

정영미, 2012c, "『죽도고증』의 「마쓰시마 개척원」과 아마기함의 울릉도 조사-메이지 시대 새로운 마쓰시마=독도 창출 일(一)과정-", 한일관계사학회, 한일관계사 연구 제43집

정영미, 2014, "독도 영유권 관련 자료로서의 「죽도고증(竹島考證)」의 역할과 한계", 영남대학교 독도 연구소편, 독도연구 제17호

정인철, 2010, "프랑스 리앙쿠르호의 독도 발견에 관한 역사지리학적 연구", 동북아역사재단(2010 연구지원 성과물 / 미발간)

崔奭祐, 1985, "歐美側 文獻에 나타난 獨島", 獨島研究, 韓國近代史資料研究協議會, 文光社

한철호, 2008, "메이지 초기 일본 외무성 관리 다나베 다이치(田邊太一)의 울릉도·독도 인식－일본의 '공도' 정책에 대한 비판을 중심으로-", 동북아역사논총 제19호, 2008.3

현대송, 2009, "일본 고지도로 본 일본의 독도 인식", 지해 해양학술상 논문 수상집』, 한국해양수산개발원

黃相基, 1965, "獨島問題研究", 獨島, 大韓公論社

2) 일본어

菊池眞一, 2007, "幕末から明治初年にかけての日本近海英国地図 -日本水路部創設前の海図史-", 海洋情報部研究報告 第43号(2007. 3.28), 海上保安庁

堀和生, 1987, "1905年日本の竹島領土編入(朝鮮古代史の争点＜特集＞)", 朝鮮史研究会論文集 通号 24(1987.3), 朝鮮史研究会

内藤正中, 2000a, "竹島渡海免許をめぐる問題", 竹島(鬱陵島)をめぐる日朝関係史, 多賀出版

内藤正中, 2000b, "竹島一件をめぐる諸問題", 竹島(鬱陵島)をめぐる日朝関係史, 多賀出版

内藤正中, 2005a, "竹島は日本固有領土か", 世界 6月号, 岩波書店

内藤正中, 2005b, "竹島固有領土論の問題点", 郷土研 69号(2005. 8), 郷土石見

内藤正中, 2005c, "隠岐の安龍福", 北東アジア文化研究 22号(2005.10), 鳥取短期大学

大熊良一, 1969年, 竹島史考´ 原書房

梶村秀樹, 1978, "竹島＝独島問題と日本国家", 朝鮮研究 182(1978.9), 日本朝鮮研究所

山辺健太郎, 1965, "竹島問題の歴史的考察", コリア評論 7(2)(1965.1), 民族問題研究所(編), コリア評論社

エムティ出版編, 1996, 竹島考証, エムティ出版

エムティ出版編, 1996, 竹島関係文書集成, エムティ出版

奥原碧雲, 1906, "竹島沿革考", 歴史地理 第8巻 第6号(1906.6), 日本歴史地理研究会 (復刻版: 1990年, 歴史地理一巻～8巻, 日本歴史地理学会)

奥原福市(碧雲), 1907, 竹島及鬱陵島, 報光社(復刻版: 2005, 奥原碧雲, 竹島及鬱陵島, ハーベスト出版)

田保橋潔, 1931a, "鬱陵島, その発見と領有", 青丘学叢, 第3号(1931.2), 青丘学会

田保橋潔, 1931b, "鬱陵島の名称に就いて(補) －坪井博士の示教に答ふー"青丘学叢 第4号(1931.5), 青丘学会

田中阿歌麻呂, 1905a, "隠岐国竹島に関する旧記", 地学雑誌 第17集 第200号 (1965.8), 東京地学協会

田中阿歌麻呂, 1905b, "隠岐国竹島に関する旧記(承前)", 地学雑誌, 第17集 第201号 (1905.9.15), 東京地学協会

田中阿歌麻呂, 1905c, "隠岐国竹島に関する旧記(元結)", 地学雑誌, 第17集 第202号 (1905.10.15), 東京地学協会

田中阿歌麻呂, 1906年d, "隠岐国竹島に関する地理学上の知識", 地学雑誌, 第18集 第210号(1906.6.15), 東京地学協会

佐藤侊, 1974, "明治初期における地図作成機関の変遷", 月刊 古地図研究 第5巻 第2号(1974.4.1)(通巻50号), 日本地図資料協会

中村栄孝, 1969, 日朝関係史の研究 下, 吉川弘文館

池内敏, 1999, "竹島渡海と鳥取藩-元禄竹島一件考・序説-", 鳥取地域史研究 第一号, 鳥取地域史研究会

池内敏, 2001a, "竹島一件の再検討 -元禄六～九年の日朝交渉-", 名古屋大学文学部 研究論集 史学47(2001.3), 名古屋大学

池内敏, 2001b, "17－19世紀鬱陵島海域の生業と交流", 歴史学研究, 756号(2001.11), 歴史学研究会

池内敏, 2005, "前近代竹島の歴史学的研究序説 -陰州視聴合紀の解釈をめぐって-", 青丘学研究論集25(2005.3), 韓国文化研究進行財団

池内敏, 2010.11.29, "竹島／独島論争とはなにかー和解へ向けた知恵の創出のために一", 歴史科学協議会第44回大会報告, 歴史科学協議会

地理教授同誌会編纂, 1927, 日本地理資料, 帝国書院

秋岡武次郎, 1950, "日本海西南の松島と竹島", 社会地理 通号27(1950.8), 日本社会地理協会

村岡良弼, 1902, 日本地理志料, 東陽堂

横山伊徳, 2001, "一九世紀日本近海測量について", 地図と絵図の政治文化史, 黒田日出男外編, 東京大学出版会

3. 문서류

1) 한국어

외교통상부 문서
- 외교통상부 문서, 독도문제, 1965-71, 분류번호 743.11JA, 4569
- 외교통상부 문서, 독도문제, 1960-64, 분류번호 743.11JA 등록번호 4568
- 외교통상부 문서, 독도문제 1955-59, 분류번호 743.11JA 등록번호 4567
- 외교통상부 문서, 독도문제, 1954, 분류번호 743.11JA, 등록번호 4566
- 외교통상부 문서, 독도문제, 1952-53, 분류번호 743.11JA, 등록번호 4565

2) 일본어

山陰中央新報, 2005年5月17日, 1面, "海士旧家から供述文書発見"
日本地図資料協会編『月刊 古地図研究』第1巻1号～第25巻12号(通巻1～300号)
　　　　1970.3.1.～1995.3.1
日本国立公文書館 所蔵資料 分類番号: 内閣文庫3088号4冊178困2架
- 「明治十二, 十三年 水路報告 一」
- 「明治十四年 水路報告 二」
- 「明治十五年 水路報告 三」
- 「明治十六年 水路報告 四」
日本国立公文書館 所蔵資料 分類番号: 内閣文庫3090号15冊
- 「自明治九年五月至同十一年五月 海軍省水路雑誌 一 自第一号至第十号」
- 「明治十一年九月至同十二年九月 海軍省水路雑誌 二 自第十一号至第十九号」
- 「明治十三年 海軍省水路雑誌 六 自第三十六号至第三十九号」
- 「明治十五年 海軍省水路雑誌 七 自第四十号至第五十三号」
- 「明治十六年十一月 海軍水路雑誌 九 自第六十九号至第七十六号」
- 「明治十七年 海軍省水路雑誌 十一 自第八十七号至第九十六号」
- 「自明治十八年四月至同十九年一月 海軍省水路雑誌 十二 自第九十七号至第百六号」
- 「明治十九年五月同二十年十月 海軍省水路雑誌 十四 第百十二号至第百二十九号」
- 「自明治二十年十二月至同二十三年十二月 海軍省水路雑誌 十五 自第百卅号至百四十号」
日本国立公文書館 所蔵資料 分類番号: 内閣文庫3099号2冊178困2架
- 「水路報道 第一号至第八号」水路部
- 「水路報道 第九号至第十八号」水路部
日本国立公文書館 所蔵資料 分類番号: 本館-2A -009-00 太00654100

-太政類典・第三編・明治十一年～明治十二年・第五十卷・兵制・軍艦
-「天城艦朝鮮國海岸測量・二条」明治11年4月30日
-「天城艦ヲ東海鎮守府ノ所轄ト定ム」明治11年3月7日
-「天城艦を常備艦ト定ム」明治11年4月4日
齊藤勘介(豊仙), 1667, 隱州視聽合紀(隱岐 佐佐木家 所藏本)

4. 인터넷 사이트

1) 한국어

한국사데이터베이스
- 한국사료총서 / 변례집요(http://db.history.go.kr/url.jsp?ID=sa_016)
- 삼국사기(http://db.history.go.kr/url.jsp?ID=sg)
- 삼국유사(http://db.history.go.kr/item/level.do?itemId=sy)
- 조선왕조실록(http://sillok.history.go.kr/main/main.jsp)
한국고전종합 DB
-부상록(http://db.itkc.or.kr)
-지봉유설(http://db.itkc.or.kr/)
한국의 지식 콘텐츠
-고려사(http://www.krpia.co.kr)
국사편찬위원회
-승정원일기(http://sjw.history.go.kr)

2) 일본어

『因幡誌』「筆記之部 三」
(http://www.pref.shimane.lg.jp/soumu/web-takeshima/takeshima04/takeshima04_01/takes
　　　hima04c.html)
日本外務省ホームページ http://www.mofa.go.jp/mofaj
규슈대학 디지털 아카이브 자료(중국・일본제 동아시아 지도)
『籌海図編』卷二 日本国図(西日本)
(http://record.museum.kyushu-u.ac.jp/eastasia/c02.htm)
『異称日本伝』卷中五
(http://record.museum.kyushu-u.ac.jp/eastasia/toshohen.htm

『武備志』卷二三三・占度載・度三十五・四夷一 日本図(山陽道・山陰道・東海道)
(http://record.museum.kyushu-u.ac.jp/eastasia/bubishi.htm)
일본 고베대학 부속도서관>디지털 아카이브>스미다(住田)문고
(http://www.lib.kobe-u.ac.jp/directory/sumita/00025412/)
일본 메이지대학 도서관>아시다(蘆田)문고 홈페이지
(http://www.lib.meiji.ac.jp/ashida/display/each/09/09-024-01/09-024-1-0.001.059-l.jpg)

정영미 ─────────────

서울시립대학교 대학원 국사학과 졸업, 문학박사
現) 동북아역사재단 연구위원 및 독도체험관 관장

『독도자료집 Ⅱ-죽도고증-』(2006)
『竹島考 上下』(2010)
『근대 이행기의 한일 경계와 인식에 대한 연구—독섬(石島)과 Liancourt Rocks를 중심
으로-』(2012)
『독도 관계 일본 고문서 1』(2014) 외 다수

일본은 어떻게
독도를 인식해 왔는가

초판인쇄 2015년 10월 9일
초판발행 2015년 10월 9일

지은이 정영미
펴낸이 채종준
펴낸곳 한국학술정보㈜
주소 경기도 파주시 회동길 230(문발동)
전화 031) 908-3181(대표)
팩스 031) 908-3189
홈페이지 http://ebook.kstudy.com
전자우편 출판사업부 publish@kstudy.com
등록 제일산-115호(2000. 6. 19)

ISBN 978-89-268-7090-7 93910